法学专业民商法学方向课程与技能课程系列教材

【总主编　高在敏　李少伟】

保险法理论与实务

主　编　马　宁

撰稿人　（以撰写章节先后为序）

肖新喜　马　宁

杨汝轩　李志强

中国政法大学出版社

2010・北京

编写说明

民商法是市场经济的基本法。民法学、商法学和民事诉讼法学是高等学校法学专业的核心课程。西北政法大学民商法学院根据教育部《全国高等学校法学专业核心课程教学基本要求》,先后编写并出版了《民法学》、《商法学》和《民事诉讼法学》三部教材。在此基础上,根据我院课程设置的需要和教材建设规划,在总结多年课程教学经验、吸收教学改革成果的基础上,我院组织学术水平较高、教学经验丰富的教师编写"法学专业民商法学方向课程与技能课程系列教材"。编写此"系列教材"的目的有两个:一是深化民商事实体法学和程序法学的教学内容,扩展和丰富课程类型;二是体现理论与实务的结合,培养学生的法律专业技能和实务操作能力。

首批编写和出版的教材有:《侵权行为法理论与实务》、《民事案例评析》、《商事案例评析》、《证券法理论与实务》、《票据法理论与实务》、《破产法理论与实务》、《亲属法学》、《民事执行学》、《仲裁法学》。

这套系列教材的出版不但是我院教学改革阶段性成果的体现,更是一种新的尝试,其中难免有欠妥适之处,诚望同仁和读者不吝指正。

编　者

2008 年 5 月

说　明

依照我校本科教学规划的要求,我校拟为法学学科的学生开设保险法选修课。保险法虽然是传统商法的重要组成部分之一,但长久以来,其教学与研究却并未受到应有的重视,因此,适宜的教材并不多见。而且这些教材要么只注重对现行法进行注释性的阐述,缺乏系统的理论讲解,从而使学生的保险法学理论素养难以提高,无法为以后的进一步研修打下坚实基础;要么只关注法理的讲解,忽视对中国现行法的介绍以及现实问题的分析,不能使学生运用法律解决实际问题的能力得到增强。因此,有必要编写一部理论与实务相结合的保险法学教材,以服务于法科学生的教学工作。基于这一目的,我们既注重系统地讲解保险法理,又密切联系中国现行法,对其进行了较深入的分析,同时还在相关章节辅以一些具有典型性的法院判例、保险条款、法律文书等材料,希望藉此使学生在理论与实践两方面尽快掌握保险法学知识。编写过程中,我们尽了最大的努力,力图使此部教材不负读者的期望,但受学术水平与时间精力限制,错误疏漏之处在所难免,也希望读者提出批评建议。

本教材的编写由马宁负责,初稿完成后,由马宁统稿与定稿。

各章编写分工如下:

肖新喜:西北政法大学民商法学硕士,西北政法大学商法教研室教师,负责撰写第一至二章,第六至八章。

马宁:中国社会科学院研究生院民商法学博士,西北政法大学商法教研室教师,负责撰写第三至五章,第九至十四章,负责法院判决书、保险条款的搜集整理。

杨汝轩：中国政法大学民商法学博士，西北政法大学商法教研室教师，负责撰写第十五至二十章。

李志强：中国社会科学院研究生院民商法学博士，天津医科大学医学人文学院教师，负责撰写第二十一至二十二章。

编　者

2009 年 11 月 1 日

目 录

第一编 保险法概述

第一章 危险与保险 …… 1
第一节 危险及其处理 …… 1
第二节 保险的概念与要件 …… 5
第三节 保险的分类 …… 9
第二章 保险法概述 …… 14
第一节 保险法的概念与性质 …… 14
第二节 保险法的立法体例 …… 16
第三节 保险法的历史演进 …… 18

第二编 保险合同法

第三章 最大诚信原则 …… 22
第一节 最大诚信原则的概念和作用 …… 22
第二节 投保人的如实告知义务 …… 26
第三节 保险人的说明义务 …… 33
第四节 保险合同中的保证 …… 48
第五节 弃权与禁止抗辩 …… 51
第四章 保险利益原则 …… 59
第一节 保险利益原则概述 …… 59
第二节 财产保险的保险利益 …… 67
第三节 人身保险的保险利益 …… 72
第四节 保险利益的消灭 …… 76

第五章 损失填补原则 …… 80
第一节 损失填补原则概述 …… 80
第二节 损失填补原则的适用 …… 82
第六章 近因原则 …… 86
第一节 近因原则的内涵 …… 86
第二节 近因的确定方法 …… 87
第三节 近因原则的实践运用 …… 88
第七章 保险合同的主体与客体 …… 92
第一节 保险合同当事人 …… 92
第二节 保险合同关系人 …… 95
第三节 保险合同辅助人 …… 98
第四节 保险合同的客体 …… 104
第八章 保险合同的订立、生效与无效 …… 107
第一节 保险合同的订立 …… 107
第二节 保险合同的生效 …… 117
第三节 保险合同的无效 …… 134
第九章 保险合同的形式与内容 …… 140
第一节 保险合同的表现形式 …… 140
第二节 保险合同的条款 …… 147
第十章 保险合同的变更、解除与终止 …… 167
第一节 保险合同的变更 …… 167
第二节 保险合同的解除 …… 171
第三节 保险合同的终止 …… 177
第十一章 保险费 …… 187
第一节 保险费的概念与法律意义 …… 187
第二节 财产保险中的保险费 …… 189
第三节 人身保险中的保险费 …… 194
第十二章 保险索赔 …… 199
第一节 保险金给付请求权概述 …… 199
第二节 保险金给付请求权的时效 …… 201

第三节　保险索赔与理赔 …………………………………………… 211
第十三章　保险代位求偿权 …………………………………………… 215
第一节　保险代位求偿权概述 …………………………………………… 215
第二节　保险代位求偿权的行使 …………………………………………… 219
第三节　第三人的抗辩权 …………………………………………… 229
第十四章　保险合同的解释 …………………………………………… 234
第一节　保险合同解释的含义及其必要性 …………………………………………… 234
第二节　保险合同的解释方法 …………………………………………… 235
第三节　保险合同中的不利解释原则 …………………………………………… 245
第十五章　人身保险合同 …………………………………………… 247
第一节　人身保险合同概述 …………………………………………… 247
第二节　人身保险合同的特殊条款 …………………………………………… 249
第三节　人寿保险合同 …………………………………………… 259
第四节　健康保险合同 …………………………………………… 272
第五节　意外伤害保险合同 …………………………………………… 286
第十六章　财产保险合同概述 …………………………………………… 308
第一节　财产保险合同的概念、特征和分类 …………………………………………… 308
第二节　财产保险合同的主要内容 …………………………………………… 313
第三节　重复保险 …………………………………………… 322
第十七章　财产损失保险合同 …………………………………………… 329
第一节　财产损失保险合同概述 …………………………………………… 329
第二节　企业财产保险合同 …………………………………………… 332
第三节　家庭财产保险合同 …………………………………………… 344
第四节　货物运输保险合同 …………………………………………… 357
第五节　运输工具保险合同 …………………………………………… 363
第十八章　责任保险合同 …………………………………………… 382
第一节　责任保险合同概述 …………………………………………… 382
第二节　机动车交通事故责任强制保险合同 …………………………………………… 387
第三节　公众责任保险合同 …………………………………………… 404
第四节　产品责任保险合同 …………………………………………… 407

第五节　雇主责任保险合同 …………………………………… 409
第六节　职业责任保险合同 …………………………………… 411
第十九章　信用保险合同与保证保险合同 …………………………… 416
第一节　信用保险合同 …………………………………………… 416
第二节　保证保险合同 …………………………………………… 421
第二十章　再保险合同 ……………………………………………… 427
第一节　再保险合同概述 ………………………………………… 427
第二节　再保险合同的订立和履行 ……………………………… 433

第三编　保险业法

第二十一章　保险组织及其经营规则 ………………………………… 437
第一节　保险组织形式 …………………………………………… 437
第二节　保险公司的设立条件 …………………………………… 441
第三节　保险公司的变更、整顿与接管 …………………………… 445
第四节　保险公司的解散与破产 ………………………………… 447
第五节　保险经营规则 …………………………………………… 449
第二十二章　保险业的监督管理 …………………………………… 459
第一节　保险监管的内涵与原则 ………………………………… 459
第二节　保险监管的模式 ………………………………………… 461
第三节　保险监管机构 …………………………………………… 462

第一编　保险法概述

第 1 章　危险与保险

第一节　危险及其处理

古语有云：天有不测风云，人有旦夕祸福。在人类生存的客观环境中，现实存在着多种形式的危险或风险。例如，我们不仅面临着地震、洪水、台风等能给我们造成损失的各种自然危险，还面临着被他人故意或过失地侵害权益，造成人身、财产遭受损害的人为危险。这些自然危险和人为危险的发生，都会给我们的正常生活造成极大的威胁。因此，研究并正确认识危险，对我们采取合理措施以减少危险及其造成的损害具有重大的意义。

【思考】

除了自身权益因自然灾害受损或被他人侵害之外，危险还有何种表现形式？

一、危险的概念与特征

危险是指能够给人们带来损害的不确定事件。危险具有以下特征：

（一）危险具有客观性

危险具有客观性包括以下两个方面的含义：

1. 危险存在的客观性。即无论是自然界的台风、地震或洪水等，还是人的生老病死以及伤残等危险，都是客观存在的现象。

2. 危险的发展不以人的意志为转移。上述各种各样的危险，要么是自然规律的产物，要么是社会发展规律的产物。因此，人们只能尽自己最大的努力去认识危险，在一定的时间和空间范围内，降低危险发生的几率，减少危险造成的损失，但我们却无法彻底消灭危险。旧的危险消失了，新的危险会产生，危险始终伴随着我们人类的生存与生活。

（二）危险具有不确定性

所谓危险具有不确定性，是指危险发生与否不确定，发生时间不确定以及造成损害的后果不确定。发生与否不确定是指从全人类的角度观察，危险的发生是必然的，但是针对某个特定的主体而言，危险是否发生却具有不确定性。发生时间的不确定，即某种特定的危险何时发生，为我们人类所不知或无法准确预见。造成损害的后果不确定即危险是否造成损害，造成多大的损害，也无法准确确定。

（三）危险具有损失性

所谓危险具有损失性，是指危险的发生可能使人们遭受损失，即危险的发生可能造成一定程度的经济损失或形成某种特定的经济需要。所谓特定的经济需要是指人们因为遭受疾病、伤残或死亡等事件所需要的医疗费、生活费，以及其家属的扶养费等。不造成经济损失、不产生经济需要，或仅仅造成可以忽略不计的经济损失的危险，都不属于保险制度所言的危险。正是因为危险具有损失性，才促使人类尝试运用一些制度去分散、消化危险给我们造成的损害。

【思考】

从危险的特征分析保险的价值。

二、危险的分类

（一）人身危险与财产危险

以危险给人们造成的损害对象的不同为标准，可以将其分为人身危险与财产危险。人身危险是指能够造成自然人死亡、伤残、疾病等的危险。财产危险是指能够使人的财产或财产利益受到损失的危险。财产危险又可进一步分为财产损失危险、责任危险、信用危险等。责任危险是指自然人或法人因为一定法律事实的出现，应该对他人承担损害赔偿责任的危险。信用危险是指在经济交往中，权利人因为对方丧失信用，如违约而造成的损失的危险。在各国保险立法与保险实务中，一般均是遵循此一标准，将保险分为人身保险与财产保险两大类，并将经营前述两类业务的保险商区分为人寿保险公司和财产保险公司。

（二）纯粹危险与投机危险

根据危险是否仅仅产生损失，可以将危险分为纯粹危险与投机危险。纯粹危险是指只会产生损失而无获利机会的危险。如火灾、地震、洪水等危险。投机危险是指既可能造成损失，又可能使人们从中获利的危险。如股票买卖、商业经营等。

（三）静态危险与动态危险

按照危险的性质，可以将危险分为动态危险与静态危险。所谓静态危险是指各种自然灾害或由于人们的过错行为所导致的危险，如地震、暴风、破产、伤害、疾病以及欺诈等。静态危险一般都是纯粹危险，因为其只有损失的可能而无获利的机会。动态危险是指由于人类的社会活动所导致的危险，所谓人类的社会活动是指社会的经济结构变动或科技发展等人类行为所导致的危险，如人口增长、政府政策变化、产业结构调整以及人们观念变化等。

当然，危险还可以有其他的分类。例如，危险按照其造成损失的原因还可以分为自然危险、社会危险、经济危险、政治危险以及技术危险等。

三、危险的处理

（一）危险的处理方法

既然危险是我们必须面对而且无法避免的不确定事件，那么我们就必须将危险的发生概率降低到最低限度，或者将危险可能造成的损害降低到最低程度，只有这样，才能保证人类长久持续的发展。对付危险，我们采取的措施主要有以下几种：

1. 避免。即对于某种危险直接设法避免，例如，为避免空难而搭乘陆路交通工具。但此种方法仅适用于危险可以避免的情形。

2. 保留。保留是指当某项危险不可避免，或某人甘于冒险以期获利时，由自己保留所愿承担的危险的方法。危险由自己保留通常出现在以下情形中：①处理危险的成本大于承担危险的代价；②危险造成的最大损失亦在可承受的范围之内；③损失无法移转。[1]

3. 事前预防与事后抑制。即采取自然科学或社会科学措施消除或减少危险发生的诱因，一旦危险仍然发生，则尽力采取相应措施，以图减轻损失的程度。

4. 中和。即利用危险带来的机会力争获利，以此填补危险可能造成的损失。此种方法仅适用于投机危险，典型的如利用期货套期保值。

5. 移转。即将危险移转于他人承担的方法，例如，转让营业以逃避经营损失，通过保险制度将危险转移于保险人承担。

6. 集合与分散。即将面临同类危险的个体或单位集合起来，形成危险共同体，使危险发生的不确定性变得相对稳定，由于共同体内全部成员共同承担危险造成的损失，因而会使共同体内每个个体所承担的损失较以前减少。最典型的即为保险制度。显然，就投保人（被保险人）而言，保险为危险移转的方法，而就保险人而言，保险则为危险的集合与分散。

---

〔1〕 袁宗蔚：《保险学——危险与保险》，首都经济贸易大学出版社2000年版，第12页。

（二）危险与保险

从危险危害程度的角度划分，危险可以分为四类，即发生概率低且损失较小的危险；发生概率高但损失较小的危险；发生概率小，但损失大的危险；发生概率高而损失也较大的危险。前两种危险所造成的损害可以由危险受害人自己承担，而后两类危险给受害人造成的损失往往远远超出受害人可以承受的范围，因此，为了保障受害人的正常生活，需要将该两类危险造成的损失予以分散或转移。

保险就是人类发明的用以分散危险以及转移危险的制度。其运作原理如下：投保人向保险人支付一定的保险费，建立庞大的保险基金，在投保人（被保险人）遭受损失时，由保险人以保险基金给予补偿，从而达到危险分散和危险转移的结果。

首先，保险具有危险分散的功能。由于保险人的保险基金来自于全体投保人所支付的保险费，因此，当保险人从保险基金中赔偿某个特定投保人（被保险人）的损失时，其实质是将保险事故所造成的损失在所有的投保人之间予以分摊。保险从投保人（被保险人）的角度观察，具有危险转移之功能；从保险人的角度观察，具有危险集合与分散之功能。

其次，保险具有危险转移的功能，在保险事故发生后，根据保险合同，保险事故所造成的损失由保险人从保险基金中予以赔偿，投保人（被保险人）将其危险转移给保险人。

【重点提示】

从投保人角度观察，保险是转移危险的制度，而从保险人角度考察，保险是分散危险的制度。

（三）保险制度的功能

1. 消除人们因危险所致损害而产生的恐惧感。危险与人类活动并存，危险所致损害给我们带来的恐惧感也伴随着人类。保险作为一种制度，虽然其不能完全预防或阻止危险的发生。但是通过保险，即使危险发生并致人损害，该损害也可以由受害人受领保险给付而获得全部或部分赔偿，从而减少或消除我们对危险所致损害的恐惧感。

2. 保障因危险遭受损失之人的生活。保险事故发生后，因为保险事故遭受损失之人，难免出现生活上之拮据或困境。但是，若投保人已经投保，那么保险事故发生后，保险人所给付的保险赔偿金，可以弥补被保险人的全部或部分损失。这样，因为危险导致的受害人生活的困境或拮据即可得以缓解或解决。

3. 防止损失发生。原则上，商业保险的保险费率取决于被保险人所面临的危险程度。为了减少保险费的支出，投保人（被保险人）就必须采取安全防范措施防范风险的发生，尽力减少危险造成的损失。从而可在一定程度上防止危险的发生。例如，在机动车第三者责任险中，保险公司实施浮动费率制，根据被保险人以往的驾驶理赔记录来决定投保人需支付的保险费数额。为了降低保险费支出，被保险人（往往就是投保人）就需要尽力避免发生交通事故。

第二节　保险的概念与要件

从经济功能的角度观察，保险是将个人损失的全部或一部分，转移给保险公司，然后再分散给社会大众，以达到保障社会成员生活稳定的一种制度。从法律的角度观察，一方面，保险为合同之一种，是能够在当事人之间产生债权债务关系的行为法律事实。另一方面，特别是从保险人的角度观察，保险则为营业之一种。以下关于保险，均从法律角度对其进行阐述。

【思考】

保险作为一种合同与作为一种营业，他们之间的联系是什么？

一、保险概述

（一）保险的概念

我国《保险法》第 2 条规定："本法所称保险，是指投保人根据合同约定，向保险人支付保险费，保险人对于合同约定的可能发生的事故因其发生所造成的财产损失承担赔偿保险金责任，或者当被保险人死亡、伤残、疾病或达到合同约定的年龄、期限等条件时承担给付保险金责任的商业保险行为。"由此可见，保险具有以下含义：

1. 保险是一种合同，即投保人与保险人所订立的合同。

首先，合同者，双方当事人意思表示一致之法律行为也，意思表示一致意味着保险合同必须由投保人和保险人就双方的权利义务达成一致。依据我国《保险法》第 10 条的规定，保险合同是投保人与保险人约定保险权利义务关系的协议。投保人是指与保险人订立保险合同，并按照合同约定负有支付保险费义务的人。保险人是指与投保人订立保险合同，并按照合同约定承担赔偿或者给付保险金责任的保险公司。

其次，既然保险合同是一种合同，其所产生的必是债权债务关系，即保险合同是产生债权债务关系的法律事实。保险合同所产生的债权债务关系中，当事人之一方，即投保人负有支付保险费的义务，保险费是保险人承担保险责任的对价。保险必须有保险费的存在，若投保人不支付保险费而在保险事故发生时，仍能获得赔偿，则不是我们所谓的商业保险。对作为保险合同另一方当事人的保险人而言，当保险事故发生时，其对投保人负有支付保险赔偿金的义务。保险合同不同于其他合同的特殊之处在于：投保人支付保险费的义务是确定的，而保险人只有在保险事故发生时，才负有给付或赔偿保险金的义务。

最后，保险为合同之一种，因此，除非保险法另有规定，合同法关于合同的一般规定当然适用于保险合同。

2. 保险是一种商行为。保险是保险人的一种营业行为，是商行为之一种。保险人以经营保险为业，并且从中获取利润。显然，不以赢利为目的的所谓“保险”，例如养老保险、工伤保险、医疗保险、失业保险、生育保险等社会保险均不属于保险法所称的保险。再者，由于保险为商行为之一种。因此，商法的原则、方法等必然要适用于保险。

【理论扩展】

保险是合同之一种，因此，应从法律体系的角度来思考保险法与合同法的关系，保险法与民法的关系。关于保险合同，如果保险法有规定的，保险法的规定是特别法，关于保险合同的法律适用，根据特别法优先于一般法适用的法律原则，首先适用保险法中保险合同的相关法律规定。如果保险法没有特殊规定的，则应适用合同法的相关规定。另外，合同为法律行为之一种，如果关于保险合同，若保险法与合同法都没有相关规定的，应适用民法总则之法律行为的相关规定。

（二）保险合同的特征

1. 保险合同为双务合同。根据法律规定以及保险合同的约定，投保人有向保险人支付保险费的义务，而保险人在保险事故发生后有向被保险人或者受益人赔偿或给付保险金的义务。所以，保险合同为双务合同。

2. 保险合同为诺成合同与不要式合同。诺成合同是指当事人意思表示一致即可成立的合同。不要式合同是指法律或当事人不要求必须具备一定形式的合同。我国《保险法》第13条规定：“投保人提出保险要求，经保险人同意承保，保险合同成立。保险人应当及时向投保人签发保险单或者其他保险凭证。保险单或者其他保险凭证应当载明当事人双方约定的合同内容。当事人也可以约定采用其他书面形式载明合同内容。”由此可以看出，我国《保险法》关于保险合同的成立并不要求投保人必须支付保险费，只要保险人与投保人意思表示一致，保险合同即可成立。而且我国《保险法》并没有要求保险合同必须采用特定的形式，所以保险合同为诺成合同与不要式合同。

3. 保险合同为射幸合同。所谓射幸合同，是指合同双方当事人的权利义务或者一方当事人的权利义务在合同订立时还不确定，必须等一定的事实出现后，其权利义务才能确定的合同。保险合同是最为典型的射幸合同，因为在保险合同成立生效后，投保人的义务已经确定，即支付保险费。但是保险人支付保险金义务的产生与否，取决于保险事故是否发生。若保险事故发生，则保险人应向被保险人或受益人支付保险金。如果在保险期限内，保险事故没有发生，则保险人不负前述义务。所以保险合同是典型的射幸合同。

4. 保险合同为格式合同。所谓格式合同就是指合同的内容事先由一方当事人拟好，另一方当事人只能就其内容表示同意与否的合同。保险合同的内容一般都是由保险公司事先拟定，投保人不能与保险人讨价还价进行协商，所以保险合同是典型的格式合同。由于格式合同的制订者经常会利用其拟订合同的优势地位创制不平等条款，侵害合同相对方的利益。因此为了保护处于弱势地位的合同相对方的利益，法律需要对格式合同进行不同于其他合同的特殊规制，以维持当事人之间的利益衡平。

5. 保险合同为最大诚信合同。保险合同是射幸合同，投保人交付少量的保险费，保险事故发生后，即可使被保险人获得远远高于保险费的赔偿。因此，保险合同存在以小搏大的可能。由于在保险合同存续的整个过程中，保险标的始终掌握在投保人或被保险人手中，因此，对于保险标的的风险状况，保险人并不了解，其做出是否承保的决定基本取决于投保人对保险标的风险状况的具体描述。再者，保险事故是否发生及其损害程度的大小，也在一定程度上取决于投保人或被保险人是否采取了恰当的防范风险行为，而保险人对此却难于操控。因此，传统保险法里特别强调投保人应遵循诚实信用原则，履行如实告知义务、防灾减损义务等，以保护保险人的利益。保险合同故而被称为最大诚信合同。但近代以来，随着保险实务的发展，最大诚信原则的内容日益丰富，其已从单纯地规范投保人行为发展到对保险合同当事人双方的全面制约，即保险人亦应遵循最大诚信原则。其最集中的表现为缔结保险合同时，保险人应向投保人承担说明义务。这是由于保险具有技术性，以及由此所造成的保险合同的附和性。即保险人在订立保险合同时，必须向投保人说明保险合同的内容，以期使投保人在完全理解保险合同内容的基础上，做出是否订立保险合同的真实意思表示。由此可见，保险合同的性质决定了保险合同为最大诚信合同，无论是在保险合同的订立、履行还是终止过程中，保险合同的当事人都应该严格履行基于诚信原则而派生出的各项义务，以期达到当事人之间的利益衡平。

【思考】

保险合同的性质与保险合同为最大诚信合同之间有何关系？

二、保险的要件

保险的要件是指保险的构成要素，即保险赖以存在的基本条件。

（一）可保危险的存在

“无危险，无保险；无损失，无保险”。因此，危险的存在是保险存在的首要条件。如前所述，危险是指能够给人们带来损害的不确定事件。正是由于危险的存在，特别是危险造成的损害已经远远超出了受害人的承受能力时，人们才不得不考虑抵抗危险的方法。而保险就是人们创造的用以抵抗危险，分散危险的一种制度。但并不是所有的危险都可以运用保险制度加以防范和分散，保险制度所抵抗、分散的危险必须是可保危险。可保危险通常需要符合以下条件：

1. 可保危险是纯粹危险。投机危险的发生使当事人存在获取利益的可能性，有违保险分散损失的目的之实现，因而通常不属于可保危险。[1] 而纯粹危险的发生仅会给我们带来损害，所以我们才要建立保险制度以分散其所带来的损失。

2. 非道德风险和已经发生的危险。所谓道德风险是指投保人、被保险人或受益人故意促成保险事故发生的危险。保险承保的是不确定性事件可能给被保险人带来的损害，而道德风险属于可控风险。如果将之纳入承保范围，则会诱发骗保现象，严重损害保险人利益，危及被保险人的人身安全，有违诚信原则。同理，已经发生的危险亦不能作为可保危险。[2]

3. 危险具有同一性。危险的同一性是指在面临危险的特定群体中，每个成员都有可能因某种同类危险的发生而遭受损失。例如火灾、伤害、死亡等，只有这样，才能根据统计经验以及数学概率估计该共同体所应积聚的资金，危险一旦发生，就可用其补偿受害人所遭受的损失。

4. 危险具有重大性。危险具有重大性是指危险可能造成的损失已经远远超出了受害人承受能力。如果危险不具有重大性，受害者完全可以依靠自己的能力承担风险，保险制度就没有存在的必要了。

【重点提示】

道德风险与已经发生的危险不属于可保危险。

（二）危险共同体的存在

所谓危险共同体是指由多个因保险事故发生而可能遭受损失的投保人（被保险人）组成的团体。保险的理念是“我为人人，人人为我”，其基本原理是集合危险，

---

〔1〕 但现代保险制度的发展已使得越来越多的危险成为可保危险，包括部分投机危险。

〔2〕 道德风险与已发生的危险通常不属于可保危险，但也存在着例外。例如，被保险人自杀的危险在一定条件下仍是保险法上的可保危险。

分散损失。这就要求参加保险者需尽可能多，唯有如此，通过众多参保者支付的保险费才可形成数额巨大的保险基金，以之对因保险事故的发生而遭受损失的危险共同体的个别成员进行补偿。危险共同体按其构成方式不同可分为两种，一为直接集合，另一为间接集合。前者是指面临共同危险的多个个体为达到集合危险、分散损失的目的而直接结合为一个团体，其主要表现形态为相互保险。后者是指面临共同危险的多个个体均是与保险人单独缔结保险合同，个体相互之间原本并不相识。但是，面临危险的某个个体一旦与保险人缔结了保险合同，就有权利在保险事故发生时，要求保险人以全部参保者支付保险费而形成的保险基金填补自己所遭受的损失，从而事实上通过保险人间接构成了危险共同体。

（三）可运用大数法则准确估定保险费率

依据概率论，某些在一定条件下大量重复出现的随机现象有一定的规律性，此即大数法则。例如，在少数的几次彩票抽奖中，数字 1～33 出现的概率并不均等。但如果将成千上万次抽奖结果进行统计分析可见，每个数字出现的概率将无限均等。就保险而言，保险人必须可以运用大数法则准确估定特定危险发生于危险共同体的概率及其损失程度，唯有如此，保险人才可以准确估定其应向投保人收取的保险费额，使其在支付所有的赔付金额后尚有一定的利润，维持其继续经营。如果保险费率过低，保险公司就会因入不敷出而破产。而费率过高，则会打击投保人的积极性，投保人不愿意投保。所以，合理的保险费率对于保险的存在具有决定意义。

（四）以补偿因保险事故而遭受的损失为目的

既然危险的发生可以给我们造成损害，而保险就是以分散损失为目的，所以“无损失，无保险”。补偿还意味着被保险人获得的保险金不得超过其因保险事故发生而遭受的损失。对财产保险而言，损失额可以用货币来衡量。但人身保险中，被保险人的人身损害却难以准确评定，因此，人身保险一般采取定额方式，在订立合同时即确定可能发生的损失数额，一旦保险事故发生，则保险人径行依据约定数额向被保险人或受益人支付保险金。实务中，保险人一般是以支付金钱的方式对被保险人的损失进行补偿。当然，基于契约自由原则，保险人和投保人还可以约定诸如恢复原状等其他保险补偿方式。

第三节　保险的分类

保险按照不同的标准，可作不同的分类，其中常见的分类主要包括以下几种：

一、人身保险与财产保险

以保险人承保的保险标的为标准，保险可分为人身保险与财产保险。

（一）人身保险

人身保险是指以人的寿命或者身体为保险标的之保险。人身保险又可以分为人寿保险、健康保险以及意外伤害保险。人寿保险是指以人的生存或者死亡为保险事故的保险，包括生存保险、死亡保险、生存死亡两全保险。生存保险是指以被保险人至保险合同约定的期限仍然生存为保险事故，在该期限到来之后，保险人给付约定数额的保险金的保险。死亡保险是指以被保险人死亡为保险事故的发生，在被保险人死亡后，保险人应支付受益人约定数额保险金的保险。生存死亡两全保险是指无论被保险人在保险期限内死亡，抑或保险期限届满时，被保险人仍然生存的，保险人均应依约定承担给付保险金责任的保险。它是由生存保险与死亡保险合并而成的一类险种。健康保险又称疾病保险，是指被保险人在保险期限内发生疾病、分娩（视同疾病）而导致医疗费用的支出或收入减少，或者因疾病、分娩导致被保险人残疾或死亡时，保险人应承担给付保险金责任的保险。伤害保险是指若被保险人在保险期限内因意外事故遭受伤害，或因此导致被保险人残疾或死亡时，保险人承担给付保险金责任之保险。

（二）财产保险

财产保险是指以财产及其相关利益为保险标的之保险。财产保险有狭义和广义之分。狭义的财产保险仅指财产损失保险。而广义的财产保险除了包括财产损失保险（含海上保险）外，还包括责任保险、信用保险、保证保险等。现代的财产保险为广义的财产保险。

财产损失保险是指以有形财产为保险标的之保险，其保险标的可以是包括动产、不动产在内的一切人体以外的人力所能支配的有形财产，但种植物与养殖物通常不在此列。责任保险是指以被保险人依法应当对第三人承担的损害赔偿责任为保险标的的保险。作为保险标的的责任既包括侵权责任，也包括违约责任。信用保险是指保险人对被保险人向第三人的信用贷款或者信用售货提供担保，在第三人未按期清偿债务时，由保险人向被保险人负责清偿的保险，即以第三人的信用为保险标的的保险。信用保险又可分为出口信用保险、投资信用保险和商业信用保险等。保证保险是指由保险人为被保证人向权利人（即被保险人）提供担保，在被保证人违约或不忠诚而给被保险人造成损失时，由保险人向被保险人承担赔偿责任的保险。保证保险主要可分为诚实保证保险和确实保证保险。

第一章

【思考】

保险要求危险的发生不确定，但人总是要死亡的，为何保险公司还开办有终身死亡保险险种？

二、原保险与再保险

以保险人承担保险责任的先后次序，可以将保险分为原保险与再保险。原保险是相对于再保险而言的，没有原保险，也就没有再保险。原保险是指投保人与保险人最初订立的，作为再保险标的的保险。普通社会大众与保险公司缔结的保险合同都是原保险。而再保险是指保险人以其承担的保险责任的一部或全部为保险标的，向其他保险人转而再次投保而订立的保险。我国《保险法》第28条规定："保险人将其承担的保险业务，以分保形式部分转移给其他保险人的，为再保险"。之所以原保险的保险人需再次投保，是因为根据原保险合同，当保险事故发生时，原保险合同的保险人应该承担保险责任，而保险人的理赔能力不是无限的；当其认为自己承担的保险责任过于沉重，有可能超出自己的理赔能力，进而影响自己正常营业时，就需要将保险责任予以分散，而分散的方法就是通过与再保险人订立再保险合同。

再保险合同的当事人为再保险人（又称再保险接受人）与原保险人（又称再保险分出人）。再保险人是再保险合同的保险人，而原保险人是再保险合同的投保人。再保险合同的保险事故为原保险合同的保险人承担保险责任，即一旦原保险合同约定的保险事故发生而给原保险的被保险人造成损害，原保险合同的保险人依原保险合同的约定须承担保险责任时，再保险合同中的再保险人就必须依照再保险合同的约定向被保险人，即原保险合同的保险人承担保险责任，为保险给付。

根据合同的相对性，原保险合同的投保人不是再保险合同的当事人，因此，其对再保险人没有保险金给付请求权。而再保险合同中的保险人也没有权利要求原保险合同的投保人支付保险费。对于原保险合同的保险人而言，其不能以再保险人未对其支付保险赔偿金为由，而拒绝或迟延履行其对原保险合同的被保险人的保险金给付义务。我国《保险法》第29条对此作出了明确规定。

【重点提示】

原保险与再保险是两个保险合同，彼此相互独立，再保险人与原保险之投保人在通常情形下不互享权利、互担义务。

三、单保险与重复保险

以承担同一危险的保险人的人数为标准，可将保险分为单保险与重复保险。

单保险是指投保人就同一保险标的、同一保险利益、同一保险事故与一个保险人订立保险合同的保险。

重复保险又称复保险，是指投保人就同一保险标的、同一保险利益、同一保险事故与数个保险人分别订立数个保险合同，该数个保险合同保险期间重叠，并且保险金额总和超过保险价值的保险。[1]

重复保险有广义与狭义之分。广义重复保险指投保人就同一保险标的、同一保险利益、同一保险事故与数个保险人分别订立数个保险合同，该数个保险合同保险期间重叠的保险。类似的立法例如我国台湾地区“保险法”第35条，“复保险，谓要保人对于同一保险利益，同一保险事故，与数保险人分别订立数个保险之契约行为。”而狭义重复保险除要求具备上述要件之外，还要求数个保险合同的保险金额总和超过保险价值。采取这种内涵的立法例国家有德国、法国、日本和韩国等。我国《保险法》第56条第4款规定：“重复保险是指投保人对同一保险标的、同一保险利益、同一保险事故分别与两个以上保险人订立保险合同，且保险金额总和超过保险价值的保险。”可见，我国立法采取了狭义重复保险概念。

各国和各地区保险立法对于重复保险效力的规定，有区分投保人善意与恶意，规定恶意重复保险无效。而善意重复保险除合同另有约定外，各保险人按照其保险金额与各保险合同保险金额总和的比例承担赔偿保险金的责任，如我国台湾地区“保险法”第37、38条的规定。也有不区分投保人善意与恶意，而一概规定除合同另有约定外，各保险人按照其保险金额与保险金额总和的比例承担赔偿保险金的责任，我国《保险法》即采取此种处理方法（《保险法》第56条第2款）。

除上述分类之外，依据保险合同是当事人自愿订立抑或法律强制订立，保险可分为自愿保险与强制保险。依据保险给付方式的不同，保险可分为补偿保险与给付保险。前者是指保险人在保险事故发生时，以保险合同约定的保险金额为限，对被保险人所遭受的经济损失予以补偿的保险；后者是指当保险事故发生时，保险人按照约定的保险金额向被保险人支付保险金，而不考虑被保险人经济损失的大小与有无。在财产保险中，依据保险标的的价值在保险合同缔结时是否已经确定，保险可分为定值保险与不定值保险。前者是指在财产保险合同订立时，保险标的价值即已确定的保险；后者是指保险标的的价值在保险事故发生后才予以确定的保险。

【思考】

人身保险中存在重复保险问题吗？

---

〔1〕 在某一保险合同的保险人承担第一危险责任的情形中，即使各保险合同保险金额总和未超过保险价值，也可能出现类似于重复保险的情形，使被保险人不当得利。因此，有的学者将各保险合同保险金额总和虽然未超过保险价值，但保险事故发生后，各保险人依照合同的约定向被保险人支付的保险金之和超过被保险人实际损失的情形也归入重复保险之列。

【练习题】

一、选择题

1. 以下属于危险的特征的是（　）

A. 危险具有客观性　　B. 危险具有损失性

C. 危险具有不确定性　　D. 以上都不是

2. 作为法律事实之一种的保险，能在当事人之间产生（　）

A. 物权关系　B. 人身权关系　C. 知识产权关系　D. 债权债务关系

3. 以下哪些是保险的要件（　）

A. 可运用大数法则准确估定保险费率　　B. 可保危险的存在

C. 危险共同体的存在　　D. 保险以损失补偿为目的

4. 以下关于保险合同的说法，错误的是（　）

A. 保险合同是射幸合同　　B. 保险合同是诺成合同

C. 保险合同是实践合同　　D. 保险合同是最大诚信合同

5. 人身保险是以人的身体或寿命为保险标的之保险，包括（　）

A. 人寿保险　B. 健康保险　C. 意外伤害保险　D. 以上都不是

6. 以下属于财产保险的是（　）

A. 财产损失保险　B. 责任保险　C. 海上保险　D. 信用保险

7. 以下关于原保险与再保险的说法，正确的是（　）

A. 原保险的投保人是再保险合同的当事人

B. 再保险人可以向原保险之投保人请求交付保险费

C. 投保人可以向再保险人请求给付保险金

D. 再保险人不能向原保险的投保人请求支付保险费

二、简答题

1. 保险的要件有哪些？

2. 保险主要有哪些分类？

第2章 保险法概述

第一节 保险法的概念与性质

一、保险法的概念

所谓保险法，是指调整保险关系的法律规范的总称，保险关系可以分为保险合同关系、保险组织关系，以及保险监督管理关系。因此，也可以将保险法界定为调整保险合同关系、保险组织关系，以及保险监督管理关系的法律规范的总称。该界定有以下含义：

1. 保险法调整保险关系。正是由于保险法调整保险关系，而保险关系具有不同于其他社会关系的本质特征，所以保险法才能作为一个独立法律部门或者法律制度存在。

2. 保险关系包含保险合同关系、保险组织关系，以及保险监督管理关系三个方面的内容。所谓保险合同关系是指保险人和投保人因为订立保险合同而在他们之间所产生的权利义务关系，调整保险合同关系的法律规范为保险合同法。保险组织关系是指在保险商（主要指保险公司）设立、变更、运作过程中所产生的权利义务关系，对之进行调整的法律规范为保险组织法。而保险监管关系是指保险监管机关因行使保险监管权而与被监管人所形成的法律关系，调整保险监管关系的法律为保险监管法。学理上亦将保险组织法与保险监管法合称为保险业法。

3. 以上三种社会关系，具有两种不同的性质。保险合同关系与保险组织关系的本质是私法关系，主要受意思自治原则支配，因而调整保险合同关系与保险组织关系的法律规范属于私法范畴。而保险监管关系本质是公法关系，受“权力服从”原则的支配，所以调整保险监管关系的法律规范是公法。

由此可见，保险法调整的法律关系的属性并不完全相同，由此增加了界定保险法性质的难度。

【重点提示】

保险法的调整对象是保险关系，包括保险合同关系、保险组织关系，以及保险监管关系。

二、保险法的性质与特征

（一）保险法的性质

保险法属于商法范畴，这是由保险法所调整的法律关系性质的主要方面所决定的。如前所述，保险法是调整保险关系的法律规范的总称，而保险首先是一种商行为，因保险这种商事营业行为所形成的保险合同关系当然是商事关系，所以保险合同法是商事行为法的重要组成部分。其次，以经营保险为业的保险公司是商主体之一种，保险法对这种营利性主体所进行的特殊规范就是保险组织法，属于商主体法的范畴。因此，保险合同法与保险组织法属于商法的内容。虽然保险法也调整保险监督管理关系，但是，此种调整的目的是为了促使保险人的保险营业能够健康运转，以保护投保人、被保险人与保险人的利益，其在保险法中应该属于附属地位，即保险法主要调整保险合同关系以及保险组织关系。因此，将保险法界定为商法是科学的。

【思考】

为什么将保险法的性质界定为商法?

（二）保险法的特征

通常认为，保险法主要具有以下特征：

1. 由私法规范与公法规范相结合组成。保险法是由私法规范和公法规范两部分组成。这样的内容构成根源于保险法调整对象的特殊性。如前所述，保险法调整保险关系，而保险关系包括保险合同关系、保险组织关系，以及保险监督管理关系。调整保险合同关系与保险组织关系的法律规范分别属于商行为法以及商主体法，是私法规范。而保险监督管理关系是国家的保险监管机关在行使保险监督管理权时与被监管人之间形成的不平等主体之间的法律关系，属于行政法律关系，所以调整保险监管关系的法律是公法。由于保险法的调整对象包括私法关系和公法关系，决定了保险法由私法和公法规范组成。

2. 技术性。由于保险业以营利为目的，而为了达到营利之目的，必然要求一定技术举措作为保证。保险法将这些技术性举措予以确认，便成为保险法中的技术性条款。保险技术性表现为：保险费率的计算、保险金额以及保险赔偿金的计算、保险资金的运用以及各种准备金的提取比例等都需要以严格科学的数学方法进行保险精算。保险法中的很多条款就是以强制性的规定对以上技术性要求予以确认。

3. 国际性。在全球经济一体化的趋势下，保险经营已经超越国界，跨国保险公司的不断出现，使保险经营日趋国际化，保险经营的国际化必然要求本属于国内法的保险法也随之国际化，保险法的国际化趋势表现为各国保险法的同一化或者趋同化。

第二节 保险法的立法体例

保险法的立法体例是指保险法在各国法律体系中的地位以及表现形式。学者在论述立法体例问题时，一般将之分为大陆法系与英美法系分别探讨，而大陆法系的保险立法又大致可以分为德国法系和法国法系两类，英美法系的保险立法则以英国和美国为代表。

一、大陆法系的保险法立法体例

（一）德国法系的保险法立法体例

德国法系的保险法立法体例最典型的特征是将保险业法和保险合同法分别立法。采纳此种立法体例的国家有奥地利、西班牙、斯洛伐克、瑞士等，当然，德国是最为典型的代表。

德国于1731年拟定了《汉堡保险与海损条例》，1794年时将海上、陆上保险在新制定的《普鲁士普通法》中予以规定。1897年，海上保险被纳入《德国商法典》第四编第十章。1908年，德国制定了相当于保险基本法的《保险契约法》。该法共五章194条，分别就保险的共同规则、财产保险、人寿保险、意外伤害保险和附则做了规定。由于德国采取民商分立的立法体例，因此在德国，保险法属于商法的内容。在保险业法方面，1901年5月12日，德国第一部关于保险监督的法律——《民营保险业法》开始生效。1931年，德国又颁布了《民营保险企业及建筑银行法》和《再保险监督条例》。其后，随着社会经济的发展以及政治形势的变化，特别是受到了在欧洲经济一体化的影响下催生的欧盟三代保险指令的影响，德国的保险业法在生效后进行了多次修订。现行的保险业法是1933年制定，并于1995年最新修订的《保险机构监督法》。

【重点提示】

德国法系保险立法的特征在于保险业法和保险合同法分别立法。

（二）法国法系的保险法立法体例

法国法系保险法的立法体例的最大特点在于保险合同法和保险业法统一立法，除法国外，采纳此种立法体例的国家或地区还有我国大陆及台湾地区等。

法国保险立法最早起源于海上保险。具有现代意义的保险法为1681年法国国王路易十四颁布的《海事敕令》，它是欧洲大陆最早的现代意义上的保险立法。该法后来被编入《法国商法典》的海商编。法国的陆上保险最早适用民法典中射幸合同的相关规定。随着保险市场的发展，适用射幸合同的相关规定明显不适应社会需求。所以，法国于1904年开始拟定保险合同法。该法于1930年7月颁布实施，共4章86条。该法虽然没有规定再保险，但对于陆上保险的其他方面规定得较为完善。法国的保险业法一开始规定在其商法典中，1905年法国颁布了《人寿保险业监督法》，1938年又通过了有关保险企业监管的相关法律，该法于1954年修订后仍在适用。

1976年法国决定将所有调整保险关系的法律规范编纂为法典。于是散见于各个部门法中有关保险的法律规定被集中合并，成为现在的《保险法典》。

【重点提示】

法国法系保险立法的特征在于保险业法和保险合同法统一立法。

二、英美法系的保险法立法体例

英美法系最为典型的特征在于其立法多表现为判例形式，不强调法律的体系性和逻辑性。但是在商法方面，英美法系除去判例外，还存在大量的成文法，所以英美法系的保险立法包括成文法以及判例法两部分。

（一）英国的保险法立法体例

英国是保险营业发展较早的国家之一，由于英国是判例法国家，故而最初并没有成文的保险法，保险关系由习惯和当事人的特约进行调整。英国的成文保险法始于1601年英国女王伊丽莎白时期制定的《海上保险法》。从1756年至1778年，被尊称为“英国保险法之父”的大法官曼斯菲尔德在运用商法的原则以及传统的普通法来解决各种保险纠纷的同时，开始收集大量的欧洲海上保险案例以及国际惯例，将之编订成为海上保险法案例，并做出了一些颇具影响力的判例。他的这项工作，为以后英国的海上保险立法，如1906年的《海上保险法》，和1909年的《海上保险（反赌博）法》奠定了基础。特别是1906年制定的《海上保险法》，对世界各国的海上保险立法影响巨大，甚至成为海上保险的国际性通用法律。该法所提出的最大诚信原则、近因原则等迄今仍被各国保险立法所信奉。

英国陆上保险也有一系列立法。1774年，为了防止18世纪中叶频繁发生的利用人寿保险进行投机的情形，英国制定了《人寿保险法》，该法明确规定，投保人必须对保险标的具有保险利益，否则保险合同无效。1845年英国制定《反赌博条例》，专门规范财产保险和责任保险。1876年英国制定了《保险单法》。1923年又制定了《简易保险法》，规定简易人身保险的相关事项。1966年英国制定了《道路交通法》，规定机动车使用者必须订立保护第三者利益的强制保险合同。至此，英国的陆上保险法律规范基本完成。

在保险业法方面，英国的保险立法主要有1870年的《人寿保险公司法》，1981年的《保险公司管理条例》和1982年的《保险公司法》。此外，1986年的《金融服务法》、2000年的《金融服务与市场法》、2005年的《博彩法》也涉及保险业法。

（二）美国的保险法立法体例

美国原来属于英国的殖民地，因此，其保险法较多地受到了英国判例法的影响。但是与英国不同的是，美国保险立法的立法权归属于各州，而非联邦议会，所以美国并没有全国统一的保险法。自19世纪后半期以来，美国各州纷纷颁布自己的成文保险法。美国各州保险法的内容，大部分是关于被保险人的保护以及对保险业的管理、监督等内容。在各州的保险成文法中，以纽约州的保险法最为完善，是各州保险立法之模范。该法的主要内容包括：保险监督管理机构的组织，保险公司成立的许可、撤销、合并以及其资产经营之管制，代理人以及经纪人之许可与撤销，保险费以及费率算定机构之统制，保险公司之报告义务与定期检查以及课税等事项，共计18章631条。

三、我国的保险法立法体例

我国《保险法》颁布之前，采取保险合同法与保险业法分别立法的立法体例。国务院于1983年和1985年先后颁布了《财产保险合同条例》和《保险企业管理暂行条例》，对保险合同关系和保险组织、监督管理关系分别作了调整。1992年的《海商法》则对海上保险合同做了详细的规定。但是1995年颁布的《保险法》改而采取了保险合同法和保险业法合二为一的立法体制，因此可以认为我国现行保险法是集行为法与组织法于一身，具体包括了保险合同法、保险组织法、保险业监督法，实现了保险私法与保险公法的融合。我国保险法从分立走向合并，在我国保险法立法进程中是一个重大举措。这一举措既有利于保证保险法内容的完整，又便于保险法的贯彻实施。

第三节　保险法的历史演进

一、西方保险法的历史演进

根据学者的考证，近现代保险法起源于海上冒险借贷。所谓海上冒险借贷是指从事海上贸易之人，在航海时，以其船舶或船舶所载之货物作为担保，向借贷人贷款。并约定：若船只失事或遭到海盗袭击致使航行无法顺利完成，则从事海上贸易之人无须偿还其贷款之本金以及利息；如果航海顺利完成，则应偿还所贷本金、利息以及超额利润。在此，超额利润就是贷款人负担风险之代价，类似于保险费。至中世纪，意大利产生了第一种以营利为目的的商业契约保险——海上保险，该海上保险由商人或者银行单独或者联合经营。而且当时的海上保险已经有经纪人参与其中，可以推断，保险经纪人与海上保险同时产生。海上保险自意大利产生后，迅速扩展到西班牙、法国、葡萄牙、荷兰、英国，以及其他国家。而随着海上保险契约以及海上保险经营的发展，对其进行规范的法律也随之出现并发展。据记载，最早的保险立法为意大利12世纪颁布的《康索拉多海事法例》和1226年颁布的《奥龙海法》。但真正具有现代观念的保险立法于14世纪以后才开始，而且海上保险立法先于陆上保险立法，损失保险立法先于人身保险立法而发展。[1]

公元1500年至1800年，保险业开始得到大规模的发展。在这一阶段，出现了许多种类的新型保险，例如，商业火灾保险、独立的人寿保险，以及冰雹保险等。与此同时，伴随着工业革命的产生与发展，近现代意义的保险形态以及保险公司也出现了，其典型代表为无数建立于合理计算基础上的保险组织，如保险公司成立，新型的现代再保险制度的产生，以及保险监督管理机构的设立。保险制度开始步入近现代阶段，而保险法也随之步入近现代。

二、中国保险法的历史演进

商业保险是资本主义市场经济的产物，因此，我国在封建时代并没有现代意义上的保险营业，所以也不存在现代意义上的保险法。我国的保险立法肇始于清末变法图强。光绪三十三年（1907年）由修订法律馆拟订的《保险业章程草案》被认为是我国第一部保险法规。但该草案未获清政府批准实施。在此之前的1903年，戴振、伍廷芳等人开始起草大清商律，后来又由日本人志田钾太郎起草大清商律，并于1909年完成初稿。在该法典的第二编商行为第七、八章中规定有损害保险以及生命保险。但是由于清政府的覆灭，该法没有颁布施行。1912年，北洋政府的修订法律馆曾聘请法国顾问爱斯嘉拉（音译）拟订了《保险契约法草案》共4章109条。1917年北洋政府农商部拟订了《保险业法案》42条，但均未实施。1929年，国民政府立法院商法起草委员会完成《保险契约法》草案，该草案经立法院修正后改为《保险法》，并于同年12月30日公布，但因争议较大而未施行。之后，立法院商法委员会又开始重新起草保险法。与此同时，该委员会还于1933年4月委托王效文起草保险业法。1937年1月11日，国民政府同时公布了修正后的《保险法》（共4章

---

〔1〕 邹海林：《保险法教程》，首都经济贸易大学出版社2002年版，第7页。

98条），以及《保险业法》（共7章80条）和《保险业法施行法》（共19条）。但不久之后，抗日战争爆发，上述三法均未能付诸实施。

新中国成立后至改革开放之前，由于我国实行的是高度集中的计划经济体制，虽然出现了诸如《财产强制保险条例》、《船舶强制保险条例》、《铁路车辆强制保险条例》等法律，但都不是规范商业保险的法律，因此以上条例尚不是现代意义上的保险法。

新中国现代意义上的保险立法，起源于1978年我国实行改革开放。随着改革开放的开始，1981年12月13日颁布的《经济合同法》对财产保险做了原则性规定。1983年9月1日，国务院颁布了《财产保险合同条例》，它是新中国专门调整财产保险关系的第一部法律（行政法规），为我国以后保险基本法的制定打下了基础。为了加强国家对保险市场的监管，保证保险市场的良性发展，国务院于1985年3月还颁布了《保险企业管理暂行条例》，这是新中国第一部保险业法。此外，1992年公布，1993年施行的《海商法》第十二章专门对海上保险合同做了规定，它是我国保险合同法的重要组成部分。1995年6月30日，《保险法》颁布施行，标志着我国保险立法进入一个新的阶段。该法采保险合同法、保险业法两法合一的立法体例，较完整地规定了保险合同、保险公司、保险经营规则、保险业的监督管理、保险代理人以及保险经纪人等内容，为我国保险市场的发展提供了较为系统的法律规范。2002年，为了更好地适应全球经济一体化的要求，该法进行了其施行以后的首次修改。2009年2月28日，第十一届全国人民代表大会常务委员会第七次会议又对该《保险法》作了重大修订，修订后的法律自2009年10月1日起施行。

【思考】

保险业的发展与保险法有何关系？

【练习题】

一、选择题

1. 保险法的调整对象是保险关系，保险关系包括（　）

A. 保险合同关系　　B. 保险组织关系

C. 保险监管关系　　D. 保险人身关系

2. 保险法具有公法与私法的组合性的根本原因在于（　）

A. 保险法具有营利性

B. 保险法具有国际性

C. 保险法调整的对象既包括私法关系又包括公法关系

D. 保险法具有技术性

3. 保险法的特征包括（ ）

A. 技术性　　　　B. 国际性

C. 营利性　　　　D. 公私法规范混合性

二、简答题

1. 简答保险法的概念及其内涵。

2. 保险法的性质是什么？

第二编 保险合同法

第3章 最大诚信原则

第一节 最大诚信原则的概念和作用

一、最大诚信原则的概念

诚实信用是民商法的基本原则之一，作为民商法重要组成部分的保险法，自然应当遵循这一原则的要求。我国《保险法》第5条规定："保险活动当事人行使权利、履行义务应当遵循诚实信用原则。"

通常认为，诚实信用原则是指民商事主体从事民商事活动时应当讲究信用，恪守诺言，诚实不欺，在追求自己利益的同时不损害他人和社会利益，以维持双方当事人的利益衡平，进而达到当事人利益与社会利益的衡平。

【理论扩展】

诚实信用原则起源于罗马法。根据罗马法的诚信契约，债务人不仅要依据契约条件，而且要依据诚实观念完成契约规定的给付。依裁判官法的规定，如当事人因误信有发生债的原因而承认债务，实际上该原因并不存在时，则其可以提起"诈欺之抗辩"，以拒绝履行。此外，根据市民法的规定，如果当事人因错误而履行该项债务时，可以提起不当得利之诉，请求他方返还已履行的财产。如果尚未履行，可以提起"无原因之诉"，请求宣告其不受该债务的拘束。

由于诚实信用原则可以规范、引导当事人行使权利和履行义务；有助于完善立法机制，承认司法活动能动性，即授予法官自由裁量权；有助于克服成文法的局限性；有助于保障交易安全，因此，其已被奉为现代民法的最高指导原则，学者称之为"帝王条款"，即所有具体的民事立法均不得违反该原则或对该原则有所保留。

它对实现民商法所追求的公平正义理念贡献巨大，并已为众多立法所采纳。例如，1804年《法国民法典》第1134条规定："契约应依诚信方法履行"。1900年施行的《德国民法典》第157条规定："契约应斟酌交易上之习惯，遵从诚信以解释之"。第242条规定："债务人负有斟酌交易上之习惯，遵从信义，以为给付之义务。"1907年的《瑞士民法典》第2条规定："无论何人，行使权利、履行义务，均应依诚信为之。"

就保险法而言，法律对于当事人诚实信用的要求程度要远远高于其他民商事活动，应为最大程度的诚实信用，因此被称为最大诚实信用原则（简称最大诚信原则）。这是因为：一方面，保险合同是射幸合同，保险人承保的是不确定事件可能给当事人造成的损害，通常情形下，保险人决定是否承保或续保时，需要评估保险标的的风险水平以作决定，而这主要依赖于投保人向其诚实告知保险标的相关情形。另一方面，保险合同是典型的格式合同，而且保险营业极具技术性特征，这就要求保险人在设计保险条款时注意维护投保人、被保险人利益，向其说明保险条款真实含义。因此，保险法特别强调诚实信用原则，保险合同亦被称为最大诚信合同。

传统保险法里，最大诚信原则仅约束投保人，强调其应在缔结保险合同时履行如实告知义务，以控制保险人的承保风险。但近代以来，随着保险实务的发展，最大诚信原则的内容日益丰富，其已从单纯地规范投保人行为发展到对保险合同当事人双方的全面与全过程地制约：

（1）保险人亦应遵循最大诚信原则，其最集中的表现为缔结保险合同时，保险人应向投保人承担说明义务。

（2）无论是保险合同的订立、履行还是终止的全部过程中，保险合同的当事人都应该严格履行基于最大诚信原则而派生出的各项义务，以期达到当事人之间的利益衡平。

【思考】

最大诚信原则可派生出何种义务？哪些适用于投保人，哪些适用于保险人？

二、最大诚信原则的作用

（一）最大诚信原则在合同订立阶段的利益平衡功能

首先，在投保时，保险标的之风险大小直接影响着保险事故的发生概率及其造成损失的大小，并且决定了保险人保险责任的大小。因此，保险费的收取应与保险标的之风险成正比。但在订立保险合同时，由于保险标的控制在投保人（被保险人）手中，投保人对保险标的及其面临的风险有充分的了解，而保险人对保险标的风险状况知之甚少，甚至一无所知。因此，考虑到投保时双方当事人存在对保险标的风险信息拥有的不对称状态，依据最大诚信原则，保险法规定了投保人的如实告知义务。依据我国《保险法》第16条的规定，订立保险合同，保险人就保险标的或者被保险人的有关情况提出询问的，投保人应当如实告知。否则，保险人有权解除保险合同。该规定的目的就在于让保险人在全面了解保险标的所面临的风险的基础上决定是否承保，以及准确估定保险费率，唯有这样，保险合同才能够建立在公平的基础之上。

其次，由于保险经营的技术性以及保险合同的格式性，导致保险合同一般皆属于复杂的法律文件，除非投保人具有丰富的保险专业知识和法律知识，否则很少有当事人能够理解保险条款的准确含义。而保险合同应是当事人意思表示一致的产物，投保人要做到意思表示真实，则必须全面理解保险合同的内容，因此针对此一情形，保险法根据最大诚信原则的要求，强制性规定了保险人在订立保险合同时应负有的说明义务。我国《保险法》第17条规定："订立保险合同，采用保险人提供的格式条款的，保险人向投保人提供的投保单应当附格式条款，保险人应当向投保人说明合同的内容。对保险合同中免除保险人责任的条款，保险人在订立合同时应当在投保单、保险单或者其他保险凭证上作出足以引起投保人注意的提示，并对该条款的内容以书面或者口头形式向投保人作出明确说明；未作提示或者明确说明的，该条款不产生效力。"

最后，施加于保险人此义务的原因还在于保险人和投保人之间力量的不对称性，一般而言，作为个体的投保人在经济实力、法律知识等方面的弱势地位决定着其很难与实力雄厚的保险公司展开平等的缔约谈判，商定保险条款。事实上，保险条款通常情形下早已为保险人所拟定完毕，投保人只有选择接受与否的权利。因此，为防止保险人利用这一优势损害投保人利益，法律有必要强制保险人履行说明义务，以缓和这一利益的失衡状态。

（二）最大诚信原则在保险合同存续中的利益平衡功能

保险合同订立后，保险标的的风险状况始终处于不断变化的过程之中，而此种风险的大小直接决定着保险人承担保险责任概率的大小，决定着保险费率的计算依据。由于保险标的始终处在投保人（被保险人）的支配之下，而保险人对保险标的则难以进行管理或监控。因此，保险合同成立后，保险人承担保险责任与否以及保险责任的大小在一定程度上取决于投保人、被保险人的行为，这是因为：

首先，投保人、被保险人可能违反最大诚信原则，从事导致保险标的危险水平升高的行为，诱发保险事故，最终损及保险人利益。

其次，即使投保人、被保险人未从事前述行为，其仍应本着最大诚信原则，采取适当措施防止此类情形的出现，因为投保人、被保险人在通常情况下会先于保险人了解风险改变的情况，其可以及时采取安全措施，以预防保险事故的发生。

基于上述原因，保险法规定投保人、被保险人应负有以下义务，来保证投保人（被保险人）与保险人之间的利益平衡：

（1）维护保险标的安全的义务。《保险法》第51条规定："被保险人应当遵守国家有关消防、安全、生产操作、劳动保护等方面的规定，维护保险标的的安全。保险人可以按照合同约定对保险标的的安全状况进行检查，及时向投保人、被保险人提出消除不安全因素和隐患的书面建议。投保人、被保险人未按照约定履行其对保险标的的安全应尽责任的，保险人有权要求增加保险费或者解除合同。保险人为维护保险标的的安全，经被保险人同意，可以采取安全预防措施"。

（2）危险增加时的通知义务。财产保险合同的履行过程中，保险标的转让、变更用途，或者其他原因导致该标的危险程度增加的，被保险人应及时通知保险人，保险人有权决定增加保险费或解除保险合同。需要说明的是，当保险标的的危险水平降低或保险标的的保险价值减少时，保险人亦应遵循最大诚信原则，承担相应降低保险费的义务，以维持双方当事人利益的平衡。

（三）最大诚信原则在保险事故发生后的利益平衡功能

首先，在保险事故系由于不可归责于被保险人的事项而发生时，由于他先于保险人知道此一事实，因此能够较为方便地采取措施防止损害程度的扩大，维护保险人利益和社会利益。而这也是最大诚信原则对被保险人提出的必然要求。

其次，由于保险标的始终掌握在被保险人手中，保险事故发生后，对于保险事故发生的原因和造成的损害程度等信息，被保险人比保险人无疑更加了解。而保险人要作出理赔决定则必须获得相关信息，这就要求投保人、被保险人、受益人必须对保险人提供协助，以压缩保险人不必要的时间与金钱支出，节约社会财富。

最后，保险人控制着理赔过程，被保险人或受益人处于劣势地位。

据此，保险法依据最大诚信原则，规定双方当事人负有以下义务：

（1）危险发生的通知义务。我国《保险法》第21条规定："投保人、被保险人或者受益人知道保险事故发生后，应当及时通知保险人。故意或者因重大过失未及时通知，致使保险事故的性质、原因、损失程度等难以确定的，保险人对无法确定的部分，不承担赔偿或者给付保险金的责任，但保险人通过其他途径已经及时知道或者应当及时知道保险事故发生的除外"。

（2）减损义务。保险事故发生后，被保险人有义务尽最大努力采取必要的措施，防止损失的扩大。

（3）协助义务。①投保人、被保险人和受益人应该对保险人勘察保险事故提供必要的协助。而保险人亦必须承担被保险人为查明保险事故的原因、性质和保险标的之损失程度所支付的必要的、合理的费用。②被保险人或者受益人按照保险合同的约定请求保险人承担保险责任时，应当向保险人提交其能够提供的与认定保险事故的性质、原因、损失程度等有关的证明文件。③保险人行使保险代位权时，被保险人也应该给予必要的协助。

（4）保险人的诚实理赔义务。由于在支付保险赔偿金方面，保险人居于优势地位，所以根据最大诚信原则，保险人负有以下义务：①及时理赔。即保险人在收到赔偿或给付保险金的请求后，应当及时作出核定，以确定其是否属于保险责任范围之内的损失。对属于保险责任范围内的损失，保险人应当及时支付保险金。②先予给付义务。保险人自收到赔偿或者给付保险金的请求和有关证明、资料之日起一定时日内，对赔偿或者给付保险金的数额不能确定的，应当根据已有证明和资料可以确定的数额先予支付。保险人最终确定赔偿或者给付保险金的数额后，应当支付相应的差额。

由此可见，最大诚信原则的根据在于保险合同为射幸合同、格式合同以及保险经营的技术性特征，其作用就在于根据投保人、被保险人、受益人与保险人在保险合同的订立、履行以及索赔过程中的不对等性，为双方当事人规定了不同的义务，通过强制前述义务的履行，从而达到当事人、利害关系人在整个保险合同运行中的利益衡平。

第二节 投保人的如实告知义务

一、如实告知义务的概念

投保人的如实告知义务是指投保人在订立保险合同时，应当将与保险标的有关的重要事实，根据保险人之询问或主动地如实告知保险人。如实告知义务是保险合同成立前投保人即应承担之义务，因此其不属于保险合同约定的义务，而是法律根据最大诚实信用原则的要求施加于投保人的法定先合同义务。我国《保险法》第16条第1款规定：“订立保险合同，保险人就保险标的或者被保险人的有关情况提出询问的，投保人应当如实告知。”

【思考】

为什么保险法要规定投保人的如实告知义务？投保人违反该义务时，保险人可否请求损害赔偿？

【理论扩展】

告知义务的确立依据为何？学者之间有四种不同的观点。①诚信说。该观点认为保险合同为最大诚信合同，因此投保人的如实告知义务是根据诚信原则所生之先合同义务。②合意说。该观点认为如实告知义务是投保人与保险人意思表示一致之产物。③担保说。该观点认为保险合同是有偿合同，如实告知义务是保险人承担保险责任的担保，投保人不履行如实告知义务，应负一定的责任。④技术说。该说又称为危险测定说。该说认为，保险合同的成立，以能够测定危险、计算保险费为前提，故告知义务，是保险技术所必需。而保险人测定保险标的之危险，在一定程度上依赖于投保人如实告知义务的履行。

【重点提示】

如实告知义务是最大诚信原则派生的，投保人应承担的法定先合同义务。

二、如实告知的内容

依据如实告知义务的要求，投保人或被保险人应将事关保险标的之重要事实告知保险人，即如实告知的内容是有关保险标的的重要事实。但何为重要事实呢？保险法理论通常认为包括如下几项：①足以使保险标的危险程度增加的事实；②投保人为特殊动机而投保的，则事关此种动机的事实亦属在内；③表明所承保危险特殊性质的事实；④显示投保人在某方面非正常的事实。

我国《保险法》第16条第2款规定："投保人故意或者因重大过失未履行前款规定的如实告知义务，足以影响保险人决定是否同意承保或者提高保险费率的，保险人有权解除合同"。由此可见，我国保险法中的重要事实就是足以影响保险人决定是否承保，以及足以影响保险人确定保险费率的客观情况。

一个事实是否为重要事实，应该具有客观的判断标准。即确定某事实是否足以影响保险人决定是否承保，或是否影响保险人确定保险费率，既不应取决于被保险人或投保人的个人主观判断，也不应以某一个特定的保险人的判断为依据，而是应以"客观理性的保险人"的标准来判断，即在相同的情形下，如一个普通谨慎的保险人认为该事实为重要事实的，则该事实就是应告知的重要事实。反之，就不属于重要事实。

需要说明的是，如实告知义务的内容除须为重要事实外，仍须以投保人、被保险人所明知或应知者为限，因为法律无法要求义务人——投保人和被保险人——无所不知。至于是否为应知事项，则应结合具体情形加以判断。

此外，保险法施加于投保人和被保险人如实告知义务的目的在于使保险人能准确评估相关风险，而能否达到这一目标，除确定义务人是否已履行相关义务外，还取决于保险人对义务人未为告知的事项是否知悉。即便投保人或被保险人违反如实告知义务，但若保险人已知相关情事，则投保人与被保险人的此等不实告知、遗漏或隐瞒并不会影响保险人对拟承保风险的评估，因此，自不应赋予保险人合同解除权。我国《保险法》第16条第6款规定："保险人在合同订立时已经知道投保人未如实告知的情况的，保险人不得解除合同；发生保险事故的，保险人应当承担赔偿或者给付保险金的责任"。

【实务指南】

如前所述，投保人应该告知的内容为事关保险标的的重要事实，保险实践中，判断某项事实是否为重要事实的方法主要有以下几种：

1. 风险增加法。该方法是一种使用较为普遍的方法，根据该方法，如一个事实要被认定为重要事实，则该事实必须导致承保风险的增加。美国纽约州保险法规定，除非保险人了解到不实陈述的事实会导致其拒绝达成保险协议，否则，不能被看作是对重要事实的不实陈述。马萨诸塞州保险法规定，除非不实陈述增加了损失风险，否则，不能视为对重要事实的不实陈述。由此可见，凡是能够引起承保风险增加的事实，都是重要事实。

2. 影响损失法。根据该方法，不论事实本身的重要性如何，只要对该事实的不实陈述从本质上并没有造成承保财产的损失增加或导致承保财产灭失，该事实就不是重要事实，对该事实的不实陈述就不能够导致保险合同无效。由于该种方法比较极端，对保险人的利益保护过于苛刻，所以该方法的使用不如前一种方法普遍。

3. 询问确定法。在订立保险合同时，凡是保险人询问的事实，均可以推定为重要事实。由于保险合同为射幸合同，保险标的之状况对保险人的利益影响甚巨。而且，保险合同具有较强的技术性，关于哪些事实重要，投保人难以知晓。因此在订立保险合同时，保险人具体询问的事实都是重要事实。被保险人或投保人必须如实完整且准确地回答投保人的询问。任何对询问问题的沉默，都可以构成对重要事实的不告知，甚至是故意不告知。如果投保人的回答与保险标的之事实情况不符合，就是对重要事实的不实陈述。实践中，可将保险人在投保单或风险询问表中需要投保人逐一填写的内容，都推定为重要事实，投保人应如实填写这些内容，否则就构成不实告知。

【思考】

为什么将告知义务的内容限于重要事项？

三、如实告知义务的主体

关于告知义务的主体，各国保险立法并没有统一的规定。有的国家规定投保人为告知义务的主体，而有的国家将被保险人规定为告知义务的主体。而且保险普通法与保险特别法的规定亦有所不同。例如，依据我国《保险法》第16条的规定，告知义务的主体似应限于投保人，而依据《海商法》第222条的规定，海上保险中承担告知义务的主体则为被保险人。详加分析可见，如投保人与被保险人为同一人，则区分何者承担告知义务并无意义。而若二者非为同一人，则义务承担主体的确定将产生重大影响。即若被保险人不承担告知义务，则保险人只能向投保人询问保险标的相关情况，并仅在投保人有不实告知时方可解除保险合同，而不论被保险人就保险标的所作陈述是否属实。考虑到被保险人对保险标的的风险状况往往比投保人有着更为清楚的认知，特别是人身保险中有关被保险人的个人隐私事项，投保人往往无法得知，这难免对保险人评估拟承保风险造成极大困扰，因此有学者认为，应该将投保人与被保险人均纳入告知义务的主体，即将我国《保险法》第16条的投保人作扩大解释，将其解释为既包括投保人，也包括被保险人。[1] 我们认为此一观点是妥当的，况且司法实务中亦有诸多判例支持此一观点。[2]

【重点提示】

告知义务的主体为投保人与被保险人。

四、如实告知义务的履行时间

如前所述，告知义务是保险法根据最大诚信原则的要求，强加给投保人或被保险人的法定先合同义务，因此，告知义务的履行时间一般都是在保险合同订立时，也即保险合同成立之前。具体而言，则在保险人同意承保的意思表示（承诺）生效前，投保人与被保险人皆负如实告知义务。但需要注意的是：①如果当事人变更合同的主要内容时，与变更内容有关的重要事实，投保人与被保险人仍负有如实告知义务；②如合同需要续展效力，则续保时，投保人与被保险人亦应承担如实告知义务；③在投保人申请保险合同复效时，投保人与被保险人还应承担如实告知义务。

需要说明的是，告知义务与保险合同成立后，危险程度增加或保险事故发生时，被保险人或投保人对保险人所负的通知义务不同。根据我国《保险法》第21条和第52条第1款的规定，危险程度增加与保险事故发生的通知义务，是在保险合同成立后投保人和被保险人对保险人所负担的义务，与保险合同成立前投保人、被保险人对保险人所负担的告知义务有所区别。前者为合同义务，后者为先合同义务。

---

〔1〕 邹海林：《保险法教程》，首都经济贸易大学出版社2002年版，第52页。

〔2〕 例如，我国台湾地区1978年度台上字第919号判决，1965年诉字第557号判决，以及1967年诉字第5360号等判决均持此观点。转引自江朝国：《保险法基础理论》，中国政法大学出版社2002年版，第225页。

五、如实告知义务的履行方式

对如实告知义务的履行方式，各国保险立法有无限告知主义与询问告知主义两种模式。所谓无限告知主义，是指投保人或被保险人不待保险人询问，保险人也无须向其说明应告知情况的范围，投保人或被保险人仍应主动地向保险人告知事关保险标的的一切重要情况。例如，英国1906年《海上保险法》就要求被保险人在订立保险合同时必须将其所知道的有关保险标的的一切重要事实主动告诉保险人。而“所有影响一个谨慎的保险人决定保险费或决定是否承担某项风险的情况均为重要事实”。

询问告知主义是指投保人或被保险人只需向保险人如实告知其所询问的事项，保险人没有询问的事项，投保人或被保险人没有主动告知的义务，而推定为保险人已经知晓。显然，此种立法模式并不要求投保人判断哪些事项属于事关保险标的的重要事实，投保人或者被保险人只要如实回答保险人的询问，即可认为其已履行了如实告知义务。根据我国《保险法》第16条第1款的规定，我国立法采取的是询问告知主义。但依据我国《海商法》第222条之规定，我国海上保险则采取无限告知主义。由于《海商法》中的保险条款是《保险法》之特别法，根据特别法优先于一般法之法律适用原则，关于海上保险的如实告知义务之履行，应适用《海商法》的相关规定。

显然，我国《保险法》第16条规定的告知义务与我国《海商法》第222条规定的告知义务有所不同。它们虽都属于告知义务，但是海商法的告知义务是主动性义务，即无论保险人是否询问，被保险人都应该承担如实告知的义务。而保险法的告知义务是被动性义务，即询问告知，保险人没有询问的事项，投保人或被保险人不负告知义务，即便未询问事项属于影响保险人决定是否承保或决定保险费率的重要事实。

保险人询问告知义务人时，告知义务人采用哪种方式告知，各国法律没有明确规定。因此，告知可以是书面形式也可以是口头形式，既可以是明示也可以是默示。投保人、被保险人甚至可以授权代理人代为告知，即告知义务不以投保人、被保险人亲自履行为限。

在保险实务中，保险人通常采取书面形式询问，因此，投保人或被保险人只要如实填写保险人设计的投保单或风险询问单中的相关问题，即可认为其已履行了如实告知义务。

【重点提示】

海商法的告知义务是主动性义务，无论保险人是否询问，被保险人都应该承担如实告知的义务。而保险法的告知义务是被动性义务，保险人没有询问的事项，投保人或被保险人不负告知义务。

六、如实告知义务违反的责任

（一）违反如实告知义务的类型

如实告知义务的违反，通常有两种形式：一种是告知不实，即告知义务人虽然向保险人告知了相关情况，但告知内容却与客观事实不符，它又可分为故意而为的错告与过失而为的误告。第二种是应该告知而没有告知，又可分为故意而为的隐瞒和过失而为的遗漏。我国保险法根据告知义务主体违反义务的主观恶性，将不履行告知义务划分为故意不履行如实告知义务以及因重大过失不履行如实告知义务两种。

（二）承担违反如实告知义务责任的构成要件

1. 投保人或被保险人主观上有过错。故意违反如实告知义务是指投保人明知道事关保险标的的重要情况而不告知或者告知保险人虚假情况。故意违反如实告知义务可以是积极地作为，也可以是消极地不作为。投保人重大过失违反告知义务是指在相同的情形下，一般民事主体都应知道事关保险标的的重要情况，但是投保人或被保险人却因其疏忽而不知道，以至于没有履行如实告知义务。

2. 投保人、被保险人客观上存在违反如实告知义务的行为。承担违反如实告知义务法律责任除义务人主观上存在过错外，其客观上亦须存在违反该义务的行为，即义务人未能向保险人如实告知影响保险人决定是否承保或确定保险费率的重要情形。

3. 不存在无须告知的情形。依据保险法理，对于下列事项，投保人、被保险人不承担告知义务：①保险风险降低的；②保险人已经知道或者在通常的业务活动中应当知道的；③经保险人声明无须告知的；④投保人按默示或明示担保条款不需要告知的。

对于上述投保人、被保险人不负告知义务的情形，我国《保险法》仅规定了上述第三种情形，此外，均未明确肯认。《保险法》第16条第6款规定："保险人在合同订立时已经知道投保人未如实告知的情况的，保险人不得解除合同；发生保险事故的，保险人应当承担赔偿或者给付保险金的责任。"相对而言，我国台湾地区"保险法"的规定则完善许多。该法第62条规定："当事人之一方对于下列各款，不负通知之义务：①为他方所知者；②依通常注意为他方所应知，或无法诿为不知者；③一方对于他方经声明不必通知者。"

（三）违反如实告知义务的法律责任

告知义务人违反告知义务的法律后果，存在两种立法例。一种是保险合同无效，

第三章

第二种是保险合同解除。我国采纳的是保险合同解除的做法，根据我国《保险法》第16条的规定，违反如实告知义务的法律责任包括：

（1）投保人故意不履行或因重大过失未履行如实告知义务，足以影响保险人决定是否同意承保或者提高保险费率的，保险人有权解除合同。

（2）投保人故意不履行如实告知义务的，保险人对于保险合同解除前发生的保险事故，不承担赔偿或者给付保险金的责任，并不退还保险费。

（3）投保人因重大过失未履行如实告知义务，对保险事故的发生有严重影响的，保险人对于合同解除前发生的保险事故，不承担赔偿或者给付保险金的责任，但应当退还保险费。

合同解除权是形成权，对于形成权，法律一般都规定有除斥期间。我国《保险法》也规定了告知义务主体违反告知义务时，保险人行使合同解除权的除斥期间。即如果保险人知道有解除事由，那么自其知道解除事由之日起，超过30日不行使而消灭。如果保险人不知道有解除事由，那么自合同成立之日起超过2年的，保险人不得解除合同；发生保险事故的，保险人应当承担赔偿或者给付保险金的责任。

【重点提示】

投保人违反如实告知义务所生的保险人之合同解除权的行使时限系除斥期间。

【实例参考】

2007年3月，甲向某保险公司投保了10万元重大疾病终身险和10万元附加意外伤害险。保险公司体检时发现甲有高血压、左心室肥大，于是以次标准体加费承保。2008年2月，甲因高血压，冠心病、心衰3度住院治疗，住院病历记载高血压病史7年，否认糖尿病史、心脏病史。2008年3月1日，甲的妻子又为甲投保了6万元康乐保险，并向保险公司告知了该次住院的情况，保险公司再次以次标准体加费承保。6月22日，甲再次就诊，诊断结果为：药物性多器官损害，药物性心肌瘤，高血压3期，冠心病，糖尿病。8月14日，甲再次要求加保康乐保险，保险公司拒保。8月17日，甲因药物性多器官功能损害导致全身器官衰竭去世。随后，甲之妻向保险公司提出给付保险金的申请。保险公司调查后发现甲投保时已患牛皮癣并服用激素2年，但是甲及其妻子在投保时均未告知，该事实对保险事故的发生构成重大影响，保险公司因此拒绝支付保险金。甲之妻遂诉至法院。

甲妻认为投保书并未明确询问甲的皮肤病史，并且被保险人已通过保险公司体检，体检报告中也没有询问皮肤病史，投保人对此无告知义务，保险公司不应拒付。

保险公司则认为，虽然投保书中没有明示牛皮癣，但有“有无慢性病或自觉不适症状”的询问。投保人在一直服用激素治疗的情况下告知“无”，已经构成不实告知，并且不实告知的事实对保险事故的发生有严重影响。因此，保险公司以因重大过失没有履行告知义务为由解除合同并拒付赔偿金。

问题：保险公司是否应向甲妻承担保险责任？

分析与评论：本案争议的焦点在于：对投保书未明确问及的事项，投保人是否有告知义务？投保人如实告知义务的内容为保险标的的重要事项。如何界定重要事项，立法有无限告知主义与询问告知主义之分。无限告知主义要求投保人应该将自己了解到的全部重要事项如实告知保险人。但对于哪些事项为重要事项，投保人往往难以判断，因而无限告知主义对投保人过于苛刻。询问告知主义要求投保人仅就保险人所询问的事项如实告知，即凡是保险人询问的事项，均推定为重要事项。我国保险实务中，各保险公司一般在投保单中逐一列明投保人必须如实告知的事项。投保人只要如实回答了投保单中所列各种问题，就应当视为履行了如实告知义务。本案的关键在于，甲患有牛皮癣是否适用“有无慢性病或自觉不适症状”的范围。由于投保人告知的是重要事项，而“有无慢性病或自觉不适症状”的范围过于宽泛，哪些慢性病或自觉不适症状属于重要事项，难以确定。如果任由保险公司解释，对投保人极其不利。因此，本案中可以认定保险公司没有询问牛皮癣这一疾病，不能证明牛皮癣这一疾病构成重要事实。故而投保人没有告知这一事项，不能免除保险公司给付保险金的义务。

第三节　保险人的说明义务

一、说明义务概述

（一）说明义务的概念

所谓保险人的说明义务，是指在订立保险合同时，保险人有义务向投保人解释保险合同条款的真实含义，希望使投保人藉此能准确理解相关条款的内涵，并在此基础之上决定是否与保险人缔结保险合同，从而矫正双方当事人之间专业知识与经济实力的不对称状态，实现投保人与保险人相互之间的利益平衡。

保险实务中，由于保险人多为经济实力雄厚的保险公司，其常常利用这一优势事先拟定好相关保险条款，排斥投保人就合同内容谈判的权利。即处于弱势地位的投保人难以与保险人展开对等的缔约谈判，以协商一致的方式确定合同内容，而只有对保险人提出的合同条款接受与否的自由，显然意思自治原则在此难以得到完全实现。加之保险营业的技术性特征明显，使得保险条款往往晦涩艰深，投保人难以准确了解条款的真实含义，因此需要强制保险人在订立保险合同时向投保人说明格式条款的真实含义。为此，我国《保险法》第17条规定："订立保险合同，采用保险人提供的格式条款的，保险人向投保人提供的投保单应当附格式条款，保险人应当向投保人说明合同的内容。对保险合同中免除保险人责任的条款，保险人在订立合同时应当在投保单、保险单或者其他保险凭证上作出足以引起投保人注意的提示，并对该条款的内容以书面或者口头形式向投保人作出明确说明；未作提示或者明确说明的，该条款不产生效力。"

【思考】

保险实务中存在投保人与保险人协商一致确定合同条款内容的情形吗？此种情形下，保险人负有说明义务吗？

（二）说明义务的特征

1. 说明义务是法定义务。义务按照其产生的基础不同可以分为约定义务和法定义务。约定义务指当事人基于意思自治原则以协商一致方式确定的义务，法定义务则指法律直接施加于当事人的义务。保险人的说明义务来源于法律的直接规定，因而属于法定义务。由于其为法定义务，所以保险人不能在保险合同中以约定的方式排除其说明义务。

2. 说明义务是先合同义务。根据义务成立的时间不同，可以将与合同关系有关的义务分为先合同义务、合同义务与后合同义务。先合同义务指当事人为缔约——合同关系成立前——而接触时，基于诚实信用原则而发生的各种说明、告知、注意以及保护等义务。违反其即可构成缔约过失责任。后合同义务是指合同关系消灭后，当事人依诚实信用原则而负有的以作为或不作为方式维护给付效果、处理善后事宜的义务。说明义务是在保险合同成立前，保险合同的一方当事人即保险人所负担的义务，所以其属于先合同义务。

3. 说明义务包括提醒义务与解释义务。保险人在与投保人签订保险合同之前或者签订保险合同之时，除了在投保单、保险单上提示投保人注意阅读保险条款外，还应当对保险条款的概念、内容及其法律后果等，以书面或者口头形式向投保人或其代理人作出解释，以使投保人明了该条款的真实含义和法律后果。即说明义务可分解为提醒义务与解释义务。[1] 这是由于保险经营具有技术性，保险条款往往晦涩艰深，即使投保人完全阅读了保险合同的全部条款，也难以完整、准确理解保险合同条款的含义，进而难以做出真实的意思表示。

4. 说明义务主要属于主动性义务。修订后《保险法》第17条规定保险人对保险条款有说明义务，但保险人该项义务是主动性义务抑或被动性义务，法律未作明确规定。我们认为，由于说明义务的对象既包括免责条款，也包括一般条款。因此，对该问题不可一概而论，而应做相应区分。其中，对保护投保人、被保险人利益更为重要的免责条款的说明义务应属于主动性义务，即除提醒投保人注意阅读免责条款外（履行提醒义务），保险人无须等待投保人提出询问，就应该主动向投保人解释免责条款的内涵（主动履行解释义务）。但对于一般条款，只要保险人已经根据投保人的询问对条款作出解释，便可认为其已履行了说明义务。即对于一般保险条款，保险人的解释义务属于被动性义务。

【实务指南】

《保险法》于2009年修订前，司法实务中，很大一部分案例涉及当事人和法院对保险人的说明义务，特别是对免责条款的说明义务的履行方式或标准的理解存在分歧。保险人通常认为，在保险单中以不同字体，如黑体字，将免责条款予以印刷，即可认为已履行了说明义务。至多需要在投保人对有关事项提出问询时，自己进行解释。部分法官也持此种观点。与此相对应的是，投保人、被保险人通常认为，保险人对免责条款的说明义务应包含两部分，即以包括用不同字体印刷在内的方式提醒投保人注意免责条款，以及以口头或书面方式对免责条款主动进行解释。部分法官支持此一观点。即双方当事人都认为，说明义务可分解为提醒义务与解释义务，但双方对保险人的解释义务是被动义务还是主动义务持不同观点。《保险法》修改前，理论界大都认为解释义务是被动义务。但可能是考虑到我国具体国情，依据修

---

〔1〕 根据法研［2000］5号最高人民法院研究室的答复，2009年修订前《保险法》第18条中规定的，保险人对免责条款的"明确说明"，是指保险人在与投保人签订保险合同之前或者签订保险合同之时，对于保险合同中所约定的免责条款，除了在保险单上提示投保人注意外，还应当对有关免责条款的概念、内容及其法律后果等，以书面或者口头形式向投保人或其代理人作出解释，以使投保人明了该条款的真实含义和法律后果。修订后《保险法》第17条第2款规定："对保险合同中免除保险人责任的条款，保险人在订立合同时应当在投保单、保险单或者其他保险凭证上作出足以引起投保人注意的提示，并对该条款的内容以书面或者口头形式向投保人作出明确说明……。"可见，立法者认同了最高法院研究室的上述观点。只是，前述"解释义务"在修订后的《保险法》里被表述为"明确说明"义务。即"明确说明"应作限缩解释，将其理解为"解释"，因为说明义务已经成为法学界一个通用的术语，其内涵应当包含提醒与解释。使用"明确说明"易与说明义务相混淆。

改后《保险法》第17条第2款的规定，保险人对免责条款的解释义务应属于主动义务无疑。因为保险人在履行了提醒义务后，如果投保人并不向保险人就免责条款提出问询，则依据《保险法》的规定，该免责条款不产生法律效力。即为使相应条款生效，保险人必须主动向投保人进行解释。但问题在于，司法实务中有观点认为，保险人的解释还必须使投保人正确理解免责条款，即保险人必须承担使投保人正确理解条款的义务。这对于保险人未免过于苛责。私法的目标是形式公平，而非实质公平，保险法作为私法的一部分也不例外。事实上，考虑到投保人个人状况，如智商、教育程度的巨大差别，保险人不可能做到保证所有的投保人都完全正确理解保险条款。况且这一点保险人也无法举证证明。

【重点提示】

说明义务是保险法根据最大诚信原则规定给保险人的法定先合同义务。

二、说明义务的主体

说明义务的义务主体是保险人，其既可以自行通过书面、口头等方式直接向投保人履行说明义务，亦可以通过代理人向投保人履行义务。若代理人未能善尽说明义务，在解释保险条款时存在隐瞒、疏漏等情形，则由保险人承担说明不实的法律责任。例如，若保险人及其代理人所做解释与条款真实含义相比更有利于投保人、被保险人利益的维护，则保险人应依原所作解释承担保险责任。

三、说明义务的内容

（一）免责条款的说明义务

依据《保险法》第17、18条的规定，保险合同的条款可分为免责条款与一般条款两类。其中，免除合同当事人的合同义务以及法律责任的条款为免责条款。根据契约自由原则，只要当事人的免责条款不违反法律法规的强制性规定，不违反最大诚信原则和公序良俗原则，都应受到法律的承认和保护。但由于保险合同极具技术性特征，免责条款时常以极其隐蔽的方式表现出来，加之此类条款对于投保人的利益影响甚巨，一旦投保人未能注意到此一条款或未能准确理解此一条款，则可能彻底挫败投保人的缔约目的。而免责条款的制定者——保险人基于自身利益考量，通常缺乏对该类条款向投保人进行提醒和解释的动力。如此一来，无异于保险人将自己的意志强加给投保人，损害了契约自由原则的实现，对投保人殊为不公。为了避免此现象的发生，保护投保人、被保险人以及受益人的合法权益，保险法将保险人对免责条款的说明义务专门作为一款加以规定。我国《保险法》第17条第2款规定："对保险合同中免除保险人责任的条款，保险人在订立合同时应当在投保单、保险单或者其他保险凭证上作出足以引起投保人注意的提示，并对该条款的内容以书面或者口头形式向投保人作出明确说明；未作提示或者明确说明的，该条款不产生效力。”

需要说明的是，有学者认为，免责条款是指除外责任条款，是保险人不承担赔偿责任的范围。[1] 但此定义显然并不准确。分析保险实务可见，保险人可通过诸多方式来达到限制或免除自己给付责任的目的，即除外责任条款并不是保险人限制自己保险责任的唯一手段，事实上，保险人还可能通过对核心概念的外延限定、责任分摊与责任竞合的操作规则、通知义务的履行期限与方式等诸多手段来达到此目的。因此，应对免责条款做扩大解释，将其理解为保险合同条款中一切可限制（即部分免除）或免除（即全部免除）保险人给付责任的制度安排。对于前述条款，保险人均应向投保人承担说明义务。

【理论扩展】

保险的目的仅在于分散不确定危险给人们带来的不利益，将危险造成的损失通过分摊方式限定于具体当事人可承受的程度之内，并非被保险人的全部损失均可通过保险而予以转移，保险人得以法律或契约之约定限制其承担保险责任的范围。以责任保险为例，若被保险人应承担的赔偿责任依据法律规定或保险合同的约定不属于保险责任范围，保险人对此不承担给付责任的，该类危险则被称为除外责任。[2] 学者大都将除外责任分为法定除外责任与约定除外责任。前者是指保险人对被保险人致人损害的赔偿责任不须约定而免予承担保险责任的情形，其因法律明文规定与保险默示条款而发生，如各类保险中的已发生的保险事故、道德风险——即被保险人故意造成损害的行为等；后者是指依照保险合同之约定，保险人对被保险人的赔偿责任免予承担保险责任的情形，例如，董事责任保险中约定除外情形包括核辐射或放射性物质污染损害赔偿责任、普通环境污染损害赔偿责任、被保险人诉被保险人、金融监管机构诉被保险人等。

我们认为，理解除外责任不应局限于保险合同中的除外责任条款。事实上，对承保范围进行限制有时可以取代规定某种除外责任条款，并达到与规定该条款相同的功效。例如，将保险合同中损失或不当行为的概念作明确限定，从而将被保险人应承担的非填补性损害赔偿责任排除出承保范围。例如，美国国际集团（AIG）澳大利亚保险公司董事与高级职员责任保险定义部分将损失界定为是指被保险人由于遭受索赔而有义务支付的任何抗辩费用、引渡费用、调查费用、损害赔偿金、和解

〔1〕 李永军主编：《商法学》，中国政法大学出版社2004年版，第745页。

〔2〕 邹海林：《责任保险论》，法律出版社1999年版，第204页。

金额。损失不包括法律规定的罚款或罚金、惩罚性赔偿金、税金、被保险人依照有效的澳大利亚以及新西兰法律不得支付的任何款项。再如我国现行的机动车保险条款（含车辆损失险、交强险、商业第三者责任险、车上人员险、玻璃险等）经常将精神损害赔偿金、停业损失等间接损失排除于保险合同约定的“损失”范围之外。此外，他保条款（the Other Insurance Clause）也在某种程度上起着与规定除外责任条款相似的作用，因此，该条款偶尔会被融入除外责任条款之内，但多数情形下其仍是以独立条款形式出现的。该条款时常规定，如果本保单所承保之损失同时为另一保单所承保，则本保单对此损失不承担保险责任。有时，此类条款还将其承保范围限定于超出另一保单承保金额的部分或与另一保单按一定比例分摊损失。例如，我国台湾地区环球董事及重要职员责任保险条款第10条规定：“除非法律另有规定，本保险单所承保之任何保险，以超过任何其他有效且可获理赔之保险赔偿金额以上之损失金额为限”。因此，可将上述限制承保范围的规定视为实质性的除外责任。

相比较于实质性的除外责任，保险合同中的除外责任条款可称之为形式性的除外责任，或称纯粹的除外责任。从理论上讲，该种条款可归纳为三大类：第一类可称为行为类除外责任条款，该类条款明确地将某种不适于承保的行为排除出承保范围。该种行为一般被认为系属被保险人可操控之危险，因而违反保险法理要求的承保危险之不确定性要求，故被列为除外责任。例如董事责任保险单中时常出现的被保险董事不当得利除外责任条款、不诚实与欺诈除外责任条款、证券内幕交易除外责任条款等。第二类除外责任条款可称为其他保险承保类除外责任条款，该条款的设计理念是将某类具体保险视为被保险人的最终保护屏障，如果有其他种类的保险可对被保险人所面临的具体风险提供保险保障，则前一类保险人乐见其成，并将该种风险排除出其保险合同的承保范围。仍以董事责任保险为例，此类除外责任条款典型的如人身及有形财产损害除外责任条款、环境污染责任除外责任条款、侮辱与诽谤除外责任条款等。第三类可称为特有危险除外责任条款，即保险人认为被保险人存在某种非普遍性的独特风险，该风险因不具有普遍性而无法形成较大规模的风险共同体，属于保险学中的不可承保危险，故保险人以除外责任条款形式将该种危险明确排除出承保范围，以避免因此可能发生的纠纷，但此一情形并不多见。

（二）一般条款的说明义务

所谓一般条款是指通常情况下，除免责条款外保险合同应当具备的其他条款，其包括但不限于下列条款：①保险人的名称和住所；②投保人、被保险人的姓名或者名称、住所，以及人身保险的受益人的姓名或者名称、住所；③保险标的；④保险责任；⑤保险期间和保险责任开始时间；⑥保险金额；⑦保险费以及支付办法；

⑧保险金赔偿或者给付办法；⑨违约责任和争议处理；⑩订立合同的年、月、日；⑪保险合同术语的含义。但是，考虑到保险实务中，保险人限制或免除自己保险责任并非一定通过保险条款中列明的“免责条款”或“除外责任条款”，例如，其可以通过将合同术语中的损失限定为“直接损失”或不包括精神损害赔偿金。因此，如果前述一般条款被保险人利用以限制自己的给付责任，则其不再属于一般条款范畴，而应归入免责条款之列。

需要说明的是，与之前的《保险法》相比，2009年新修订的《保险法》将保险人说明义务限定于当事人采用保险人提供的格式条款缔结保险合同的情形之中，因此，若保险合同条款是双方当事人协商一致确定的，则保险人对前述条款并不负说明义务。这是因为此种情形下，有能力与保险人展开缔约谈判的多是经济实力雄厚的公司，其具有较为丰富的商事活动经验，具有相当娴熟的保险技术，或者有能力通过聘任专业人士掌握保险技术，因此并不存在通常情形下保险合同当事人之间的利益失衡状态。

四、说明义务的履行方式

根据《保险法》第17条的规定，保险人对投保人所做的说明，其应采用的方式依据说明对象不同和是否采用格式条款而有所区别。

首先，我国《保险法》规定在采用保险人提供的格式条款缔结保险合同时，保险人对免责条款应当进行说明，而且说明方式的要求极为严格，即除在订立合同时应当在投保单、保险单或者其他保险凭证上作出足以引起投保人注意的提示，如以不同字体予以印刷外，还应当对该条款的内容以书面或者口头形式向投保人作出明确解释，且此处的解释义务应为主动义务。因此，保险人履行前述解释义务时，无须等待投保人的请求或询问。其不得以投保人未为请求为由拒绝履行义务。需要说明的是，无论投保人是否提出问询，保险人均应作出解释，但至于投保人能否理解则在所不问，因为保险人无法举证证明投保人已准确理解了相关条款。毕竟，是否准确理解完全是投保人的主观感受。一旦发生纠纷，投保人完全可以否认自己准确理解了条款内涵，置保险人于必输之境地。

其次，若采用保险人的格式条款缔结合同，保险人还应对一般条款予以说明。我们认为，此种说明应有别于免责条款的说明义务。具体而言，保险人对投保人并不承担提醒义务，而仅在投保人就一般条款提出问询时，需对此作出明确、完整、客观的解释。即将该项义务应限定于单纯的被动性解释义务。其原因如下：①《保险法》第17条第2款明确要求保险人不但要对免责条款进行提示，而且要进行“明确说明”。如上所述，此处的“说明”应理解为履行解释义务。相对而言，该条第1

款却仅要求对一般条款进行“说明”。依据上下文解释，则一般条款无需进行提示(提醒)。②保险实务中，保险人履行提醒义务时，通常采用的方式是对条款里的重要内容用不同字体——例如黑体字——印刷，以此引起投保人注意。如果在以此种方式履行了对免责条款的提醒义务后，事实上保险人就无法再履行对一般条款的提醒义务，否则将使投保人难以注意到免责条款。③如果我们为了保护投保人、被保险人的利益，实现规定说明义务的立法目标，则必须要将免责条款的概念作广义解释，即将其理解为保险合同条款中一切可限制（即部分免除）或免除（即全部免除）保险人给付责任的制度安排。如此一来，一方面，只要保险人善尽免责条款的说明义务，则投保人、被保险人的利益在很大程度上将得到维护，再强制保险人主动履行对一般条款的解释义务，并无多大实际意义。另一方面，社会经验告诉我们，只有存在差别，才能突出重点。如果我们强调保险人也应当对一般条款主动履行解释义务，则必然削弱履行免责条款解释义务的实际价值。保险人可能会着重强调、解释相对并不重要的一般条款，而对免责条款轻描淡写地稍加阐述，最终损害投保人、被保险人利益，有违立法者规定此一义务的初衷。④可能与保险人设计保险条款时的特殊考虑，即不愿将免责条款“赤裸裸”地公之于众，以免引起投保人的反感和监管机关的注意有关，免责条款一般较为隐蔽、晦涩。而对于一般条款保险人则无此种顾虑，因此一般条款相对于免责条款通常较易理解。故强制保险人向投保人主动解释此一般条款并无必要，即便投保人对某些特定条款存在疑问，规定保险人有对此作出被动解释的义务即可完全保护其利益。因此，将保险人对一般条款的说明义务限定于单纯的被动性解释义务不但不会损及投保人、被保险人利益，反而会促进《保险法》相关条款立法价值的实现。

最后，对于未采取保险人提供的格式条款而缔结保险合同时，保险人对于合同内条款并不承担说明义务。

严格地讲，保险人是否按照法律的要求对免责条款履行了说明义务，是一事实判断问题。如果当事人对此产生争议，则保险人应当承担举证责任，证明其已尽说明义务，否则应负法律责任，即对该免责条款范围内被保险人的损失承担保险责任。

【重点提示】

保险人的说明义务包括对一般条款的说明义务与对免责条款的说明义务，但履行义务的方式并不一致。

【实例参考】

涉及保险人说明义务的法院终审判决书

……

上诉人（原审被告）中国PA财产保险股份有限公司BJ分公司，住所地BJ市XC区××号。

负责人刘某，总经理。

委托代理人孙某，BJ市××律师事务所律师。

委托代理人王某，BJ市××律师事务所律师。

被上诉人（原审原告）郑某某，女，汉族，1978年12月19日出生，住BJ市CY区××号。

上诉人中国PA财产保险股份有限公司BJ分公司（原审被告，以下简称PA保险公司）与被上诉人（原审原告）郑某某因保险合同纠纷一案，不服某市某区人民法院某某号民事判决，向本院提起上诉。本院受理后依法组成合议庭审理了本案。现已审理终结。

被上诉人郑某某原审诉称：2008年1月14日，我通过电话营销方式在PA保险公司处为我所有的车号JC小轿车投保了机动车辆交通事故责任强制保险（以下简称交强险）、车辆损失险、第三者责任险和不计免赔率特约条款。2008年7月9日，我驾驶被保险机动车在某市东直门桥北与车号JF、车号BG、车号GD三辆机动车发生追尾事故，经交通管理部门认定，我对此次事故负全部责任。因此次事故，我支付了被保险机动车的修理费27 270元和施救费136元、赔偿车号JF车主车辆修理费16 567元、赔偿车号BG车主车辆修理费4405元、赔偿车号GD车主车辆修理费900元。我要求PA保险公司履行保险责任，PA保险公司却以我未按期体检为由拒绝赔付保险金，故起诉要求确认保险合同的免责条款无效、要求PA保险公司给付保险金49 278元并负担本案诉讼费。

上诉人PA保险公司原审辩称：我公司对保险合同效力以及郑某某发生交通事故的事实无异议，但根据保险合同商业第三者责任保险条款第4条第1项和车辆损失险条款第5条第1项的规定，驾驶员未依法取得驾驶证、驾驶证审验未合格、依法应当进行体检的未按期体检或体检不合格、驾驶与驾驶证载明的准驾车型不符的机动车的，我公司不负赔偿责任。本案所涉交通事故发生后，经我公司调查，郑某某应当在2007年12月进行体检，但郑某某未按期提交身体条件证明，郑某某因交通事故造成的损失属于保险合同的免责范围，故不同意郑某某的诉讼请求。

原审法院查明：2008年1月14日，郑某某通过电话营销的方式在PA保险公司处为其所有的车号JC小轿车投保了交强险、车辆损失险、第三者责任险和不计免赔率特约条款等险种，其中，车辆损失险的保险限额为53 000元、第三者责任险的保险限额为50 000元，保险期限自2008年1月15日零时起至2009年1月14日24时止。PA

保险公司承保后向郑某某出具了保险单。2008 年 7 月 9 日，郑某某驾驶被保险机动车在某市某区东直门桥北与车号 JF、车号 BG、车号 GD 三辆机动车发生追尾事故，经交通管理部门认定，郑某某对事故负全部责任。因此次事故，郑某某支付了被保险机动车的修理费 27 270 元、赔偿车号 JF 车主车辆修理费 16 567 元和施救费 136 元、赔偿车号 BG 车主车辆修理费 4405 元、赔偿车号 GD 车主车辆修理费 900 元。

原审法院另查明：保险单所附电话营销专用机动车辆保险条款中商业第三者责任保险第 4 条和车辆损失险第 5 条规定，发生意外事故时，驾驶人有以下情形之一的，本公司不负赔偿责任：①未依法取得驾驶证、驾驶证审验未合格、依法应当进行体检的未按期体检或体检不合格、驾驶与驾驶证载明的准驾车型不符的机动车的。……郑某某于 2007 年 3 月 9 日提交身体条件证明，在公安交通管理部门“接收身体条件证明回执”上载明下次提交日期为 2007 年 12 月 17 日，并提示：你应当在“下次提交日期”后 15 日内再次提交县级或部队团级以上医疗机构出具的“身体条件证明”。超过下次提交日期 1 年仍未提交“身体条件证明”的，公安交通管理部门将依法注销机动车驾驶证。郑某某于 2008 年 7 月 11 日，再次向公安交通管理部门提交了身体条件证明。

原审庭审过程中，对于电话营销方式的程序和 PA 保险公司如何履行免责条款的明确解释的问题，PA 保险公司解释为，电话投保一般针对非首次投保的投保人，业务员通过电话核对投保人和被保险机动车的基本信息，并向投保人解释有歧义的免责条款，投保人确认后，PA 保险公司通过快递方式将保险单交给投保人。而且，保险单首页明示告知栏印有“请详细阅读保险条款，特别是责任免除和投保人、被保险人义务。”同时，保险条款中免责条款部分采用黑体加粗字体引起投保人的注意。对此，郑某某否认业务员通过电话向其解释了免责条款内容。对于免责条款内容“依法应当进行体检的未按期体检”，双方对“依法”和“按期”的解释有如下不同：①“依法”，郑某某理解为依据全国人大或其常委会颁布的法律，而没有任何法律规定驾驶员应当按期体检；PA 保险公司解释为依据包括法律、行政法规、地方性法规等在内的规范性文件，驾驶员按期体检在公安部《机动车驾驶证申领和使用规定》中有明确规定。②“按期”，郑某某提出以交通管理部门是否注销驾驶证的期限为准，身体条件证明在规定的下次提交日期后 1 年内提交即可，所以按期应为 2 年；PA 保险公司解释为驾驶员应在规定的下次提交日期之前提交身体条件证明，逾期提交的为“未按期”，即按期应为 1 年。

上述事实有郑某某提供的交强险保险单、机动车保险单及条款、简易程序交通事故认定书、定损单、维修施工单、维修发票、拒赔通知书、接收身体条件证明回执及双方当事人原审当庭陈述在案佐证。

原审法院认为：郑某某与PA保险公司签订的保险合同合法有效。PA保险公司对郑某某发生交通事故的事实无异议，应予以确认。本案的争议焦点在于：

一、PA保险公司是否对于保险合同中的免责条款尽到明确解释义务。根据法律规定，保险合同中规定有关于保险人责任免除条款的，保险人订立保险合同时应当向投保人明确说明，未明确说明的，该条款不产生效力。该说明义务是基于保险法的最大诚信原则和合同法的公平原则。因此，保险人在履行法定说明义务时的标准为：主观上保险人应尽最大的善意和可能，客观上应为通常商事交易主体可为的行为。我国《合同法》规定，采用格式条款订立合同的，提供格式条款的一方应当遵循公平原则确定当事人之间的权利和义务，并采取合理的方式提请对方注意免除或者限制其责任的条款，按照对方的要求，对该条款予以说明。据此，对于免责条款，保险人明确说明义务应包含提醒义务和解释义务两方面内容。本案中，一方面，PA保险公司在保险单（正本）下方以黑体加粗字体提示投保人详细阅读保险条款，特别是责任免除和投保人、被保险人义务，并同样以黑体加粗字体就免责条款问题进行了标识，说明PA保险公司在提醒郑某某注意免责条款上已有相当善意，可以认定PA保险公司对免责条款尽到了提醒义务。作为一个审慎的投保人，应当注意到保险单（正本）的重要提示和保险条款责任免除部分的字体与其他条款不同，从而对上述内容加以阅读。但另一方面，PA保险公司在郑某某否认业务员通过电话向其解释了免责条款内容的情况下，未能举证证明向郑某某解释了免责条款的概念、内容，导致双方对“依法”、“按期”等词语持有不同理解，对此，PA保险公司应承担举证不能的责任。虽然保险人未对免责条款履行明确说明义务的法律后果为该条款不产生效力，但是条款不生效与无效具有不同法律性质，故郑某某要求确认免责条款无效的诉讼请求，原审法院不予支持。

二、双方对于免责条款中规定的“依法”、“按期”的理解应如何认定。对于“依法”应如何解释，因不属于本案裁判的争议焦点，故不予赘述。对于“按期”应如何解释，根据法律规定，对于保险合同的条款，保险人与投保人、被保险人或者受益人有争议时，人民法院或者仲裁机关应当作有利于被保险人和受益人的解释。根据现行机动车驾驶证申领和使用规定，持有大型客车准驾车型驾驶证的机动车驾驶员，应当每年进行一次身体检查，在记分周期结束后15日内，提交有关身体条件证明，在一个记分周期结束后，一年内未提交身体条件证明的，车辆管理所应当注销其机动车驾驶证。据此，提交身体条件证明的期限为两个，一个为一个记分周期结束后15日内，即PA保险公司对“按期”解释的一年期限，另一个为一个记分周期结束后一年内，即郑某某对“按期”解释的两年。保险合同的解释属于合同解释的一种。我国《合同法》关于合同解释的规则同样适用于保险合同的解释。根据《合同法》的规定，当事人对合同条款的理解有争议的，应当按照合同所使用的词句、合同的有关条款、合同的目的、交易习惯以及诚实信用原则，确定该条款的真实意思。本案中，从PA保险公司据以免责的条款的文义表述上看，具有五种免责情况，即未取得驾驶证的情况、驾驶证审验未合格的情况、应当进行体检而未按期体检的情况、应当进行体检而体检不合格的情况和驾驶与驾驶证载明的准驾车型不符的机动车的情况。PA保险公司作为保险人列举上述五种免责情况，目的在于防范被保险机动车驾驶员在不具有驾驶资格的情况下使用机动车，从而增加被保险机动车的危险程度。结合其他四种情况所使用的词句，从保险人设置上述免责情况的合同目的分析，该免责条款列举的其他四种情况具有确定性，即只要符合，被保险机动车驾驶员就不具有驾驶资格。因此，应当进行体检而未按期体检的行为后果也应导致被保险机动车驾驶员丧失驾驶资格，否则，未按期体检的行为后果与被保险机动车的危险程度增加只存在因果关系的或然性，与该免责条款列举的其他四种确定性情况不符。综合以上分析，在本案中，一方面，PA保险公司未在郑某某投保时或签订保险合同时对免责条款的“按期”含义做明确说明，导致双方对“按期”有两种以上合理的解释；另一方面，根据合同所使用的词句、合同的有关条款及合同的目的分析按期也应确定为导致驾驶员丧失驾驶资格的期限，即一个记分周期结束后一年内。因此，原审法院对PA保险公司据以免责的条款中的“按期”作有利于被保险人的解释，“按期”应理解为两年期限。郑某某虽然未在2007年12月17日向公安交通管理部门提交身体条件证明，但并未丧失驾驶资格，PA保险公司以此理由拒绝给付保险金，不符合合同约定，原审法院不予支持。

另外，按照保险合同中对于保险责任的约定，车号JC机动车的损失属于车辆损失险保险范围，车号JF、车号BG、车号GD三辆机动车的损失属于第三者责任保险和交强险责任范围，因郑某某投保了交强险且PA保险公司未对交强险提出免赔理由，故郑某某要求的保险金中应包括交强险责任范围2000元，对于各险种保险金的数额，原审法院将在判决中予以区分。综上所述，依据《中华人民共和国保险法》第5条、第31条、[1]《中华人民共和国合同法》第5条、第41条、第125条、《中华人民共和国道路交通安全法》第76条第1款第1项之规定，判决：①PA保险公司于判决生效后10日内给付郑某某机动车辆交通事故责任强制保险金2000元；

〔1〕一审法院所援引的是2009年修订前的《保险法》第5、31条。

第三章

②PA保险公司于判决生效后10日内给付郑某某车辆损失保险金27 270元；③PA保险公司于判决生效后10日内给付郑某某第三者责任保险金20 008元；④驳回郑某某的其他诉讼请求。

PA保险公司不服原审判决，向本院提起上诉，要求撤销原审判决，改判驳回郑某某的全部诉讼请求。事实及理由如下：

一、原审法院对郑某某的驾驶证情况及提交身体条件证明的情况没有查明。郑某某的驾驶证初次领证日期及有效起始日期是2004年12月17日，有效期限6年，准驾车型是Bl。根据中华人民共和国公安部令第71号《机动车驾驶证申领和使用规定》中的相关规定，郑某某应当每年进行一次身体检查，并在记分周期结束后15日内，提交县级或者部队团级以上医疗机构出具的有关身体条件的证明。根据郑某某驾驶证记录的情况以及相关的法律规定，郑某某领取驾驶证后应当在每年12月17日后的15日内提交身体条件证明。事实上，郑某某是在2007年3月9日提交的2006年度的体检证明，在该年度的接收《身体条件证明》回执上，公安交通管理部门提示她下次提交身体条件证明的日期是2007年12月17日，而郑某某是在2008年7月11日提交的2007年度的体检证明。此时，本案中的交通事故已经发生。原审法院对上述重要事实没有查明。

二、原审法院认定有误。

1. 原审法院认定本案争议的免责条款不产生效力是错误的。《保险法》第18条[1]规定了保险公司对保险合同中的责任免除条款有明确说明的义务，这是一个原则性的规定，各个保险公司采用什么样的方式履行上述义务，并没有明确要求。本案中，我公司在保单的正面明示告知投保人、被保险人“请仔细阅读保险条款，特别是责任免除和投保人、被保险人义务”，同时在保单后附的条款中，关于责任免除和投保人、被保险人义务部分的条款，都是用黑体字标注的。我公司有证据证明已履行了明确说明的义务，不能因郑某某的否认就认定保险公司没有履行上述义务。法律要求保险公司对免责条款进行明确说明，其目的是为了让投保人、被保险人明了该条款的真实含义和法律后果。本案争议的商业第三者责任保险条款第4条第1款和车辆损失险第5条第1款规定：驾驶员未依法取得驾驶证、驾驶证审验未合格、依法应当进行体检的未按期体检或体检不合格、驾驶与驾驶证载明的准驾车型不符的机动车。在这样的情况下发生意外事故，保险公司不负责赔偿。这项条款与《机动车驾驶证申领和使用规定》中的相关条款完全一致。从这项条款的文字论述中可

〔1〕 上诉人所引用的是2009年修订前的《保险法》第18条。

以看出，对免责的情形及后果，条款本身就是一个明确的说明。在这项条款中，并没有出现保险专业的术语、也没有容易产生歧义的文字。作为一个依法取得了驾驶证的驾驶员，郑某某对机动车驾驶证的相关规定都应当是明了的，她在原审庭审中说不知道这些规定，完全是为了达到自己的诉讼请求所作的陈述。

2. 原审法院认为"提交身体条件证明的期限是两个"，从而将条款中的"按期"解释为两年是错误的。根据法律规定，保险人与被保险人、受益人对保险条款有争议时，法院应当做有利于被保险人、受益人的解释，但并不等于说法院可以做违背法律规定的解释。《机动车驾驶证申领和使用规定》第三章关于"换证、补证和注销"规定，持有大型货车准驾车型的驾驶员，在一个记分周期结束后，一年内未提交身体条件证明的，车辆管理所应当注销其机动车驾驶证。第四章"计分和审验"中规定，持有大型货车等准驾车型的驾驶员，应当每年进行一次身体检查，在记分周期结束后15日内，提交县级或者部队团级以上医疗机构出具的有关身体条件的证明。上述规定绝不是原审法院解释的"提交身体条件证明期限"有两个的含义，好像第一个期限没提交没关系，第二个期限没提交才会有法律后果。郑某某在记分周期结束后15日内未提交身体条件证明，已构成违法和违约。是否按期提交体检证明和是否被注销驾驶证，是两个不同程序上的规定。要求按期提交体检证明的"期限"只有一个，就是记分周期结束后的15日内，如果按照原审法院的解释，提交体检证明的期限是两年，那么就是允许应当每年体检一次的驾驶员可以两年体检一次，这是违反法律规定的。如果应当进行体检并应当按照规定期限提交身体条件证明的驾驶员，超过15日仍未提交的，首先是违法了，如果这种违法状态一直持续，持续到一年，车辆管理所应当注销其机动车驾驶证。可见，提交体检证明的期限就是记分周期结束后15日内。并没有什么宽限期，原审法院不应当随意将提交体检证明的期限认定为两年。

3. 关于合同中约定的"依法应当进行体检的未按期体检或体检不合格"这一条款的目的性，原审法院认定片面，并导致错误判决。原审法院认为保险条款中规定的五种免责情况的目的在于防范被保险机动车驾驶员在不具有驾驶资格的情况下使用机动车，从而增加被保险机动车的危险程度，这种认定是片面的。驾驶员并不是只有在不具有驾驶资格的情况下驾驶车辆，会增加危险程度，即使是具有驾驶资格的驾驶员，在身体条件不合格的情况下驾驶车辆，同样会增加危险程度。所以，这五种免责情况订立的目的，并不是单一的避免驾驶员在不具有驾驶资格的情况下驾驶车辆，还应该包括对具有驾驶资格的驾驶员的身体条件的要求。如何证明驾驶员已进行了体检，就是按期提交身体条件证明。郑某某应当在2007年12月17日提交体检证明，用于证明其2007年12月至2008年12月期间的身体条件情况，但郑某某在2008年7月11日才提交2007年度的体检证明，是交通事故发生后提交的。

4. 原审法院关于郑某某并未丧失驾驶资格，我公司拒赔不符合合同约定的认定，对我公司不公平。“依法应当进行体检的未按期体检或体检不合格”，发生意外情况，保险公司有权拒赔，这条规定非常明确，同《机动车驾驶证申领和使用规定》中的相关规定完全一致，法律作出这样的规定必然有其目的性，保险合同中这项条款的目的性也与其一致。作为一名机动车驾驶员、作为保险合同的一方当事人，郑某某应严格按照法律的规定和合同的约定，履行自己的义务。我公司依据“依法应当进行体检的未按期体检”这一合同约定拒赔，同是否“丧失驾驶资格”没有关系，据此法院应驳回郑某某的诉讼请求。

郑某某答辩称：同意原审判决。保险合同中关于按期进行体检的规定，我确实不知道，保险公司并未明确告知我。如果因未按期体检，就不予理赔，我就不购买PA保险公司的产品了。

本院经审理查明，原审法院所查事实属实，本院予以确认。本院审理中，双方当事人均未提交新证据。

本院认为：《中华人民共和国保险法》规定：采用保险人提供的格式条款订立保险合同的保险人应当向投保人说明合同内容，对保险合同中免除保险人责任的条款，保险人在订立合同时应当予以提示并作出明确说明，未明确说明的，该条款不产生效力。根据上述规定，PA保险公司负有向投保人郑某某就保险合同的条款，包括免责条款进行明确说明的法定义务。现在PA保险公司并未提交证据证明已经按照法律规定就免责条款等保险条款向郑某某进行明确说明，故保险合同中的免责条款对其不产生法律效力。PA保险公司以其在保险单中所作提示作为履行说明义务的依据，在其与郑某某的保险条款理解各执一词的情况下仅依该提示已不能达到使被保险人充分知晓合同内容的说明目的。PA保险公司的此项主张不成立。现PA保险公司以免责条款中的相关约定作为拒绝向郑某某承担保险责任的上述主张，本院不予支持，其上诉请求应予驳回。原审判决认定事实清楚，处理正确，应予维持。依照《中华人民共和国民事诉讼法》第153条第1款第1项之规定，判决如下：

驳回上诉，维持原判。

一审案件受理费516元，由PA保险公司负担（于本判决生效后7日内交至原审法院）。二审案件受理费1032元，由PA保险公司负担（已交纳）。

本判决为终审判决。

……

第四节 保险合同中的保证

一、保证的概念

保证，在我国台湾地区“保险法”中称为特约，而在美国法与英国法中称为担保（Warranty），是指投保人或者被保险人对保险人做出的为一定行为或者不为一定行为的承诺，或者担保某种事实存在或不存在的承诺。保证是保险合同的组成部分，保证事项一般都是重要事项，一旦违反，则保险合同不生效或保险人有权解除保险合同。

保险实务中，保证通常包括以下内容：①投保人或者被保险人担保某项事实存在；②投保人或者被保险人担保某项事实不存在；③投保人或者被保险人承诺其应该做某事；④投保人或者被保险人承诺其不做某事。保证是投保人或被保险人就某些事项向保险人所作出的承诺，此类事项一般皆属于重要事项，直接影响着保险人决定是否承保以及计算保险费率。但基于契约自由原则，当事人也可以将普通事项规定为保证事项，一旦做出此项约定，则保险人仍可以投保人违反保证为由主张保险合同自始不发生效力或径行解除保险合同。需要说明的是，保证的违反不以投保人或被保险人主观上存在过错为必要条件，即使其已尽力提供了所知的一切情形，如该情形与客观事实不符，其仍可构成保证的违反。再者，保证的违反亦不以已给保险人造成损害为要件。[1]

通常情况下，保险人引入保证条款的目的在于以下几点：①使保险人可以准确估计拟承保的风险水平；②促使投保人或者被保险人将保险标的始终处于“良好管理状态”，即能够以通常采取的方式确保保险事故不发生，或者保险事故发生后能够及时采取补救措施，以减小可能造成的损失；③约束投保人或者被保险人不进行风险较大的活动，或至少需事先经过保险人的同意。

【思考】

保证的存在合理性是什么？

二、保证的种类

（一）明示保证与默示保证

按照保证的表现方式及其效力基础不同，可将保证分为明示保证与默示保证。所谓明示保证是指保险合同中明确载明投保人或被保险人担保某一事项属实。例如，

---

〔1〕 施文森：《保险法总论》，台湾三民书局1985年版，第167页。

人寿保险合同中载明，投保人承诺被保险人在保险合同缔结前未患有肝硬化、恶性肿瘤等疾病。明示保证的效力源于当事人的约定。

默示保证是指投保人或被保险人虽未明确担保某一事项属实，但该事项的真实存在是保险人决定承保的前提条件，因此，投保人或被保险人担保该事项的真实存在是保险合同的必然内容。默示保证与明示保证具有相同的法律效力，但其效力基础在于法律的强制性规定或保险惯例。

默示保证一般仅存在于海上保险，其主要包括以下几类：①被保险人应该承诺被保险船舶航行于通常与习惯的航区，非因躲避暴风雨与救助其他船舶而不绕航的“航区保证”；②被保险人承诺在投保之时所申报的保险船舶船级无误的“船级保证”；③被保险人承诺其被保险船舶在开航时具有适航能力的“适航保证”；④被保险人应承诺其船舶不被用于非法营运的“合法航行保证”。

（二）肯定保证与特约保证

依据所保证事项的发生时间不同，可将保证分为肯定保证（Affirmative Warranty）和特约保证（Promissory Warranty）。肯定保证又称确认保证，是指投保人或被保险人对保险合同缔结时或缔结之前某一事实存在与否的保证。肯定保证与投保人告知的目的相同，均在于帮助保险人确定拟承保保险标的的危险水平。肯定保证起源于海上保险，由于保险人对于海上保险的保险标的——船舶及货物——无法掌控，评估该标的的风险水平之高低完全取决于投保人或被保险人的陈述，为有效约束投保人或被保险人的行为，明确自己的责任风险，保险人遂将肯定保证引入保险实务之中。

特约保证又称承诺保证，是指投保人或被保险人对保险合同缔结后，某一事实存在与否，或其将为或不为一定行为的保证。[1] 例如，人寿保险合同中，投保人承诺被保险人不从事高度危险活动的保证。

除保证事项发生时间不同之外，肯定保证与特约保证的区别还在于肯定保证的目的在于帮助保险人确定风险水平，而特约保证的目的则在于帮助保险人控制风险水平。

需要说明的是，有时肯定保证与特约保证难以区分，在此类情形中，保险司法

---

〔1〕［美］约翰·F. 道宾：《保险法》（第三版），法律出版社2001年影印版，第203页。Raoul Colinvaux, *The Law of Insurance*, London, Sweet & Maxwell, 1984, p. 118. 但我国台湾学者施文森对肯定保证（担保）与特约保证（担保）概念的界定则与前述著作不同，其认为肯定保证与特约保证的保证事项均包含过去、现在、将来的事项，而区分只在于肯定保证是保证某一事项是否真实，特约保证则是保证为或不为一定行为。见施文森：《保险法总论》，台湾三民书局1985年版，第166～167页。

实务一般倾向于将该类保证视为肯定保证，以维护被保险人利益。例如，投保人向保险人投保汽车盗窃保险，保险人询问该小区内保安是否巡夜，投保人予以肯定回答，则此种回答应被视为是保险合同缔结时存在保安巡夜此一事实的肯定保证，而非保险合同缔结后，保安仍将继续巡夜的特约保证。

【重点提示】

肯定保证的目的在于帮助保险人确定风险水平，而特约保证的目的则在于帮助保险人控制风险水平。

三、违反保证的法律后果

投保人或被保险人违反保证的行为主要表现为：①投保人或被保险人就某事项所作保证与客观事实不符，例如，被保险人保证其身体健康，但事实上其患有恶性肿瘤；②投保人或被保险人承诺不为某种行为，但实际上却为该行为；③投保人或被保险人承诺为某种行为，但实际上却未从事该行为。

投保人或被保险人违反肯定保证的，则保险合同自始不发生法律效力，即保险合同将该保证事项作为保险合同的停止条件。若投保人或被保险人违反特约保证，则保险人有权解除保险合同，即将保证事项（或行为）视为保险合同的解除条件。但在被保险人违反特约保证前保险事故已经发生，或履行该行为不可能，或因为该行为不合法而被保险人未履行等情形中，保险人仍应承担保险责任。（见我国台湾地区“保险法”第69条）。我国《保险法》对保证并未做规定，其将肯定保证与投保人的告知不加区分，违反肯定保证适用告知不实的规定，而违反特约保证的责任则由当事人自行约定，一般是赋予保险人合同解除权。

四、保证和告知的区别

（一）性质不同

保证是合同义务，而告知为先合同义务。保证是约定义务，而告知是法定义务。保证事项是合同的组成部分，而告知内容并不必然是保险合同的组成部分，除非保险人将其写入保险合同。然而一旦写入合同，则告知事项就变成了保证。

（二）目的不同

保证中，特约保证的目的在于控制危险水平，从而将保险人的保险责任限制在其可以承受的范围之内。而告知的目的在于让保险人准确评估危险水平，以便决定是否承保或据此决定保险费率。

（三）对象不同

保证的对象可以是重要事项，也可以是普通事项，但一旦将该普通事项订入保证条款，该事项就推定为重要事项。而告知的事项必须是重要事项。

（四）履行要求不同

保证必须严格遵守，而告知内容只需与客观事实大体相符即可。

第五节　弃权与禁止抗辩

一、弃权

（一）弃权的概念

在保险法上，弃权是指保险人明知其有解除保险合同的权利或拒绝承担保险责任的抗辩权，而以明示或者默示的方式放弃前述权利的情形。保险人一旦弃权，则之后不得基于相同事实而再次主张前述权利。

（二）弃权的构成要件

1. 保险人知道其权利的存在。投保人或被保险人违反保险合同约定的义务或保险法规定的义务是保险人取得解约权或抗辩权的法律依据，因此，当保险人知道投保人或被保险人存在前述事实时，即应知道其权利已经存在，而其实际是否已经意识到此点则在所不问。

2. 保险人有弃权的意思表示。即保险人向被保险人或受益人表明其放弃解约权或抗辩权的行为，此种弃权行为既可依单方意思表示为之，也可以经双方协商一致而做出；既可以用口头放弃，也可以书面放弃；既可以明示方式做出，亦可用默示方式做出。例如，投保人（被保险人）在约定期限内未支付保险费，但过期后，其又支付保费，而保险人接受的，视为保险人以默示的方式放弃其抗辩权和解约权。再如，在双方协商一致确定保险条款的背景下，被保险人在保险单规定的期限之后向保险人发出损失通知以及损失证明，保险人回复：根据合同，我们有权拒绝保单规定期限后的损失通知与损失证明，但是，考虑到我们之间良好的合作关系，我方同意贵方的赔偿请求，此即为保险人对其抗辩权的明示放弃。

【重点提示】

弃权是保险人放弃其应该享有的合同解除权以及抗辩权。弃权后，保险人基于相同原因不再享有其已经放弃的权利。

（三）弃权的分类

弃权可以分为有对价的弃权与无对价的弃权。

1. 无对价的弃权。所谓无对价的弃权就是保险人的弃权没有任何对价。例如，在财产损失保险和责任保险合同中，如保险条款是以协商一致方式确定的，其规定保险人要求被保险人在损失发生后规定的时间内向其发出损失通知单，并提供损失证明。若被保险人在保单规定的期限过后才发出损失通知或提供损失证明，保险人并没有提出异议而支付了保险赔偿金，则保险人实际上放弃了自己拒绝赔偿的权利。如果被保险人认为提交损失证明的时间不够，通知保险人或保险代理人要求延长此期间，保险人表示同意的，保险人即放弃了以被保险人未在规定期限内提供损失证明进行抗辩的权利。在上述事例中，被保险人并未支付保险人弃权的对价，所以是无对价弃权。[1]

2. 有对价的弃权。有对价的弃权是指保险人的弃权需要一定的对价。例如，在火灾保险中，若承保处所无人居住或无人使用超过一定期限，保险人就可以终止保险合同。被保险人在订立合同时可以要求保险人放弃这种终止合同权，保险人则可要求被保险人多支付保险费，在这里，增加的保险费就是保险人弃权的对价。再如，海上货运保险合同中经常使用的“航程变更条款”规定，当保险合同生效之后，被保险人改变目的地，其必须立刻通知保险人，保险人有权利加收保险费和改变保险条件，保险合同继续有效。加收保险费就是保险人放弃终止海上保险合同的对价。以上两种弃权就是有对价弃权。

（四）弃权的适用范围与限制

1. 弃权的适用范围。理论上，由于保险法属于私法，而私法遵循法不禁止即自由的原则，因此权利主体以能够放弃权利为原则，不能放弃权利为例外，但此种自由亦要受到法律的强制性规定、公序良俗原则以及诚实信用原则的限制。故而保险人能够放弃的权利是那些仅涉及自己个人私益的权利，一旦某项权利涉及到公共利益或他人权益，则弃权行为就要受到限制。具体而言，保险人弃权的范围主要包括以下情形：

（1）保险人放弃条件。即如果保险合同负有生效条件，保险人仅在该条件成就时才承担保险责任，而保险人以明示或默示的方式放弃该条件，则之后其不能再以该条件未成就为由拒绝承担保险责任。例如，保险合同约定，以投保人支付首期保险费为保险合同生效的停止条件，但实际上保险人不待投保人支付保险费，即向投保人签发保险单，则一旦保险事故发生，保险人不得以投保人未支付首期保费，因而合同尚未生效为由拒绝承担保险责任，除非保险人在签发保单时已对自己的保险责任作了明确限制。

（2）保险人放弃合同解除权。如保险人已知道投保人或被保险人有违反合同约

---

〔1〕 根据我国修改后《保险法》第19、21条的规定，保险人以被保险人违反保险事故发生的通知义务为由拒绝承担保险责任只存在于不适用格式条款，且保险合同中约定了保险人此项解除权的情形。否则，保险人仅能对因未及时通知而无法确定的损失部分不承担保险责任。

定义务或法定义务的行为，其可据此解除保险合同，但其却以明示或默示的方式表示放弃行使该解除权的，嗣后，保险人不得再以前述事由为据主张行使解除权。例如，我国《保险法》第16条第6款规定：“保险人在合同订立时已经知道投保人未如实告知的情况的，保险人不得解除合同；发生保险事故的，保险人应当承担赔偿或者给付保险金的责任。”需要说明的是，如投保人并不知道其已违反如实告知义务的，则前述情形属于保险法上的“禁止抗辩”，而非弃权。例如，投保人为自己妻子投保人寿保险，当保险代理人询问被保险人身体状况时，投保人在未作任何调查前即回答称被保险人身体健康。事实上，被保险人在此时已患有胰腺癌，而保险代理人在承保前的例行体检中已发现此一事实，但保险代理人为获取更好业绩，遂隐瞒此一情形，并向投保人签发了保险单。事后，一旦被保险人因胰腺癌去世，则保险人不得以投保人违反如实告知义务为由拒绝承担保险责任。

（3）保险人放弃抗辩权。如保险人已知投保人或被保险人存在违反保险合同约定或法律规定的行为，保险人因此可行使对抗被保险人给付请求的抗辩权，但其却以明示或默示的方式表示放弃行使该权利，则保险人嗣后不得以相同情事再行主张行使该抗辩权。例如，保险合同约定，被保险人应当在保险事故发生后15日内向保险人提供相关损失证明材料，否则保险人可拒绝承担保险责任。而被保险人在保险事故发生后仅通知了保险人，并未在15日内提供损失证明，但保险人仍向被保险人寄送相关索赔文件，要求被保险人填写损失详情，这应被视为保险人放弃了逾期提交证明文件的抗辩权。

（4）因选择行使某项权利而放弃可行使的其他权利。当保险人依据合同约定或法律规定可行使两种以上的权利时，其一旦选择行使某一种权利，就意味着他放弃了行使其他可供选择的权利。此种情形最典型的莫过于我国《保险法》第52条规定的情形，即保险合同有效期内保险标的危险程度增加后，保险人可选择要求投保人增加保险费或解除保险合同，一旦保险人选择行使其中一项权利，如选择增加保险费，则保险人不得再次以相同事由要求解除保险合同。

（5）放弃对投保人提出订立、变更、复效保险合同的异议。其他国家或地区保险立法例中，如投保人向保险人提出订立保险合同的要约，提出变更保险合同的请求，提出恢复保险合同效力的请求时，若保险人不作明确的拒绝表示，则视为保险合同已经成立、已经变更，或已经恢复效力，保险人不得以未予同意为由予以抗辩。例如，我国台湾地区“保险法”第56条规定：“变更保险契约或恢复停止效力之保险契约时，保险人于接到通知后10日内不为拒绝者，视为承诺。但人寿保险不在此限”。

2. 弃权的限制。不适用保险人弃权的情形主要包括下列几项：

(1) 保险人不得放弃涉及公共利益的权利。例如，为了维护公共利益，防止道德风险的发生，法律要求投保人或被保险人必须对保险标的具有保险利益。如果允许保险人放弃这一要求，将极有可能诱使投保人、受益人故意制造保险事故，损害被保险人合法权益或从事赌博，妨害社会秩序。

(2) 保险人不得放弃对事实的主张权利。即保险人与投保人、被保险人不得以协议方式改变现存的客观事实。在 Sternaman v. Metropolitan Life Ins. Co 案中，法官称："当事人不得以协议方式改变自然法则、改变逻辑规则，或创造那些不能被创造的关系、物质、法律或道德"。[1]

(3) 保险人曾作出权利保留的告知或与被保险人签订了不弃权协议。权利保留的告知与不弃权协议主要适用于责任保险的情形中。前者是指保险人依据责任保险合同承担抗辩义务，需在确定被保险人是否应向第三人承担赔偿责任的基础诉讼中代替被保险人进行抗辩。但保险人并不确定被保险人所遭受的索赔是否属于保险责任范围，为免于使被保险人认为自己的抗辩行为是对前列索赔事项不属于保险责任范围的抗辩权利的放弃，于是其事先通知被保险人，保留抗辩被保险人就该索赔向自己提出给付请求的权利。后者则指保险人与被保险人双方约定，保险人依据该协议采取的任何行为均不应被认为保险人放弃了依据保险合同而可行使的一切权利。

除前述情形外，国外司法实务中保险人弃权还可能不适用于缺乏对价的情形；不适用于保险合同中对保险责任范围的限制；不适用于口头证据规则的情形，即当事人不得以口头或默示协议变更同时签订、或之后签订的书面协议中的相关内容；不适用于保险人在合同中已对保险代理人权限做出明确限制的情形，例如，保险合同规定，保险代理人对被保险人放弃保险合同中的条件、保证等要求必须经保险人批注同意的，保险代理人未经追认的弃权行为不发生法律效力。

二、禁止抗辩

(一) 禁止抗辩的概念

禁止抗辩，又称禁止反言，起源于英美衡平法，指保险人明知投保人或被保险人违反如实告知义务、违反条件或保证，但仍明示或默示地向投保人或被保险人表示合同有效，使其信赖保险人的行为或陈述而不知保险合同效力存在瑕疵，之后，保险人不得再以前述事由否定保险合同的效力，以抗辩被保险人的给付请求。例如，保险人的代理人为延揽业务，当投保人投保时，其明知被保险人的年龄不符合保险

---

〔1〕［美］约翰·F. 道宾：《保险法》（第三版），法律出版社 2001 年影印版，第 230 页。

承保要求，而仍虚伪地表示可以投保，事后，保险人不得再以被保险人的年龄不符合规定为由而要求解除保险合同或拒绝承担保险责任。

【重点提示】

保险为最大诚信合同，要求双方当事人均遵循诚信，为此，源于衡平法的禁止抗辩制度，意在使善意信赖保险人行为或意思表示的投保人或被保险人，于保险事故发生时获取保险保障的预期不致落空，以“制裁”违背诚信的保险人。

（二）禁止抗辩的构成要件

在英美保险法上，禁止抗辩的构成要件一般如下：

（1）保险人或保险代理人就订立保险合同的重要事项为虚假陈述或错误行为。前述情形通常是指保险人明知投保人、被保险人违反如实告知义务、违反条件或保证而明示或默示地向投保人、被保险人表示保险合同具有强制执行力，投保人、被保险人不知其事实而信以为真的，其后，保险人不能再以此等事由对抗被保险人的请求。

（2）投保人或被保险人因善意而信赖保险人的虚假陈述或行为。所谓善意，是指被保险人或投保人不知道，或不应该知道被保险人的陈述或行为是虚伪的或错误的。

（3）保险人实施错误行为或虚伪陈述的目的在于取得投保人或被保险人的信赖，或投保人、被保险人的信赖不违背保险人的主观意愿。

（4）投保人或被保险人因为信赖该陈述或行为而为一定的行为，并因此而可能给自己造成损害。

【重点提示】

禁止抗辩的法律后果是投保人或被保险人依据错误行为或虚假陈述的内容确定其可享有的权利。

（三）禁止抗辩的行为类型

禁止抗辩一般包括以下行为：

（1）保险人交付保险单时，明知保险合同违背条件而无效、失效或有其他可以解除的原因，而仍交付保险单，并收取保险费的。

（2）保险人的代理人，就投保申请书及保险单上的条款，做错误解释，而投保人或被保险人信以为真的。

（3）保险代理人代替投保人填写投保申请书的，为使投保申请书容易被保险人接受，故意将不实的事项写入投保申请书，而投保人在保险单上签名时，不知该事项的。

(4) 保险人或其代理人表示已经按照被保险人的请求为一定行为，而事实上没有实施的。比如被保险人将保险单送交保险人批注，保险人退回保险单时表示其已经批注，但事实上并未批注的。

(5) 保险人或其代理人将被保险人的身份或职业进行错误分类，而被保险人不知道或未经被保险人同意的。

(四) 弃权与禁止抗辩的区别

弃权和禁止抗辩都是对保险人权利的限制方式，在传统英美保险法上，通常认为他们主要存在以下不同：

1. 二者本质不同。弃权是法律行为，保险人既可以单方意思表示为之，亦可与投保人、被保险人协商一致作出。禁止抗辩以欺诈或致人误解的行为为基础，所以其本质上属于侵权。

2. 产生效力的依据不同。弃权行为效力来源于当事人的意思表示，而禁止抗辩的效力来源于法律基于公平原则的直接规定。

3. 适用的证据规则不同。弃权受口头证据规则的约束，而禁止抗辩不适用口头证据规则。

4. 保险代理人有无代理权限不同。即当弃权以合意方式作出时，保险代理人须有代理权，而因保险代理人的行为发生禁止抗辩的效力时，保险代理人无须具备代理权。

5. 适用情形不同。弃权适用于保险人明知其有解除权或抗辩权，而明示或默示地放弃该权利的情形。禁止抗辩适用于保险人或其代理人已知投保人、被保险人有违反如实告知义务、违反条件、违反保证的事实，仍然明示或默示地向投保人、被保险人表示合同有效，投保人或被保险人不知存在前述状况而信赖保险人或其代理人的情形。

需要说明的是，现代英美保险司法实务，特别是美国，已经越来越倾向于对弃权与禁止抗辩不做严格的区分，而法官们亦时常依据自己的需要来利用、解释弃权与禁止抗辩规则。[1] 我国保险实务没有应用弃权与禁止抗辩的传统，保险立法对此亦未做明确规定。因此有学者主张，应依据最大诚实信用原则，将英美保险法中的弃权与禁止抗辩加以整合，建立、健全我国统一的保险弃权制度。其不仅适用于被保险人违反约定义务而保险人“弃权”的场合，亦适用于保险人为虚伪意思表示而

---

〔1〕［美］约翰·F. 道宾：《保险法》（第三版），法律出版社2001年影印版，第223～224页。

不得反悔的场合。[1]

【练习题】

一、选择题

1. 关于如实告知义务，以下说法错误的是（　）

A. 如实告知义务是法定义务

B. 如实告知义务是先合同义务

C. 如实告知义务是合同约定的义务

D. 如实告知义务的根据是最大诚信原则

2. 关于如实告知义务的内容，错误的是（　）

A. 如实告知义务的内容是重要事项

B. 如实告知义务的内容是能够影响保险费率的事项

C. 如实告知义务的内容是能够影响保险人是否承保的事项

D. 如实告知义务的内容是任何一切事项

3. 根据我国《保险法》，违反如实告知义务的法律后果是（　）

A. 保险合同无效　　B. 保险合同不成立

C. 保险人有权解除合同　　D. 保险合同效力不受影响

4. 说明义务的主体是（　）

A. 投保人　　B. 被保险人

C. 受益人　　D. 保险人

5. 关于说明义务，以下说法错误的是（　）

A. 说明义务的说明内容是合同的条款

B. 说明义务是法定义务

C. 说明义务是先合同义务

D. 说明义务是合同约定的义务

6. 违反说明义务的法律后果是（　）

A. 保险合同无效　　B. 保险合同不成立

C. 未作说明义务的条款不生效　　D. 保险合同解除

7. 保证的内容包括（　）

A. 投保人或者被保险人承诺其做某事

B. 投保人或者被保险人承诺其不做某事

---

〔1〕邹海林：《保险法教程》，首都经济贸易大学出版社2002年版，第111页。

C. 投保人或者被保险人担保某项事实存在

D. 投保人或者被保险人担保某项事实不存在

8. 关于弃权，以下说法错误的是（ ）

A. 保险人弃权的，不能再主张放弃的权利

B. 弃权可以分为有对价的弃权和无对价的弃权

C. 弃权人须有弃权的意思表示

D. 弃权是事实行为

9. 关于禁止抗辩，以下说法错误的是（ ）

A. 禁止抗辩的法律基础是侵权

B. 禁止抗辩的目的在于保护被保险人或投保人的合理信赖

C. 禁止抗辩不适用口头证据规则

D. 禁止抗辩适用口头证据规则

二、简答题

1. 投保人如实告知义务主要包括哪些内容？

2. 简答保险人说明义务的履行方式及其范围。

第4章
保险利益原则

第一节　保险利益原则概述

一、保险利益概述

（一）保险利益的概念界定

欲了解保险利益原则，则首先须理解保险利益的概念。

保险利益，又称可保利益。对于其具体内涵，正如英格兰法律委员会（Law Commission）与苏格兰法律委员会（Scottish Law Commission）2008年1月14日联合发布的《保险合同法问题报告4：保险利益》（Insurance Contract Law Issues Paper 4：Insurable Interests）里所称的那样，"保险利益的定义依保险标的物的不同而不断变化。有时投保人不得不去证明其对于作为保险标的的生命或其他事物具有严格的法律或经济利益，有时却又完全不必这样。"事实上，自从保险利益概念诞生以来，学者之间即对其内涵争论不休。有观点认为，保险利益是投保人或被保险人对保险标的所拥有的经济利益或价值。也有观点认为，保险利益是投保人或被保险人对保险标的所具有的利害关系，它是因保险事故的发生致使保险标的不安全而受到损害，或者因保险事故的不发生致保险标的安全而受益的损益关系。还有观点认为，保险利益是投保人或被保险人对保险标的所具有的为法律所承认的利害关系。此种利害关系既可以是经济上的利害关系，也可以是人身或精神上的利害关系。总之，各种观点，林林总总，不一而足。

依据我国《保险法》第12条第6款的规定：保险利益是指投保人或者被保险人对保险标的具有的法律上承认的利益。据此可知：

（1）我国保险法上的保险利益应是一种合法的利益，非法的利益不属于可保利益。例如，甲以向某条街道上的商户收取"保护费"为生，则他不能向保险公司投保营业中断保险，要求保险公司承保前述商户中断、终止营业给他造成的损失。

（2）保险利益是投保人或被保险人对保险标的具有的一种法律上的利害关系。此种利害关系既可包括经济上的利害关系，如因保险事故的发生而遭受经济损失；亦可包括人身上的利害关系，如因保险事故的发生而遭受精神或身体上的痛苦。

（3）依保险法规定，保险利益是投保人或被保险人对保险标的所具有的利益。可见，在我国，立法者是将保险利益与保险标的严格区分的，保险标的是保险合同所保障的人的寿命、身体、财产及其有关利益。在这一点上，我国保险立法深受英美保险法理论的影响。与此形成鲜明对比的是，大陆法系，特别是德国保险法理论认为，保险标的就是保险利益。

【思考】

从理论与实务两方面思考两大法系对保险利益与保险标的关系定位的优缺点。

（二）保险利益的意义

1. 确定损失填补的范围与程度。首先，保险制度的功能，在于分散、消化损失，即填补因为保险事故发生而给被保险人所造成的损害，因此，无损害，无保险。如果被保险人或投保人与保险标的没有利害关系，则保险事故的发生就不会给被保险人带来不利益，他也不应获得补偿。这就限制了可以保险人承担保险责任——主要是支付保险金——方式填补自己所受损害的主体的范围。例如，甲为乙所有的汽车投保财产综合险，若保险事故（如汽车失控坠下山崖）发生，则可能造成乙的所有权灭失，即乙因保险事故的发生遭受财产的损失，而甲本身并未受到任何损害。保险制度的功能在于填补损失，此处，甲并未因保险合同约定的保险事故的发生而遭受损失，因此如果允许甲取得保险赔偿金，将会使甲不当得利。其次，在补偿性保险中，保险利益还有助于确定被保险人可获得补偿的程度。显然，被保险人对保险标的存在保险利益，他才会因保险事故的发生而遭受损失，而且其所遭受的损失不会超过原有保险利益，因此，保险人向被保险人承担的保险责任应以保险利益为最高限额。

【思考】

保险利益与实现保险制度填补被保险人损害目标之间的关系？

2. 区分并限制赌博行为。[1] 赌博与保险存在一定的相似性。英国法院在1893

---

〔1〕 以上论述是建立在赌博行为违法的前提之下的，但近代以来，赌博有日趋合法化的趋势。一些国家通过立法将赌博合法化，例如，2005年英国通过《博彩法案》，承认赌博行为的合法性。其主要理由是，现代互联网技术的飞速发展已使得各国无法有效约束此类行为的发生，那么最好的办法是通过将其合法化而对之加以严格管理，以限制其消极作用，彰显其积极作用，如筹集社会资金以作公益之用。

年审理的 Carlill v. Carbolic Smoke Ball Company 一案中称，“赌博是这样一种合同，即双方当事人声称其对一个未来的不确定性事件持相反观点，并一致同意，根据该事件的最终结果，一方当事人将从另一方当事人处赢取一定数额的金钱或其他种类的赌注。而除了当事人将要赢取或输掉的赌金或（其他）赌注外，任何一方当事人均在该合同中不存在任何其他利益。”[1] 显然，保险与赌博的区别主要在于：除当事人将要赢取或输掉的“赌注”（保险费）外，投保人或被保险人还对保险合同中的保险标的存在利益，即保险利益。因此，保险利益是区分赌博与保险的重要因素。再者，如前所述，由于投保人或被保险人对保险标的存在保险利益，故被保险人会因保险事故发生而遭受损失，并且保险人的保险责任以保险利益为限，因此投保人或被保险人无法籍保险合同获取额外利益，这也就限制了对不存在利害关系的标的“投保”的赌博行为的发生。

3. 防范道德风险的发生。道德风险是指投保人、被保险人、受益人为诈取保险金而违反法律或合同故意制造、诱发保险事故的危险。由于保险利益有助于确定保险人给付保险金对象的范围和保险金数额，使得被保险人所获得的赔偿至多相当于其原有的利益，即故意制造保险事故亦无利可图，因而会有效地防止道德风险的发生。具体而言，在财产保险方面，如存在保险利益，纵使被保险人焚毁自己的房屋，其至多只能从保险人处取得与房屋价值相等的赔偿，显然，焚毁行为对被保险人并无意义；在人身保险方面，如投保人可与保险人订立保险合同，以任意一个人死亡为保险事故，则无疑会诱使投保人（指投保人同时为受益人的情形）剥夺被保险人的生命。而如果投保人对被保险人存在保险利益，即投保人与被保险人存在紧密的情感牵连、经济牵连，则投保人从事违法行为的概率就很小了。

（三）保险利益的构成要件

1. 适法性。所谓适法性是指投保人或被保险人对保险标的所具有的利益应是法律所承认或保护的利益，如果投保人或被保险人对保险标的所拥有的所谓“利益”为法律所禁止，或违反公序良俗、违反诚实信用，则保险人不得承保。一旦发生纠纷，无论投保人是善意还是恶意，法院均应判定该保险合同无效。例如，将自己贪污所得财产予以投保，则此种保险合同无效。我国《保险法》第 12 条第 6 款就规定：“保险利益是指投保人或者被保险人对保险标的具有的法律上承认的利益”。但何谓“法律上承认的利益”呢？

---

[1] The Law Commission and the Scottish Law Commission, “Insurance Contract Law Issues Paper 4: Insurable Interests”, Part 2.

分析保险法的演化史可以发现，虽然传统保险法将保险利益严格限制为法定利益，即基于法律的明确规定而具有的利害关系，而且该利益必须为现存利益（Present Interest）。但近代以来，为促进保险业务发展，保护被保险人合法权益，保险利益的外延不断扩展，其首先从现存法定利益扩展为包括期待利益，之后又逐步扩展为不违反法律规定的利益。[1] 一些国家，例如新西兰、澳大利亚的保险法甚至已经取消或部分取消了保险利益的规定。以最早提出保险利益概念的英国法为例，在非补偿性保险中，英国判例法与制定法将保险利益划为以下四类：①基于自然情感而产生的利益；②基于潜在的，法律所承认的经济损失而产生的利益，并且该利益须在保险合同缔结时可被证明存在；③基于制定法的规定而产生的利益；④不能归入以上范畴的，被法院所承认的利益。

在补偿性保险中，保险利益是指：①被保险人对保险标的物有普通法或衡平法上（Legal or Equitable）的权利；②被保险人占有保险标的物；③如果被保险人不占有保险标的物，但在保险标的物遭受损害时，被保险人要么需对此承担责任，要么需因此遭受损失。可见，虽然英国学者将保险利益也概括为投保人或被保险人对保险标的具有的法律承认的利益（Interest Recognised），[2] 但此处的保险利益的范围却是十分广泛的。

有鉴于此，在现行保险法仍坚持保险利益的背景下，有必要将我国保险法中的保险利益概念——法律上所承认的利益——作扩大解释，即将之扩展为既包括现存利益，亦包括期待利益，既包括法律明确规定或赋予当事人的利益，亦包括不违反法律强制性规定、不违反公序良俗原则以及诚实信用原则的利益。即保险利益需为合法的利益，或是不违反法律规定的利益。毕竟，保险法为私法，应遵循意思自治原则，法不禁止即自由。

2. 确定性。所谓确定性，是指投保人或被保险人对保险标的具有的保险利益必须是已经确定或可以确定的。已经确定的利益是指投保人或被保险人现有的利益，即现实中已经存在的利害关系。如投保人、被保险人对财产享有的所有权、抵押权、用益物权等。尚未确定但是可以确定的利益，为期待利益，如借贷资金可获得的利

---

〔1〕 英格兰法律委员会与苏格兰法律委员会甚至建议在补偿保险中废除保险利益，并对非补偿性保险中应否适用保险利益原则提出质疑。The Law Commission and the Scottish Law Commission, "Insurance Contract Law Issues Paper 4: Insurable Interests", Part 8, 8.4（我们试探着建议，在补偿性保险合同中，废除保险利益相关规定）。Part 8.2（我们想征求意见，在人寿保险合同中是否有必要继续保留保险利益相关规定）.

〔2〕 The Law Commission and the Scottish Law Commission, "Insurance Contract Law Issues Paper 4: Insurable Interests", Part 3.3.7.

息，待销货物的利润等均可作为保险利益。但是，在人身保险中，投保人对被保险人的寿命或身体所具有的保险利益必须是现有利益，即投保人和被保险人之间在订立保险合同时必须存在已经确定的利害关系，例如存在配偶关系、亲子关系、抚养关系等。此外，现有利益与期待利益，不仅需当事人主观信任其存在，还须社会一般观念亦承认其存在。

3. 公益性。首先，保险利益的公益性是指保险利益是保险合同效力发生的要件，传统保险法甚至还将其作为保险合同效力维持的要件，一旦投保人嗣后丧失保险利益，则保险合同无效。我国 2009 年修订之前的《保险法》即持这一观点。其次，保险利益的公益性指投保人和保险人不得以保险合同的约定限制或放弃法律对于保险利益的要求。最后，保险利益公益性还指保险合同因欠缺保险利益而对当事人不具有约束力，不论保险人是否主动申请，法院均应依职权直接判决缺乏保险利益的合同无效。将保险利益规定为保险合同的生效要件，不仅是为了维护保险合同当事人的私益，更是为了维护公共利益。即将投保人或被保险人对保险标的存在保险利益作为合同的生效要件，其目的在于限制赌博行为以及防范道德风险。

此外，在财产保险中，保险利益还须具有可计算性，即该利益具有金钱价值并可以加以计算，否则保险人无法确知被保险人损失的大小，难以理赔。结果是，要么损害被保险人的利益，使其难于获得基于投保人支付的保险费而应得的相应对价——保险赔偿金，无法充分填补被保险人的损失；要么可能使被保险人不当得利，损害保险人利益。

【理论扩展】

英国保险法将保险利益分为两类，一为法律要求的保险利益（Interest Required by Statute），又称法定保险利益（Statutory Interest），一为保险单要求的保险利益（Interest Required by the Policy），又称约定保险利益（Contractual Interest）。如果缺乏前者，则保险合同是非法和无效的，至少不具有强制执行效力。当事人不得以合同约定变更或放弃此一要求。对双方当事人而言，如果缺乏此类保险利益，则不论保险人是否主动据此提出合同无效的抗辩，法院均应依职权直接判决合同无效。相较而言，缺乏后者的法律后果仅仅是保险合同对被保险人不具有强制执行效力，但合同仍然可以基于其他原因而有效。而且，除非保险人主动提出此类抗辩理由，否则，被保险人仍可请求执行此类合同。[1] 美国保险法中的保险利益公益性要求并不

〔1〕 Raoul Colinvaux, “The Law of Insurance”, London, Sweet & Maxwell, 1984, pp. 40 ~41.

第四章

严格，美国大多数法院认为，只有保险人可以缺乏保险利益为由主张保险合同无效。[1]

(四) 保险利益的种类

保险利益根据不同的标准，可对其作不同的分类。

1. 根据保险利益的性质，可将保险利益分为积极保险利益与消极保险利益。

(1) 积极保险利益。积极保险利益是指投保人或被保险人对于保险标的原本即享有的利益。例如，投保人以货物投保海上保险，其目的即在于保障其货物在海难发生以前的财产上利益。投保人以其配偶人身投保健康保险，则以保障保险事故发生前其对于配偶身体健康所具有的利益为目的。显然，货物存在和配偶身体健康，是投保人或被保险人本来即享有之利益。如果保险事故发生，其原有利益即归于灭失，因此可由保险合同保障其原有利益。

(2) 消极保险利益。消极保险利益是指投保人或被保险人对于保险标的原无积极利益，仅在危险事故发生时，有对他人可能承担赔偿责任的不利益，主要包括因债务不履行所生之责任，以及因侵权行为所生之责任两类不利益。例如，雇主为其雇员投保雇主责任保险，以转嫁其因工伤事故发生而可能需向其雇员承担赔偿责任时的不利益，以维持其经济生活的安定。再如，公司为自己和公司董事与高管投保董事责任保险，以防止公司或其董事等因不当经营行为而需承担赔偿责任的不利益。

第四章

2. 根据保险标的之不同，可将保险利益分为财产保险利益和人身保险利益。

(1) 财产保险利益。财产保险利益是指投保人或被保险人对于财产保险合同中的保险标的，即财产及其有关利益所具有的法律上所认可之利害关系。例如，房屋所有人对于房屋具有的利益。

(2) 人身保险利益。人身保险利益是指投保人对被保险人的寿命或身体所具有的法律上承认的利害关系。例如，某人对自己的生命、身体健康所具有的利益。

二、保险利益原则的概述

(一) 保险利益原则的概念

保险利益原则是指保险利益是保险合同的生效要件，保险利益是否存在是评价保险合同效力的基础标准。即投保人或被保险人应该对保险标的具有保险利益，否则，保险合同无效。我国《保险法》第12条第1、2款规定："人身保险的投保人在保险合同订立时，对被保险人应当具有保险利益。财产保险的被保险人在保险事故发生时，对保险标的应当具有保险利益。"以上法律规定的内容就是对保险利益原则

---

[1] [美] 约翰·F. 道宾：《保险法》(第三版)，法律出版社2001年影印版，第103页。

的确认。

【重点提示】

依据我国现行《保险法》，保险利益是保险合同的生效要件，无保险利益，保险合同无效。

（二）保险利益的承担主体

所谓保险利益的承担主体，是指保险合同当事人及关系人中，哪些人应当对保险标的具有保险利益。确定保险利益的承担主体，其目的在于确保保险利益存在价值的实现，即确保可通过保险利益相关规定，帮助当事人确定损失填补的范围与程度，区分并限制赌博行为，以及防范道德风险的发生。首先，依据此一标准，要求投保人对保险标的具有保险利益，有助于清楚区分保险和赌博行为，防止投保人利用保险合同进行赌博，并有助于防止道德风险的发生。因此，投保人应当成为保险利益的担当者。其次，保险的目的在于分散危险，消化损失，禁止当事人通过保险合同不当得利。而对被保险人而言，他是受保险合同保障的对象，是享有保险金给付请求权的人。保险事故发生时，只有被保险人的人身或财产因此遭受损害，保险人才有承担保险责任、填补损失的必要，即要求被保险人对保险标的存在保险利益的规定，有助于保险人确定损失填补的范围与程度，因此被保险人应当对保险标的具有保险利益。此外，要求被保险人对保险标的具有保险利益的理由还在于此种规定有助于防范道德风险的发生。

我国2009年修订前的《保险法》只规定投保人必须对保险标的具有保险利益，没有规定被保险人应该对保险标的具有保险利益。鉴于这一规定具有明显的不合理性，2009年10月1日生效的《保险法》对原来的规定做了修改，将投保人与被保险人都列为保险利益的承担主体。

【思考】

受益人需要对保险标的具有保险利益吗？

保险合同存续期间，投保人与被保险人都必须始终对保险标的具有保险利益吗？为什么？

【重点提示】

保险利益的承担主体为投保人与被保险人。

（三）保险利益的存在时间

如前所述，保险利益原则的意义在于它是评价保险合同效力的基础标准，即投保人或被保险人必须对保险标的具有保险利益，保险合同才能生效。那么，投保人或被保险人对保险标的所具有的保险利益是在订立合同时即应该已经存在？抑或仅需在保险事故发生时存在？还是在保险合同存续的整个期间都应该持续存在呢？上述问题就是保险利益原则的时间效力问题。通常而言，保险利益的存在时间，因保险合同类别的不同而不同。

1. 人身保险中保险利益的存在时间。各国保险立法大都规定，在人身保险合同中，投保人仅需在投保时对被保险人的生命（寿命）或身体具有保险利益即可，而在保险合同订立之后，此种保险利益是否存在则在所不问。这是因为：

（1）人身保险合同是以被保险人之寿命或身体为保险标的的，在订立保险合同时，要求投保人对被保险人的寿命或身体具有保险利益，一方面有助于区分保险和赌博，限制赌博行为发生，另一方面也有益于保护被保险人的人身安全，防范道德风险的发生。例如，我国台湾地区“保险法”第16条规定：“要保人对于下列各人之寿命或身体，有保险利益：①本人或其家属；②生活费或教育费所仰给之人；③债务人；④为本人管理财产或利益之人”。显然，在人身保险中，保险利益的内涵是投保人与被保险人之间必须具有紧密的情感牵连或经济牵连关系，因为基于社会经验的分析，前述人等具有保护，而非侵害被保险人寿命或身体的动力。

（2）人身保险是以被保险人的寿命或身体作为保险标的，而且也是为了被保险人（和受益人）的利益而存在，因此被保险人始终对保险标的具有保险利益，故而特别强调被保险人对保险标的需具有保险利益，并无任何实际意义。

（3）人身保险合同相较于财产保险合同存续期间更长，特别是人寿保险合同，其保险期间可能长达数十年，在此期间内，投保人与被保险人之间原有的情感牵连或经济牵连关系发生变动或消灭亦属寻常。例如，在保险合同订立时，投保人与被保险人之间系夫妻关系，因此，投保人对被保险人的生命具有保险利益。但是在保险合同存续期间，二人离婚，则投保人所具有的保险利益也随之消灭。再如，债权人得以债务人为被保险人订立死亡保险合同，若其后债务人清偿全部债务，他们之间的债权债务关系消灭，则债权人对债务人的保险利益也随之消灭。凡此种种，保险人根本不能够就保险利益的继续存在与否逐一查证落实。即使能够就保险利益已经消灭查证落实，若保险人要使保险合同归于无效，那么保险合同无效后，将发生保险费是否应按比例退还等合同无效后的诸多问题。特别重要的是，人身保险合同中，投保人可能就是被保险人，或保险合同并未约定受益人，或被保险人就是受益人。如此一来，如果以投保人嗣后丧失保险利益为由认定保险合同无效，则既违背被保险人的意愿，又有害于被保险人的利益。因此，人身保险仅要求投保人在投保时具有保险利益即可，不以保险事故发生时其继续拥有保险利益为必要。

2. 财产保险中保险利益的存在时间。各国保险法理论大都认为，在财产保险中，无需要求投保人具有保险利益，而仅需被保险人具有保险利益，并且被保险人对其保险标的具有的保险利益亦无须始终存在，只要在保险事故发生时存在即可。这是因为：①财产保险合同中，仅有被保险人享有保险金给付请求权，而投保人并不享有此项权利，除非其自身同时又是被保险人。显然，投保人对保险标的是否具有保险利益并不重要，因为其不可能通过缔结保险合同获取保险赔偿金，也不会增加诱发道德风险的机会。②财产保险合同的目的在于填补被保险人因保险事故发生而遭受的财产损失，因此，如果保险事故发生时，被保险人对保险标的不存在保险利益，如已将保险标的转让于第三人，则被保险人并不会因此遭受损失，保险人也就无须为此承担保险责任。故而，强调投保时被保险人对保险标的具有保险利益没有实际意义，只需要求保险事故发生时被保险人对保险标的具有保险利益，即可确保保险功能的实现。

【重点提示】

保险利益的存在时间因财产保险与人身保险而异。人身保险的投保人在保险合同订立时，对被保险人应当具有保险利益。财产保险的被保险人在保险事故发生时，对保险标的应当具有保险利益。

第二节　财产保险的保险利益

一、财产保险的保险利益概述

财产保险的保险利益是指被保险人对于作为保险标的之财产所具有的法律所承认或保护的利益。其通常具体表现为被保险人对保险标的因保险事故发生导致毁损、灭失，并因之遭受损害，或对保险标的因保险事故的不发生而免受损害时所表现出的经济利害关系。

对于财产保险的保险利益范围如何界定，学者间有不同观点。美国保险法学者约翰·道宾（John F. Dobbyn）认为，美国法上的财产保险的保险利益可划分为财产权利（Property Rights）、合同权利（Contract Rights），以及法律责任（Legal Liability）三类，他还将之具体细分为普通法上的权利（利益）、衡平法上的权利（利益）、占有利益、债权人利益、财产上的期待利益、代表人利益、股东对公司财产的利益，以及责任利益。[1] 美国学者爱德文·彼得森（Edwin W. Patterson）将财产权利解释为包括基于财产权利而享有的财产利益，其中最为典型的有所有权利益、占有利益、股权利益、担保利益等。合同权利是指依据合同产生的请求权，而法律责任是指因为侵权、合同或基于法律规定而发生的责任。[2] 我国台湾学者吴荣清则按照保险标的的具体形态，将保险利益分为所有利益、支付利益、使用利益、受益利益、责任利益、费用利益、抵押利益七类。[3]

然而，多数学者认为，财产保险的保险利益可以划分为三大类，即现有利益、期待利益、责任利益。[4] 所谓现有利益，是指被保险人对保险标的已经现实地享有的保险利益，包括但不限于所有权利益、用益物权利益、担保物权利益、占有利益等；所谓期待利益，是指在保险合同缔结时，被保险人对保险标的尚未现实享有的，但基于现有权利而未来可获得的利益，例如，企业对于待销货物可获取的利润，合同一方当事人对合同履行后可获得的利益等，均可构成期待保险利益；所谓责任利益，是指被保险人因对第三人可能承担合同（违约）责任、侵权责任，以及依法应当承担的其他责任而具有的一种不利益，亦可称为消极期待利益。前述责任，一般仅限于民事赔偿责任，并以法律责任为限。非法律责任，如道德责任等不属于责任利益范畴。

【实务指南】

作为保险标的的同一财产之上，可能同时存在数个不同种类的保险利益。例如，甲有一栋楼房，数年前出租给乙，租期20年。乙于承租后花费数十万元对该楼房进行了改建、装修，准备用之开展经营活动。双方租赁合同中约定的租金数额比现行市场价格要低一些，且乙可将该楼房予以转租，但需事先通知甲。租赁合同还约定，如楼房因火灾或其他事故而遭受严重毁损时，租赁合同立即终止。则在此种情形下，甲、乙二人对该楼房至少具有如下保险利益：①甲对该楼房基于所有权而享有保险利益；②乙对改建后的该楼房亦有保险利益，该保险利益为用益物权利益；③甲不

---

〔1〕［美］约翰·F. 道宾：《保险法》（第三版），法律出版社2001年影印版，第87～90页。需要说明的是，此种分类是以法定财产利益观点为基础而作出的划分，但自20世纪80年代以来，美国法院更加倾向于对保险利益做扩大解释，即被保险人对因保险事故发生而事实上可以预料到的（Factual Expectation）一切损失均可以作为财产保险的保险利益。

〔2〕Edwin W. Patterson, *Essentials of Insurance Law*, McGraw－Hill, 1957, p. 117.

〔3〕吴荣清：《财产保险概要》，台湾三民书局1992年版，第48页。

〔4〕例如，邹海林：《保险法教程》，首都经济贸易大学出版社2002年版，第62～63页。李永军主编：《商法学》，中国政法大学出版社2004年版，第726页。袁宗蔚：《保险学——危险与保险》，首都经济贸易大学出版社2000年版，第239页。

但对该楼房本身有保险利益，还对基于租赁合同可享有的租金收取权享有保险利益；④乙对该楼房的转租权利享有保险利益；⑤如果乙用该楼房开展商事经营，则其对因火灾或其他事故造成楼房毁损而导致的营业中断损失有保险利益；⑥如果租赁合同约定，租期届满后，乙负有向甲完好返还所租楼房的责任，则乙对此责任也有保险利益；⑦如第三人在该楼房内遭受损害，则甲或乙对于基于该楼房所享有的所有权或使用权而需承担的赔偿责任也有保险利益。显然，甲或乙可同时就一个或全部其所享有的保险利益向保险人投保，如甲可选择单独或同时投保普通财产保险（承保所有权利益）、租金收入保险和责任保险。

【思考】

保险利益范围日益扩大化的原因何在？

二、财产保险中的现有利益

财产保险中的现有利益是指被保险人对其财产上之现实存在的利益，即被保险人对保险标的已经现实地享有的保险利益，包括但不限于所有权利益、用益物权利益、担保物权利益、占有利益等。具体言之，现有利益可以分为以下几种：

1. 被保险人对保险标的享有所有权。凡对财产（即保险标的）享有所有权的被保险人，不论其是单独所有，还是与他人共同所有，亦不论该标的是动产抑或不动产，被保险人均享有保险利益。其因该标的的安全存在而享有利益，因该标的的毁损、灭失而受有损害，此种利害关系当然可以予以投保。此处有三个问题需要说明：

（1）共有人对于共有物，也具有保险利益。依据民法原理，共有分为按份共有与共同共有。按份共有是指数人按应有份额对共有财产共同享有权利和分担义务的共有。按份共有时，无论应有份额的多寡，各共有人对于共有物之全部均有使用收益权。共有物处分、变更或设定负担时，需要获得全体共有人的同意。共有人之一处分其应有部分时，其他共有人有优先购买权。在对外关系上，共有人可能对共同债权人承担连带责任。共同共有是指依一定原因成立共同关系的数人，基于共同关系而共享一物所有权。与按份共有相比，共同共有人之间的关系、共同共有人对共有物的关系、共同共有人对共同债权人的关系，其联系无疑更为紧密，由此可见，无论是按份共有人抑或是共同共有人，对于共有物，都存在有密切的利害关系，因而具有保险利益，他们可以以共有物为保险标的，订立保险合同。

（2）夫妻对于夫妻共同财产享有保险利益。依据各国婚姻立法中对夫妻之间财产关系的规定不同，可将财产关系分为共同财产制与分别财产制两类。在共同财产制下，丈夫或妻子于婚姻存续期间取得的财产，归夫妻双方共同所有，由双方共同占有、使用、收益、处分，因此，夫或妻对共有财产无疑享有保险利益。但在夫妻

第四章

分别财产制下，夫妻双方对各自所有的财产享有完全的占有、使用、收益以及处分的权利，而他方不能干涉。因此，此时的丈夫或妻子对于另外一方所有之财产，原则上没有保险利益。

（3）合伙人对合伙财产享有保险利益。根据民法的规定，合伙的财产为合伙人共有，合伙存续期间，合伙人一般不得请求分割合伙财产，对合伙财产的重大处分应征得全体合伙人同意。合伙财产及其使用收益所得归于全体合伙人享有，因此，合伙人对于合伙财产，具有保险利益。

2. 担保物权人对于担保物权的客体，具有保险利益。担保物权，如抵押权、质权、留置权、让与担保等设定后，若债务人对已届清偿期之债权未为清偿，担保物权人得请求法院拍卖、变卖抵押权、质权、留置权、让与担保之标的物，并就所卖之价款优先受偿。因此，担保物权人对于担保物权之标的物，具有保险利益。

3. 用益物权人对于用益物权之标的物，具有保险利益。用益物权，如典权、承包经营权等之设定，在于用益物权人可以优先于所有权人就标的物使用、收益，因此，用益物权人对用益物权之标的物当然具有保险利益。

4. 占有人对占有关系的客体有保险利益。占有是一种事实关系，而非权利。民法物权部分的立法之所以规定占有并对其进行一定的保护，在于维护社会秩序以及确保交易的安全。因此，根据占有的“权利正确性推定”原则，占有人于占有物上行使权利时，推定其适法而享有该权利。因此，占有人对于占有物具有事实上之管理与支配权。占有人对标的物占有状态的持续或消灭与占有人利害相关，因此，占有人对占有物具有保险利益，可以以占有物为保险标的而投保。但是，由于盗窃、抢夺、抢劫等为违法行为，犯罪人对于赃物没有合法的保险利益，因此，即使犯罪人就赃物加以投保，保险事故发生后，保险人可以以违背法律与公序良俗为由，拒绝保险金之给付。[1] 但是，如果赃物的占有人构成善意取得，其对于赃物就具有保险利益，可以为赃物投保。

5. 无因管理人对所管理的财产有保险利益。无因管理之人对于其所管理的标的物，有占有之事实并根据民法债编的相关规定享有权利，负担义务，因此，无因管理人对于其所管理之物，具有保险利益。

三、财产保险中的期待利益

所谓财产保险的期待利益，是指缔结保险合同时，被保险人对保险标的尚未现实享有的，但基于现有权利而未来可获得的利益。期待利益通常可基于两种方式而

---

〔1〕 施文森：《保险法总论》，台湾三民书局1985年版，第46页。

产生：

1. 基于法定权利或利益而产生。所谓基于权利之期待利益，是指期待利益必须有确实可得实现的法律上所规定之权利为依据。实务中，基于合同债权而产生的期待利益最为常见。例如，承揽人为定作人修理房屋，则承揽人对于可获取的对价——修理费用有保险利益。再如，运输人或保管人对履行运输或保管合同可获取的费用有保险利益。

2. 基于事实而产生。因为事实原因而产生的期待利益，不以法律上规定的权利或责任为基础，保险实务中的业务中断保险即是此例。在此例中，业主经营可得的将来利润因为不可归责于第三人的意外事件而丧失时所遭受的损失，即是事实上的期待利益。

需要说明的是，期待利益必须因现有利益而产生，没有现有利益，则无从产生期待利益。例如，企业对于待销货物可获取的利润，农民对于果树可收获的果实等。期待利益还必须有确定可能实现的基础，如果仅仅是希望或者凭空之期待，在法律上不确定者，难以构成保险法上的期待利益。

【理论扩展】

对于基于合同产生的利益属于现有利益还是期待利益，学者之间观点并不统一。有学者认为其属于现有利益，[1] 有的则将之划入期待利益。[2] 我们同意后一观点。以第一类学者经常所列举的保管人对所保管物——事实上这也是基于保管合同而产生的利益，以及承揽人对承揽修理的房屋的实例为证，保管人（承揽人）基于保管合同（承揽合同）而可能享有请求寄托人（定作人）给付保管（承揽）费用的权利，但此种权利的实现应以保管人（承揽人）已善尽保管（承揽）义务为前提，保险合同缔结之时，保管人（承揽人）无疑并没有现实的享有该请求权，故被保险人（保管人或承揽人）对该财产权利所享有的利益无疑属于积极地期待利益。反之，若保管人（承揽人）未善尽义务，致使被保管（所承揽）财产灭失或毁损，则保管人（承揽人）对此承担的责任亦属于消极期待利益，而与现有利益无关。事实上，除可能享有的留置权（与占有）外，保管人（承揽人）对保管物（承揽财产）本身并无任何物上权利，而留置权的确定与行使需以寄托人（定作人）未支付保管（承揽）费用为前提，姑且不论其是否属于期待利益，即便将其假定为现实权利，它也属于前述已论及的基于担保物权而享有的利益，并无必要另行区分为基于合同产生

〔1〕 李玉泉：《保险法》，法律出版社1997年版，第74～75页。

〔2〕 邹海林：《保险法教程》，首都经济贸易大学出版社2002年版，第63页。

的现有利益。该类学者所举的租赁合同的例子与前述承揽合同在原理上也是一致的，唯一不同之处在于，承租人可能对所租赁的财产并无留置权，而是享有基于用益物权而产生的利益。

四、财产保险中的责任利益

责任利益是指被保险人因对于第三人可能承担合同（违约）责任、侵权责任，以及依法应当承担的其他责任而具有的一种不利益，亦可称为消极期待利益。前述责任，一般仅限于民事赔偿责任，并以法律责任为限。非法律责任，如道德责任等不属于责任利益范畴。显然，一旦保险事故发生，被保险人须依法承担民事（赔偿）责任，这势必造成被保险人财产的贬损，因此，被保险人对前述民事责任无疑具有保险利益。按照传统的民商法理论，民事责任包括侵权责任与违约责任，但随着社会的发展，民事责任还可因为法律的规定而产生，如缔约过失责任、防卫不当的责任、紧急避险不当的责任等。责任利益在保险实务中主要包括雇主责任、产品责任、环境责任、机动车责任，以及专家责任等具体形态，其在保险实务中相应地表现为雇主责任保险、产品责任保险、环境责任保险、机动车责任保险、专家责任保险等具体保险类型。无论何种类的责任保险，都以被保险人对第三人应该承担的民事（赔偿）责任为保险标的。

【重点提示】

责任利益是指被保险人因为承担民事责任所可能丧失之利益，它是一种消极期待利益。

第三节　人身保险的保险利益

一、人身保险的保险利益概述

人身保险的保险利益是指投保人对于作为保险标的的被保险人之寿命或身体具有法律上的利害关系。易言之，投保人将因保险事故的发生而遭受损失，因保险事故的不发生而维持原有利益。投保人以自己的身体或寿命作为保险标的，与保险人订立人身保险合同，其自然拥有保险利益。投保人以他人的身体或寿命作为保险标的，订立人身保险合同，则应当对被保险人之身体或寿命具有保险利益，若无保险利益，其所订立的保险合同无效。保险利益作为人身保险合同的生效要件，目的在于防止投保人利用人身保险谋财害命或以赌博牟取非法利益，进而保护被保险人的人身安全。

人身保险的保险利益不同于财产保险的保险利益。财产保险合同中的保险利益直接体现为被保险人对保险标的具有法律上承认或保护的直接的经济利害关系。而人身保险合同中有所不同，其虽然有时直接涉及到经济利害关系，如我国台湾地区“保险法”中的投保人与其“生活费或教育费所仰给之人，投保人与其债务人，投保人与为本人管理财产或利益之人”，但有时却首先表现为投保人与被保险人之间的情感关系。例如，我国《保险法》中的投保人与其“配偶、子女、父母”。承保此种情感关系的意义首先在于，一旦保险事故发生，与被保险人存在前述关系的投保人可能遭受精神伤害，因而可以通过给付金钱舒缓其生活压力，进而减轻因被保险人遭受损害而给其带来的精神痛苦，在此点上，保险金的给付类似于精神损害赔偿金给付所发挥的作用。[1] 其次，承保此种情感关系的意义还在于，很多此类关系并不是单纯的情感关系，其可能与经济利益仍存在密切关联，如前述关系中投保人、被保险人对父母的赡养、对子女的抚养、夫妻之间的相互扶养关系均包含着经济因素。保险事故发生后，保险金的给付有助于帮助投保人、被保险人及其配偶、子女、父母舒缓经济困难。因而，此种情感关系可以，并有必要归入可保利益范畴。但问题在于，此种情感关系更多的是一种被保险人的主观感受，外人很难得知。如果将范围过分扩大，则可能危及被保险人的人身安全。若范围过小，则无法有效、充分地对投保人、被保险人提供前述救济。因此，在一些国家，立法者依据社会经验与伦理，推定那些与投保人具有血亲或姻亲关系，经济依附关系，或信赖关系的主体与投保人存在可承保的利害关系，即保险利益。在另外一些国家，由于认识到只有被保险人才最了解哪些主体与自己具有紧密情感、经济牵连，因此，立法要求投保人投保时须征得被保险人同意。具体而言，在投保人以自己的身体或寿命作为保险标的时，投保人无疑对于自己的身体或寿命具有直接的利害关系。但是，在投保人为他人的寿命或身体投保时，投保人对被保险人的人身是否具有保险利益，取决于法律的特别规定或被保险人的事先同意，如果法律没有特别规定，或被保险人未同意，就不能认为投保人与被保险人之间具有法律上认可的可保关系。

据此可见，立法关于确认投保人与被保险人之间是否具有法律承认的可保利益关系，采取不同的标准。总体上可以划分为法定原则、同意原则、法定和同意兼顾原则。我国《保险法》第 31 条规定：“投保人对下列人员具有保险利益：①本人；②配偶、子女、父母；③前项以外与投保人有抚养、赡养或者扶养关系的家庭其他成员、近亲属；④与投保人有劳动关系的劳动者。除前款规定外，被保险人同意投保人为其订立合同的，视为投保人对被保险人具有保险利益。订立合同时，投保人

---

〔1〕 此处的讨论主要指投保人以自己为受益人的情形。

第四章

对被保险人不具有保险利益的，合同无效。”显然，我国采取的是法定和同意兼顾原则。

【思考】

财产保险利益与人身保险利益之不同有哪些？

二、人身保险的保险利益的表现形式

（一）本人

本人是指投保人自己。任何人对自己的身体或者寿命都具有无限的利益。因此，投保人可以其本人自己的寿命或身体作为保险标的，在法律允许的范围内，任意为本人的利益或他人的利益——即以自己或他人为受益人订立保险合同，并可任意约定保险金额。

（二）配偶、子女和父母

投保人的配偶、子女和父母，是投保人的家庭成员，其相互之间具有保险利益。投保人对他们具有保险利益的原因在于，无论是从社会经验、社会伦理，还是经济依赖性上，前述人等之间都具有最为紧密的情感关系和最直接的经济利害关系，并因此在法律上被赋予最直接的身份权。例如，投保人与其妻子，或者投保人与其丈夫之间互为配偶身份，相互之间享有配偶权。而投保人的子女是指投保人最近的晚辈直系亲属，包括投保人的婚生子女、非婚生子女、养子女和有抚养关系的继子女。他们和投保人之间具有亲权关系，相互之间具有抚养等权利义务。投保人的父母是指投保人最近的直系尊亲属，包括生父母、养父母以及有扶养关系的继父母。他们和投保人具有直接的扶养权利义务关系，投保人对其当然具有可保利益。

（三）其他家庭成员和近亲属

如果采用广义的家庭成员概念，那么，投保人的家庭成员除去其配偶、父母、子女之外，还包括其他与投保人具有抚养、扶养关系或赡养关系的其他家庭成员，甚至还包括共同生活的近亲属。投保人的其他家庭成员、近亲属主要有投保人的祖父母、外祖父母、孙子女、外孙子女等直系血亲。投保人的亲兄弟姐妹、养兄弟姐妹、有扶养关系的继兄弟姐妹等旁系血亲。投保人对其他家庭成员、近亲属要具有保险利益，必须以投保人和其他家庭成员、近亲属之间存在事实上的扶养关系、抚养关系或赡养关系为前提。如果投保人对其他家庭成员、近亲属之间不存在扶养关系、抚养关系或赡养关系，则他们之间实际上不存在法律上直接的利害关系，投保人对其自然没有保险利益。

（四）同意他人投保的被保险人

投保人若以前述人员以外的人的寿命或身体投保人身保险，由于相互之间不享有前述身份权，故通常不被认为具有保险利益。然而，如前所述，只有被保险人才最了解哪些主体与自己具有紧密情感、经济牵连，故不论投保人与被保险人之间是否具有其他利害关系，只要被保险人书面同意投保人为其订立人身保险合同的，均应视为投保人对被保险人具有保险利益。

【思考】

立法直接确定与依据被保险人同意去确定投保人具有保险利益的主体范围，这两种方式的优缺点何在？

（五）有其他利害关系的人

投保人对他人具有人身信赖关系或者经济上的利害关系，由于该人的死亡或伤残以致影响投保人的利益的，投保人对该人具有保险利益。此种情形通常包括但不限于投保人对其债务人，投保人对其雇员，投保人对自己的股东、董事、监事以及其他管理人员，投保人对其合伙人，投保人对其财产管理人，投保人作为保证人对其主债务人，投保人作为继承人对遗嘱执行人，投保人作为破产债权人对破产管理人。例如，我国台湾地区“保险法”第16条规定：“要保人对于下列各人之寿命或身体，有保险利益：①本人或其家属；②生活费或教育费所仰给之人；③债务人；④为本人管理财产或利益之人。”与之相较，我国《保险法》确定的此类主体的范围明显要狭窄许多，仅限于与投保人有劳动关系的劳动者。

【实例参考】

2002年6月，张某以其共同生活的婆婆赵某为被保险人，向某保险公司投保10年期简易人身保险，保险金额3万元，指定受益人为张某的儿子（即赵某的孙子），时年5岁，被保险人赵某书面同意并认可了保险金额。一年半后，张某与赵某之子离婚，张某之子由张夫监护。离婚后，张某按时支付保险费。2007年，被保险人赵某去世，张某向保险公司申请给付保险金3万元。保险公司认为张某与其夫已经离婚，对被保险人已经没有保险利益，因而拒付。张某不服，遂诉至法院。

问题：张某所订立的保险合同是否有效？

分析与评论：本案的焦点在于人身保险合同生效后，投保人对被保险人丧失保险利益时，保险合同的效力认定问题。人身保险合同可以分为投保人以自己的寿命或身体投保的人身保险，以及投保人以他人寿命或身体投保的人身保险。除投保人对自己本人具有保险利益外，依据我国《保险法》第31条的规定，投保人对下列人员也有保险利益：①配偶、子女、父母；②前项以外与投保人有抚养、扶养或赡养关系的家庭其他成员、近亲属；③与投保人有劳动关系的劳动者；④被保险人同意投保人为其订立保险合同之人。本案中，投保人张某在投保时是被保险人赵某的儿媳，属于与被保险人具有抚养、扶养或赡养关系的家庭其他成员、近亲属，因此张某对赵某具有保险利益。而且张某在投保时，被保险人也书面同意并认可了保险金额。因此，张某所订保险合同有效。

依据我国《保险法》第31条第3款的规定，订立人身保险合同时，投保人对被保险人不具有保险利益的，合同无效。由该规定可以看出，我国《保险法》关于人身保险的保险利益的存在时间为保险合同订立时。根据反面解释，至于保险事故发生时，投保人对保险标的是否具有保险利益则在所不问。本案中，保险合同生效后，由于投保人张某与赵某之子离婚，即便不考虑赵某已书面同意张某为其投保的事实，认定张某对赵某不再具有保险利益，但是依据《保险法》的规定，此时，张某丧失保险利益已经不能影响保险合同的效力。所以本案中的保险合同受益人仍然可以请求保险公司给付保险金。

第四节 保险利益的消灭

一、保险利益的消灭概述

所谓保险利益的消灭，是指保险合同成立后，投保人或被保险人基于特定法律事实的出现而丧失对保险标的的保险利益。

部分学者将投保人或被保险人对保险标的失去保险利益划分为保险利益的移转与保险利益的消灭两类情形。而所谓保险利益的移转是指保险合同有效期内，投保人将保险利益转移给受让人，其还列举了三种导致保险利益移转的原因，即继承、保险标的转让、破产。[1] 我们认为，依据保险法理，保险利益不得移转，而只发生消灭的问题。其理由在于：

1. 在财产保险中，被保险人无论是基于死亡、转让保险标的的所有权，抑或其破产，只是丧失其对保险标的的权益，使继承人、受让人、破产债权人因此取得对保险标的的权益并进而拥有保险利益，这是一种新的保险利益，是保险标的与新的主体相结合的产物，而不是保险标的让与人让与保险利益的结果。

2. 在人身保险中，因为身份权关系本身不得移转，故基于投保人与被保险人之间单纯的身份权关系而确立的保险利益自然也不能移转，例如，投保人甲不得将其与被保险人乙之间的夫妻关系让与丙。即便是那些基于经济牵连性而确立的人身保险上的保险利益，如作为债权人的甲担当投保人，为债务人乙（被保险人）购买人

---

〔1〕 李玉泉：《保险法》，法律出版社1997年版，第82~83页。

身保险，嗣后，如果甲将其对乙享有的债权让与第三人丙，也只会导致其对乙的保险利益消灭，丙基于受让债权而对乙取得保险利益。甲的保险利益与丙的保险利益是两种不同的利害关系，并非指丙的保险利益来源于甲的让与。此外，人身保险中不允许移转保险利益还基于公序良俗与防范道德风险，保护被保险人人身安全的考虑。

3. 最重要的是，现代各国保险法大都强调，人身保险仅需投保时投保人对被保险人具有保险利益即可，保险合同成立后该保险利益是否继续存在则在所不问，故人身保险中讨论保险利益的移转与消灭并无任何意义。因此，下文关于保险利益消灭原因的讨论仅限于财产保险范畴。再者，由于各国保险法对于财产保险中投保人是否具有保险利益并不关切，即无论投保人对保险标的是否具有保险利益都不影响保险合同效力，故下文的讨论也只涉及被保险人对保险标的的保险利益消灭的原因。

【重点提示】

保险利益不发生移转，而只存在消灭的情形。

二、保险利益消灭的原因

保险利益一般因为被保险人死亡（即继承）、被保险人向他人移转保险标的的权利、被保险人破产，以及保险标的灭失等原因而消灭。

（一）被保险人死亡（继承）

在财产保险合同中，被保险人死亡时，其因丧失对保险标的的权益而丧失保险利益。继承人则依照继承法的规定取得对保险标的的权利，并进而可以拥有对保险标的的保险利益。为保护继承人的利益，各国保险法大都规定，除非保险合同另有约定，保险合同应该为被保险人之继承人的利益而继续存在。

（二）保险标的之转让

事实上，继承就是一种特殊的导致保险标的权利移转的原因，因此保险标的的权利移转的处理方法类似于前述情形，故国外的保险立法大都基于保护保险标的受让人权利的考量，规定保险标的的受让人可基于取得保险标的的权利——另一方面即是被保险人丧失对保险标的的权利，进而丧失保险利益，导致原保险利益消灭——取得对保险标的的保险利益。例如，我国台湾地区的“保险法”第18条规定：“被保险人死亡或保险标的物所有权移转时，保险契约除另有订定外，仍为继承人或受让人之利益而存在。”我国《保险法》也基本遵循此一原理，但规定略有不同。依据该法第49条的规定：保险标的转让的，保险标的的受让人承继被保险人的权利和义务。保险标的转让的，被保险人或者受让人应当及时通知保险人，但货物运输保险合同和另有约定的合同除外。因保险标的转让导致危险程度显著增加的，保险人自收到前款规定的通知之日起30日内，可以按照合同约定增加保险费或者解除合同。保险人解除合同的，应当将已收取的保险费，按照合同约定扣除自保险责任开始之日起至合同解除之日止应收的部分后，退还投保人。被保险人、受让人未履行上述通知义务的，因转让导致保险标的危险程度显著增加而发生的保险事故，保险人不承担赔偿保险金的责任。显然，除货物运输保险合同和另有约定的合同外，保险标的的受让人可以取得对保险标的的保险利益，但是要及时通知保险人，否则，保险人可拒绝承担保险责任。此外，若前述转让事实导致危险程度显著增加的，保险人可以按照合同约定增加保险费或者解除合同。

（三）因破产而生之保险利益之消灭

被保险人破产后，对其原有的财产丧失管理处分权，相应权限移转于破产管理人行使，故其保险合同上的保险利益也随之消灭。[1] 而破产债权人则与作为保险标的的破产财产具有密切的利害关系，因而对之可以具有保险利益。但是，各国立法通常都规定在一定的时间内，破产管理人或保险人有权解除保险合同。

（四）保险标的灭失

在财产保险合同中，一旦保险标的灭失，则被保险人对保险标的享有的保险利益即行消灭。

【练习题】

一、选择题

1. 关于保险利益，以下说法错误的是（　）

A. 保险利益必须适法　　B. 保险利益必须确定

C. 保险利益具有公益性　　D. 保险利益无须确定

2. 关于保险利益原则，以下说法错误的是（　）

A. 第三受益人可以成为保险利益的承担者

B. 受益人可以成为保险利益的承担者

C. 投保人可以成为保险利益的承担者

D. 被保险人可以成为保险利益的承担者

3. 关于保险利益的存在时间，以下说法正确的是（　）

A. 财产保险中，保险合同订立时，投保人必须具有保险利益

[1] 在国外的破产立法上，可能存在债务人（被保险人）自行管理财产的情形，特别是在破产重整程序中，此种情形更为常见。但此时的债务人在法律地位上已经不同于破产程序启动之前，其须接受法院、债权人会议、债权人委员会等的监督。最重要的是，由于破产免责制度的实施，债务人与作为保险标的的破产财产不存在利害关系，因此，仍可认为原来的债务人已丧失了保险利益。

B. 财产保险中，保险事故发生时，被保险人必须具有保险利益

C. 人身保险中，保险合同订立时，投保人必须对被保险人具有保险利益

D. 人身保险中，保险合同订立时，投保人可以对被保险人不具有保险利益

4. 以下哪些人对其财产不具有保险利益（　）

A. 所有权人对其所有之物　　B. 债权人对其债权

C. 小偷对其控制的赃物　　D. 共有人对其共有之物

5. 责任保险的保险利益体现为（　）

A. 现有利益　　B. 期待利益

C. 合同利益　　D. 责任利益

6. 财产保险利益包括（　）

A. 现有利益　　B. 期待利益

C. 责任利益　　D. 适法利益

7. 以下哪些人，投保人对其不具有保险利益（　）

A. 投保人本人　　B. 投保人之配偶

C. 投保人之父母　　D. 投保人之好朋友

8. 投保人要对与其无任何关系之被保险人具有保险利益，必须（　）

A. 投保人同意为其投保

B. 保险人同意投保人为其投保

C. 被保险人同意投保人为其投保

D. 受益人同意投保人为被保险人投保

二、简答题

1. 保险利益范围日益扩大化的原因是什么？

2. 人身保险的保险利益与财产保险的保险利益有何不同？

第5章 损失填补原则

第一节 损失填补原则概述

一、损失填补原则的概念

损失填补原则是指保险人向被保险人支付的保险赔偿金数额仅以填补被保险人因为保险事故发生所致之实际损害为限的原则。损失填补原则是保险制度的“经济补偿功能”本质的体现，即保险的基本功能就是对被保险人的损失予以填补，因此，①无危险则无保险，无损害亦无保险；如果危险不存在或危险的发生不会给当事人造成损害，则保险制度并无存在的意义。②损失填补意味着被保险人可以获得的保险金仅以其遭受的实际损失为限，并且不得超过保险金额。

二、损失填补原则的内容

损失填补原则主要包括以下内容：

（一）保险人只对被保险人所遭受的实际损失进行填补

1. 只有被保险人因保险合同约定的保险事故发生并给其造成损失时，才能够得到补偿。否则，即便在保险合同约定的保险期限内发生了保险事故，但被保险人并没有因此遭受任何损失，则其仍无权利从保险人处获得赔偿。

2. 若保险事故发生，并给被保险人造成了承保范围以内的损失时，保险人自应承担保险责任。但是，保险人支付的保险赔偿金不得大于被保险人所遭受之实际损失，即被保险人获得保险赔偿金后至多能使其经济状况恢复到保险事故发生前之状态，在此之外，被保险人不得获取任何额外利益。例如，投保人将自己的一辆轿车投保了财产险，保险金额为20万元，保险期间内，该车在行驶时被落石砸中，投保人为修理此车花去6万元，则保险人至多赔偿投保人（被保险人）6万元，否则将使其不当得利，从而可能诱使其故意制造保险事故。

（二）保险人支付的保险赔偿金应以保险金额为限

保险金额是保险人承担赔偿或者支付保险金责任的最高限额。赔偿金额只应低于或等于保险金额，而不应高于保险金额。因为保险金额是保险人依据投保人支付的保险费数额，遵循大数法则计算出的其承担保险责任的最高限额，即以收取投保人的保险费为代价而向被保险人能支付的最大对价，一旦超出此一幅度，将使保险人的保险营业难以为继，进而损害该被保险人所属的风险共同体内其他成员的合法权益。例如，投保人以自己所有的一栋房产向保险人投保，该房产在投保时市值为50万元，双方约定的保险金额亦为50万元。其后，在保险期内，投保人（被保险人）不慎引起火灾，将该房屋全部烧毁，而该房屋的市值此时已上升至55万元，则保险人仍最多承担50万元的保险责任，即被保险人至多获取50万元保险赔偿金。需要说明的是，依照保险法理和我国立法例，保险金额不得超过保险价值，超过保险价值的，超过部分无效。保险金额低于保险价值的，除合同另有约定外，保险人按照保险金额与保险价值的比例承担赔偿保险金的责任。

（三）被保险人不能通过保险人的理赔而获取额外利益

保险的目的在于填补被保险人因保险事故发生而给其带来的损失，使其尽量恢复到保险事故发生前的经济状况，所以，其不应因此获取超过实际损失的额外利益，否则极易诱发道德风险。为了达致此目的，保险实务中通常采取以下措施加以预防：

1. 如果保险标的因为保险事故遭受部分损失，但仍有残余价值，则保险人在计算赔偿金额时，对残存价值部分应做相应的扣除。

2. 如保险事故发生后，保险人已经支付了全部保险赔偿金，并且保险金额等于保险价值的，则受损失的保险标的之全部权利移转于保险人。保险金额低于保险价值的，保险人按照保险金额与保险价值的比例取得受损保险标的之部分权利。

3. 保险人享有保险代位权。财产保险中，如果保险事故的发生可归责于第三方，则保险人在依据保险条款向被保险人承担保险责任后，被保险人必须将其对第三者进行追偿的请求权让与保险人，其不能再从第三者那里得到赔偿。

4. 如果投保人对同一保险标的、同一保险利益、同一保险事故分别与两个以上保险人订立财产保险合同，且保险金额总和超过保险价值。当保险事故发生时，被保险人获得的赔偿仍不能超过该保险价值。

【思考】

损失填补原则与保险利益原则的关系？

三、损失填补原则的作用

（一）保障保险制度功能的实现

保险是一种分散风险、消化损失的制度，它是人类为消除对可能发生的不确定事故的恐惧以及弥补或保障因为不确定事故发生而导致的不利益而创设的，此种目的的实现即有赖于损失填补原则的贯彻。依据损失填补原则，保险事故发生后，给被保险人造成保险责任范围内之损失的，被保险人可根据保险合同获得赔偿，将损失控制在被保险人可承受的范围之内，甚至恢复到未受损害前的状态。基于此种可预期的完美前景，被保险人事前既可无畏于保险事故的发生，又可在保险事故发生后，减轻或消除被保险人的不利益。通过前述事前抚慰和事后救济，保险制度安定个人生活和稳定社会秩序的功能遂可能得以实现。

（二）有效预防道德风险的发生

保险合同为射幸合同，被保险人能否实际获得保险赔偿金取决于保险事故，即不确定的危险的发生与否。如果允许被保险人获得超出实际损失以外的额外利益，那么被保险人有可能为了额外利益铤而走险，故意制造保险事故或放任保险事故的发生。反之，如果严格奉行损失填补原则，则被保险人就没有故意制造、诱发保险事故或放任保险事故发生的动力，因此，损失填补原则可以有效地阻却道德风险的发生。

第二节　损失填补原则的适用

一、损失填补原则的适用范围

有许多学者认为损失填补原则仅适用于财产保险领域。因为财产保险合同中被保险人的损失可以用金钱量化，而人身保险中，被保险人的损失则很难以此种方式具体量化，因此，人身保险，特别是人寿保险中被保险人可获得的赔偿额在保险事故发生前即已确定，一旦保险事故发生，保险人径行给付约定数额的保险金，故而损失填补原则是否适用于人身保险，学者之间迄今仍争议不休。

坚持人身保险合同应同样适用损失填补原则的学者所援引的理由，最为著名的莫过于美国保险学家休布纳提出的人身保险的“生命价值说”。该说认为，一个人的财产包括了现实财产和潜在财产两部分。前者是指一个人实际拥有的房屋、汽车等财产，属于财产保险合同承保的对象。后者则表现为一个人因为生命的存续可以获得之工资、其他劳动报酬等经济价值，人身保险合同所保障的就是被保险人具有的潜在财产的经济利益。因为当一个人生命结束或患病、伤残或年老而丧失劳动能力时，必然损失其相应的潜在财产。人身保险合同约定支付人身保险金，正是补偿被保险人损失的潜在财产。因此，当我们把人身保险中的保险标的不视为人的寿命或身体，而是看成因为寿命或身体的存在能够给我们带来的潜在财产时，人身保险合同其实也是一种财产保险合同，因此损失填补原则当然可以适用于人身保险。保险人按照人身保险合同的约定向被保险人支付的保险金同样是补偿性质，但其并非补偿被保险人的寿命或身体，而是补偿因被保险人的生老病死所损失的经济利益。

我们认为，空洞地争论损失填补原则是否适用于人身保险并无多大实际意义，其只不过是对于既有保险实务从不同角度所做的不同解读而已，对于保险人、被保险人、投保人、受益人主张维护权益的影响不大。事实上，客观世界中并非简单的非此即彼，而是存在着诸多的相互交叉的灰色领域，前述问题即是此例。显然，即便是坚持损失填补原则应适用于人身保险的学者也认为，人身保险中的损害难以用金钱加以衡量，因而人身保险，特别是人寿保险是一种预先确定“损失数额”的定额保险。同样，坚持损失填补原则不适用于人身保险的学者亦大都承认，人身保险合同并非完全排斥此原则，至少意外伤害保险和健康保险中的医疗费用保险、收入保障保险即属于损失填补性质的保险合同。

二、损失填补的对象

（一）实际损失

保险事故发生所导致的保险标的之实际损失，保险人应予以赔偿。保险人赔偿被保险人的保险标的的实际损失时，应该以保险合同约定的保险金额为最高赔偿限额。如果保险金额等于保险价值，则保险标的发生全部损失时，保险人应该支付保险金额的全部；保险标的发生部分损失时，则按照损失的比例乘以保险金额计算应该支付的保险赔偿金额。

（二）合理费用

保险事故发生后，被保险人因为履行防损义务而从事的施救行为，以及因为履行其他诚实信用义务（如通知义务）或按照保险合同的约定为特定行为（诸如协助保险人勘验保险事故、保险标的的检验、估价、出售等）所支付的合理费用，保险人应给予赔偿。我国《保险法》第 64 条规定：“保险人、被保险人为查明和确定保险事故的性质、原因和保险标的的损失程度所支付的必要的、合理的费用，由保险人承担。”

需注意的是，保险人应当填补的合理费用中，履行减损义务而支出的费用独立于保险人应该支付的保险赔偿金，应该以保险合同约定的保险金额为限，另行计算。我国《保险法》第 57 条规定：“保险事故发生时，被保险人应当尽力采取必要的措施，防止或者减少损失。保险事故发生后，被保险人为防止或者减少保险标的的损失所支付的必要的、合理的费用，由保险人承担；保险人所承担的费用数额在保险标的损失赔偿金额以外另行计算，最高不超过保险金额的数额。”

三、损失填补的方法

（一）金钱赔付

这是保险实务中应用最为普遍的一种损失填补方法。该种方法简单易行，操作方便，因此在绝大多数情形下，各国的保险人都采用此种方法。保险事故发生后，保险人负有损失填补义务时，应该按照保险合同的约定向被保险人支付保险赔偿金。支付保险赔偿金时，保险人可以使用现金，也可以通过票据支付。在我国，保险人主要采取现金赔付的方法。

（二）恢复原状

恢复原状是指通过修理、更换或重置等方式将因保险事故遭受损害的保险标的恢复到保险事故发生以前的状态。恢复原状主要通过修理、更换或重置来实现。保险事故造成保险标的损害的，如能够通过修理保险标的，或更换受损失的保险标的来恢复原状时，保险人可以依照保险合同的约定，以修理或更换保险标的作为填补损失的方法。修理主要适用于汽车保险中。而更换主要适用于玻璃保险。重置则是指在房屋保险合同中，保险人根据保险合同的重置条款，负责修复或重建被毁的房屋。

（三）替代给付

替代给付是指保险事故发生后，保险标的受损或灭失，保险人可以其他种类物的交付代替保险赔偿金的支付，以此履行其损失填补义务。保险实践中，在某些特定的情形下，保险人有必要，而且也有权利选择以替代给付填补被保险人所受损失。

四、损失填补原则的例外

损失填补原则虽然是保险法的一个基本原则，但有原则必有例外。除了对损失填补原则在人身保险，特别是人寿保险中是否适用存在争议外，在财产保险实务中，也存在着不适用该原则的例外，其主要包括以下两类情形：

（一）定值保险合同

财产保险可分为定值保险与不定值保险。绝大部分财产保险为不定值保险，不定值保险完全适用损失填补原则，所以损失填补原则在绝大部分的财产保险中都得以运用。而定值保险是个例外，所谓定值保险，是指保险当事人在订立保险合同时约定保险标的之价值，即保险价值，并以其为限确定保险金额，将两者都订入保险合同。当保险事故发生时，保险人以约定的保险金额为基础，根据损失程度计算保险赔偿金额，而不考虑出险时保险标的的实际价值和被保险人的实际损失。即不论保险标的在保险事故发生时的实际价值大于或小于保险金额，均按保险金额和损失程度完全赔偿。如此一来，在以下情况中，损失填补原则就会出现例外，即定值保险合同约定的保险金额等于保险价值时，是为足额保险。保险事故发生时，若保险标的之价值与危险发生时当地的市场价值相比有所降低，而保险人仍应按照保险金额和损失程度完全赔偿，因而有可能使保险赔偿额大于保险标的实际价值。可见，此种情形是损失填补原则的例外。

（二）重置价值保险

有学者认为重置价值保险也是损失填补原则的例外。所谓重置价值保险是指在保险事故发生后，保险人理赔时不扣除保险标的的折旧，而是以被保险人重置、重建保险标的所需费用或支出的成本来确定保险金额的保险。例如，对住宅、建筑物、个人或企业的财产都可以采用重置价值保险。保险人以此种方式赔付，可能使被保险人得到的保险赔偿金数额大于保险标的的实际价值，因此重置价值保险可被视为损失填补原则的例外。

【练习题】

一、选择题

1. 损失填补的方法包括（　）

A. 金钱赔付　B. 替代给付　C. 恢复原状　D. 解除合同

2. 关于损失填补的对象，以下说法正确的是（　）

A. 损失填补的范围仅仅以实际损失为限

B. 损失填补的范围仅仅以合理费用为限

C. 损失填补范围既包括实际损失又包括合理费用

D. 以上都不对

二、简答题

1. 损失填补原则与保险利益原则有何关联性？

2. 损失填补原则的适用范围是什么？

第6章 近因原则

第一节 近因原则的内涵

一、近因和近因原则的概念

(一) 近因的概念

所谓近因(Proximate Cause),并非是指在时间上或空间上与损失最接近的原因,而是指造成损失的最直接、最有效的,起主导作用或支配性作用的原因。

(二) 近因原则的概念

所谓近因原则(Principle of Proximate Cause),是指只有保险合同约定的保险事故是造成保险标的损失的近因时,保险人始承担保险责任的原则。近因原则是英美法系保险法上之用语,我国称之为因果关系原则。

近因原则是保险法的基本原则之一,其含义为保险人承担保险责任的范围应限于以承保风险为近因造成的损失。我国现行《保险法》虽未直接规定近因原则,但在司法实践中,近因原则已成为判断保险人是否应承担保险责任的一个重要标准。一般而言,对于单一原因造成的损失,单一原因即为近因;对于多种原因造成的损失,持续地起决定或有效作用的原因为近因。因此近因的判断标准是保险事故对损失产生的原因力,即按照保险事故对损失产生所起作用的大小来判断它们之间是否存在近因。

二、近因原则的起源

保险法中的近因原则起源于海上保险。1906年英国《海上保险法》第55条第1款即明确规定,“除本法或保险契约另有规定外,保险人对于因其承保危险近因所致之损害,负赔偿责任,但对于非因承保危险近因所致之损害,一律不负赔偿责任。”早期应用近因原则的典型案例是英国法院审理的Leyland Shipping Co. Ltd. v. Norwich Union Fire Insurance Society Ltd. 一案。一战期间,Leyland公司一艘货船被德国潜艇的鱼雷击中后严重受损，被拖到法国勒阿佛尔港，港口当局担心该船沉没后会阻碍码头的使用，于是该船在港口当局的命令下停靠在港口防波堤外，在风浪的作用下该船最后沉没。Leyland 公司索赔遭拒后诉至法院，审理此案的英国上议院大法官 Lord Shaw 认为，导致船舶沉没的原因包括鱼雷击中和海浪冲击，但船舶在鱼雷击中后始终没有脱离危险，因此船舶沉没的近因是鱼雷击中而不是海浪冲击。

【重点提示】

认定近因的标准是原因力，即对损失的产生起决定作用的原因为近因。

三、近因原则的作用

依照保险合同，保险人最主要的义务就是在保险事故发生时承担保险金赔偿责任。而保险人承担保险赔偿责任应该具有以下条件：①必须发生了保险合同所约定的保险事故，即发生的事故为保险合同所承保的危险；②必须保险标的受到损失，并且投保人或被保险人对其有保险利益；③保险事故是保险标的损失的近因。在上述三个构成要件中，最关键的条件就是我们必须确定被保险人所受损失是因保险事故而产生。易言之，保险人对于被保险人所受之损失应否承担损失填补责任，需要确定损失的原因是否起因于保险事故，如果两者之间没有任何“近因关系”或“相当因果关系”，则保险人不承担损失填补责任。可见，近因是保险人承担保险赔偿责任的必要条件。

第二节　近因的确定方法

一般而言，对于单一原因造成的损失，单一原因即为近因；当多种危险成为损失发生的原因时，对于如何判断其中的哪个危险是损失发生的近因，目前保险实务中通常采用的是英国学者约翰·斯蒂尔所提出的判断近因关系的两种方法。他认为，所谓近因是指引起一系列事件发生，由此出现某种后果的能动的、起决定作用的因素；在这一因素的作用过程中，没有来自新的独立渠道的能动力量介入。[1] 据此，可以推出确定近因的两种方法。

第一，逻辑顺推理。即从最初的事件出发，按逻辑推理下一步将发生何种情形。如果最初发生的事件导致第二事件，第二事件又引发第三事件，如此推理导致最终事件，那么最初事件即是最终事件的近因。如果其中两个环节间没有明显联系或出现中断，则其他事件为最终事件的近因。

〔1〕［英］约翰·斯蒂尔：《保险的原则与实务》，孟兴国等译，中国金融出版社 1992 年版，第 40 页。

第二，逻辑逆推理。即从损失开始，沿系列事件自动由后往前推理为什么会发生这样的情况，若能够追溯到最初事件，且整个推理链条完整，则最初事件即为近因。如果逆推理出现事件中断，则其他事件为导致损失的近因。

概而言之，近因是指除非存在此种原因，否则损失完全不可能发生或几乎不可能发生的原因。由于存在这样的原因，损失才能发生，损失是原因的必然与自然的结果和延续，而原因是损失的必要条件。但是如果这个条件或原因仅仅增加了损失的程度或扩大了损失的范围，则此种条件或原因不构成近因。

【理论扩展】

保险人只对保险合同约定的保险事故造成之损失承担保险赔偿责任，这是保险人控制其经营风险的基本做法。所谓“承保危险造成的承保损失”即表明，被保险人或受益人获得保险赔偿，保险事故必须与保险标的之毁损灭失具有因果关系。但是因果关系抽象而复杂，因此如何判断损失与保险事故之间是否具有因果关系相当困难，但它却又是保险法必须解决的问题。为此，英美法系保险法发展出了近因学说用以判断因果关系。与此同时，大陆法系国家理论与实务中亦提出了各种各样的学说，这些学说主要有条件说、相当因果关系说、比例因果关系说、近因说等。现在大陆法系判断因果关系的通说理论为相当因果关系说。所谓保险事故与损失之间的相当因果关系是指：没有保险事故，虽不必然产生保险标的之损失，但如果保险事故之发生，通常能够导致保险标的之损失，就可以认定保险事故与保险标的的损害之间存在因果关系。如果没有保险事故，必然不产生保险标的之损害，而如果有保险事故，通常也不产生保险标的之损失，则可以认定为无因果关系。

第三节　近因原则的实践运用

一、单一原因造成保险标的损失的近因判断

如果造成损失的原因只有一个，而这一原因又是保险合同约定的保险人所承保的危险，那么这一原因就是保险标的损失的近因，保险人应该承担保险责任，反之，保险人无须承担赔偿责任。例如，货物在运输途中遭受雨淋受损，如果被保险人在水渍险的基础上加保了淡水雨淋险，则保险人应该承担赔偿责任；若被保险人只投保水渍险，则保险人不承担赔偿责任。这种情形比较简单，保险人只需判断造成保险标的损失的事件是否属于保险事故，如果属于保险事故，其应承担保险责任，否则不需承担保险责任。

二、多种原因造成保险标的损失的近因判断

如果造成保险标的损失的原因不止一个，而是有两个或者两个以上，我们就应该以类型化的思维方式，具体情况具体分析。原则上，保险标的是因为多个原因（事件）造成损失的，对保险标的之损失持续的起决定作用或支配作用的原因或事件为近因。

（一）多种原因同时发生时近因的认定

造成损失的风险事故，如果为两个或两个以上并且同时产生，而且这些事故对保险标的的损失均有直接的、实质的影响，那么他们都是导致损失产生的近因。如果这些多种原因全部属于保险合同约定的保险事故范围，保险人应该负全部责任。如果这些近因都不属于保险合同约定的保险事故，则保险人不承担责任。

但是，若在以上的几个近因中，有些属于保险事故的范围，有些不属于保险事故的范围，那么保险公司责任的承担要根据损失是否可以划分来认定。损失能够分开的，保险人应该承担由保险事故所造成的那部分损失。损失不能够分开的，保险人与被保险人协商赔付。例如，货物在运输途中既遭受了海水浸泡，又遭受了装卸货物时的钩损。如果投保了水渍险又投保了钩损险，则保险人对所有损失都承担保险金赔付责任。如果仅仅投保了水渍险，则要区分损失是否可以划分，如果能够区分水渍所造成的损失与钩损造成的损失，则保险人只负责填补水渍所造成的损失。如果不能区分，则由保险人与被保险人协商赔偿。

（二）多种原因连续发生时近因的认定

当导致损失产生的原因为两个或两个以上，并且他们连续发生时，如果各个原因之间的因果链条没有中断，那么最先发生的并且导致后面一连串事件发生的原因就是损失产生的近因。因此，只要最先发生的原因在保险事故范围内，后面的原因是前面的原因导致的必然结果，保险人就应该负保险责任，而不论后面的原因是否属于保险事故。例如，一艘装载皮革和茶叶的货轮，由于遭到海难，大量海水浸入船舱，导致皮革腐烂。海水虽然没有直接接触茶叶，但是由于皮革腐烂导致的恶臭使茶叶完全变质。被保险人以海难为由要求保险人支付全部的保险赔偿金，但保险人以茶叶没有遭受海水浸泡为由拒绝赔偿。法院最后认定，造成本案茶叶的全部损失的近因是海难，保险人应该承担保险责任，支付保险赔偿金。

但是，如果前面的原因不属于保险事故的范围，即使后面的原因属于承保风险，后因是前因的必然结果，保险人也不负任何赔偿责任。例如，在英国的一个案例中，敌机投弹燃烧到一家仓库，仓库起火受损，保险财产是由火灾导致损失。但是火灾的原因在于敌机投掷炸弹，因果关系是敌机投弹引起火灾，火灾引起保险标的之损

失，结果法院判决，近因是战争行为，不属于一般的火灾范围，因此保险公司不承担支付保险金的责任。

（三）多种原因间断发生时近因的认定

在一连串发生的导致保险标的损失的原因当中，存在一个新出现的而又完全独立的原因介入，导致损失。若新介入的独立的原因属于保险事故，保险人需承担保险责任。反之，保险人则不承担保险责任。例如，李某为自己买了一份人身意外伤害保险。一天，李某骑自行车被汽车所撞，造成伤残并住院治疗，在治疗过程中李某因为急性心肌梗塞而死。由于意外伤害与心肌梗塞没有内在联系，心肌梗塞并非意外伤害的结果，故其属于新介入的独立原因。因此心肌梗塞是被保险人死亡的近因，它属于疾病范围，不是意外伤害保险所承保的保险事故。因此，其所造成的损失不属于意外伤害保险的责任范围，保险人对被保险人的死亡不负保险责任，而只对被保险人因为意外伤害所造成的伤残按照保险合同的约定支付保险赔偿金。

【实例参考】

2000 年底，某公司通过铁路从广州运往长春一车皮苹果，共计 1000 篓，并对此货物投保了货物运输综合险。该货物在约定期限内到达目的地。但是在卸货时发现，运载该货物的车厢左侧车门开启了 0.65 米，靠近车门处有明显的盗窃痕迹，车门处的保温层被撕开长 1.2 米、宽 0.65 米的裂缝。该货物经卸载后进行了清点，计实有货物 927 篓，被盗 73 篓；并且实收货物中还有 120 篓已经冻损。经查实，长春地区当时的最低气温均在零下 18 摄氏度左右。于是被保险人要求保险公司对其货物遭受的盗窃损失和冻损损失予以保险赔偿。

保险公司认为，该货物中被盗的 73 篓苹果，属于货物运输综合险的保险责任范围，保险公司应该给付保险赔偿金。但是对于货物中冻损的 120 篓，则不应该承担保险责任。保险公司拒赔的理由在于，冻损损失的最直接原因在天气寒冷而不是盗窃。而天气寒冷不属于保险合同约定的保险事故，因此保险公司不应对 120 篓冻损的苹果给予保险赔偿。

问题：保险公司是否应向被保险人承担 120 篓冻损的苹果的保险责任？

分析与评论：本案争议的焦点在于导致损失的多个原因连续发生时，如何认定导致保险损失的近因？导致保险标的损失的原因有单一原因，也有多种原因。当保险标的之损失是由多种原因造成时，如何界定导致损失的近因比较复杂。损失由多种原因造成时也可以分为几种情况：多种原因同时发生；多种原因连续发生；多种原因间断发生。本案涉及的就是多种原因连续发生时近因的界定。当两个或两个以上的灾害事故连续发生造成损失的，如果各个原因之间的因果链条没有中断，那么最先发生的，并且导致后面一连串事件发生的原因就是损失产生的近因。

本案中，导致120篓苹果冻损的原因有多种：①因为盗窃造成保温层被撕破，这属于保险事故；②天气寒冷使没有保温层保护的苹果发生冻损，这不属于保险事故。保险合同约定的保险事故先发生，不保危险后发生，两个原因之间的因果关系并未中断。本案中，由于苹果运往长春，货主已经预料到天气寒冷并采取了防冻措施。苹果是由于保温层被撕破才被冻损，但是如果没有盗窃行为，保温层就不会被撕破，苹果就会一直处于保温层的保护之下，就不会发生冻损。由于盗窃行为的发生，致使保温层被破坏，天气寒冷这一因素才发生作用，造成苹果冻损。由此可见，天气寒冷并不是损失发生的近因，盗窃才是损失的近因。综上，本案中，保险公司应该承担保险责任。

【练习题】

一、选择题

1. 确定近因原则的标准为（　）

A. 时间上离损失最近的原因　　B. 空间上离损失最近的原因

C. 对损失的产生最有效的原因　　D. 以上都不对

2. 多种原因同时发生造成保险标的损失时，以下哪种原因是近因（　）

A. 空间上离损失最近的原因

B. 时间上离损失最近的原因

C. 如果各个原因之间的因果链条没有中断，那么最先发生的并且导致后面一连串事件发生的原因就是损失产生的近因

D. 以上都不对

二、简答题

多种原因造成保险标的损失时，如何认定与适用近因原则？

第7章 保险合同的主体与客体

第一节 保险合同当事人

保险合同关系是法律关系之一种，其具有法律关系的全部构成要素，即保险合同法律关系的主体，保险合同法律关系的内容，以及保险合同法律关系的客体。

保险合同的主体，即保险合同的当事人，是指依法订立保险合同，享有保险合同所约定的权利，并承担合同约定义务的人。保险合同关系的主体一方为保险人，一方为投保人。

一、保险人

（一）保险人的概念

保险人又称为承保人，是指依照保险法的规定成立，经核准经营保险事业，可与投保人缔结保险合同，并依照合同约定收取保险费，在保险事故发生时或保险期间届满时，向被保险人或受益人承担赔偿或给付保险金责任的商事主体。我国《保险法》第10条第3款规定："保险人是指与投保人订立保险合同，并按照合同约定承担赔偿或者给付保险金责任的保险公司。"

保险是积聚社会大众的资金，分散特定受害人的风险于大众，消化损失于无形的制度。保险在分散风险的同时，还具有融资的功能。因此，保险业的良性运转，无论对于国家与社会的稳定，还是对个人生活的安定，都具有非常重要的意义。另外，保险业是专门经营风险管理的行业，由于风险具有不确定性，势必要求保险人具有专门的知识、技术以及雄厚的资本，否则，只能与保险制度的根本宗旨相违背。因此，为了保证保险业良性发展，从而保证社会公众的利益，各国保险立法都对保险人进行特殊的规制：

首先，保险人一般都是社会组织，最主要的就是股份有限公司与相互保险公司；其次，保险法对保险公司做出不同于普通公司的特殊规定，对保险公司规定了不同于一般公司的更高的市场准入标准，其设立必须经过专门的保险监督管理机构核准；最后，保险人的保险经营活动也要受专门的保险监督管理机构监督。

【重点提示】

保险人一般都是具有法律人格的社会组织，最主要的就是股份有限公司与相互保险公司。

（二）保险人的特征

根据我国保险法的相关规定，保险人具有以下法律特征：

1. 保险人必须是依法设立的保险公司或其他组织。我国《保险法》第6条规定："保险业务由依照本法设立的保险公司以及法律、行政法规规定的其他保险组织经营，其他单位和个人不得经营保险业务。"

如前所述，保险人责任重大，其经营状况的好坏，不仅关系到保险合同相对人的利益，而且还影响到整个社会经济的安全与稳定。所以各国法律对保险公司的成立条件均有不同于普通公司的，更为严格的规定。而且，各国还成立了专门的保险监督管理机构对保险公司的经营活动进行严格的监督管理。需要强调的是，虽然保险公司是营业类别较为特殊的公司之一种，保险法根据其特殊性有进行特别规制的必要，但是，如果保险法没有做出特别规定的，关于保险公司的组织、运营等事务均应该适用公司法相关规定。

2. 保险人是商法人。商人依照其内部组织机构以及责任承担方式，可以分为商法人、商合伙与商自然人。保险人通常为公司形式，是典型的商法人，其以专门经营保险业务为业。由于保险人是商人，因此，追求利润最大化是其根本目的。虽然保险人经营的保险事业有分散危险，消化损失的客观功能，但是，基于商业以及商人的本质规定性，保险公司必须以营利为目的，保险人并非慈善机构或社会福利机构。因此，保险人为了实现营利目的所制定的相应的经营战略以及经营措施，只要不违反法律的强制性规定，就应当获得承认。在其自主经营的范围内，法律不应该过于强调保险事业的公益性而对保险公司的营业过度干预。

3. 保险公司是保险合同的当事人，是基于保险合同享有保险费支付请求权，负担赔偿或给付保险金义务之人。保险人用于分散风险，填补损害的保险基金来源于投保人支付的保险费。没有保险费，保险基金便成为无本之木，无源之水。因此，保险合同订立后，投保人必须按照保险合同的约定支付保险费，而保险人根据保险合同的约定，享有请求投保人支付保险费的权利。[1] 保险的目的在于填补被保险人

第七章

〔1〕但对于人寿保险合同的保险费，保险人不能以诉讼方式请求支付。

的损失，因保险合同约定的保险事故发生而给被保险人造成损害的，保险人应该按照约定履行赔偿或给付保险金的义务。

二、投保人

投保人又称为要保人，是指与保险人缔结保险合同，并于保险合同成立后负有交付保险费义务之人。投保人是保险合同的一方当事人，凡自然人或法人，均可以成为投保人。投保人的法律特征如下：

1. 投保人是保险合同的当事人。只有向保险人申请订立保险合同之人，才是投保人，因其与保险人订立保险合同，所以成为保险合同的一方当事人。我国《保险法》第10条第1款明确规定："保险合同是投保人与保险人约定保险权利义务关系的协议"。该条明确将保险合同的当事人限定于保险人与投保人。因此，虽然被保险人或受益人可能与投保人重合，但保险合同中的被保险人或受益人都不是保险合同的当事人。

2. 投保人既可以为自然人也可以是法人。现代社会，保险人通常是商法人。但是，投保人与之不同，其可以是自然人也可以是法人，而且不限于营利性法人，非营利性法人仍然可以充当投保人。但是，在再保险合同中，投保人只能是原保险的承保人，即原保险人。因此，再保险的投保人通常只能是保险公司，保险公司以外的其他人一般不能成为再保险合同的投保人。

若投保人为自然人，因保险合同是合同之一种，也是法律行为之一种。民法关于行为能力的相关规定，当然适用于保险合同。因此，投保人必须是具有行为能力之成年人。限制行为能力人，不能成为合格的投保人。以上行为能力存在缺陷之人如果与保险人订立保险合同，必须经过法定代理人的事前许可，或事后追认，或于其限制原因消灭后自行承认。无行为能力人不能够订立保险合同，订立保险合同必须由他的法定代理人代理。

3. 人身保险中，投保人对保险标的必须要有保险利益。根据保险利益原则，人身保险中，投保人对保险标的具有保险利益为保险合同生效之要件，没有保险利益，则保险合同无效。投保人对保险标的存在保险利益的时间，依据保险法的规定，应限制于投保之时。保险合同成立之后，投保人是否继续对保险标的具有保险利益，则在所不问。

4. 投保人负有支付保险费之义务。保险合同是双务合同，有偿合同，保险费的支付是投保人获取保险人承担保险责任承诺的对价。因此，投保人必须支付保险费，保险人不能免除投保人支付保险费的义务。若投保人与保险人约定，投保人不必支付保险费，则该条款不生效力。保险费原则上应该由投保人亲自支付。但是保险合同的利害关系人代投保人支付，而保险人已经受领者，也产生交付保险费的效力。保险人仅有向投保人请求支付保险费的权利，即使存在先前他人代投保人支付保险费的事实，保险人也不能请求该代缴之人支付其余所欠保险费。

【重点提示】

投保人的主要义务是支付保险费，却不一定享有保险金给付请求权。

第二节　保险合同关系人

保险合同关系人是指虽不是保险合同的当事人，但却可以享受保险合同约定利益的人，关系人可分为被保险人与受益人两种，兹分别论述如下：

一、被保险人

（一）被保险人的概念

被保险人是指以其财产及其有关利益、寿命或身体为保险标的，于保险事故发生或保险期间届满时，对保险人享有保险金给付请求权之人。在财产保险，被保险人为被保险财产的所有权人或其他权利人，故被保险人通常为投保人本人。在人身保险，如果保险合同由本人订立，则本人既是投保人又是被保险人。如果由第三人订立，则仅以被保险之人为被保险人，此时投保人与被保险人不是同一人。

（二）被保险人的特征

1. 被保险人必须对保险标的具有保险利益，因此也是受保险合同保障之人。被保险人是受保险合同保障的人，其必须对保险标的具有保险利益，保险合同保障的具体对象为被保险人的财产利益或寿命、身体。

2. 被保险人是因保险事故发生而遭受损害之人。由于被保险人对保险标的有保险利益，保险事故一旦发生，被保险人必然遭受损害。被保险人遭受损害的形态，因财产保险与人身保险而异。在财产保险合同，被保险人是保险标的之所有权人或其他权利人，保险事故发生必然导致被保险人经济利益的损失。在人身保险合同，保险标的是被保险人的寿命或健康，因此，保险事故的发生必然导致被保险人寿命或身体健康遭受损害。

3. 被保险人是享有保险金给付请求权之人。“无损失，无保险”是保险法的基本理念。由于被保险人对保险标的具有保险利益，当保险事故发生时，必然导致被保险人之财产或人身遭受损害。因此，被保险人当然享有保险金给付请求权。

在财产保险中，保险事故的发生仅仅导致被保险人经济损失，因此，被保险人通常可以亲自行使保险金给付请求权。在人身保险中，尤其是死亡保险，被保险人死亡时，其民事主体资格消灭，当然不能行使保险金给付请求权，只能由保险合同指定的受益人享有或行使保险金给付请求权。

在人身保险合同中，被保险人还享有同意权，主要内容如下：①以死亡为保险金支付条件的，未经被保险人书面同意并认可保险金额的，保险合同无效；②根据以死亡为保险金支付条件的合同所签发的保险单，未经被保险人书面同意，不能转让或质押；③人身保险合同受益人的指定，必须经过被保险人同意或亲自指定。

4. 被保险人可以与投保人为同一人或者是不同之人。根据我国保险法的相关规定，投保人的地位主要体现为订立保险合同并承担支付保险费的义务，被保险人的法律地位主要体现为享有保险金请求权。正因为他们具有不同的法律地位，因此，被保险人与投保人可以分离，即投保人与被保险人可以是不同的民事主体；在为自己利益保险合同中，投保人与被保险人为同一民事主体；在为他人利益保险合同中，投保人与被保险人不属于同一民事主体。

【重点提示】

被保险人是因为保险事故遭受损失，享有保险金给付请求权之人。

二、受益人

（一）受益人的概念

受益人是指由投保人或被保险人指定的，享有保险金给付请求权的人。简而言之，是被指定为有权受领保险金之人。受益人一般仅存在于人身保险合同之中。

（二）受益人的特征

1. 受益人只存在于人身保险合同之中。受益人这个专有名词究竟仅适用于人身保险，还是既适用于人身保险又适用于财产保险，学者有不同的观点。我们认为，受益人一般只能存在于人身保险合同中。因为，财产保险合同为典型的损失填补合同，因此，在保险事故发生时，因之遭受损害的被保险人就享有，也只能由其享有保险金赔偿请求权。故被保险人就是受益人，受益人就是被保险人，因此，在财产保险合同中，使用受益人之概念并无必要。但是，在人身保险中，一旦保险事故发生，被保险人可能丧失生命，因而需要事先另行指定有权请求给付保险金的人。即因保险事故遭受损害之人，未必就是享有保险金给付请求权之人。因此，只有在人身保险合同中，受损之人与享有保险金请求权之人可以成为两个独立的民事主体，我们才有必要使用受益人这个概念，将被保险人与受益人加以区分。我国保险法即持此一观点，《保险法》第18条第3款规定：“受益人是指人身保险合同中由被保险人或者投保人指定的享有保险金请求权的人。投保人、被保险人可以为受益人。”

2. 受益人为有权请求给付保险金之人。与投保人的法律地位不同，投保人是保险合同的当事人，并负有支付保险费之义务，而受益人并非保险合同的当事人。受益人与被保险人不同，被保险人也享有保险金请求权，但是，被保险人必须对保险标的具有保险利益，受益人则无此一要求。受益人可为投保人本人，也可为被保险人本人，有时则为投保人与被保险人以外之第三人。受益人是因为保险事故的发生，有权利请求保险人给付保险金之人，受益人请求保险人给付保险金的权利可因以下原因消灭：①受益人先于被保险人死亡或受益人破产或解散的；②受益人放弃受益权的；③受益人故意造成被保险人死亡或伤残的，或故意杀害被保险人未遂的。

3. 受益人的产生方式为投保人或被保险人指定。受益人通常情形下由投保人或被保险人指定。我国《保险法》第39条规定："人身保险的受益人由被保险人或者投保人指定。投保人指定受益人时须经被保险人同意。投保人为与其有劳动关系的劳动者投保人身保险，不得指定被保险人及其近亲属以外的人为受益人。被保险人为无民事行为能力人或者限制民事行为能力人的，可以由其监护人指定受益人。"之所以如此，是为了控制道德风险，保护被保险人的人身安全。虽然法律对受益人的资格没有限制，即自然人和法人都可以成为受益人。但是，在保险实务中，保险人基于控制风险、防止道德风险以及保障被保险人之人身安全等因素的考虑，一般都要求受益人与被保险人存在特定的利害关系。

在保险合同没有明确指定受益人为何人时，根据法条或法理也可以推定受益人。例如，保险合同仅订定投保人或被保险人，未确定何人为受益人，可以根据保险法的规定，推定被保险人为受益人。此种情形依据我国《保险法》第42条第1款的规定，主要包括以下情形：①没有指定受益人，或者受益人指定不明无法确定的；②受益人先于被保险人死亡，没有其他受益人的；③受益人依法丧失受益权或者放弃受益权，没有其他受益人的。

4. 受益人可以由投保人和被保险人予以变更。既然受益人基于被保险人或投保人自由意思指定产生，那么，投保人或被保险人当然可以基于自由意志变更受益人，并且不必经过保险人和原受益人同意。但是，投保人变更受益人的，必须经过被保险人同意。投保人或被保险人变更受益人时，必须以书面方式通知保险人。保险人收到变更通知后，应该在保险单上作变更批注。若受益人的变更没有通知保险人，则该变更不对保险人产生效力，如果保险人向原受益人支付了保险金，构成有效的义务履行。

我国《保险法》第41条规定："被保险人或者投保人可以变更受益人并书面通知保险人。保险人收到变更受益人的书面通知后，应当在保险单或者其他保险凭证上批注或者附贴批单。投保人变更受益人时须经被保险人同意。"

第三节 保险合同辅助人

虽然保险合同的当事人为投保人与保险人，但在保险合同的订立、履行、变更，以及消灭的整个过程中，还需有其他的民商事主体辅助当事人为一定的行为，确保保险活动整个运作过程的顺利完成。保险辅助人即是此类主体，其通常包括：保险代理人、保险经纪人，以及保险公估人。

一、保险代理人

（一）保险代理人的概念

我国《保险法》第117条第1款规定："保险代理人是根据保险人的委托，向保险人收取佣金，并在保险人授权的范围内代为办理保险业务的机构或者个人。"根据代理制度的一般原理以及保险法的规定，可以将其定义为：保险代理人是指获得保险人的授权，向保险人收取报酬，而以保险人名义与投保人订立保险合同，并且使保险合同的法律效果归属于保险人之人。

【重点提示】

保险代理人是代理保险人与投保人订立保险合同之人。

（二）保险代理人的种类

依据保险法关于保险代理人的定义，保险代理人可以分为保险代理机构以及个人保险代理人两类。此外，我国《保险法》第117条第2款规定："保险代理机构包括专门从事保险代理业务的保险专业代理机构和兼营保险代理业务的保险兼业代理机构。"显然，依据我国现行法律的规定，保险代理机构又可分为专业保险代理机构以及兼业保险代理机构。因此，我国保险法上的保险代理人包括专业保险代理人（机构）、兼业保险代理人（机构）以及个人保险代理人三种类型。所谓专业保险代理人是指根据保险公司的委托，向保险公司收取佣金，在保险公司授权的范围内专门代为办理保险业务的机构，包括保险专业代理公司及其分支机构。除保监会另有规定外，专业保险代理人应当采取有限责任公司或股份有限公司的形式从事保险代理业务。[1] 兼业保险代理人是指受保险人委托，在从事自身业务的同时，指定专人为保险人代办保险业务的机构（单位）。个人保险代理人是指根据保险人委托，向保险人收取佣金，并在保险人授权的范围内代为办理保险业务的自然人。

〔1〕 见2009年10月1日起开始实施的《保险专业代理机构监管规定》第5条。但根据该部门规章第94条的规定，专业保险代理人似乎也可以申请以合伙形式开展业务。

（三）保险代理人资格的获取与相关人员任职条件

1. 专业保险代理人资格的获取。

首先，专业保险代理机构应该符合保险法以及保险监督管理机构，即保监会规定的资格条件，取得保监会颁发的经营保险代理业务许可证，并进行工商登记之后才能从事保险代理活动。[1] 例如，以公司形式设立保险专业代理机构，其注册资本最低限额不得少于人民币200万元；经营区域不限于注册地所在省、自治区、直辖市的保险专业代理公司，其注册资本不得少于人民币1000万元。保险专业代理公司的注册资本必须为实缴货币资本。保监会根据保险专业代理机构的业务范围和经营规模，可以调整其注册资本的最低限额，但不得低于公司法规定的限额。

其次，保险专业代理机构的董事长、执行董事、高级管理人员，应当品行良好，熟悉保险法律、行政法规，具有履行职责所需的经营管理能力，并在任职前取得保监会核准的任职资格。前述高级管理人员包括：①保险专业代理公司的总经理、副总经理或者具有相同职权的管理人员；②保险专业代理公司分支机构的主要负责人。[2]

---

〔1〕《保险专业代理机构监管规定》第6条规定："设立保险专业代理公司，应当具备下列条件：①股东、发起人信誉良好，最近3年无重大违法记录；②注册资本达到《中华人民共和国公司法》（以下简称《公司法》）和本规定的最低限额；③公司章程符合有关规定；④董事长、执行董事、高级管理人员符合本规定的任职资格条件；⑤具备健全的组织机构和管理制度；⑥有与业务规模相适应的固定住所；⑦有与开展业务相适应的业务、财务等计算机软硬件设施；⑧法律、行政法规和中国保监会规定的其他条件。"

〔2〕《保险专业代理机构监管规定》第21条规定："保险专业代理机构拟任董事长、执行董事和高级管理人员应当具备下列条件，并报经中国保监会核准：①大学专科以上学历；②持有中国保监会规定的资格证书；③从事经济工作2年以上；④具有履行职责所需的经营管理能力，熟悉保险法律、行政法规及中国保监会的相关规定；⑤诚实守信，品行良好。从事金融工作10年以上，可以不受前款第①项的限制；担任金融机构高级管理人员5年以上或者企业管理职务10年以上，可以不受前款第②项的限制。"第22条规定："有《公司法》第147条规定的情形或者下列情形之一的，不得担任保险专业代理机构董事长、执行董事或者高级管理人员：①担任因违法被吊销许可证的保险公司或者保险中介机构的董事、监事或者高级管理人员，并对被吊销许可证负有个人责任或者直接领导责任的，自许可证被吊销之日起未逾3年；②因违法行为或者违纪行为被金融监管机构取消任职资格的金融机构的董事、监事或者高级管理人员，自被取消任职资格之日起未逾5年；③被金融监管机构决定在一定期限内禁止进入金融行业的，期限未满；④受金融监管机构警告或者罚款未逾2年；⑤正在接受司法机关、纪检监察部门或者金融监管机构调查；⑥中国保监会规定的其他情形。"《公司法》第147条规定的情形包括：①无民事行为能力或者限制民事行为能力；②因贪污、贿赂、侵占财产、挪用财产或者破坏社会主义市场经济秩序，被判处刑罚，执行期满未逾5年，或者因犯罪被剥夺政治权利，执行期满未逾5年；③担任破产清算的公司、企业的董事或者厂长、经理，对该公司、企业的破产负有个人责任的，自该公司、企业破产清算完结之日起未逾3年；④担任因违法被吊销营业执照、责令关闭的公司、企业的法定代表人，并负有个人责任的，自该公司、企业被吊销营业执照之日起未逾3年；⑤个人所负数额较大的债务到期未清偿。

最后，专业保险代理机构的代理从业人员也应当具备保监会规定的资格条件，取得保监会颁发的资格证书。保险代理从业人员是指在保险代理机构中，从事销售保险产品或者进行相关损失查勘、理赔等业务的人员。

2. 兼业保险代理人和个人保险代理人资格的获取。兼业保险代理机构应该符合保险法以及保监会规定的资格条件，取得保监会颁发的许可证，并向工商行政管理机关办理变更登记之后才能从事保险代理活动。其代理从业人员也应当具备保监会规定的资格条件，取得保监会颁发的《保险代理从业人员资格证书》和《保险代理从业人员执业证书》。个人保险代理人亦应当具备保监会规定的资格条件，取得保监会颁发的相应资格证书，方可开展营业。

（四）保险代理人的代理权

1. 保险代理人代理权的授予。除非保险法另有规定，否则，保险代理人代理权应适用民法代理的相关规定。即理论上，保险人既可以以明示方式，如签订委托代理协议、签发授权委托书授予代理人代理权，也可以采用默示方式将代理权授予他人，如明知他人表示其为自己的代理人而不表示反对。既可以采用书面方式，也可以采用口头形式，甚至以行为表示。虽然依据我国《保险法》第126条的规定，保险人委托保险代理人代为办理保险业务，应当与保险代理人签订委托代理协议，依法约定双方的权利和义务，但为保护被保险人的利益，实务中，保险人如果以委托代理协议以外的方式授予他人代理权，如签发授权委托书，此种行为均应视为有效。保险代理人根据保险人的授权代为办理保险业务的行为，由保险人承担法律责任。

2. 保险代理人的代理权范围。保险代理人的代理权范围既限定于法定或营业执照核定的经营范围，亦取决于保险人的授权范围。此外，由于保险代理人在法律上属于保险人的代理人，基于代理权法理可知，代理人的代理权亦不得超出被代理保险公司的经营范围和经营区域。具体而言，保险代理人的经营范围如下：

（1）专业保险代理机构可以代理经营以下业务：①代理销售保险产品。②代理收取保险费；保险代理业务的保险费收入可以由投保人直接交付保险公司，或由保险代理机构代收。保险代理机构代收保险费的，应该单独开设保费代收账户，保险代理机构不得挪用、侵占该账户上的资金，保险代理机构对代收的保险费，应该在约定的时间内交付给保险人。③根据保险公司的委托，代理相关业务的损失勘察与理赔。④保监会批准的其他业务。

（2）兼业保险代理人通常只能代理与其从事的行业直接相关的，并且能够为投保人提供便利的保险业务。依照我国《保险兼业代理管理暂行办法》第17条的规定，保险兼业代理人只能为一家保险公司代理保险业务，代理业务范围以《保险兼业代理许可证》核定的代理险种为限。

（3）关于个人代理人的经营范围，我国现行有效的保险法律法规并未作出明确规定，仅仅是限制个人保险代理人在代为办理人寿保险业务时，不得同时接受两个以上保险人的委托。实务中，个人保险代理人的代理权限一般仅限于代理推销保险产品和代理收取保险费，不能代为签发保险单。

3. 代理人行使代理权的法律后果。依据代理关系的法理，保险代理人在代理权限内，以保险人（本人）名义所为或所受的意思表示，直接对保险人发生法律效力。因此，投保人向保险代理人为意思表示，如告知相关情形，无论代理人是否转告保险人，对于保险人即发生法律效力，即产生与直接告知保险人相同的法律效果。代理人收取了保险费，即使实际尚未转交保险人，在法律上也视为保险人已收到保险费。

保险人对于代理人的代理权施加限制的，该限制不得对抗善意第三人，即投保人、被保险人或受益人，但第三人已知或应知代理人的权限范围的除外。《保险法》第127条第2款规定："保险代理人没有代理权、超越代理权或者代理权终止后以保险人名义订立合同，使投保人有理由相信其有代理权的，该代理行为有效。保险人可以依法追究越权的保险代理人的责任。"

此外，保险代理人是保险人的代理人，因此，其不得同时接受投保人的委托，成为投保人的代理人，即同时成为保险合同双方当事人的共同代理人，因为此种情形极易产生利益冲突。《保险专业代理机构监管规定》第51条规定："保险专业代理机构不得代替投保人签订保险合同。"

（五）保险代理人的行为规范

依据《保险法》和相关部门规章，保险代理人在从事代理行为时，应遵循的行为规范主要包括以下两类：

1. 保险代理人应当遵循的行为规范。①保险代理机构应当有自己的经营场所，设立专门账簿记载保险代理业务的收支情况；②保险代理机构应当按照保监会的规定缴存保证金或者投保职业责任保险；③保险代理机构应当开立独立的代收保险费账户进行结算；④保险代理机构在注册地以外的省、自治区或者直辖市开展保险代理活动，应当设立分支机构；⑤保险代理机构应当对本机构的从业人员进行保险法律、业务知识培训，以及职业道德教育；⑥保险代理机构应当制作规范的客户告知书，并在开展业务时向客户出示。客户告知书至少应当包括保险代理机构以及被代理保险公司的名称、营业场所、业务范围、联系方式等基本事项。保险代理机构还应当向投保人明确提示保险合同中免除责任或者除外责任、退保及其他费用扣除、现金价值、犹豫期等条款。

2. 保险代理人不得从事的行为。保险代理人及其从业人员在办理保险业务活动中不得有下列行为：①欺骗保险人、投保人、被保险人或者受益人；②隐瞒与保险合同有关的重要情况；③阻碍投保人履行保险法规定的如实告知义务，或者诱导其不履行保险法规定的如实告知义务；④给予或者承诺给予投保人、被保险人或者受益人保险合同约定以外的利益；⑤利用行政权力、职务或者职业便利以及其他不正当手段强迫、引诱或者限制投保人订立保险合同；⑥伪造、擅自变更保险合同，或者为保险合同当事人提供虚假证明材料；⑦挪用、截留、侵占保险费或者保险金；⑧利用业务便利为其他机构或者个人牟取不正当利益；⑨串通投保人、被保险人或者受益人，骗取保险金；⑩泄露在业务活动中知悉的保险人、投保人、被保险人的商业秘密。

【思考】

保险代理人与保险公司业务员有何不同？

二、保险经纪人

（一）保险经纪人的概念

保险经纪人是指基于投保人的利益，为投保人与保险公司订立保险合同提供中介服务，并按约定收取佣金的机构，包括保险经纪公司及其分支机构。依据我国《保险法》的规定，保险经纪人限于机构，个人不能担当保险经纪人。除保监会另有规定外，保险经纪人应当采取有限责任公司或股份有限公司的形式从事保险经纪业务。[1] 保险经纪公司的注册资本不得少于人民币1000万元，且必须为实缴货币资本。

（二）保险经纪人的特征

（1）保险经纪人的主要任务是基于投保人的利益而代其与保险人洽定保险合同。保险经纪人是为投保人的利益从事保险经纪行为，这与保险代理人为了保险人的利益而从事保险代理行为恰好相反。因此，保险经纪人必须利用其专业知识，在最优惠的条件下促成保险合同的订立。另外，保险经纪人的任务是撮合促成投保人与保险人订立保险合同，但是经纪人不能代表投保人或保险人订立保险合同，最终与保险人订立保险合同的仍为投保人。实践中，保险经纪人除了中介保险合同的订立外，还参与保险相关的咨询、风险评估以及协助被保险人索赔等后续服务工作。

---

〔1〕 见2009年10月1日起开始实施的《保险经纪机构监管规定》第6条。但根据该部门规章第92条的规定，保险经纪人似乎也可以申请以合伙形式开展业务。

（2）保险经纪人可向承保的保险人收取佣金。保险经纪人虽基于投保人的利益而撮合促成保险合同的订立，但是，其通常不向投保人收取佣金，而是向保险人收取佣金。

（3）保险经纪人不是保险合同任何一方的代理人，而是保险合同的居间人，除费用收取具有特殊性外，其余均可适用合同法中居间合同相关规定

由于经纪人不是保险人的代理人，因此，投保人向保险经纪人为意思表示，如告知相关情形，若保险人并未得知，则对于保险人不发生法律效力。同理，经纪人收取保险费的行为对保险人无约束力，即该保险费在未实际转交保险人之前，在法律上不应视为保险人已收到保险费，投保人不得以此为由主张保险合同已经成立。

【重点提示】

保险经纪人为投保人利益服务，却通常向保险人收取佣金。

（三）保险经纪人资格的取得与相关人员任职条件

保险经纪人资格的取得与相关人员任职条件与专业保险代理人的规定基本相同。

（四）保险经纪人的业务范围

经保险监督管理机构的批准，保险经纪人可以从事以下业务：①为投保人拟定投保方案、选择保险人、办理投保手续；②协助被保险人或受益人索赔；③再保险经纪业务；④向委托人提供防灾、防损或风险评估、风险管理咨询服务；⑤保险监督管理机构批准的其他业务。

（五）保险经纪人的行为规范与法律责任

保险经纪人的行为规范与保险代理人的规定也基本相同，但与保险代理人不同的是，保险经纪人及其从业人员因过错给投保人、被保险人造成损失的，应由其自行承担赔偿责任。

【思考】

保险经纪人与保险代理人有何区别？

三、保险公估人

保险公估人是指接受委托，专门从事保险标的或者保险事故评估、勘验、鉴定、估损理算等业务，并按约定向委托人收取报酬的机构。保险公估人应当采用有限责任公司、股份有限公司或合伙企业的形式。[1] 设立保险公估机构的条件和其董事、高级管理人员、内部从业人员的任职资格均与专业保险代理人基本相同。保险公估机构的注册资本或者出资不得少于人民币200万元，且必须为实缴货币资本。

〔1〕 见2009年10月1日起开始实施的《保险公估机构监管规定》第7条。

保险公估人若接受保险人委托，则为其受托人，反之则为投保人（被保险人）的受托人。从理论上讲，保险公估人可向保险合同当事人的任何一方请求费用，但实务中通常是向保险人收取。因为我国《保险法》第64条规定："保险人、被保险人为查明和确定保险事故的性质、原因和保险标的的损失程度所支付的必要的、合理的费用，由保险人承担。"

保险公估人经过保监会的批准，可以经营以下业务：①保险标的承保前和承保后的检验、估价及风险评估；②保险标的出险后的查勘、检验、估损理算及出险保险标的残值处理；③风险管理咨询；④中国保监会批准的其他业务。

第四节　保险合同的客体

关于何为保险合同的客体，学者之间有四种不同的观点。第一种观点认为保险合同的客体是作为保险对象的物及其有关利益，或者人的寿命或身体；第二种观点认为保险合同的客体是给付行为，该种观点认为保险合同是债之一种，而债权的客体是给付行为，所以保险合同的客体是投保人与保险人之给付行为；第三种观点认为保险合同的客体是保险标的与给付行为之统一体；第四种观点认为保险合同的客体是保险利益。

以上观点都有一定的道理，我们认为第二种观点更为合理。因为，第二种观点更符合民事法律关系的理论，也符合保险合同的运作原理。

客体者，民事法律关系的内容所共同指向的对象。保险合同的客体就是保险合同法律关系的客体，也即是保险合同当事人权利义务所共同指向的对象。根据民事法律关系理论，不同的民事法律关系或不同的民事权利，其客体是不同的。大体而言，民事法律关系根据客体之不同可以分为：物权法律关系，其客体是物；债权法律关系，其客体是当事人的给付行为；知识产权法律关系，其客体是人们的智慧成果；人身权法律关系，其客体是人格利益或身份利益。

要界定保险合同法律关系的客体，必须首先界定保险合同法律关系的性质。合同者，能够产生债权债务关系之法律事实也。既然承认保险合同是合同之一种，那么保险合同就在投保人与保险人之间产生债权债务关系，而债权债务关系的客体就是给付行为，因此，保险合同的客体是给付行为。

我们如果从保险合同运作过程来看，也可得出保险合同的客体是保险人与投保人，抑或保险关系人之给付行为的结论。根据保险合同的约定，投保人负有支付保险费的义务，而保险人享有请求投保人支付保险费的权利。在这里，保险人请求投保人“支付保险费”，而支付保险费就是一种给付行为，因此，保险人请求权指向的对象为投保人的给付行为。又根据保险合同，受益人或被保险人在保险事故发生后，享有请求保险人支付保险金的权利。在这里，受益人或被保险人有权利请求保险人“支付保险金”。而支付保险金也是一种给付行为，这种行为是被保险人或受益人的请求权指向的对象。因此，无论是从体系化的角度还是保险实践的角度，都可以得出保险合同的客体就是投保人与被保险人的给付行为的结论。

【思考】

保险客体与保险合同的客体相同吗?

【练习题】

一、选择题

1. 关于投保人，以下说法错误的是（　）

A. 投保人是保险合同的当事人

B. 投保人负有交付保险费的义务

C. 投保人必定对保险人享有保险金给付请求权

D. 投保人可能对保险人享有保险金给付请求权

2. 关于保险人，以下说法错误的是（　）

A. 保险人是保险合同的当事人

B. 保险人有权利收取保险费

C. 保险人可以放弃收取保险费的权利

D. 保险人负有支付保险赔偿金的义务

3. 关于保险合同的关系人，以下说法错误的是（　）

A. 保险合同的关系人包括被保险人与受益人

B. 被保险人与受益人都有请求支付保险金的权利

C. 被保险人与受益人可以是一个主体

D. 被保险人与受益人必须是一个主体

4. 关于被保险人，以下说法错误的是（　）

A. 被保险人是保险合同的关系人之一

B. 被保险人对保险标的必须具有保险利益

C. 被保险人享有保险金支付请求权

D. 被保险人必须是投保人

5. 关于受益人，以下说法错误的是（　）

A. 受益人有权利请求保险人给付保险金

B. 受益人必须是投保人

C. 受益人可以由被保险人指定

D. 受益人只存在于人身保险中

6. 以下哪些主体不是保险辅助人（ ）

A. 保险代理人 B. 保险经纪人

C. 保险公估人 D. 受益人

二、简答题

1. 保险代理人的法律地位表现在哪些方面?

2. 保险经纪人的法律地位表现在哪些方面?

3. 保险客体与保险合同的客体是否一致，如不一致，其分别是什么?

第8章 保险合同的订立、生效与无效

第一节　保险合同的订立

保险合同能否成立，取决于投保人与保险人的意思表示能否达成一致，而双方为了使彼此的意思表示趋于一致所进行的一系列磋商行为的互动过程，称之为保险合同的订立。保险合同的订立是一个动态的，具体的合同的形成过程。合同的订立一般包括要约、承诺阶段，而保险合同为合同中的一类，因此，其订立自然也包括要约与承诺两个阶段。根据体系化的原理，保险合同的要约与承诺当然适用合同法关于合同订立的一般规则，但保险法另有特殊规定的除外。

【重点提示】

保险合同是双方法律行为，其成立必须当事人意思表示一致。

一、保险合同的要约：投保人投保[1]

（一）投保的法律性质

所谓要约就是缔约之一方当事人向对方当事人提出的订立合同的意思表示。我国《合同法》第14条规定："要约是希望和他人订立合同的意思表示，该意思表示应当符合下列规定：①内容具体确定；②表明经受要约人承诺，要约人即受该意思表示约束。"

投保人订立保险合同的要约称之为"投保"或"要保"。实践中，投保就是投保人提出保险要求，填写投保单的行为。由于保险合同是格式合同，投保人意欲订立保险合同时，一般都会到保险人或保险代理人的经营场所阅读其欲订立的保险合同条款。依据保险法的规定，保险人负有说明义务，即保险人或保险代理人应该向

---

〔1〕 保险实务中，投保人向保险人提出订立保险合同的要约为常态，故本文着重于讨论投保人提出保险要约——投保的相关问题，而对保险人提出保险要约的情形不做深入分析。

投保人解释保险合同条款的具体含义。当投保人了解了保险条款内容，并且认为该内容符合自己的保险要求时，可以向保险人或保险代理人提出承保要求，填写投保单。投保人填写投保单，就意味着投保人向保险人提出了订立保险合同的要约。

【理论扩展】

对于投保人的投保到底是不是要约，学者之间还有争议。因为投保单是由保险人对同一险种采用统一的保险条件、保险责任、保险费率等内容的书面文件，所以具备了保险合同的一些实质内容，据此，有学者认为保险人发放投保单的行为就是要约，投保人填写投保单的行为就是承诺。也有学者认为，保险人发放投保单是保险要约邀请。那么，保险人发放投保单到底是要约邀请还是要约？我们认为，发放投保单的行为不能认定为要约。理由如下：①该行为不符合要约的构成条件。根据我国合同法的规定，一个有效的要约应内容具体确定。所谓内容具体确定就是指要约的内容包含了合同的主要条款，根据该内容，承诺人一旦承诺，当事人主要的权利义务就能够确定。但是，投保单的内容不能够达到“内容具体确定”的要求。[1]因为，有关投保人、保险人、保险标的以及保险期限等保险合同的关键条款，投保单并没有记载。因此，仅仅根据投保单的内容，投保人和保险人的主要权利义务无法确定。由于投保单不符合要约的“内容具体确定”的要求，所以不能将发放投保单的行为界定为要约。②将发放投保单的行为界定为要约，不利于保护保险人的利益，会使保险人与投保人的利益失衡。因为，如果将投保单视为要约，就等于“剥夺了保险人对风险的鉴别与评估权，不符合保险经营的原则”。因此，一个理性的保险人是不会这么做的。保险人发放投保单不能视为经投保人承诺，保险人即受该意思表示的约束。由以上论述可以看出，保险人发放投保单的行为不符合要约的构成要件，所以，该行为不是要约而是要约邀请。③投保人填写投保单的行为符合要约的构成要件。由于保险合同是格式合同，保险合同的条款都是由保险人事先拟定并记载在投保单上。在保险人履行说明义务后，投保人填写保险单时，就意味着投保人将一个其已经确认的，内容具体确定的意思表示提交给保险人。因此，投保人填写保险单的行为就是订立保险合同的要约。

要约通常是由投保人发出的，但在下列情形中，要约也可由保险人发出：

（1）保险人提出反要约。如果投保人向保险人提出保险要约，而保险人在审查投保人的投保单后，变更承保条件或附加新条件，并向投保人签发保险单或作出接受投保的意思表示时，则保险人的前述行为构成反要约。上述条件包括但不限于保

---

〔1〕 如果投保单的内容具备了保险合同的主要条款，则保险人向投保人发出该投保单的行为就是要约。

险标的、保险价值、保险金额、保险期间、除外责任、违约责任等保险合同实质性内容。

（2）保险人对投保人的投保为承诺迟延。投保人提出承保要求（要约），经过投保人确定的承诺期间或经过合理的期限，保险人（受要约人）才做出接受投保的意思表示的，除投保人及时通知保险人该承诺有效的以外，该意思表示为新要约。

（3）如果投保单的内容具备了保险合同的主要条款，即投保单包含了保险事故、保险责任、保险标的、保险费率等保险合同的基本条款时，发送该投保单就是要约。因为只要投保人签字，投保人与保险人双方的权利义务即可确定。例如，实践中保险人以柜台方式销售保险的（机场销售的航空旅客意外伤害险等），保险人将保险合同的主要内容已经印刷成一张投保书或投保卡，只要投保人签名，保险合同即成立。此时，保险人发放投保单的行为应视为要约。

（4）保险人发放的商业广告也可能构成要约。保险人的商业广告是要约还是要约邀请，也要根据该商业广告是否符合要约的构成要件来决定。通常情形下，商业广告为要约邀请，但如果该商业广告包含了保险合同的主要条款，即包含了险种、责任期间、保险费等内容并且表明投保人承诺时保险人即受该意思表示的约束的，这样的商业广告应该视为要约。

【实务指南】

由于保险经营非常具有技术性，而且保险合同大都属于格式合同，因此，在保险合同的订立过程中，必然会出现各种各样的保险辅助人。他们要么帮助保险人代理保险业务；要么帮助保险人处理保险经营中的问题；要么给投保人提供一些专业知识方面的帮助，以帮助投保人订立保险合同。保险辅助人的存在给保险合同的订立提供了各种不同的选择方式，订立合同的多元化必然导致投保方式的多样性。具体而言，投保人可以使用以下途径和方法投保：

1. 直接向保险人投保。保险是市场经济的产物，随着我国社会主义市场经济的建立与不断完善，我国的保险业也取得了长足的发展，保险市场已经初具规模。由于保险业是盈利较高的行业，故各家保险公司都在利用各种媒体做广告，树立自己的形象，以吸引所有的民商事主体向其投保。为了方便潜在的投保人订立保险合同，各家保险公司均在各地设有自己的营业机构和办事机构，为各类投保人提供便利的投保服务。因此，愿意投保的社会公众可以根据自己的需要选择自己信任的，信誉高、业务强的保险公司进行投保。即投保人可以就近到其所选择保险公司所设立的营业部、办事处索取投保单，按照要求填写后进行投保。另外，随着电子技术的发展，保险公司还增加了电话投保和网上投保业务，投保人也可以选择这些方法来投保。但是，法律和保险人经营程序要求填写投保单的，投保人在预约或网上投保后还必须按照规定填写投保单。

2. 通过保险代理人投保。保险合同是典型的法律行为，当然适用代理制度。为了吸引客户，扩大业务范围，从而增加保险营业收益，各个保险公司都在一定的领域或行业选择适当的保险代理人，授权其代理从事保险业务，接受投保以及签发保险单就是保险代理人的主要业务之一。在我国，银行、信用社等金融机构，航空公司、轮船公司、外贸公司或其他经保险人授权的单位，以及居民委员会、村民委员会等，都可以作为保险代理人代为接受投保人的投保。因此，投保人向保险代理人投保成为又一个向保险人提出保险要约的途径。另外，我国的各个保险公司，均聘用了大量的个人保险代理人为其开展保险业务，接受投保人的投保。

3. 通过保险经纪人投保。保险经纪人是重要的保险辅助人之一，保险经纪制度是保险市场的重要组成部分，因此，投保人还可以通过保险经纪人投保。我国目前也建立了保险经纪制度，出现了大量的保险经纪公司。保险经纪人是投保人投保的重要途径之一。保险经纪人具有专门的保险业知识，是专门从事保险辅助业的专门性机构，他们熟悉各个保险人的信誉状况和经营水平，投保人通过保险经纪人投保，保险经纪人可以利用自己的专业知识为投保人争取最有利的投保机会和投保条件。因此，投保人选择其信任的保险经纪人，让其选择最适合于自己的险种，也是一种较好的投保选择。

（二）投保的成立要件

投保是投保人向保险人所为的意图订立保险合同的意思表示，构成一个有效的投保，应该具备以下条件：

1. 投保必须是投保人向保险人所为的意思表示。投保是投保人作出的，以订立保险合同为目的的意思表示，其目的在于经受要约人（保险人）做出承诺，即可成立保险合同。投保人可以是任何类型的民事主体，他可以亲自投保，也可以委托他的代理人投保。投保的受要约人可以是保险人本人或保险人的代理人。

2. 投保的内容应当具体确定。投保的内容具体确定，是指投保人提出的订立保险合同的意思表示的内容包含保险合同的主要条款。也即投保一般必须具备保险合同内容的要素与常素。具体而言，投保应当包含以下内容：保险人和投保人的姓名、住所，被保险人或受益人的姓名、住所，保险标的，保险金额或保险责任限额，保险责任范围，保险费及其交付，保险期间，保险金给付，订约的时间地点等。

3. 投保应该具有订立保险合同的目的。投保区别于投保人其他意思表示或保险人的意思表示的根据就在于投保必须要有订立保险合同的目的。按照意思表示理论，意思表示应该有目的意思与效果意思。投保中的目的意思就表现为投保人具有订立保险合同的目的。投保中的效果意思就是经受要约人的承诺，投保人愿意受其意思表示的约束。因此，只有投保具有目的意思与效果意思时，才能形成一个保险要约的意思表示。

（三）投保的形式

根据契约自由原则，保险要约可以以任何形式做出。保险要约的形式，包括但不限于口头形式和书面形式。因为保险合同是格式合同，所以投保人提出保险要约的意思表示一般采取书面形式。即保险要约表现为投保人向保险人索取投保单，按照投保单所列事项一一填写并将其交给保险人的行为。投保人向保险人索取保险单，如实回答保险人需要了解的重要事实，认可保险人规定的保险费率和相应的保险条款，签字后将其交给保险人，即构成投保，产生保险要约的效力。

（四）投保的生效和法律效力

1. 投保的生效。根据大陆法系关于意思表示生效的一般理论，意思表示到达对方当事人时生效。但是，因为做出要约的方式不同，所以对于到达的要求也不相同。

（1）投保以对话方式做出的。保险要约以对话方式做出的，为口头要约。口头要约到达受要约人时生效。因为没有其他形式可以证明要约人的意思表示到达受要约人，只能以受要约人了解要约的内容为判断要约到达受要约人的依据。因此，以对话方式做出的保险要约，自受要约人了解其内容时生效。

（2）投保以非对话方式做出的。以非对话方式做出的要约，自要约的信件、电报等送达受要约人可以控制的空间范围时生效。

（3）投保以数据电文形式做出的。随着电子信息化时代的到来，当事人还可以采取数据电文的形式做出投保。受要约人指定接收投保的特定系统的，以数据电文形式发出的保险要约，自该意思表示进入该指定系统时视为到达，要约生效。受要约人未指定接收投保意思表示的特定系统的，以数据电文方式发出的投保意思表示，自该意思表示首次进入受要约人的任何系统时，视为到达，投保的意思表示生效。

【重点提示】

投保的意思表示到达保险人时生效，但是到达的确定标准因投保意思表示方式之不同而不同。

2. 投保的法律效力。投保的意思表示生效后，即可产生如下法律效力：

（1）投保的意思表示生效后，投保人即受该意思表示的约束，不能够撤回或变更该意思表示。

（2）投保的意思表示生效后，特定的受要约人即取得承诺资格，一旦其按照投保的意思表示做出承诺，保险合同即告成立。

【重点提示】

投保的主要法律效力在于受要约之保险人一旦承诺，保险合同即告成立。

二、保险合同的承诺：保险人承保〔1〕

（一）承保的概念

承诺是指受要约人完全同意要约内容而做出的成立合同的意思表示。保险实践中，保险人的承诺称之为承保。所谓承保，是指保险人同意投保人所提出的成立保险合同之要约的意思表示。承诺一经生效，保险合同即告成立。

（二）承保的特征

1. 承保为保险人做出的意思表示。保险要约在到达受要约人（保险人）时生效，受要约人因此取得承诺的主体资格，即只有受要约人才有资格做出有效的承诺。根据合同的相对性原理，受要约人以外的其他任何人，对要约人做出的任何同意要约内容的意思表示均不构成承诺，除非该第三人是受要约人授权的代理人。承诺可以由受要约人本人做出，也可以由受要约人的代理人做出。

2. 承保为向投保人做出的意思表示。保险人（受要约人）做出保险承诺的目的在于成立保险合同，因此，受要约人只有向保险要约人即投保人做出承诺，保险合同才能在投保人与保险人之间成立。受要约人向要约人以外的任何第三人做出的接受投保的意思表示，均不构成有效的承诺，除非该第三人是投保人的代理人。

3. 保险承诺的内容应该和投保的内容一致。承保是保险人接受投保人投保的意思表示，即按照投保人提出的投保条件与投保人订立保险合同的意思表示，因此，保险人的承诺应该与保险要约的内容保持一致。若受要约人在接受保险要约的同时，对保险要约的内容加以扩张、限制或作出其他变更，则不符合投保人订立保险合同的目的，不能成立保险合同，否则将违反契约自由原则。唯有受要约人完全接受保险要约的意思表示，才能构成承诺。

但是，为了满足交易安全的需要并有助于促进交易快捷，受要约人在作出接受投保的意思表示时，对投保的内容作出非实质性的变更，仍为有效的承诺，保险合同成立，除非投保人及时表示反对或保险要约明确表示承诺不能对要约作出任何变更。

4. 承保是保险人在投保人规定的承诺期限内做出并到达投保人的意思表示。承

---

〔1〕 由于保险合同缔结过程中要约通常由投保人做出，故承诺一般由保险人做出，称之为承保。但不排除特殊情形下保险人为要约，投保人作出承诺的可能性。由于此种情形并不多见，故下文不讨论此一情形。

诺必须在保险要约规定的承诺期限内作出，并且在承诺期限内到达投保人（要约人）。我国《合同法》第23条规定："承诺应当在要约确定的期限内到达受要约人。要约没有确定承诺期限的，承诺应当依照下列规定到达：①要约以对话方式作出的，应当即时作出承诺，但当事人另有约定的除外；②要约以非对话方式作出的，承诺应当在合理期限内到达。"

【重点提示】

承保必须符合承诺的构成要件。

（三）承保的方式

我国《合同法》第22条规定："承诺应当以通知的方式做出，但根据交易习惯或者要约表明可以通过行为作出承诺的除外。"根据上述规定，保险人可以口头、书面方式通知投保人其保险承诺，除非投保人对承诺方式有其他要求。当然，保险人还可以按照保险惯例以自己的行为作出承诺。

在保险实践中，保险人主要通过以下方式对投保人做出承诺：

1. 保险人在投保单上签字盖章。保险人收到投保人填写的投保单后，经过必要的审核或与投保人协商保险条件，没有其他疑问而在投保单上签字盖章的，构成一个有效承诺。

2. 保险人签发正本保险单。保险人收到投保人填具的投保单后，经必要的审核或与投保人协商保险条件，没有其他疑问时，向投保人签发正本保险单，则正本保险单的签发构成对投保人保险要约的承诺。

3. 保险人收取保险费。保险人收到投保人填具的投保单后，经必要的审核或与投保人协商保险条件，没有其他疑问而向投保人收取保险费的，构成对投保的承诺，除非投保单对收取保险费另有规定。

【实务指南】

保险人在承保过程中的主要工作是审核投保单，简称核保。其具体包括：①审核投保人、被保险人或受益人的主体资格是否符合保险法的规定和具体保险险种的要求；②审核投保标的是否属于具体险种的承保范围和符合投保条件；③审核投保内容所涉及的风险和保险责任范围，进行风险评估，确定是否同意承保以及所适用的保险费率。

如果投保人投保的是财产保险，保险人审核的重点是投保财产的有关法律手续和证明文件，以确认其合法性；审核其保险价值是否属实，以及所面临的风险类别和所适用的保险费率种类；投保人与投保财产之间是否具有保险利益等。如果投保人投保人身保险，保险人则重点审核投保人与被保险人之间是否存在保险法规定的保险利益，尤其是投保人在投保单中填写的被保险人的年龄、职业、健康状况是否属实，以此确定能否承保。需要对被保险人进行体检的，则依据相应的体检报告决定是否予以承保。如果被保险人是婴儿，则投保人还应填写“婴儿健康状况补充问卷”，作为保险人承保的审核依据。

（四）承保的生效

我国《合同法》第26条规定：“承诺通知到达要约人时生效。承诺不需要通知的，根据交易习惯或者要约的要求做出承诺的行为时生效。采用数据电文形式订立合同的，承诺到达的时间适用本法第16条第2款的规定。”根据该规定，承诺通知到达要约人时生效。但是，采用不同方式承诺的，到达时间的判断标准不同，下面分述之：

（1）承保以对话方式做出的。承诺以对话方式做出时，以要约人了解承诺的内容时视为承诺到达。理由与以对话方式做出的要约的到达相同。

（2）以非对话方式做出的承保，自记载该承诺的信件、电报进入要约人可以了解其内容的控制范围时生效。

（3）承保的意思表示以数据电文形式做出的。当事人采取数据电文的形式做出承保的意思表示的，若要约人指定接收承保的特定系统的，以数据电文形式发出的保险要约，自承保的意思表示进入该指定系统时视为到达，承保的意思表示生效。要约人未指定接收承保意思表示的特定系统的，以数据电文方式发出的承保意思表示，自该意思表示首次进入要约人的任何系统时，视为到达，承保的意思表示生效。

（4）承保以行为做出的。投保人在保险要约中已经声明受要约人可以用特定的行为作出承诺的，承保人按照要约人的要求做出该行为时，承保发生效力。投保人在作出投保的意思表示时，并没有声明受要约人可以用特定行为作出承保，但是，按照投保人与受要约人之间已经建立的某种交易习惯或存在的交易惯例，受要约人以其行为表示接受保险要约，并且不需要通知投保人的，则受要约人在作出承诺行为时，承保生效。

【思考】

为什么承诺方式不同，承诺到达的认定标准不同？

三、保险合同的成立

（一）保险合同成立的概念

根据法律行为理论，双方或多方法律行为的成立是指作为其构成要件的两个或两个以上的意思表示达成一致。即首先要存在两个或两个以上的意思表示，其次，这两个或两个以上的意思表示必须一致，因为只有意思表示一致才可能产生当事人所追求的法律效果。保险合同是典型的双方法律行为，所以，保险合同的成立就是指投保人与保险人就保险合同的条款意思表示一致。

保险合同的成立与保险合同的订立不同。如前所述，保险合同的订立是指投保人与保险人为了使保险合同成立而从事的一系列行为的整个互动过程，包括投保人的投保，以及保险人的承保等意思表示交换的过程，也包括投保人与保险人接触洽谈等其他动态过程。而保险合同的成立是指保险合同的客观存在。保险合同当事人为了保险合同的成立，所以才从事一系列的行为。因此，保险合同的成立是保险合同订立的结果，保险合同的订立是保险合同成立的手段。保险合同的订立揭示投保人与保险人接触、洽商以及要约与承诺达成合意的动态过程，而保险合同的成立揭示保险合同的产生与存在，是一个静态的结果。

保险合同的成立与保险合同的生效不同。保险合同的成立与否是事实判断，即一个保险合同是否存在。保险合同的成立是指保险合同存在的客观事实。因此，当事人只要有订立保险合同的投保与承保的意思表示，并且投保之意思表示与承保之意思表示达成一致，即可认定保险合同成立。

保险合同的生效是指已经成立的保险合同在当事人之间产生拘束力。已经成立的保险合同能否产生当事人所追求的法律效果，关键在于其是否符合法律关于保险合同的生效要件的规定。因此，保险合同的生效是价值判断的结果，即国家运用法律评价投保人与保险人之间已经形成的合意，是法律肯定其合意的结果。只有依法成立的保险合同，才能够在当事人之间产生拘束力。即成立强调客观存在，而生效是法律对成立的法律价值判断。

由此可见，保险合同的订立是指当事人的投保与承保这样的一个意思交换的过程，保险合同的成立是保险合同订立的可能结果，保险合同的成立又是保险合同生效的前提，没有保险合同的存在，保险合同的生效也就无从谈起。

【理论扩展】

对于保险合同的缔结及其法律效力问题，有学者认为，可分为成立、有效、生效三个层次加以讨论。成立是指当事人之间意思表示一致。有效是指依法成立的保险合同因符合法律规定的条件，可按照双方当事人意思表示的内容发生相应的法律效果。其又可分为一般有效要件与特殊有效要件。而生效是指已经成立的合同因符合法定的有效要件，从而使其所具有的法律效力得以实际发生。[1] 也有学者认为，此一问题可分为成立与生效两个层次加以讨论，其中，生效要件可分为一般生效要

---

〔1〕 温世扬主编：《保险法》，法律出版社2003年版，第92、101页。

件与特别生效要件。[1] 详加分析可见，两种学说并无本质不同，后者所称的一般生效要件大致相当于前者的一般有效要件，即当事人意思表示真实、主体适格、内容合法。而后者的特殊生效要件基本等同于前者的生效要件，即附停止条件或附起始期限的保险合同在停止条件成就或始期到来时法律效力实际发生。为与现行中国法相一致，本书采用后一种观点。需要说明的是，前一种观点还提出了特殊有效要件一说，认为保险合同须有危险的存在、交付保险费的约定、具有保险利益、不存在超额保险、不存在重复保险、不违反法律对死亡保险的相关规定六项特殊有效要件。我们认为，此种理解明显有误，前述所谓特殊有效要件都可归入主体适格或内容合法这些"一般有效要件"之内。将其单独列为"特殊有效要件"，既逻辑混乱，又无任何实际意义。

（二）保险合同成立的时间

保险合同是诺成合同，因此，保险合同的成立不以保险人交付保险单或保险凭证为条件。原则上，投保人与保险人意思表示一致时，保险合同成立。但当事人采取的订立保险合同的方式不同，保险合同的成立时间也不尽相同，以下分别论述。

1. 以承诺生效为保险合同的成立时间。我国《合同法》第25条规定："承诺生效时合同成立。"因此除非当事人有特别约定，原则上，承诺生效的时间为合同成立的时间。

由于承诺方式不同，合同的成立可以分为以下几种不同的情形：以对话方式承诺的，保险合同于要约人了解承诺的内容时成立；承诺以非对话方式做出的，保险合同于承诺通知送达要约人可以控制的空间时成立；以数据电文承诺的，保险合同成立于记载该承诺的数据电文进入要约人接收承诺的电子系统时；承诺以行为作出的，如果投保人在要约中规定承保人可以特定行为作出承诺的，该行为作出时即为保险合同成立之时。如果投保人并没有声明承保人可以特定行为承诺，但是根据当事人之间已经存在的某种交易习惯或交易惯例，承保人可以其行为进行承诺而不需要通知投保人的，保险合同自承保人做出承诺的行为时成立。

2. 以签订确认书为保险合同的成立时间。我国《合同法》第33条规定："当事人采用信件、数据电文等形式订立合同的，可以在合同成立之前要求签订确认书。签订确认书时合同成立。"据此，投保人与保险人采用信件、数据电文等形式订立保险合同的，投保人可以要求保险人签订确认书订立合同，保险合同自确认书签订时成立。

---

〔1〕 徐卫东主编：《保险法学》，科学出版社2004年版，第129～131页。

3. 以合同书上签字盖章为保险合同的成立时间。我国《合同法》第32条规定："当事人采用合同书订立合同的，自双方当事人签字或者盖章时合同成立。"因此，凡是以合同书订立保险合同，投保人和保险人应当在保险合同书上签字或盖章，保险合同自投保人和保险人签字盖章时成立。

4. 保险合同的成立与保险单的签发。我国《保险法》第13条第1、2款规定："投保人提出保险要求，经保险人同意承保，保险合同成立。保险人应当及时向投保人签发保险单或者其他保险凭证。保险单或者其他保险凭证应当载明当事人双方约定的合同内容。当事人也可以约定采用其他书面形式载明合同内容。"根据该规定，保险合同为诺成合同与不要式合同，保险合同于投保人与保险人意思表示一致时成立。保险单的签发不是保险合同成立的条件，但是，当事人另有约定的除外。

保险实践中，保险合同的成立遵循以下程序：首先由投保人向保险人索取投保单，并逐项填写，保险人受领保险申请后，经过审核，同意承保的，即为承诺，保险合同成立。虽然保单签发不是保险合同成立的要件，但是，无论保险合同是否采取书面形式订立，保险合同成立后，保险人均承担及时向投保人签发保险单或其他保险凭证的义务。保险人向投保人签发的保险单或其他保险凭证，应该加盖保险公司的印章。法律规定保险单证的交付期间或合同约定保险单证的交付期间的，保险人应该按照法律的规定或合同的约定交付保险单证。若法律没有规定或合同没有约定交付期间，保险人应及时交付保险单证，所谓及时是指在合理期间内，是否合理，为事实判断问题，应该根据具体情形决定。

【重点提示】

虽然保险实务中，保险合同都是以书面形式表现出来，但是，保险单的签发不是保险合同的成立要件。

第二节　保险合同的生效

一、保险合同的生效要件

保险合同的生效是指依法成立的保险合同产生法律效力，包括拘束力以及强制执行力。保险合同是合同的一种，因此，当事人若希望保险合同生效，则该合同必须符合合同的一般生效要件，除非保险法对此作出特别规定。概括而言，保险合同的生效至少应该符合主体适格、意思表示真实，以及不违反法律的强制性规定三个条件。[1] 以下分别论述之。

(一) 主体适格

所谓主体适格，指保险合同的当事人具有缔结保险合同的资格。我国《合同法》第9条第1款规定："当事人订立合同，应当具有相应的民事权利能力和民事行为能力。"保险合同作为合同之一种，其主体也必须具有相应的权利能力与行为能力。

1. 投保人具有相应的行为能力。投保人如果是自然人的，其自出生之日当然具有权利能力，自不待言。保险为法律行为之一种，投保的自然人必须具有相应的行为能力。完全民事行为能力人可以从事任何法律行为，其当然可以订立有效的保险合同。无民事行为能力人除可以从事纯获利益的法律行为之外，不能够从事任何有效的法律行为。保险为有偿法律行为，因此，无民事行为能力人应该由其法定代理人代理其订立保险合同，无行为能力人自己签订的保险合同无效。

限制民事行为能力人除可以独立缔结纯获利益的合同外，还可以签订与其年龄、智力和精神健康状况相适应的合同。由于保险合同是射幸合同与格式合同，保险经营具有很强的技术性，因此，保险合同远远超出了限制行为能力人的意思能力范围。所以，限制行为能力人不能独立订立保险合同，必须由其法定代理人代理订立保险合同。

根据保险利益原则，人身保险的投保人在订立保险合同时还必须对保险标的具有保险利益。如果投保人对保险标的不具有保险利益，保险合同无效。我国《保险法》第12条第1款："人身保险的投保人在保险合同订立时，对被保险人应当具有保险利益。"

【重点提示】

人身保险投保人除必须具备一般合同有效的主体资格外，还必须符合对保险标的具有保险利益这一特殊的资格要求。

2. 保险人具有相应的权利能力与行为能力。就保险合同的一方当事人保险人而言，其必须是严格按照保险法的规定，经保险监督管理机关审核批准，具有经营保险业务资格的保险公司。保险人必须在其营业执照核准经营范围内为保险业务，不能超出其营业范围。我国《保险法》第95条第2款规定："保险人不得兼营人身保险业务和财产保险业务。但是，经营财产保险业务的保险公司经国务院保险监督管

---

[1] 此处所称的生效要件是指保险合同作为合同的一种，其生效须具备的一般生效要件。至于保险合同基于自身个性而需具备的特别生效要件，本书将在以后各章分别加以探讨。

理机构批准，可以经营短期健康保险业务和意外伤害保险业务。”因此，保险公司的越权行为绝对无效。

（二）意思表示真实

所谓意思表示真实，是指民事主体的表示行为应该真实地反映其内心的效果意思，即内心的效果意思与表示行为相一致。在市民社会领域，主体权利义务的正当性根据在于其真实的自由意志，而不是法律的授予。所以，保险合同要产生当事人所追求的法律效果，投保人与保险人的意思表示必须真实。意思表示真实包含意思表示自由和意思与表示一致两层含义。

意思表示自由要求：保险合同的当事人是否订立保险合同、与谁订立保险合同、订立哪种保险合同、以什么形式订立保险合同，必须出于其自愿。除法律规定的强制保险以外，保险公司和其他单位不能强制他人订立保险合同。保险代理人、保险经纪人在办理保险业务的过程中，不得利用行政权力、职务或职业便利以及其他不正当的手段强迫、引诱或限制投保人订立保险合同。

意思与表示一致要求：在订立保险合同时，任何一方当事人都不能欺骗、蒙蔽对方当事人。对投保人而言，其必须履行如实告知义务，向保险人如实告知有关保险标的的一切重要情况，使保险人在掌握保险标的客观真实情况的基础上，做出是否承保的意思表示。否则将影响保险合同的效力，即使保险合同订立后发生保险事故，保险人也不承担保险金给付义务。对保险人而言，由于保险条款极具技术性，加之保险合同通常为格式合同，法律要求其在订立保险合同时履行说明义务，向投保人说明保险合同条款的内容，使投保人在理解保险合同条款的基础上做出投保的意思表示，不得诱骗投保人投保。否则，也会影响保险合同的效力。我国《保险法》第 17 条规定：“订立保险合同，采用保险人提供的格式条款的，保险人向投保人提供的投保单应当附格式条款，保险人应当向投保人说明合同的内容。对保险合同中免除保险人责任的条款，保险人在订立合同时应当在投保单、保险单或者其他保险凭证上作出足以引起投保人注意的提示，并对该条款的内容以书面或者口头形式向投保人作出明确说明；未作提示或者明确说明的，该条款不产生效力。”

（三）内容合法

保险合同是法律行为，为合同之一种，其内容必须合法，不违反法律的强制性或禁止性规定，不违背公序良俗，唯有如此，才能够产生当事人所追求的法律后果。保险合同内容合法包含以下内容：

1. 保险合同的内容不能违背包括保险法在内的法律之强制性规定和公序良俗。所谓强制性规定，是与任意性规定相对应而言的，强制性规定是当事人必须遵守的，不能够以意思表示排除其适用的法律规定。任意性规定是指当事人可以不遵守，能够以其意思表示排除其适用的法律规定。法律的强制性规定的目的在于维护社会公共利益，如果允许违反法律强制性规定的保险合同生效，法律保护公共利益的目的则不能实现。其次，保险合同还不能违背公序良俗原则，否则无效。公共秩序和善良风俗是社会发展最基本的道德要求与社会秩序，如果保险合同不遵守公序良俗的要求，社会最基本的秩序就无法维持，人类社会的发展就不可能。所以，保险合同必须遵守公序良俗的要求。

2. 投保人投保的保险标的必须合法。首先，保险标的必须符合法律和社会公共利益。违反法律和社会公共利益的对象，不能作为保险标的投保，例如，依法应当取缔的淫秽书刊和淫秽录像音像制品等。其次，保险合同的保险标的，应该是法律允许投保人持有或生产经营的。法律禁止投保人持有的财产或非法取得之财产，不能作为保险标的，比如，公民不能将其非法持有的枪支或盗窃、抢劫得来的财产投保。再如，违法违章建筑物，非法占有的财产等也不能作为保险标的。最后，保险标的还必须符合保险法以及保险合同关于保险标的的特殊规定。

3. 保险合同承保的危险属于可保危险。首先，无危险则无保险，危险的存在是保险合同的生效条件之一。其次，危险属于法律允许的可以承保的风险。最后，危险必须属于保险营业技术中的可保危险。

二、保险合同的效力

所谓保险合同的效力，是指已经成立并发生效力的保险合同对投保人（被保险人）与保险人所具有的法律上的约束力。投保人（被保险人）和保险人应当遵循最大诚信原则履行保险合同约定的各项义务，即投保人（被保险人）和保险人不仅要承担法定义务、保险合同约定的明示义务，还须履行基于最大诚信原则而派生的默示义务。

（一）保险合同对投保人与被保险人的效力

1. 交付保险费义务。

（1）保险费的交付与保险合同的效力。保险费是投保人换取保险人负担危险责任的承诺的对价，其以金钱为计算标准。保险费的交付，是投保人的主要义务。保险合同为有偿合同，保险费是保险人承担保险责任的经济基础，因此，保险合同若没有保险费的约定则无效，保险人也不能免除投保人交付保险费的义务。但是，除非特别约定，保险费的交付并非保险合同的生效要件。即除非保险合同另有约定，保险合同成立生效后，保险费交付之前，若保险事故发生的，保险人仍应承担保险责任。

【重点提示】

保险费的支付不是保险合同的生效要件。

（2）交付保险费的义务人。我国《保险法》第 14 条规定：“保险合同成立后，投保人按照约定交付保险费，保险人按照约定的时间开始承担保险责任。”据此，保险费应该由投保人按照保险合同的约定交付。投保人不论是为了自己的利益投保，还是为了他人的利益投保，均负有交付保险费的义务。

【重点提示】

投保人交付保险费是其根据保险合同所负之基本给付义务。

（3）保险费数额的确定。保险费的数额以保险金额为基础，依据危险率计算。保险费金额由投保人与保险人在保险合同中约定。当事人一旦就保险费之数额形成合意，除非法律另有规定，非经当事人的合意，任何一方当事人都没有权利增加或减少保险费金额。一般而言，前述的法定事由主要包括如下情形：①增加保险费的法定事由。保险合同订立后，如果保险标的之危险程度增加时，依照保险法的规定，应该增加保险费。我国《保险法》第 52 条第 1 款规定：“在合同有效期内，保险标的的危险程度显著增加的，被保险人应当按照合同约定及时通知保险人，保险人可以按照合同约定增加保险费或者解除合同。”②减少保险费的法定事由。由于保险费的多少与保险人的保险责任成正比，保险合同成立后，若出现导致保险人保险责任减少的事由，保险人应该降低保险费。此种情形主要包括保险标的危险程度降低和保险标的的保险价值降低。

【理论扩展】

保险费的多少与保险人承担保险责任的大小成正比。保险人的保险责任越大，收取的保险费就越多。而保险人的保险责任之大小与保险标的的危险程度密切相关。保险合同成立后，保险标的的危险程度是可以变化的。因此，如果保险事故的发生概率增加到足以使保险人收取的保险费与其承担的责任失衡，致使保险人与投保人利益失衡，保险人就可以增加保险费；如果保险事故的危险程度减少到足以使投保人交付之保险费与其所享有的保险金给付请求权失衡，致使投保人与保险人的利益失衡，投保人就有权利要求保险人降低保险费。

（4）保险费的返还。财产保险的保险人，在保险合同因法定或约定的原因失效时，应当返还投保人已经交付的保险费，但是，法律另有规定或保险合同约定不返还保险费的除外。有下列情形时，保险人应该返还保险费：

第一，投保人因重大过失违反如实告知义务的。依据我国《保险法》第 16 条第 5 款的规定，投保人因重大过失未履行如实告知义务，对保险事故的发生有严重影响的，保险人对于合同解除前发生的保险事故，不承担赔偿或者给付保险金的责任，但应当退还保险费。

第二，保险标的的危险程度降低或价值减少的。保险标的之危险程度降低，若保险合同没有特别约定，保险人按照危险程度收取的保险费应当相应的降低或减少，即保险人应将投保人多支付的保险费返还。我国《保险法》第53条规定："有下列情形之一的，除合同另有约定外，保险人应当降低保险费，并按日计算退还相应的保险费：①据以确定保险费率的有关情况发生变化，保险标的的危险程度明显减少的；②保险标的的保险价值明显减少的。"需要说明的是，依据损失填补原则的要求，保险人的保险责任不得超过被保险人的实际损失，而保险价值减少则会导致被保险人实际损失的降低，并进而降低保险人的保险责任。

第三，重复保险时保险费之返还。以同一保险标的、同一保险利益、同一保险事故与数个保险人订立数个保险合同时，其保险金额之总和超过保险标的之价值者，重复保险的投保人可以就保险金额总和超过保险价值的部分，请求各保险人按比例返还保险费。

第四，解除保险合同的。根据我国《保险法》第52、54、58条的规定，因保险标的危险增加保险人解除合同，保险责任开始前投保人单方解除保险合同，以及保险标的部分受损投保人或保险人解除保险合同时，保险人应该返还保险费。

第五，其他原因提前终止保险合同的。

人身保险合同中，保险人需返还保险费的情形如下：

第一，投保人误报年龄时的保险费返还。我国《保险法》第32条第3款规定："投保人申报的被保险人年龄不真实，致使投保人支付的保险费多于应付保险费的，保险人应当将多收的保险费退还投保人。"

第二，人身保险合同解除的。根据我国《保险法》第36、37条的规定以及47条的规定，无论投保人还是保险人解除保险合同的，保险人应该退还保险单的现金价值。

第三，保险人不承担保险责任时的保费返还。根据我国《保险法》第43、44、45条之规定，因投保人故意制造保险事故、被保险人自杀、被保险人犯罪或者因为抗拒刑事强制措施而导致被保险人造成承保损害的，保险人不承担给付保险金责任。但保险人应该退还保险单的现金价值。

2. 防灾与减损义务。

（1）防灾义务。所谓防灾义务，是指投保人、被保险人应尽力维护保险标的的安全的义务。投保人虽然对保险标的已经投保，但不能以为就万事大吉。保险与防灾减损相结合是我国保险法追求的目标之一，因此，在订立保险合同后，投保人与被保险人还应当对保险标的尽到合理谨慎的注意义务，维护保险标的的安全。他们必须采取一定的行为或不为一定的行为，避免危险发生或减少危险发生的可能性。我国《保险法》第51条规定："被保险人应当遵守国家有关消防、安全、生产操作、劳动保护等方面的规定，维护保险标的的安全。保险人可以按照合同约定对保险标的的安全状况进行检查，及时向投保人、被保险人提出消除不安全因素和隐患的书面建议。投保人、被保险人未按照约定履行其对保险标的的安全应尽责任的，保险人有权要求增加保险费或者解除合同。"根据该规定，投保人与被保险人维护保险标的安全的义务包含以下内容：

第一，投保后，投保人与被保险人仍必须谨慎管理保险标的。保险合同订立后，投保人与被保险人应该遵守国家有关消防、安全、生产操作、劳动保护等方面的规定，维护保险标的的安全。

第二，根据保险合同的约定，保险人有对保险标的安全状况的检查权、建议权和采取安全措施权。保险人对保险标的的安全状况检查后，可以提出消除不安全因素和隐患的书面建议，投保人或被保险人收到保险人的书面建议后，应在尽可能短的时间内采取措施，或者在保险人提出建议后，保险事故发生前采取防范措施。此外，保险人为维护保险标的的安全，经被保险人同意，可以采取安全预防措施。

投保人与被保险人违反维护保险标的安全义务可以产生以下法律后果：

第一，保险人赔偿保险金责任的免除。保险人提出消除不安全隐患的书面建议后，被保险人采取措施前发生保险事故，保险人可以拒绝承担保险金赔偿责任，除非被保险人可以证明，其之所以未依照建议履行安全义务是由于不可抗力与意外事件所致。但是，仅在保险人所指出的安全隐患是保险事故发生的原因时，保险人方可拒绝承担保险责任。

第二，增加保险费或解除合同。被保险人、投保人未按照保险合同约定履行防灾义务的，保险人享有选择权，即在增加保险费或解除合同之间选择其一。保险人在何种条件下选择增加保险费，在何种条件下选择解除保险合同，我国保险法没有明确规定。由于保险合同的解除是较为严重的一种违约责任，因此，应该以被保险人具有故意或重大过失为限，赋予保险人保险合同解除权。

【理论扩展】

保险合同成立后，投保人将保险标的之特定风险转移给保险人。从经济利益的角度观察，保险标的之安危与投保人或被保险人利害关系已经不是太大。因此，保险合同签订后，投保人或被保险人已经失去了关心保险标的之动力与积极性。但是，如果允许被保险人或投保人对保险标的之安全不负有任何安全维护义务，其必然有可能导致保险事故的大量发生。对社会而言，意味着社会财富的减少；对保险人而言，是额外的保险赔偿金的大量支出；对投保人而言，是保险费的上涨。因此，法律强加于投保人与被保险人之保险标的安全维护义务对于维护保险合同当事人以及关系人之利益意义巨大，对于维护社会利益意义巨大。

（2）减损义务。所谓减损义务，是指保险事故发生后，被保险人应采取必要的措施，以防止或减少因保险事故发生而造成的损失的义务。我国《保险法》第57条规定："保险事故发生时，被保险人应当尽力采取必要的措施，防止或者减少损失。保险事故发生后，被保险人为防止或者减少保险标的的损失所支付的必要的、合理的费用，由保险人承担；保险人所承担的费用数额在保险标的损失赔偿金额以外另行计算，最高不超过保险金额的数额。"

减损义务是合同法上的"减轻损失规则"在保险法上的具体应用，其具有法定性，当事人不能通过约定将其加以排除或变更。减损义务也是最大诚信原则的体现，因为保险合同订立后，保险标的一般在被保险人的控制支配之下，因此，保险事故发生后，只有被保险人最有可能，也最有条件采取必要措施防止损失或减少损失。再者，要求被保险人在保险事故发生后采取措施防止或减少损失也有助于保险人和其他被保险人利益的维护。显然，保险人经营状况的好坏以及资本充实程度直接决定着保险人履行保险责任的能力，进而决定着某一被保险人以及风险共同体内其他成员——即同类保险的其他被保险人——的保险预期能否实现。被保险人参与保险的预期是在保险事故发生后，能从保险人处获得经济补偿，以弭平或减轻其因保险事故发生而造成的损害。如果保险事故发生后，被保险人袖手旁观，对损失的发生或扩大听之任之，这将浪费社会财富，增加保险人不必要的财产支出，减少保险公司的资金数额，降低保险人履行保险责任的实际经济能力。因此，各国保险法大都要求被保险人必须履行减损义务。

【思考】

责任保险中的减损义务的具体表现是什么？

作为被保险人履行减损义务的对价，保险人必须赔偿减损义务人（被保险人）为履行该减损义务所支付的费用。保险人赔偿减损费用必须符合以下条件：①被保险人是为了防止或减少保险事故所造成的损失，才采取一定的措施或行为，即实施减损行为；②被保险人因为实施减损行为而受有损失——一定费用的支出，而且该损失必须是必要的、合理的；③损失和减损行为之间存在因果关系；④减损费用的支出，必须在保险事故发生后。

关于减损费用的赔偿范围，依据我国《保险法》第57条第2款的规定，该费用在保险标的损失赔偿金额以外另行计算，最高不超过保险金额的数额。

义务的违反，必然导致一定责任的产生。减损义务的违反，必然导致义务主体承担一定的不利法律后果，否则，减损义务就失去其存在之价值。我国保险法对此没有明确规定。但保险为合同之一种，保险法没有规定的，可以适用合同法的相关规定。我国《合同法》第119条规定："当事人一方违约后，对方应当采取适当措施防止损失的扩大；没有采取适当措施致使损失扩大的，不得就扩大的损失要求赔偿。"据此，根据合同法的规定，被保险人如果违反减损义务，无权就扩大的损失部分，请求保险人承担赔偿责任。

此外，判定一个被保险人违反减损义务时需满足以下两点：

第一，减损义务人已经知道或应当知道保险事故已经发生。只有义务人知道或应当知道保险事故的发生，其才能够或有可能履行减损义务。所谓义务人应该知道是指在保险事故发生时，根据当时的客观环境，一般人都应该知道的，则义务主体即应该知道。否则，就意味着减损义务人具有过失，应该承担一定的不利法律后果。

第二，减损义务人客观上能够采取合理的措施以防止损失或减少损失。如果义务人知道或应该知道保险事故的发生，但却无法采取措施以防止或减少损失，则不构成减损义务的违反，毕竟，减损义务人不是救助行为的专家。

【重点提示】

被保险人违反减损义务，无权就扩大的损失请求保险人承担保险责任。

3. 通知义务。投保人、被保险人、受益人的通知义务主要分为三大类，即保险标的转让的通知义务，危险增加的通知义务，以及保险事故发生后的通知义务。

（1）保险标的转让的通知义务。此项通知义务仅发生在财产保险之中。依据我国保险法的规定，保险标的转让的，保险标的的受让人承继被保险人的权利和义务。被保险人或者受让人应当及时通知保险人，但货物运输保险合同和另有约定的合同除外。因保险标的转让导致危险程度显著增加的，保险人自收到前款规定的通知之日起30日内，可以按照合同约定增加保险费或者解除合同。保险人解除合同的，应当将已收取的保险费，按照合同约定扣除自保险责任开始之日起至合同解除之日止应收的部分后，退还投保人。被保险人、受让人未履行前述通知义务的，因转让导致保险标的危险程度显著增加而发生的保险事故，保险人不承担赔偿保险金的责任。

（2）危险增加的通知义务。危险增加的通知义务是指在保险合同的有效期限内，保险标的之危险程度显著增加时，被保险人应该及时通知保险人的义务。与前项保险标的转让的通知义务相同，此项义务也仅发生在财产保险之中。危险增加的通知义务在于维持保险合同存续期间，投保人与保险人之间的利益平衡关系。

我国《保险法》第52条第1款规定："在合同有效期内，保险标的的危险程度显著增加的，被保险人应当按照合同约定及时通知保险人。"依据此条规定，首先，被保险人履行此项义务仅限于保险标的的危险程度有显著增加的情形，即危险增加的事实会明显提高保险事故发生的概率或明显扩大保险事故发生可能造成的损失程度，已明显破坏原有的对价平衡关系，任何一个理性的保险人在此种情形下均会要求提高保险费或解除保险合同。其次，危险程度增加之状况，必须持续一段时间。如果原来的危险状况改变之后立即导致保险事故的发生，则应属于促成保险事故发生的问题，应该依照保险事故发生的规定进行处理。反之，如果危险程度增加的事实出现后不久又归于消灭，则被保险人无需通知。最后，危险增加之状况，应属于保险人订立保险合同时未曾预见的情形，因此，保险人在计算、收取保险费时未考虑到此类情形。

关于危险增加通知义务的主体，各国立法规定的范围不同，有规定为投保人，也有规定为投保人与被保险人，而我国保险法将其仅仅限为财产保险合同中之被保险人，这是因为财产保险中，投保人与被保险人通常为同一个人，且被保险人控制保险标的，熟悉该保险标的的危险状况，因而最便于履行通知义务。

关于通知方式，我国保险法没有明确规定。根据契约自由原则，只要不违反法律的强制性规定以及公序良俗，采用何种通知方式由当事人在保险合同中约定。关于通知的时间，德国立法规定，无论是何种原因导致的危险增加，投保人（被保险人）知悉危险增加的事实后，应立即通知保险人，不得迟延。而我国台湾地区立法则将危险增加分为主观危险增加与客观危险增加，给他们规定不同的通知时间。我国立法采取德国法的立场，即被保险人知悉危险增加的事实后，应及时通知保险人，至于何谓及时，应该理解为知悉后立即通知保险人。

被保险人及时履行危险增加通知义务的，保险人可以提高保险费率或解除合同。保险人解除合同的，应当将已收取的保险费，按照合同约定扣除自保险责任开始之日起至合同解除之日止应收的部分后，退还投保人。被保险人没有履行危险通知义务的，因保险标的的危险程度显著增加而发生的保险事故，保险人不承担赔偿保险金的责任。需要说明的是，依据保险法理，下列情形中被保险人的通知义务可被免除，即使发生保险标的危险程度显著增加的事实，被保险人亦无须履行通知义务，保险人亦不得据此拒绝承担保险责任：①损害的发生不影响保险人应承担的保险责任。例如，保险人在保险合同中将此类事实引起的损害规定为除外责任。②危险程度增加是由于保护保险人利益而造成的。例如，在遭遇暴风雨时，将被保险船舶驶离通常航道，进入暗礁较多的临时航道。③为履行道德义务而造成保险标的危险程度增加。此外，在下列情形下，被保险人不负通知义务：保险人已经知道；保险人应当知道；事先声明无需通知的。

【理论扩展】

基于对价原则与最大诚信原则，保险立法与实务均要求投保人在订立保险合同时履行如实告知义务，以便保险人可正确评估所承保风险之大小，准确计算保险费率。因此，保险人所收取的保险费、双方的权利义务均是以订约之时被保险人的相关信息为基础而制定的。然而，保险合同是继续性合同，从合同成立直至保险事故发生会存在时间差，若在此一时间差内，被保险人的前述情形发生重大变动，足以影响对价之平衡，即合同赖以成立的基础发生情事变更时，应允许保险人变更合同内容，重新达致对价之平衡。而此种情事变更信息最易为被保险人（投保人）得知，故各国保险立法除规定了在情事变更导致保险标的危险水平降低时，投保人可要求降低保险费的权利外，还同时规定了发生此种明显增加所承保标的风险水平的情形时，被保险人（投保人）向保险人的通知义务，以便保险人加收保险费，甚或解除合同，从而重新确保当事人间的利益衡平。

【重点提示】

保险标的之危险程度显著增加时，被保险人应该及时通知保险人，保险人可选择增加保险费或解除保险合同。否则，因危险程度增加而造成保险事故发生的，保险人可拒绝承担保险责任。

（3）保险事故发生后的通知义务。保险事故发生后的通知义务是指投保人、被保险人或受益人知道保险事故发生后，应该及时通知保险人之义务。保险事故的发生，意味着保险人赔偿或给付保险金义务的确定。因此，为了帮助保险人及时的确定保险事故发生的原因、造成损失的程度等，法律规定了保险事故发生的通知义务，以期更好的保护保险人的利益。我国《保险法》第21条规定："投保人、被保险人或者受益人知道保险事故发生后，应当及时通知保险人。故意或者因重大过失未及时通知，致使保险事故的性质、原因、损失程度等难以确定的，保险人对无法确定的部分，不承担赔偿或者给付保险金的责任，但保险人通过其他途径已经及时知道或者应当及时知道保险事故发生的除外。"

保险事故发生的通知义务人是全体投保人、被保险人或受益人。他们之间任何一个人如已向保险人通知了保险事故发生的事实，则前述全部义务人皆被视为已经履行通知义务，实际通知人以外的义务人无需再次履行该义务。

保险事故发生后，通知义务人应该何时通知保险人，各国的立法不尽相同。我国保险法对通知的时间未作具体规定，仅仅要求投保人、被保险人或受益人“及时”通知保险人。由于通知时间的及时与否，直接影响着保险人能否准确勘察标的物的损失程度，确定损害发生的原因，行使代位权等，与保险人的利益休戚相关，因此，及时应该理解为：保险事故发生后，通知义务人应在最短的时间内通知保险人。通知义务人因故意或者因重大过失未及时通知，致使保险事故的性质、原因、损失程度等难以确定的，保险人对无法确定的部分，不承担赔偿或者给付保险金的责任。但保险人通过其他途径已经及时知道或者应当及时知道保险事故发生的除外。

【重点提示】

保险事故发生后，投保人、被保险人以及受益人应及时将保险事故发生的事实通知保险人。

【实例参考】

2001年12月，某项目部通过投标承建某大桥A标段。项目部与某保险公司签订了大桥建设建筑工程一切险合同。合同约定：保险标的是工程合同中所列明的工程项目和建设单位提供的物料。投保金额1.17亿元。保险期限为2001年12月2日至2003年12月1日。在保险期限内，大桥工程遭受了7次属于保险责任范围的洪水灾害。项目部与某保险公司就前5次水灾造成的损失签订了定损协议书，由保险公司赔付损失20万元。2002年10月30日至11月2日大桥施工工地发生第6次洪水灾害，保险公司及时派员到工地检查，项目部申报损失18万元，但保险公司未及时作出损失核定，也未发出拒赔通知书。2003年5月16日至5月18日，大桥工地遭受第7次洪水灾害，项目部在灾害发生后没有向保险公司发出通知，也未提供有关资料和证明，但保险公司在知悉后立即派员到现场进行了察看。之后，项目部索赔时，保险公司以其未尽通知义务为由，拒绝赔付。大桥项目部遂诉至法院，要求保险公司赔偿第6次的损失18万元，第7次损失21万元。

大桥项目部认为，保险公司已经进行现场勘查，项目部无须再进行通知。发生保险事故，保险人应及时定损赔偿。保险公司认为，保险事故发生后，投保人有义务及时通知保险人，不尽通知义务，保险人有权拒赔。

问题：保险公司是否应向项目部承担保险责任？

分析与评论：本案争议的焦点是投保人未尽通知义务时，是否可以免除保险人的保险责任？依据我国《保险法》第21条的规定，投保人、被保险人或者受益人知道保险事故发生后，应当及时通知保险人。故意或因重大过失未及时通知，致使保险事故的性质、原因、损失程度等难以确定的，保险人对无法确定的部分，不承担赔偿或者给付保险金的责任，但保险人通过其他途径已经及时知道或应当及时知道保险事故发生的除外。

规定保险事故发生时的通知义务的意义在于使保险人能够尽早知道保险事故发生的事实，并能及时展开定损调查。保险事故的发生意味着保险人承担保险责任的条件已经成就，保险人知道此情况后，一方面可以采取措施防止损失扩大，另一方面可以迅速查明事实，确定损失，明确责任，不至于因为调查的拖延而丧失证据。2009年新修订的保险法在原保险法的基础上增加了投保人、被保险人以及受益人未及时通知导致失权的法律后果，意在促使义务人及时、积极履行该义务，以免出现保险人无法勘查定损的情况。但是，依据保险法的相关规定，投保人、受益人或被保险人即使违反了保险事故发生的通知义务，但只要违反义务的事实对保险人进行勘查定损没有影响，保险人就无权拒绝支付保险金。因为此种情形下，通知义务人是否履行通知义务无害于保险人利益的维护，如果仍然允许保险人以一个对其勘查定损并不重要的，甚至毫无关系的事实作为免除其赔付义务的理由，显然对投保人、被保险人、受益人显失公平，会使保险人不当得利。故而，保险人通过其他途径已经知道或应当及时知道保险事故发生的，保险人的赔偿责任不能免除。例如，有些重大保险事故，保险人通过媒体等途径可以很快的知道保险事故业已发生。

本案中，大桥工地发生保险事故，保险公司均派员到现场察看，表明保险公司已经知道保险事故的发生，大桥项目部是否通知保险公司，对保险公司及时展开保险事故的调查没有任何影响。保险公司明知保险事故已经发生，本应主动及时展开调查，核定损失。但是，其却以投保人大桥项目部未尽通知义务为由不及时进行调查、核损，甚至以此为由拒绝承担保险责任，其行为显然有违最大诚实信用原则，不符合《保险法》第21条规定的免责条件。因此，保险公司应该承担保险责任，支付保险赔偿金。

4. 协助义务。保险事故发生后，被保险人、受益人请求保险人给付、赔偿保险金时，应当提供同确认保险事故的性质、原因、损失程度等有关的证明资料。这些资料通常包括但不限于保险单、损失清单、事故报告、损失证明、必要的证明文件和其他的有关赔偿费用的必要单证。此外，投保人、被保险人对于保险人勘察保险事故现场和判定保险事故发生的原因、程度以及行使保险代位权的行为，应当给与必要协助。投保人、被保险人或受益人的协助义务存在的根据在于使保险人能够尽快查明事故的性质、产生的原因，并正确估定损害范围，帮助保险人行使代位权，以维护其合法利益。其性质与保险事故发生后的通知义务相同。因此，投保人、被保险人或受益人违反该义务时，保险人通常不能解除合同或拒绝承担保险责任，因为，如果协助义务人未能善尽前述义务，向保险人提供相关证明资料，致使保险人难以准确估定损失的范围与程度，保险人只需在依据现有材料可得估定的范围内向被保险人、受益人给付、赔偿保险金即可保护自己的利益。如果被保险人故意或者因重大过失致使保险人不能行使代位请求赔偿的权利的，保险人可以扣减或者要求返还相应的保险金，这也足以保护其利益。

需要说明的是，在责任保险里，保险合同通常规定了保险人的索赔参与权，即一旦被保险人因致人损害的事实而遭受他人索赔，则保险人有权参与该索赔，代替被保险人进行抗辩。此时，被保险人的协助义务除前述的单证提供义务外，还包括当保险人行使索赔参与权之时，未经保险人事先同意，被保险人不得就第三人的任何赔偿请求承认责任，或进行和解，或支付抗辩费用，不得放弃其对第三人的抗辩权，并应提供保险人抗辩所需的必要的文件、资讯，和保险人要求的相应配合行为，例如出庭作证等。如被保险人违反前述义务，责任保险合同通常约定，保险人不承担保险责任。

（二）保险合同对保险人的效力

1. 保险金给付义务和其他给付义务。

（1）保险金给付义务。保险人按照保险合同约定，负有危险承担之责任。即在约定的承担保险责任之期限内发生保险事故时，保险人应依约定承担保险责任。保险责任的承担方式最为常见的即是向被保险人或受益人给付或赔偿保险金。[1] 因此，确定保险人负有危险承担之责任——保险责任，是要求其履行保险金给付义务的前提条件。而所谓保险金给付义务是指基于保险人之危险承担责任而产生的，在保险合同约定的保险事故发生后，保险人依据保险法之规定和保险合同之约定向被保险人或受益人给付保险金之基本给付义务。保险金给付义务为保险人依据保险合同承担的主要义务，只有保险人善尽前述义务，保险分散风险，消化损失的功能才能够实现。

保险人给付保险金的数额一般应限于保险合同约定的保险金额以内，并依照损失多少赔多少的损失填补原则加以确定。保险人因为保险事故的发生而负有保险金给付义务时，应当及时核定保险给付的数额，情形复杂的，应当在30日内作出核定，但合同另有约定的除外。保险人应当将核定结果通知被保险人或者受益人。保险人核定的保险给付金额，被保险人同意接受的，保险人应当与被保险人签订保险金给付协议，并在达成协议后的10日内履行保险金给付义务。保险合同对保险金给

---

〔1〕 我国《保险法》通常将人身保险中保险人支付保险金的责任称为给付保险金责任，而将财产保险中保险人的相应责任称为赔偿保险金责任，以强调财产保险中的损害填补特征，但二者本质并无不同，因此，在本节里，为便于行文，我们将前述两种责任统称为保险金给付责任（义务）。

付期限另有约定的，保险人应依照约定履行保险金给付义务。保险人未及时履行前述义务的，除支付保险金外，应当赔偿被保险人或者受益人因此受到的损失。此外，保险人有先予给付的义务，即保险人自收到赔偿或者给付保险金的请求和证明、资料之日起60日内，对其赔偿或给付保险金的数额不能确定的，应当根据已有证明和资料可以确定的数额先予给付；保险人最终确定赔偿或给付保险金的数额后，应当支付相应的差额。对不属于保险责任的，保险人也应当自作出核定之日起3日内向被保险人或者受益人发出拒绝赔偿或者拒绝给付保险金通知书，并说明理由。

【理论扩展】

分析具体保险条款可见，保险人保险责任范围确定后，并不意味着保险人将对上述范围内被保险人的一切损失全额给付保险赔偿金。事实上，这只是保险人最终给付责任确定过程中的一个环节而已，保险人还会基于各种因素之考量，进一步压缩自己的给付责任，从而使得其最终实际支付的保险赔偿金大大低于保险责任范围内被保险人之全部损失数额。也可以说，给付责任的最终确定过程乃是依据各种方式对保险合同约定的保险责任范围内损失的层层削减过程。而如果将一切削减或排除保险人给付责任的方式均归入给付责任限制范畴的话，则保险单中具有此一功能的方式大致可分为五种，即以限定保险人给付数额限度方式进行的给付责任限制，以限定保险人给付时间限度方式进行的给付责任限制、以除外责任条款方式进行的给付责任限制、以责任分摊方式进行的给付责任限制，〔1〕以及以责任竞合方式〔2〕进行的给付责任限制。这五类可合称为广义的给付责任限制。但对上述五种限制方式详加分析则不难发现，前三种方式与后两种方式之间存在一定差异。前三种方式是以解决保险人与被保险人之间利害冲突的方式来直接限制给付责任范围的，而后两种则是以解决保险人与作为非保险合同当事人或关系人的第三人之间利害冲突的方式而间接起到限制给付责任功效的。例如，除外责任条款纠纷发生在保险人与被保险人之间，而责任竞合冲突发生在保险人与其他保险人之间。通过解决除外责任条款纠纷，保险人至多能将部分承保范围规定内的责任风险移转给被保险人承担。而保险人通过责任竞合纠纷的解决，则可能将部分保单承保范围内的责任风险移转

〔1〕从保险公司角度来看，所谓分摊问题是指在决定两类被保险人，如董事责任保险中的被保险公司与被保险董事等是否承担责任的基础诉讼中，若被保险人须承担的责任全部或部分是董事责任保险单未承保的索赔事项或行为、非被保险人的行为或被保险人的非身份行为所造成的，则保险人有权拒绝支付此一部分的抗辩费用与赔偿金额（包括和解金额与判决金额），而仅承担保险单承保范围内的抗辩费用与赔偿金额。

〔2〕保险实务中，经常会发生一类保险与其它类型的保险之间承保范围重叠，或两个同类型保险之间承保范围重叠的现象，这被称之为保险竞合。

给其他保险人承担。因此，可将前三种方式称为狭义的给付责任限制。[1]

（2）其他给付义务。保险人的其他给付义务主要包括承担必要合理的减损费用、协助费用、抗辩费用的义务。

减损费用是指在发生保险事故时，被保险人为防止损失或减少损失而支付的抢救、保护或整理保险标的的必要的合理的费用。其主要包括两部分：①保险事故发生时，为抢救财产或防止灾害蔓延而采取必要措施所造成的保险标的之损失。②为减损而采取施救、保护、整理保险标的等措施而支出的合理费用。我国《保险法》第57条规定："保险事故发生时，被保险人应当尽力采取必要的措施，防止或者减少损失。保险事故发生后，被保险人为防止或者减少保险标的的损失所支付的必要的、合理的费用，由保险人承担；保险人所承担的费用数额在保险标的损失赔偿金额以外另行计算，最高不超过保险金额的数额。"

协助费用是指被保险人为了协助保险人查明和确定保险事故的性质、原因和保险标的的损失程度所支付的必要的、合理的费用。查明和确定保险事故的性质、原因和保险标的的损失程度是保险人履行保险金给付义务的必要环节。实践中，确定保险事故的性质、原因和保险标的的损失程度一般由保险人进行，但有时可能需要被保险人的协助，因此而支出的费用自然由保险人承担。但由于前述定损行为的结果直接关乎被保险人利益，因此，保险人通常会就前述行为与被保险人进行协商，以求达成一致，迅速理赔。如协商不成，为求公正，当事人可能会请有关的技术专家或保险公估机构的技术人员进行专业的调查和评估，不论是保险人还是被保险人聘请专业人士进行专业调查和评估，为此而支出的费用，亦由保险人承担。我国《保险法》第64条规定："保险人、被保险人为查明和确定保险事故的性质、原因和保险标的的损失程度所支付的必要的、合理的费用，由保险人承担。"与减损费用不同的是，此种协助费用应当计入保险人的保险金额，即保险人承担的保险金与协助费用的总和不得超过保险金额。

所谓抗辩费用主要发生在责任保险中。根据我国《保险法》第66条的规定，在责任保险合同中，因被保险人给第三人造成损害的保险事故发生而被提起仲裁或诉讼的，除合同另有约定外，由保险人支付仲裁或诉讼费用，其他必要的合理的费用亦由保险人承担。在责任保险实务中，此种抗辩费用通常约定为由保险人承担，且该费用可在保险金额外另行计算。但也有个别种类的责任保险例外，如董事责任保险。

---

〔1〕 马宁：《董事责任保险研究》，中国社会科学院研究生院2009年博士论文，第158～159页。

2. 签发保单及其他保险凭证义务。保险合同为诺成合同，不要式合同，当事人双方就订立保险合同的意思表示一致时，保险合同即告成立，签发保险单证不是保险合同成立的条件。我国《保险法》第 13 条规定："投保人提出保险要求，经保险人同意承保，保险合同成立。保险人应当及时向投保人签发保险单或者其他保险凭证。保险单或者其他保险凭证应当载明当事人双方约定的合同内容。当事人也可以约定采用其他书面形式载明合同内容。"根据该规定，签发保险单或其他保险凭证，是保险人必须履行的义务。

保险单证是保险合同的证明文件。通过签发保险单证，保险人将其与投保人所约定的权利义务做成书面文件。该文件是当事人行使合同权利的重要依据。例如，保险事故发生后，被保险人或受益人请求保险人给付保险金时，保险人一般会要求被保险人或受益人提示保险单证。此外，书面形式的保险单证还可以有效防止或减少保险合同纠纷的发生。因此，保险单证的签发是保险合同成立后，保险人必须履行的义务。签发保险单证的具体时间，我国保险法没有规定。当事人可以在保险合同中约定保险单证签发的具体时间，如果当事人没有具体约定的，保险人应该根据保险合同的性质在合理的期限内签发保险单证。

【重点提示】

保险单以及其他保险凭证的签发不是保险合同成立的要件。

3. 保险费退还义务。因为法定或约定的原因，保险合同提前终止效力的，保险人应当退还保险费。保险责任开始前，投保人要求解除保险合同的，应当向保险人支付手续费，保险人应当退还保险费。保险责任开始后，投保人要求解除保险合同的，保险人可以收取自保险责任开始之日起至保险合同解除之日止的保险费，剩余部分退还投保人。最后，据以确定保险费率的有关情况发生变化，保险标的之危险程度明显减少，或保险标的之价值明显减少的，除保险合同另有约定外，保险人应当降低保险费，并按日计算退还相应的保险费。

4. 其他附随义务。保险人除依据保险法或保险合同承担前述义务外，还须承担其他的附随义务，主要包括保密义务和通知义务。

（1）根据保险法的规定，保险人负有保密义务。在订立保险合同时，投保人必须按照保险人的询问，如实回答保险标的或被保险人的有关情况。因此，由于保险合同的订立，保险人会知道投保人或被保险人的隐私或商业秘密。基于最大诚信原则，保险人自应对其获悉的隐私或商业秘密负保密义务，不能将之对外公开或传播。保密义务的主体在原保险中是保险人，在再保险中为再保险人。我国《保险法》第 116 条规定："保险公司及其工作人员在保险业务活动中不得有下列行为：……⑫泄露在业务活动中知悉的投保人、被保险人的商业秘密。”

（2）保险人仍应承担通知义务。如保险人按照合同的约定，认为投保人、被保险人或者受益人向其提供的与确认保险事故的性质、原因、损失程度等有关的证明和资料不完整的，应当及时一次性通知投保人、被保险人或者受益人补充提供；保险人应将是否理赔的核定结果及时通知被保险人或受益人等。

第三节 保险合同的无效

一、保险合同无效的概念与分类

保险合同无效是指保险合同成立后，因欠缺法定或约定生效要件，保险合同全部或部分地自始不发生法律效力，从而不能产生当事人所追求的法律后果。

保险合同依其无效的范围，可分为全部无效与部分无效。全部无效是指保险合同的全部内容自始不产生法律效力。部分无效是指保险合同的一部分内容无效，并且无效的部分不影响其他部分的效力。保险合同依其无效的原因可分为法定无效和约定无效。法定无效是指因为法律规定的无效原因，使保险合同自始不生效力。约定无效是指保险合同符合当事人约定的无效条件时，使保险合同自始不生效力。此处不生效力不是指不发生任何法律后果，而是指不发生当事人所预期的法律效果。

二、保险合同无效的原因

保险合同是合同之一种，因此，保险合同的无效原因既包括其违反合同法关于合同无效的一般原因，也包括违反保险法的特殊原因。其通常包括如下情形：

（一）违反合同法规定的保险合同

保险合同为合同之一种，因此，其必然要受合同法之规制，当保险合同符合我国合同法规定的合同无效的原因时，保险合同当然无效。我国《合同法》第52条规定的合同无效的原因如下：①一方以欺诈、胁迫的手段订立合同，损害国家利益；②恶意串通，损害国家、集体或者第三人利益；③以合法形式掩盖非法目的；④损害社会公共利益；⑤违反法律、行政法规的强制性规定。

（二）危险不存在的保险合同

“无危险即无保险”，保险的功能在于分散风险，填补损害。因此，危险是保险的前提，有危险的存在，然后才有作为危险管理手段之一的保险制度的建立。危险不存在，保险也就失去了其存在的意义。合同要生效，其标的必须确定和可能。如果当事人以已经发生或已经消灭的危险，或以常理不可能发生的危险予以承保，由于这些危险不存在或不可能发生，投保人或被保险人根本就没有遭受损失的可能，因此，保险人也就没有履行合同的可能，该种保险合同自始客观不能。

对于此种自始客观不能的保险合同，各国立法均有明确规定，归纳起来，主要有两种立法例：一种以意大利和中国澳门特别行政区的立法为典型，规定只要不存在危险，保险合同当然无效。如《意大利民法典》第1895条规定："如果风险从未存在或者契约缔结前危险已经不存在，则契约无效。"《澳门商法典》第976条第1款规定："如订立合同时危险已不再存在或保险事故已经发生，保险合同无效。"另一种立法例以日本、韩国以及我国台湾地区为典型。根据当事人是否知情而异其效果，原则上，危险已经发生或危险已不存在，保险合同无效，但是，双方当事人主观上都不知道危险不存在或已经发生的，则保险合同仍然有效。《韩国商法》第644条规定："签订保险合同时，若保险事故已经发生或不可能发生，该保险合同无效；但是，双方当事人及保险人不知道时，除外。"我国台湾地区"保险法"第51条也明确规定："保险契约订立时，保险标的之危险已发生或已消灭者，其契约无效；但为双方当事人所不知者，不在此限。"

（三）无保险利益的保险合同

保险利益构成保险合同的效力要件，对于保险合同的效力具有基础性评价意义。保险利益是产生于投保人、被保险人与保险标的之间的利害关联。各国法律大都把保险利益作为保险合同生效的条件，投保人或被保险人对保险标的应当具有保险利益，不具有保险利益的，保险合同无效。如《意大利民法典》在损害保险分节中第1904条规定："在保险应当开始时，如果被保险人对损害赔偿不存在保险利益，则该损害保险契约无效。"我国澳门地区《商法典》第995条规定："损害保险合同，如订立时被保险人对损害赔偿无保险利益，则无效。"我国《保险法》第31条第3款也规定："（人身保险）订立合同时，投保人对被保险人不具有保险利益的，合同无效。"从以上规定来看，保险利益构成保险合同的效力要件，缺少这个要件，保险合同无效。

（四）恶意超额保险的保险合同

所谓超额保险，就是保险合同所约定的保险金额大于保险价值的保险。当事人在签订保险合同时，保险金额和保险价值总是会出现不一致的情况。保险金额大于保险标的之价值，其超过部分是否有效，各国立法不尽一致。以德国、法国、瑞士等为代表的国家规定，如投保人出于不法得利之目的，其契约全部无效；否则，超过部分为当然无效。如《德国保险契约法》第51条第3项规定："若投保人从超额保险中获取不法的金钱利益，保险合同无效。"以日本为代表的保险法规定，无论投保人出于善意或恶意，保险契约的超过部分无效。如《日本商法典》第631条规定：

"保险金额超过保险标的的价额时，保险契约就其超过部分为无效。"我国保险法持后一种观点，《保险法》第55条第3款规定："保险金额不得超过保险价值。超过保险价值的，超过部分无效，保险人应当退还相应的保险费。"

（五）恶意复保险的保险合同

复保险又叫重复保险，是指投保人对同一保险标的，同一保险利益，同一保险事故与数个保险人分别订立数个保险合同的行为。重复保险包括广义与狭义两种。广义的重复保险既包括保险金额总和超过保险标的价值的重复保险，又包括保险金额总和不超过保险标的价值的重复保险。狭义的重复保险仅仅是指保险金额总和超过保险标的价值的保险。由于保险金额总和不超过保险标的价值的重复保险并不存在狭义重复保险所具有的道德风险，一般也不损害保险人的利益，因此，需要法律严格规制的只是狭义重复保险。狭义复保险里，一方为"一个投保人（被保险人），"另一方为"数个保险人"，投保人与数个保险人之间，并存着数个保险合同，在危险发生时，分别向数个保险人请求理赔，因此，极有可能产生超额理赔现象。各国保险法律大都对狭义重复保险做出严格的法律规定，要求投保人应将复保险的有关情况通知各保险人。

投保人缔约时，意图谋取不当利益，或知悉重复保险的存在而不为通知，或故意为虚假通知，即构成恶意重复保险。如台湾地区"保险法"第36条规定："除另有约定外，在复保险情形时，投保人应将其他保险人的名称及保险金额通知各保险人。"第37条规定："要保人故意不为前条之通知或意图不当得利而为复保险者，其契约无效。"再如《德国保险契约法》第59条第3款规定："要保人意图借由重复保险的订立而获取财产上的不法利益者，以该意图而订立的保险契约无效。"我国保险法未区分复保险的恶意和善意，只是规定，如果出现投保人复保险时，重复保险的各保险人赔偿保险金的总和不得超过保险价值。即重复保险在我国不是保险合同无效的原因，除非当事人就此做出特别约定。

【思考】

同一保险合同中，保险人可以为两个以上的保险公司吗？它属于重复保险吗？

（六）不满足法定条件的死亡保险合同

死亡保险合同是指以被保险人的寿命为保险标的，以被保险人在保险期间死亡为保险事故，保险人因而承担保险金给付义务的保险合同。包括人寿保险，意外伤害保险和健康保险中的死亡保险合同。由于死亡保险合同是以被保险人的死亡作为给付保险金的条件，而死亡保险金的受领人却是被保险人以外之其他人，因此，有可能产生保险金受领人为获取保险金而故意致被保险人死亡的事件。为防止死亡保险合同可能诱发的道德风险，保护被保险人的人身安全，各国立法均对投保死亡保险有所限制。根据我国保险法的规定，死亡保险必须满足以下条件才能发生效力：

1. 被保险人不能是无民事行为能力人。为切实保护无民事行为能力人的生命安全，我国《保险法》第33条规定："投保人不得为无民事行为能力人投保以死亡为给付保险金条件的人身保险，保险人也不得承保。父母为其未成年子女投保的人身保险，不受前款规定限制。但是，因被保险人死亡给付的保险金总和不得超过国务院保险监督管理机构规定的限额。"根据民法原理，无民事行为能力人包括不满10周岁的未成年人以及完全不能辨认自己行为的精神病人。根据《保险法》第33条的规定，父母可以为未成年子女投保死亡保险，父母之外的任何人都不能为未成年人投保死亡保险；父母不能为完全不能辨认自己行为的精神病人投保死亡保险。总之，任何人都不能为完全不能辨认自己行为的精神病人投保死亡保险。

2. 须经被保险人同意和认可。《保险法》第34条规定："以死亡为给付保险金条件的合同，未经被保险人同意并认可保险金额的，合同无效。按照以死亡为给付保险金条件的合同所签发的保险单，未经被保险人书面同意，不得转让或者质押。父母为其未成年子女投保的人身保险，不受本条第1款规定限制。"因此，在我国，死亡保险合同除满足保险合同的一般生效条件外，还必须满足以上两个关于死亡保险合同的特别生效条件，否则，保险合同无效。

（七）对免责条款未作说明的保险合同

我国《保险法》第17条第2款规定："对保险合同中免除保险人责任的条款，保险人在订立合同时应当在投保单、保险单或者其他保险凭证上作出足以引起投保人注意的提示，并对该条款的内容以书面或者口头形式向投保人作出明确说明；未作提示或者明确说明的，该条款不产生效力。"

（八）免除保险人法定义务或排除投保人等的法定权利的保险合同

我国《保险法》第19条规定："采用保险人提供的格式条款订立的保险合同中的下列条款无效：①免除保险人依法应承担的义务或者加重投保人、被保险人责任的；②排除投保人、被保险人或者受益人依法享有的权利的。"

三、保险合同无效的法律后果

保险合同的无效是指保险合同不产生当事人所追求的法律后果，而不是保险合同不产生任何法律效果。我国保险法对保险合同无效的后果没有做特殊的规定，因此，应该适用合同法有关合同无效后果的法律规定，有必要时，还应适用民法通则的相关规定。根据我国《合同法》第42条所确立的缔约过失制度以及《合同法》第58、59条规定的合同无效时的法律后果，保险合同无效导致以下法律后果：

（一）返还财产

保险合同被确认为无效后，因为无效合同所为的履行便失去法律根据，当事人双方应恢复到保险合同没有履行之前的状态。即保险人将收取的保险费返还给投保人，被保险人或受益人因为无效合同所受领的保险金应返还给保险人。

（二）承担缔约过失责任

合同不成立、无效、被撤销或不被追认，当事人一方因此受有损失，对方当事人对此有过错时，应赔偿受害人的损失，这种责任就是缔约过失责任。因此，因投保人或保险人一方或双方的过错导致保险合同无效时，有过错的一方应该向对方当事人承担赔偿责任。缔约过失所应承担的赔偿责任范围包括直接损失与间接损失。直接损失有：①缔约费用，包括邮电费用，如赶赴缔约地点或察看标的物等所支出的合理费用；②准备履行所支出的费用，包括为运送标的物或受领相对人给付所支付的合理费用；③受害人支出上述费用所失去的利息。缔约过失所造成的间接损失为丧失与第三人订立合同的机会所产生的损失。

因为投保人、被保险人的过错导致保险合同无效，一般会造成保险人费用支出。保险人可在返还保险费时将该费用直接扣除。保险人如果还有其他损失的，仍可以请求赔偿。

因保险人的过错导致保险合同无效的，如果保险事故尚未发生，投保人通过请求返还保险费及利息后，一般不存在其他损失。但在发生保险事故并造成保险标的损失的情形下，因保险合同无效，被保险人或受益人不能基于保险合同请求给付保险金，此时，保险人如何承担保险合同无效的赔偿责任？司法实践中一般的处理方法是：按假设保险合同有效情形下被保险人或受益人因保险事故发生所能获得的保险金额，来认定被保险人或受益人因保险合同无效所遭受的损失，保险人在该保险数额内承担保险合同无效的赔偿责任，但保险人在赔偿该数额时可扣减本应返还的保险费。

投保人，被保险人和保险人对于保险合同的无效都存在过错的，应当根据各自的过错大小，承担相应的责任。

【重点提示】

投保人与保险人应该承担的缔约过失责任的赔偿范围既包括直接损失也包括间接损失。

（三）收缴财产

投保人与保险人恶意串通订立保险合同，损害国家、集体或者第三人利益的，保险人因此收取的保险费，被保险人或受益人因此已经获得的保险金应收归国家所有或返还给集体、第三人。比如，投保人和保险人明知是走私物品或赃物，仍以此订立保险合同即属此类。

【练习题】

一、选择题

1. 关于保险合同的成立，以下说法错误的是（　）

A. 保险合同的成立就是保险合同的订立

B. 保险合同的成立并不必然发生当事人追求的法律效果

C. 保险合同的成立是保险合同订立的结果

D. 保险合同的成立不等于保险合同生效

2. 关于投保，以下说法正确的是（　）

A. 投保必须以书面方式作出　　B. 投保生效则保险合同成立

C. 投保为订立保险合同的要约　　D. 投保是订立保险合同的承诺

3. 关于承保，以下说法错误的是（　）

A. 承保是订立保险合同的承诺　　B. 承保必须以书面形式作出

C. 承保是针对投保人做出　　D. 承保一旦生效，保险合同即成立

4. 以下哪一项不属于被保险人的义务（　）

A. 保险事故发生时的通知义务　　B. 危险增加时的通知义务

C. 支付保险费义务　　D. 防止损失扩大的义务

5. 以下哪项不属保险人的义务（　）

A. 保险事故发生时，支付保险金　　B. 承担合理的减损费用

C. 及时签发保险凭证　　D. 危险增加时增加保险费

6. 关于保险合同无效，以下说法正确的是（　）

A. 保险合同无效就是保险合同不成立

B. 保险合同无效与保险合同解除相同

C. 保险合同无效就是保险合同不能发生当事人所追求的法律效果

D. 保险合同无效不产生任何法律后果

二、简答题

1. 被保险人的合同义务主要包括哪些？

2. 保险人的合同义务主要包括哪些？

3. 保险合同订立、保险合同成立与保险合同生效之间的关系是什么？

第9章 保险合同的形式与内容

第一节 保险合同的表现形式

保险法属于传统商法的一部分，而商法又可归入私法范畴，因此，保险法，特别是保险合同法应遵循私法的基本原则，例如意思自治原则。由于保险合同从本质上讲是当事人意思自治的产物，故当事人可自行决定保险合同的形式，即除非法律另有规定或当事人另行约定，否则，当事人缔结保险合同时既可以采用书面形式，也可以采用口头形式，乃至其他形式。

【思考】

保险合同形式多样化的理论价值何在？

一、口头保险合同

口头保险合同，是指投保人和保险人仅以语言方式为意思表示而订立的保险合同。原则上，凡投保人和保险人对合同的形式没有特别约定、法律对合同的形式亦没有特别规定的，当事人均可以用口头形式订立保险合同。由于以口头形式订立合同具有交易简便、迅捷、节约成本等诸多优点，因此，在现实生活中，口头合同已经成为人们进行即时交易或者小额交易所较常采用的合同形式。例如，我国许多保险公司在销售机动车责任保险时均规定，车主可以通过电话方式直接进行购买。但另一方面，口头合同也存在着明显的缺点，主要是因为其欠缺记载合同内容的载体，一旦当事人之间发生争议，则难以收集足够的证据证明合同是否成立，以及双方约定的合同内容如何，因而法律无法对当事人提供充分有效地救济。有鉴于此，对于不能即时完成的交易或者金额较大的交易．各国一般并不提倡采用口头合同。

保险合同为射幸合同，所涉及的利益为将来之利益，且其一般为继续性合同，合同履行期限较长，有的人寿保险合同，其保险期间甚至长达数十年。而采用口头合同，若发生纠纷，对于被保险人和保险人均难以提供有效的救济，因此，保险合同采用口头形式，仅在个别情形下具有意义。实践中，投保人订立口头保险合同时，一般是通过电话或者对话向保险人的代理人提出保险要约，保险代理人按照投保人的要求确定保险费率和保险条件后，口头通知投保人接受承保，此时，保险合同成立。但口头保险合同成立后，若保险人依法定或约定应当签发书面的保险凭证，则在该凭证签发后，口头保险合同终止，当事人权利义务应以新交付的书面保险凭证为准。在书面凭证签发前，若发生口头合同约定的保险事故，则保险人应依口头约定承担保险责任，而不得以未签发书面凭证为由拒绝履行自己的保险金给付义务。

第九章

【思考】

签发书面保险凭证与口头保险合同成立之间的关系。

【理论扩展】

我国2009年新修订的《保险法》第13条规定："投保人提出保险要求，经保险人同意承保，保险合同成立。保险人应当及时向投保人签发保险单或者其他保险凭证。保险单或者其他保险凭证应当载明当事人双方约定的合同内容。当事人也可以约定采用其他书面形式载明合同内容。依法成立的保险合同，自成立时生效。投保人和保险人可以对合同的效力约定附条件或者附期限。"可见，在我国，投保人和保险人以口头形式订立保险全同后，保险人承担着交付书面保险凭证的义务，其应当及时向投保人签发保险单或其他保险凭证，这事实上进一步限制了口头保险合同的使用。被保险人主张口头保险合同项下的权利或利益时．应当承担举证责任。但是，当书面保险合同的约定不明确或者有多种解释时，被保险人可以用口头保险合同作为其主张权利或进行抗辩的理由，口头保险合同甚至可以用来补充或解释书面保险合同。

二、书面保险合同

书面保险合同是指以书面形式表现出来的保险合同，分析现行保险实践可以发现，由于书面形式的保险合同可以将当事人之间约定的权利义务予以固化，适应了保险合同条款技术性、专业性、复杂性的要求，利于当事人严格履行保险合同，减轻了当事人要求对方承担违约责任时的举证难度，故而为现代绝大多数保险实务所采用。实践中，书面保险合同主要体现为投保单、保险单、暂保单、保险凭证、保险协议、批单，以及保险人要求提供的其他书面材料等。

【思考】

书面保险合同的表现形式有哪些？

（一）投保单

投保单（Application）是指投保人向保险人发出的，表示愿意与保险人缔结保险合同的书面文件，其本质上是投保人向保险人发出的书面形式的要约。投保单一般由保险人事先设计和印制，具有统一的格式。投保单载有订立保险合同的必要内容，诸如投保人、被保险人、受益人、保险标的、保险价值、保险金额或责任限额、保险费率、保险期间、免赔额或免赔率、特别约定等一系列投保人在投保时应当如实告知保险人的注意事项。投保单本身并非保险合同的书面形式，但它们是订立保险合同的依据，一经保险人同意承保，投保单即构成保险合同的一部分。投保单是保险人向投保人就保险标的和被保险人有关情况提出的书面询问，也是判断投保人是否履行如实告知义务的重要书面依据，投保人应如实填写并签名，注明填写的确切日期。

【实务指南】

许多保险人在投保单中仅仅规定投保单构成保险合同的一部分，并不明确规定对询问事项做出不实回答的法律后果，而是在之后签发的保险单等文件中要么间接规定，凡投保单中所列明的事项应被视为重要事实，投保人是否如实回答，不仅影响到保险人能否对保险标的的风险状况进行准确评估，进而决定是否承保以及采用何种保险费率；要么直接规定，一旦投保人对投保单中事项做出不实回答，保险人即可解除保险合同。一旦投保人因投保时未意识到不实回答的法律后果而忽略投保单的重要性，对投保单中所列问题做出随意的回答，甚至委托保险代理人代其填写投保单，则嗣后一旦发生保险事故，保险人即可以投保人违反如实告知义务为由解除保险合同。为此，新修订的《保险法》第 17 条第 1 款规定："订立保险合同，采用保险人提供的格式条款的，保险人向投保人提供的投保单应当附格式条款，保险人应当向投保人说明合同的内容"，希望藉此避免前述损害被保险人利益情形的发生。

（二）保险单

保险单（Policy），简称保单，是投保人和保险人订立保险合同后，由保险人向投保人签发的保险合同的正式书面凭证。依照保险实务惯例，保险合同既可以用书面形式订立，也可以以口头形式缔结，但是，各国保险立法通常均要求在保险合同订立之后，保险人应当出具保险单作为保险合同成立的书面证明，我国新修订的保险立法也采取这一方法，因此，保险单在保险实务中被普遍适用。依据我国和世界多数国家的法律规定，保险合同的主要表现形式就是保险单，尽管约定的保险标的和保险事故不一样，但保险单的内容一般均是记载双方当事人约定的保险条款，用以明晰保险合同当事人与关系人可享有的权利和需承担的义务。签发保险单是保险人承保的法律结果，在保险实践中，保险人在收到投保人填写的投保单后，要先予以审查。如果能够接受的，则决定承保；如果不能接受的，则拒绝承保，或者向投保人提出修改条件，双方就修改条件进行磋商，待协商一致后，保险人再予以承保。对于承保的保险合同，根据我国新修订《保险法》第13条的规定，自保险人承保之时成立，不过，保险人应当及时地向投保人签发保险单。保险人签发的保险单，应当完整准确地记载投保人与保险人约定的各项内容。保险单正面的叙述部分应当按保险人审定承保的投保单内容来填写。保险单的背面则应当印制投保人与保险人选定的保险条款。不同于签订其他类型的合同，保险合同一般是格式合同，其合同条款是由保险人事先设计制定的，并经保险监督管理机关审批或备案后方才可以适用，这被称为保险合同的"基本条款"。此外，保险人还可以根据投保人的特殊需要，事先拟定特殊条款，扩大基本保险条款约定的承保范围，供投保人选择，称为"附加条款"。再者，投保人和保险人在已有保险条款以外经特别约定增加的条款，称为"特约条款"。

保险法学理论一般认为，保险单的作用主要体现为以下几项内容：

（1）保险单是证明保险合同的法律文件。保险单是保险合同的书面证明文件。因为保险合同依法在投保人与保险人达成协议之时即已成立，双方的权利和义务已然具有法律约束力。而保险人在此之后，需向投保人签发保险单，并应当将投保人和保险人之间达成的保险合同的各个条款予以全面记载，用来证明保险合同的存在。所以，保险人签发保险单不是保险合同缔结过程中的承诺，也不是保险合同成立的条件，而仅仅是用书面形式来固定双方的权利义务关系，证明保险的有效存在。

（2）保险单是当事人及关系人履约的依据。由于保险单上记载了保险合同的全部内容，也包括当事人与关系人所享有的权利和承担的义务，因此，它成为认定双方当事人是否履约的书面依据。不同的保险险种和险别，当事人的权利义务不同；承保不同的保险事故或保险标的，相应的保险合同的内容也应有所区别，所以，保险人基于背景差异而向各个具体投保人签发的保险单的内容也就不一样。因此，被保险人或受益人在保险事故发生或保险期限届满后，必须依其持有的保险单里的具体规定向保险人索赔，而保险人也只是依据保险单的规定来理赔。正是理解了保险单的这一重要作用，各国法律为了保证当事人认真履行保险合同，将保险人向投保人签发保险单作为保险合同订立过程中的一项重要内容加以规定。

（3）保险单是被保险人或受益人享有保险权益的证明。依照保险法理，基于保险合同而产生的保险权益，特别是保险金给付请求权归由被保险人或受益人享有。保险单作为保险合同的书面证明，也就标志着被保险人和受益人享有前述的保险权益。因此，当保险事故发生并造成保险标的损害或保险期限届满时，持有保险单的被保险人或受益人就有权依据保险单的规定内容，向保险人请求给付或赔偿保险金。

（4）保险单在特定的情况下具有有价证券的效用。人身保险合同，特别是人寿保险合同中，当投保人支付保险费的期间达到一定界限后，则会产生现金价值，此时，投保人可将保险单质押给保险人，以此获取相应数额的贷款，这就表明保险单具有有价证券的属性，可以为其持有者带来一定的经济利益。

【重点提示】

保险单不等于保险合同，通常情形下，其仅仅是保险合同的表现形式之一，以及保险合同的组成部分之一。保险单是投保人向保险人或其保险代理人实施投保行为所追求的法律后果，投保人以其持有的保险单来证明其与保险人之间业已存在着的保险合同关系。

（三）暂保单

暂保单（Binder），又称临时保单，是指保险人在向投保人签发正式保险单或者保险凭证之前所签发的一种临时性书面保险文件。与正式保险单相比较，暂保单是一种临时性证明文件，其记载的内容比正式保险单简单，一般写明被保险人姓名、保险标的、保险责任范围、保险金额、保险责任起讫时间等基本内容。至于各方当事人的权利义务，则以此后签发的正式保险单为准。不过，暂保单在保险人正式签发保险单之前与保险单具有同等法律效力，可以向被保险人提供同样的法律保障。但是，暂保单的有效期限较短，从15天至30天不等，由保险人具体规定。一旦保险人出具了正式保险单，或者暂保单的有效期届满，则暂保单的法律效力自动终止。当然，保险人在事先通知投保人之后，也可以提前终止暂保单的效力。保险人在暂保单的有效期内签发保险单的，暂保单已经过的期间应当计算在保险单的保险期间内。暂保单的作用在于临时性地证明保险合同关系的存在及其基本内容，其一般仅适用于财产保险，而不适用于人身保险。

【实务指南】

保险实务中，暂保单一般仅适用于下列情形中：①保险代理人在接受了投保人的投保业务而尚未向被代理的保险人办妥保险单之前，可以向投保人签发暂保单作为保险合同的临时凭证。②保险公司的分支机构因其经营权限或经营程序的限制，在接受投保人的投保申请后而未获得其所属保险公司批准前，先行向投保人签发暂保单。③保险人与投保人已就保险合同的主要条款达成协议，但因某些特定原因而不能出具保险单，诸如有些辅助合同条款尚需进一步协商；或保险人还需要对保险标的或承保危险进一步查证，确定相应的保险费率；或由于计算机操作程序等出现问题而不能立即出具保险单时，保险人先以暂保单方式予以承保。④出口贸易结汇时，保险人在出具保险单或保险凭证前，可先出立暂保单，以证明出口货物已经办理相应保险，以便作为结汇的凭证之一。

（四）保险凭证

保险凭证（Insurance Certificate），又称小保单，它实际上是一种内容和格式简化了的保险单。保险人向投保人出具保险凭证是为了简化订立保险合同的单证手续。在保险实务中，保险凭证上并不列明具体的保险合同条款，只记载投保人和保险人约定的主要保险内容。一般而言，凡保险凭证未载明的内容，以相应的保险单记载的内容为准，若保险凭证上列明的内容与保险单上记载的内容发生抵触时，或保险凭证另有特约条款的，则以保险凭证的记载为准。近代以来，标准保险条款的广泛适用是保险凭证得以推广的前提，实务中，一旦保险人向投保人交付了保险凭证，其一般不再另行签发保险单。

【实务指南】

目前，保险凭证通常在以下几种情形中使用：①我国的国内货物运输保险和出口货物运输保险中大量使用各式各样的保险凭证，尤其是在订立预约保险合同的情况下。其具体做法是，保险人将预约保险合同约定的内容印制在经其签具的保险凭证上，由被保险人在每批货物启运前在保险凭证上填写相应的项目，如运输工具的名称、运输线路、运输日期、货物的名称和数量、保险金额等，作为启运通知书送交保险人，保险人依此予以承保。②保险人依据有关法律法规的规定签发保险凭证，用以证明被保险人已依法投保了相应的强制保险。例如．我国的机动车交通事故责任强制保险即适用此类保险凭证，被保险人可以随身持有此种保险凭证，以供有关部门随时检查。甚至许多被保险人还在汽车车窗右上方、或车牌上粘贴（装有）特定的保险凭证。③保险凭证还适用于团体保险合同。按照保险实践，团体保险的主保险单（如团体人身意外伤害保险的保险单）是由投保团体的负责人统一持有，而该团体的成员作为被保险人则持有保险人出具的保险凭证，作为其参加相应保险的证明文件。④在国际贸易中适用的联合凭证也属于一种简化的保险凭证，它实际上是国际贸易的发货票与保险单的结合形式，即在发货票的一角附印有关保险险种和保险金额，由外贸公司在出具发货票时一并办理，而其他项目（如货物的名称、数量等）均以发货票的记载为准。当保险事故发生时．保险人依有关险种险别的格式合同条款进行理赔。

（五）保险协议书

保险协议（Insurance Agreements）是指因欠缺标准格式保险单，或需补充标准格式保险单的不足而由投保人与保险人以直接协商一致的方式就保险合同具体内容所达成的协议。其是投保人与保险人针对特定的保险事项达成的，约定保险权利义务关系的书面协议，它包括保险合同的全部内容，如投保人、被保险人、受益人的名称和住所；保险标的；保险价值；保险金额或责任限额；保险费率；保险期间的起止；免赔额或免赔率；等等。随着我国保险监管机构对保险条款和保险费率逐步放松管制，为满足不同投保人的不同投保预期，实践中使用保险协议书方式承保的现象越来越多。但是，不少保险协议书内容简陋，要素不全，隐藏着巨大的风险隐患，极易引起纠纷，这应该引起当事人和监管机构的重视。

【思考】

保险协议书的理论价值何在？其在何种缔约环境下适宜采用？

（六）批单

批单（Endorsement）是在保险合同有效期内变更合同条款时当事人予以运用的书面证明文件。它是保险人根据投保人或被保险人的要求并经双方协商同意后由保险人签发的，确认当事人所变更的保险合同内容的法律文件。一般情形下，保险人既可在原保险单或者保险凭证上进行批注，也可以由保险人另行出示一张格式性批单，附贴在保险单或者保险凭证上。批单是保险人为了对保险单（或保险凭证）内容进行修改或增删而出具的一种书面凭证，它是保险合同的重要组成部分。

由于批改保险单的结果是改变了保险单的某些内容，是保险合同变更的法律形式，会影响保险合同当事人及关系人的权益，所以新修订《保险法》第20条对批改保险单提出相应的法律要求，“在保险合同有效期内，投保人和保险人经协商同意，可以变更保险合同的有关内容。变更保险合同的，应当由保险人在原保险单或者其他保险凭证上批注或者附贴批单，或者由投保人和保险人订立变更的书面协议”。可见，当投保人或被保险人在保险单所载内容有改变时，应当及时向保险人申请批改，以免在保险事故发生后的索赔和理赔过程中发生异议。例如，中保财产保险公司的《海洋运输货物保险条款》第4条明确规定：“如遇航程变更或发现保险单所载明的货物、船名或航程有遗漏或错误时，被保险人应在获悉后立即通知保险人，并在必要时加缴保险费，该保险才继续有效。”需要说明的是，批单上批改的内容应当是法律和相应的险种险别规定允许批改的，例如，我国新修订《保险法》第41条明确规定：“被保险人或者投保人可以变更受益人并书面通知保险人。保险人收到变更受益人的书面通知后，应当在保险单或者其他保险凭证上批注或者附贴批单。投保人变更受益人时须经被保险人同意”，否则，保险人不予批注。而且，如果批改的内容涉及增加保险金额或者扩大保险责任的，则须在被保险人和保险人双方均不知道有任何保险事故发生之前申请批改。否则批单是无效的。

在保险实践中，保险人为了便利保险经营活动，往往事先制作与各险种险别相配套的批单，供投保人在变更保险合同时选择使用。其格式内容涉及具体险种险别中可能变化的各项内容，诸如中保财产保险公司的财产（一切）险批单、机器损坏险批单、公众责任险批单、产品责任险批单等。

（七）保险人要求提供的其他材料

在投保人投保时，保险人为确定拟承保的风险水平，除要求投保人就投保单中的问题做出如实回答外，其还经常要求投保人提供其他有助于帮助自己评判保险标的风险水平的材料，并将之纳入保险合同，一旦投保人提供的材料存在不实之处，保险人即可据此解除保险合同。例如，在投保重大疾病保险时，保险人通常会要求提供被保险人的体检证明，在投保董事责任保险时，保险人会要求投保人提供被保险公司的年度、季度财务会计报告等。

第二节　保险合同的条款

一、保险条款的概念与特征

（一）保险条款的概念

保险合同的主要内容表现为合同中约定的保险条款，而保险条款是指由保险人拟定的，载明于保险合同或者并入保险合同而作为其内容的，用以明确当事人相互间的基本权利与义务的条文。保险合同条款构成保险人承保风险的依据，也是被保险人或受益人享受权利和承担义务的依据。

（二）保险条款的特征

1. 保险条款是保险人单方制定的。为了加速保险业的发展，各国在保险实践中，均认可由保险人事先根据不同的险种拟定不同的保险条款。投保人一旦投保，只要填上姓名、保险标的、保险金额、保险期限，经保险人同意承保，保险合同就成立，开始产生法律效力。世界上少数规模大、信誉好的保险人的条款或著名保险人组织的条款，影响力极大，往往为其他国家保险人所效仿。如在西方国家的海上保险市场中，很多国家的保险人就直接采用“伦敦海上保险人协会条款”。

2. 保险条款规定的是各险种的最基本事项。保险条款规定的是各险种的最基本事项，如保险对象、保险责任、除外责任、投保人和被保险人义务、赔偿处理等。投保人与保险人签订保险合同时，必须同意该险种的保险条款，否则无法订立保险合同。当然，投保人与保险人可在此基础上协商订立有关附加条款，也可以通过特别约定的方式，对保险条款的内容进行变更。

3. 保险合同成立后，保险条款对双方当事人均有约束力。保险合同订立之前，保险条款对投保人无任何效力，仅对保险人单方有效。只有投保人提出申请，并经保险人同意承保后，才对其有约束力。投保人不得违背保险条款的规定，否则，应承担由此而引起的法律后果。一旦发生纠纷，保险条款就成为解决纠纷的基本依据。

二、保险条款的分类

按照保险条款的性质不同，可作以下两种分类：

（一）基本条款、附加条款和特约条款

1. 基本条款。基本条款，是指关于保险合同基本事项的条款，它通常构成了保险合同的基本内容，是投保人与保险人签订保险合同的依据。基本条款包含两类条款，一为全部保险合同必须具备的条款，称为一般基本条款或共同基本条款；一为特定险种保险合同必须具备的条款，而其他险种则无须具备，称为种类基本条款。任何一个具体险种的保险条款必须同时具备以上两类基本条款。例如，我国台湾地区“保险法”第55条规定：“保险契约，除本法另有规定外，应记载下列各款事项：①当事人之姓名及住所；②保险之标的物；③保险事故之种类；④保险责任开始之日时及保险期间；⑤保险金额；⑥保险费；⑦无效及失权之原因；⑧订约之年月日。”第108条规定：“人寿保险契约，除记载第55条规定事项外，并应载明左列事项：①被保险人之姓名、性别、年龄及住所；②受益人姓名及与被保险人之关系或确定受益人之方法；③请求保险金额之保险事故及时期；④依第118条之规定，有减少保险金额之条件者，其条件。”

2. 附加条款。附加条款是指依据投保人的要求，保险人在基本条款之外增加承保危险的条款。附加条款实际上扩大了标准保险合同的承保范围，其约定的风险责任和标准保险合同的风险责任往往有性质上的区别。运用附加条款的目的，在于适应投保人的多样化需求，它对于补充保险人已经拟定的标准格式的保险合同具有实践意义。在保险实务中，一般把基本条款规定的保险人承保的危险（承担的保险责任）称为基本险（基本责任），附加条款所规定的保险人承保的危险（承担的保险责任）称为附加险（附加责任）。

【重点提示】

投保人不能单独投保附加险，只能在投保基本险的基础之上再投保附加险。

3. 特约条款。在基本条款与附加条款之外，投保人与保险人可以在保险合同中约定特约条款。如依据我国《保险法》第18条第2款的规定，保险合同当事人可在

该条第1款列明的保险合同事项外另行约定与保险有关的其他事项。[1] 特约条款是指投保人和保险人对有关保险的任何权利、义务，或者事实确认所作出的特别约定，其内容一般包括以下三个方面：①有关保险合同规定的当事人或者关系人权利的特别约定；②有关保险合同规定的当事人或者关系人义务的特别约定；③有关事实确认的特别约定。特别约定条款的意义主要体现在：遵守该特约条款构成保险合同效力维持的基础，如果当事人违反该约定，则保险合同得以继续存在的基础发生动摇，乃至丧失，导致保险合同的效力发生变动。[2]

【思考】

特约条款的作用何在？

（二）法定条款和任意条款

1. 法定条款。法定条款是指根据法律必须在保险合同中明确规定的条款，我国《保险法》第18条第1款规定了10项保险合同的必备要素，这些就属于法定条款。

2. 任意条款。任意条款是相对于法定条款而言的，它是指由保险合同当事人自由选择的条款，故又称任选条款。事实上，任意条款也是由保险人根据某种实际需要纳入保险条款的，例如，保险人办理某些人身保险业务时若需对保险金额加以限制，则在条款中予以规定。

三、保险合同基本条款的内容

保险合同的基本条款，一般应包括以下几方面内容：

1. 当事人与关系人的姓名和住所。明确当事人与关系人的姓名和住所，是履行保险合同的前提。因为合同订立后，有关保险费的请求支付、危险程度增加的通知、危险发生原因的调查、保险金的给付等有关事项，无不与当事人、关系人及其住所有关。由于保险合同条款是保险人事先拟订的，皆印有保险人的名称和地点，因此，在保险合同上要填明的主要是投保人的姓名和住所。但是，在一些保险标的转让较频繁的保险合同，例如货物运输保险合同中，投保人在填写其姓名的同时，可另行添加"或其指定人"字样，则该保险合同可由投保人背书转让；此外，货物运输保险合同还可采用无记名式，随保险货物的移转而转移给第三人。例如，我国《保险法》第49条第1、2款规定："保险标的转让的，保险标的的受让人承继被保险人的

---

〔1〕《保险法》第18条第1款规定："保险合同应当包括下列事项：①保险人的名称和住所；②投保人、被保险人的姓名或者名称、住所，以及人身保险的受益人的姓名或者名称、住所；③保险标的；④保险责任和责任免除；⑤保险期间和保险责任开始时间；⑥保险金额；⑦保险费以及支付办法；⑧保险金赔偿或者给付办法；⑨违约责任和争议处理；⑩订立合同的年、月、日。"

〔2〕邹海林：《保险法教程》，首都经济贸易大学出版社2002年版，第125页。

权利和义务。保险标的转让的，被保险人或者受让人应当及时通知保险人，但货物运输保险合同和另有约定的合同除外。”

保险合同中还应将被保险人或受益人的情况载明。在人身保险中，对被保险人而言，除需填写其姓名和住所外，还得载明其性别、年龄、职业等。被保险人是多数时，也应在保险合同中逐一列明。对受益人而言，保险合同可以约定受益人的身份状况，受益人的受益顺序与份额。

2. 保险标的。保险标的也就是保险客体。如前所述，在财产损失保险里，保险标的是各种有形财产本身或与其有关的利益；在责任保险中，保险标的是被保险人依法应当承担的民事（赔偿）责任；在人身保险中，保险标的则是人的寿命或身体。明确记载保险标的，其目的在于判断投保人或被保险人对保险标的有无保险利益，确定保险价值、保险金额，以及保险人应承担保险责任的范围。不同的保险标的，面临的危险种类、性质和程度是不同的，因而其所适用的保险费率也是有差别的。

【重点提示】

保险标的不同于保险合同的标的，保险法学者大都认为，保险合同的标的应为保险合同当事人之给付行为。

3. 保险责任。保险责任，是指保险合同约定的保险事故发生，造成保险标的损失，或约定的期限届满时，保险人应当依照合同约定承担的法律责任。此种责任通常包括保险人的基本责任和附加责任两部分。保险人承担的基本责任是针对基本险而言，一般可分为三种类型：①单一险责任，即保险人只承担某种特定危险事故造成的损害赔偿责任；②综合险责任，即多种危险责任，指保险人承担几种特定危险事故造成的损害赔偿责任；③一切险责任，即保险人承担除外责任以外的一切危险事故造成的损害赔偿责任，它是承担风险范围最为广泛的一种保险责任，例如，建筑工程一切险、安装工程一切险等。附加责任是针对附加险而言的，指保险人承担的超出双方当事人基本条款承保范围约定的保险责任，其原则上都是单一险责任，如机动车保险中的车上人员险、玻璃破碎险等。在海洋运输货物保险中，投保人在投保平安险、水渍险或一切险的基础上，可选择加保交货不到险、进口关税险、舱面货物险等六种特殊附加险。[1] 保险人承担保险责任的方式通常为向被保险人或受益人支付保险金，并承担被保险人因减损、查勘定损、抗辩等支出的合理的费用。但是，保险人承担的保险责任并不局限于此，其还可能，或需要以给付金钱以外的

---

〔1〕 李玉泉：《保险法》，法律出版社 1997 年版，第 129 页。

其他方式承担保险责任。例如，在责任保险中，保险人经常要承担代替被保险人抗辩第三人提起的索赔的义务。

4. 保险责任免除。责任免除在国外保险立法中多称为除外责任，是指依法律规定或合同约定，引起被保险人损害但又不属于保险责任范围的危险，保险人对之不承担保险责任。除外责任一般在保险人拟定好的保险条款中予以列明，目的是对保险人的责任范围加以适当的限制。最常见的属于除外责任的危险有：被保险人故意造成的损失，即道德风险、战争、地震、核辐射、核污染、保险标的的自然损耗、保险标的自身的缺陷和自然特性、航行迟延、交货迟延或者市场行情变化等。除外责任有法定除外责任与约定除外责任之分，前者是指依照法律规定不得通过保险转嫁的危险，而不论保险单是否将该危险纳入承保范围，通常包括但不限于道德风险、业已发生的保险事故、怠于防损而扩大的损失、保险标的自身性状造成的损失；后者是指法律并未明文禁止，而是依照合同约定不属于承保范围的危险。

【思考】

规定除外责任是限制保险人承担的保险责任的唯一方法吗？

【理论扩展】

事实上，保险合同规定保险责任后，再规定除外责任主要是保险条款的逻辑结构所致，其目的在于：其一，过滤部分保险责任；这类除外责任所列举的一些危险与保险责任中的规定是相互矛盾的，如果不进行这种过滤，保险人就要负赔偿责任。如中国人民银行1993年4月颁发的《团体人身意外伤害保险条款》保险责任中规定，被保险人因意外伤害事故导致死亡的，保险人给付全部保险金额。但除外责任中又规定，受益人的故意行为所致的被保险人死亡，保险人不负给付保险金的责任，也就是说，并非只要是被保险人因意外伤害事故死亡，保险人就承担给付保险金的责任。受益人故意杀害被保险人，虽然对于被保险人来说属于意外伤害事故死亡，但却不属保险责任，因为在除外责任中已经过滤了这一部分责任。又如中国人民银行1993年4月颁发的《企业财产保险条款》保险责任中规定，保险财产由于火灾、爆炸造成的损失，保险人负赔偿责任。但除外责任中又规定，保险财产由于战争、暴乱、被保险人的故意行为和违法行为造成的损失，保险人不负赔偿责任，因此，并非只要是由于火灾、爆炸造成的损失，保险人就应赔偿。其二，为了避免误解；某些危险本来不属于保险责任，也未规定为保险责任，但容易与保险责任相混淆，投保人有可能误以为其属于保险责任，为了避免误解，需要明确规定这些危险属于除外责任。例如，前述《企业财产保险条款》除外责任中规定，保险财产遭受第4条各款所列灾害或事故引起停工、停业的损失以及各种间接损失，保险人不负赔偿责任。其实，在保险责任中规定保险人只对保险财产的直接损失和采取施救、保护、整理措施而支出的合理费用等负责赔偿，并未规定过保险人要对停工、停业的间接损失负责赔偿。又如，前述《团体人身意外伤害保险条款》除外责任中规定，被保险人因疾病死亡或残废，保险人不负给付保险金的责任。其实，该条款保险责任中只规定被保险人因意外事故死亡、残废时，保险人才给付保险金。疾病本不属于意外伤害，但投保人可能误以为疾病属于意外伤害。明确规定疾病属于除外责任，可以避免这种误解。这类除外责任中规定的危险，本来并未规定为保险责任，因此，即使不再规定为除外责任，保险人也是不负保险责任的，但是明确规定为除外责任，可避免或减少将来发生争执的可能性。[1]

5. 保险期间。保险期间为保险责任的起止时间，是保险人依据保险合同开始承担责任至保险责任终止的期间。保险人仅对保险期间内发生的保险事故负给付保险金的责任。当在该期间发生保险事故或者保险合同约定的给付保险金条件具备时，保险人应按保险合同的约定向被保险人或受益人支付保险金，而对于保险期间届满或完成后发生的保险事故不承担保险责任。同时，保险期间还构成保险费的计算依据，保险费与保险期间为正比关系。保险期间越长，发生约定的保险事故的概率就越大，故而应支付的保险费也就越多。由此可见，保险期间决定着保险合同当事人与关系人之间权利义务的存续与否。保险合同必须明确约定保险期间和保险期间的计算方法。实务中，保险合同的保险期间通常有两种计算方法：一种方法是用日历年、月计算；另一种方法是以某一事件的始末为保险期间。例如，货物运输保险、运输工具保险都以一个航程为保险期限，而建筑、安装工程保险则以工程开工日起至事先约定的验收日止为保险期间。我国保险实务中，当事人通常在保险单中载明，保险期限为约定开始承担保险责任日的零时起到约定保险期限届满日的24时为止。

【重点提示】

保险期限与保险合同中约定的当事人双方履行义务的期限不同，保险人实际履行保险金给付义务可能不在保险期限之内。

6. 保险金额。保险金额，是指保险人承担赔偿或者给付保险金责任的最高限额，也是投保人对保险标的的实际投保金额：在定值保险中，保险金额通常为双方约定的保险标的的价值；在不定值保险中，对保险金额的确定主要有三种方法：①由投保人根据保险标的的实际价值自行确定；②由当事人双方根据保险标的的实际情况协商确定；③按照投保人会计账目最近的账面价值确定。但无论是定值保险，

---

〔1〕 李玉泉：《保险法》，法律出版社1997年版，第132～133页。

还是不定值保险，保险金额的确定都要以保险标的的实际价值为基础。如果保险金额大大超过保险标的的实际价值，保险人可依据《合同法》第54条的规定，以在订立合同时显失公平为由，请求人民法院或者仲裁机构变更或者撤销保险合同：如对方是以欺诈、胁迫的手段，使保险人在违背真实意思的情况下订立的合同，保险人亦有权请求人民法院或者仲裁机构变更或者撤销。需要注意的是，在人身保险中，基于尊重人的生命与健康价值的缘故，各国均认为不应以金钱来衡量前述价值的丧失或受损，相应地，人身保险一般也不存在保险标的的价值问题，故保险金额完全由双方当事人约定，一般没有限制，只受投保人本身支付保险费能力的制约。保险事故发生时，保险人只需依约定金额给付即可。

7. 保险费及其支付办法。由于保险合同是有偿合同，因此，为了换取保险人在保险事故发生时承担保险责任的承诺，与保险人协商订立保险合同之人，即投保人必须付出相应对价，此一对价即被称为保险费。保险合同如无保险费的约定，则为无效。保险费的多少，主要取决于保险金额和保险费率这两个因素。保险金额大，保险费率高，则投保人应交的保险费就多，反之，应交保险费就少。保险合同还应约定保险费的具体交付方式和时间，例如，是采用趸交，还是分次支付；是采用现金支付，还是用票据支付等。

投保人和保险人既可以在保险合同中约定保险费的交付为保险合同生效的要件，即如果投保人不交付保险费，保险合同不生效力；也可以在保险合同中约定，若投保人不按时支付保险费，保险合同将失去效力；双方甚至还可以约定保险费交付是保险人承担保险责任的先决条件，如果投保人未按合同约定交付保险费，则保险人不承担保险责任。如果保险合同中未约定保险费的支付对合同效力的影响，则保险人在投保人不交付保险费时，有权依法解除保险合同。需要说明的是，虽然保险合同的成立并不以投保人支付保险费为条件，但支付保险费却是投保人最主要的合同义务。

【理论扩展】

我国《保险法》第10条第2款规定："投保人是指与保险人订立保险合同，并按照合同约定负有支付保险费义务的人。"可见，交付保险费是投保人的一项重要义务。但需要分析的是，保险费是否必须由投保人交付。美国保险惯例主张交付保险费并非投保人专属的义务，只要保险人愿意接受，其他任何人，包括与投保人无任何关系的人也可交付保险费，即其他任何人交付保险费在本质上与投保人自己交付保险费无异。但其他人代交保险费而投保人又不知晓的，则不发生交付保险费的效力。我们认为，保险费原则上应由投保人交付，而利害关系人，如保险合同的被保险人、受益人、投保人的债权人、继承人、家属等因保险合同的存在而直接或间接受益的人，也可代投保人交付保险费，但前述利害关系人在法律上并不负交付保险费的义务。至于与投保人无任何关系的人代交保险费，实践中此类情形极为罕见，若其属于误交，则可依不当得利的规定要求保险人归还已支付的保险费；若不是误交，因其属于使他人纯受利益的行为，故应以认定有效为宜。

8. 保险金支付办法。当事人应当在保险合同中明确约定保险金的支付办法，以免在保险事故发生后产生纠纷。

9. 违约责任和争议处理。违约责任，是指合同当事人因不履行合同义务，或不当履行合同义务时，基于法律规定或合同约定所必须承担的法律后果，它是合同法律效力的必然要求。当事人在缔结保险合同时，可依据《保险法》与《合同法》的相关规定，在合同中载明违约责任条款，以保证合同能顺利履行。争议处理是指保险合同发生纠纷后的解决方式，主要有自行协商、仲裁和诉讼三种。

【实务指南】

我国许多保险合同中都规定了与此类似的解决争议条款，即“被保险人与保险人发生争议时，应尽力协商解决，双方不能达成协议的，可提交仲裁机构仲裁或向人民法院起诉”。事实上，此种条款除提醒双方当事人可通过仲裁或诉讼方式解决纠纷外，没有任何实质意义。因为其没有约定明确的仲裁机构，并将之列为唯一的纠纷解决机关，因而前述关于仲裁的约定是无效的。发生争议后，除非双方协商一致，同意将纠纷提交仲裁机构，否则，只能向人民法院起诉。针对此一问题，1999 年 8 月 30 日，中国保险监督管理委员会下发了《关于在保险条款中设立仲裁条款的通知》。该通知指出：一、各保险公司自接到本通知之日起，在拟订或修订保险条款时，设立的保险合同争议条款，应当符合如下格式：合同争议解决方式由当事人依合同约定从下列两种方式中选择一种：①因履行本合同发生的争议，由当事人协商解决，协商不成的，提交××仲裁委员会仲裁；②因履行本合同发生的争议，由当事人协商解决，协商不成的，依法向人民法院起诉。在订立具体的保险合同时，保险合同双方当事人应当对上述两种争议解决方式做出选择。如果选择仲裁方式，应当载明具体的仲裁机构名称；二、各保险公司在本通知之前已经使用的保险条款，今后在订立具体的保险合同时，如果选择仲裁的争议解决方式，应当根据《仲裁法》补充规定具体的仲裁机构名称。三、仲裁条款不是保险合同的必备条款，是否选择仲裁方式解决保险合同争议，应由当事人双方根据当地实际情况自愿协商一致决定。选择仲裁的意思表示，既可以在保险合同中规定仲裁条款，也可以由当事人事后达成仲裁协议，不论采取何种方式，根据《仲裁法》，该意思表示应当明确约定仲裁事项、仲裁机构，否则无效。

10. 订约的时间和地点。订约的时间是确定投保人是否有保险利益、保险事故是否发生、保险费的支付期限，以及合同生效时间等的重要依据，因此，在保险合同中必须写明订约的时间，而且须十分具体，即要写明订约的年、月、日、时，不能过于笼统。此外，保险合同的缔结地往往会影响争议发生后的诉讼管辖、法律适用等问题，所以也须订明。

【实例参考】

董（监）事及高级职员责任保险条款

（华泰财产保险股份有限公司）

鉴于本保险合同承保明细表中列明的投保人/被保险公司或被保险人向华泰财产保险股份有限公司（以下简称“华泰”）提交投保单和有关资料（该投保单及其所附资料中的陈述被视为本保险合同的有效组成部分），并向华泰缴付保险合同保险费，华泰同意按本保险合同的条款、条件、除外责任和责任限额的约定负责赔偿在本保险合同承保明细表中列明的保险期间内被保险人依法对第三者应承担的经济赔偿责任。

1. 保险责任

在保险期间内，被保险人因本保险合同承保的不当行为而首次被他人提出赔偿请求，被保险人由此依法应负经济赔偿责任时，华泰同意依照本保险合同的约定对被保险人负赔偿责任。被保险公司如根据有关公司补偿的法律、法规、规则或协议必须先行支付或赔偿被保险人的损失时，华泰对被保险公司的相应损失也负赔偿责任。

2. 定义

（a）行政机关

指任何国家、省级或地方政府，政府性或行政性机构、机关或委员会。

（b）赔偿请求

指被保险公司或被指控实施不当行为的被保险人收到任何个人或组织要求被保险人应对其不当行为的结果承担责任的通知，包括被保险人收到将被保险人列为被告而要求其支付金钱或履行义务的请求、或针对被保险人的法律、仲裁、或行政程序。

（c）被保险公司

指保险合同承保明细表第（二）项所载的被保险公司及其任何子公司。

(d) 免赔额

指保险合同承保明细表第（五）项所载的金额。

(e) 抗辩费用

指经华泰事先书面同意，由被保险人或为被保险人利益而支出的为本保险合同所承保的赔偿请求进行抗辩或上诉所必需且合理的律师费、成本和支出（但不应包括被保险人及被保险公司雇员的工资、薪水或其它任何报酬）。

(f) 发现期间

指第三条（f）款中应于本保险合同期限届满后立即起算的12个月期间。

(g) 雇佣行为责任

指与被保险公司任何过去、现在或将来的雇员有关的任何事实的或被指控的下列责任：

(1) 与雇佣有关的性骚扰或其他非法骚扰；

(2) 非法的终止雇佣关系；

(3) 与雇佣有关的非法歧视；

(4) 违反与雇佣有关的公平公正原则；

(5) 涉及被保险公司雇佣条款的不真实或误导性的广告或陈述；

(6) 与雇佣有关的诽谤；

(7) 不予雇佣、升迁或授予职位；

(8) 不公平的剥夺职业发展机会；

(9) 不公平的公司规章制度或不公平的工作绩效评估；

(10) 未提供或遵循适当的雇佣政策或程序；

(11) 违反任何规范雇佣行为的法律或法规；

(12) 违反雇佣合同；

(13) 与雇佣有关的侵犯隐私。

(h) 被保险人

指任何过去、现在或未来是被保险公司的董（监）事、高级职员、董事会秘书或其他职员（但仅以该职员为履行其公司管理职责为限）的自然人。

被保险人还应包括：

(1) 被保险公司董（监）事、高级职员、董事会秘书或职员（但仅以该职员为履行其公司管理职责为限）的合法配偶；

(2) 被保险公司已死亡的董（监）事、高级职员、董事会秘书或职员（但仅以该职员为履行其公司管理职责为限）的遗产管理人、继承人或法定代表人，但以赔偿请求须是基于其任职期间的不当行为而产生的为限；

（3）被保险公司董（监）事、高级职员、董事会秘书或职员（但仅以该职员为履行其公司管理职责为限）丧失行为能力时的法定代理人。

被保险人不应包括：

（1）破产管理人或清算人；

（2）政府任命的管理人；

（3）外部审计人员；

（4）退休金计划或员工福利金计划的受托人或管理人。

或上述人员的雇员。

（i）调查

指任何刑事的或其它的调查、询问、公开检查或起诉。

（j）损失

指任何损害赔偿金、判决金额、和解金额及抗辩费用。损失不包括法律规定的罚款或罚金、惩罚性赔偿金、税金、被保险人依法无需承担的任何款项或依法不得承保的任何事项。（与针对被保险人的一个以上赔偿请求有关的损害赔偿金、判决金额、和解金额及抗辩费用，若其产生于单一不当行为的，则应构成单一损失。）

（k）非盈利组织

指任何基于社会、社区、慈善事业或行业目的，并为成员提供服务或福利的，而不以获取利润为目的所设立的公司、机构、协会、信托、基金或基金会。

（l）外部组织职务

指经被保险公司要求且由被保险公司知晓并认可的被保险人在外部组织中担任的职务。

（m）外部组织

指被保险公司以外的设有外部组织职务的任何公司或组织。[1]

（o）保险合同，指

（1）保险责任、定义、扩展责任、除外责任、条件以及本保险单所含的其它条款；

（2）投保单及其附件；

---

[1] 以下缺少（n）项，直接是（o）项。笔者曾核对过多份保险单，发现均没有（n）项，应该是其在设计保险条款时出现了小差错。——笔者注

(3) 在保险期间开始时或保险期间内，附于本保险单或构成本保险合同一部分的任何批单。

(p) 保险期间

指本保险合同承保明细表第（三）项所载的期间。

(q) 保险费

指保险合同承保明细表第（六）项所载的保险费以及附于本保险合同或构成本保险合同一部分的任何批单上所载的额外保险费。

(r) 子公司

指在保险合同生效日与被保险公司具有以下关系的任何公司，包括被保险公司直接或间接地透过其一家或多家子公司所持有的公司：

(1) 被保险公司：

(a) 控制其董事会的组成；或

(b) 控制其股东大会的表决权；或

(c) 持有其半数以上的已发行股份；

(2) 且按照本保险合同签发地所适用的职业会计准则，其财务报表与被保险公司的财务报表合并。

(s) 不当行为

指被保险人在履行被保险公司或外部组织（仅在外部组织职务扩展时适用）的职务时事实的或被指控的行为、错误、疏忽、违反职责、错误陈述或误导性陈述。

3. 扩展责任

以下扩展责任自动包含于本保险合同，并受本保险合同的所有条款、条件、除外责任和责任限额的约束。

非经华泰书面同意，本扩展责任不得增加责任限额。

(a) 预付抗辩费用

在任何赔偿请求获得最终偿付或解决之前，华泰应持续代表被保险人预付抗辩费用，但须符合以下条件：

(1) 该抗辩费用的产生应经华泰事先书面同意；

(2) 当被保险人不应享有任何损失补偿的权利或本保险合同的权益时，该预付款应返还华泰。

(b) 调查、询问、起诉（刑事或其它）

在任何赔偿请求获得最终偿付或解决之前，华泰应持续代表被保险人预先支付其在调查中所产生的合理的律师费、成本和支出，但须符合以下条件：

（1）调查涉及对被保险人实施不当行为的指控；

（2）首次对被保险人提出的指控应在保险期间内；

（3）该律师费、成本和支出的产生应经华泰事先书面同意；

（4）本扩展责任不涵盖法律规定的任何罚款或罚金；

（5）本扩展责任不涵盖被保险人或被保险公司任何雇员的工资、薪水或其它报酬；

（6）当被保险人不应享有任何损失补偿的权利或本保险合同的权益时，该等预付款应返还华泰。

（c）并购、设立、转让或解散子公司

在保险期间内，若被保险公司并购或设立符合以下条件的子公司：

（1）根据被保险公司最近一期年报，其总资产增加未10%；且

（2）其住所地位于美国或加拿大境外。

则无须就该子公司的并购或设立通知华泰，也无需就扩展的承保范围支付额外保险费，本保险合同自动承保自该并购或设立生效日起因该子公司的被保险人事实的或被指控的不当行为而产生的赔偿请求。

在保险期间内，若被保险公司并购或设立子公司导致被保险公司的总资产增幅超过10%，或该子公司的住所地位于美国或加拿大境内，则投保人/被保险公司或被保险人应就该并购或设立，尽快书面通知华泰。经华泰书面同意并为该子公司修改承保条件及加收额外保险费后，则本保险合同方可扩展承保自该并购或设立生效日起因该子公司的被保险人事实的或被指控的不当行为而产生的赔偿请求。

在保险期间内，若被保险公司并购或设立子公司，且被保险人要求华泰承保该子公司被并购或设立生效日之前事实的或被指控的不当行为所产生的赔偿请求，在投保人/被保险公司或被保险人提交完整的投保单和所有必要的资料、数据，并同意支付额外的保险费后，华泰有权决定是否同意给予扩展承保。若被保险公司转让或解散某一子公司，本保险合同的承保范围应适用于该子公司转让或解散生效日之前的子公司的被保险人，但仅限于该子公司转让或解散生效日之前，被保险人事实的或被指控的不当行为所产生的赔偿请求。

（d）继续承保

尽管存在除外责任第4条（b）、（c）、（d）款的规定，在没有恶意不告知的前提下，本保险合同扩展承保被保险人在此前投保的华泰董（监）事及高级职员责任保险中应该或可以通知华泰且在本保险合同的保险期间内通知华泰的可能导致赔偿请求的不当行为，或者已经提出的赔偿请求，但必须符合下列条件：

(1) 华泰在应收到与实际收到该赔偿请求的期间内，始终为被保险人董（监）事及高级职员责任保险的保险人；

(2) 华泰将根据当时应该收到赔偿请求时的前华泰董（监）事及高级职员责任保险合同所载的条款、条件和责任限额承担赔偿责任，而不适用于本保险合同所载的条款、条件和责任限额。

(e) 外部组织职务

担任外部组织职务期间，本保险合同涵盖：

(1) 本保险合同所附的外部组织职务明细表中所列明的任何外部组织及职务；以及

(2) 非盈利组织中的外部组织职务。

但对外部组织职务的承保，应符合下列条件：

(3) 提供每一外部组织的最近一期年报及财务审计报告；

(4) 提供该外部组织为其董（监）事、高级职员、董事会秘书或职员投保的任何董（监）事及高级职员责任保险合同；

(5) 提供华泰可能要求的任何其它信息；

(6) 经华泰书面同意。

在保险期间内，若被保险人终止担任外部组织职务，华泰仅对被保险人担任外部组织职务期间的不当行为所产生的赔偿请求负赔偿责任。

本保险合同就外部组织职务的承保范围不得扩展至下列事项：

(7) 外部组织本身或该外部组织中的其他董（监）事、高级职员、董事会秘书或职员；

(8) 任何由外部组织或其董（监）事、高级职员、董事会秘书或职员对被保险人提出的赔偿请求；

(9) 任何由本保险合同所附的外部组织职务明细表中列明的任何保险合同所承保的损失。

(f) 发现期间

若华泰拒绝续保，投保人/被保险公司或被保险人可通过额外缴付全年保险费的百分之五十，将本保险合同发现期间延长为12个月，并自保险期间届满之日起算。华泰仅对保险期间届满前被保险人事实的或被指控的不当行为，并在发现期间首次受到赔偿请求，且于发现期间内书面通知华泰，承担赔偿责任。

投保人/被保险公司或被保险人行使发现期间的权利，应于保险期间届满后30日内书面通知华泰；且被保险公司应同时行使其它具有相同保险期间的董（监）事及高级职员责任保险的发现期间的权利。

本保险合同的发现期间条款不适用于已注销的保险合同。华泰提供的与已届满的保险合同不同的续保条款、条件、责任限额或保险费等内容变更并不构成拒绝续保的要件。

4. 除外责任

华泰对任何针对被保险人因可归因于下述原因所产生的赔偿请求或调查不负赔偿责任：

(a)(1)被保险人欺诈、不诚实或犯罪行为；对该行为的认定如有异议，以法院或行政机关的判决、认定为准；

(2)被保险人实际获得的不当得利。

(b)本保险合同承保明细表第(七)项所载的赔偿请求起算日以前已发生的任何诉讼、仲裁或行政程序或与以前已发生的任何诉讼、仲裁或行政程序事实相同或实质上相同的主张。

(c)本保险合同生效日之前已向其它保险合同提出赔偿请求的事实、情形、行为或疏忽。

(d)被保险公司或被保险人在本保险合同生效日前已知悉的可能导致赔偿请求的事实、情形、行为或疏忽。

(e)由被保险人或被保险公司或其代表所提出的赔偿请求，但下列赔偿请求华泰仍予以赔付：

(1)雇佣行为责任；

(2)由被保险公司的单一股东或股东集体以被保险公司和/或被保险人的名义提出的赔偿请求，但以被保险公司或被保险人未参与、要求或协助为限；

(3)由破产接管人、清算人提出的赔偿请求，但以被保险公司或被保险人未参与、要求或协助为限；

(4)对共同责任的分担或补偿的赔偿请求，但以该对共同责任的分担或补偿的赔偿请求直接产生于本保险合同项下的赔偿请求为限。

(f)针对任何担任下列职务的个人所提出的任何赔偿请求：

(1)退休金计划或员工福利金计划的受托人或管理人；

(2)外部审计人员。

(g)(1)以任何方式与无论由于何种原因造成的与污染有关的任何伤害、损害、支出、费用、责任或法律义务，包括由股东提出或衍生性的可归因于污染或由其产生的赔偿请求。污染包括事实的、被指控的或潜在存在于环境或排放到环境中的任何物质，若该等物质具有或被指控具有使环境变得不纯净、有害或危险的效果。环境包括任何空气、土地、建筑物及建筑物内部的空气、水道或水（包含地下水）；

（2）核辐射或放射性危险物质。

（h）任何针对下列事项的赔偿请求：

（1）任何人的人身伤害、疾病、死亡或精神损害，但事实的或被指控的雇佣行为责任的精神损害赔偿请求不在此限；

（2）任何有形财产的损害或毁损，包括财产使用价值的损失。

5. 条件

（a）责任分摊

被保险人受赔偿请求时，若受赔偿请求的对象包括被保险人以外的第三人或牵涉有非本保险合同所承保的事故或损失时，华泰与被保险人同意尽最大努力以公平合理方法分担相关的抗辩、和解及赔偿等费用及损失。

（b）转让

未经华泰书面同意，本保险合同及其项下的任何权利不得转让。

（c）赔偿请求、情形或调查——通知

被保险公司和被保险人应尽可能早地就下列事项书面通知华泰：

（1）保险期间内，首次提出的任何赔偿请求；

（2）保险期间内，首次意识到其可能导致赔偿请求的任何事实或情形；

（3）保险期间内，首次收到的任何调查的通知。

但任何情况下，不得迟于本保险合同期限届满后的45天；或在发现期间，首次提出赔偿请求、被保险公司和/或被保险人首次意识到事实或情形以及首次收到调查通知的情况下，不得迟于发现期间届满后的45天。关于赔偿请求及可能导致赔偿请求的情形或调查的通知与所有的信息应以书面方式送达华泰。

被保险公司与被保险人应尽最大可能与华泰合作并提供相关信息，使华泰得以调查并确认本保险合同项下的责任以及被保险人因赔偿请求或可能导致赔偿请求的事实或情形所承担的事实的或潜在的责任程度。

若在保险期间或发现期间内，被保险公司或被保险人应知悉可能会导致赔偿请求的事实的或被指控的不当行为，并于此期间立即将该不当行为通知华泰，则任何事后基于该不当行为而产生的针对被保险人的赔偿请求，均视同于在保险期间或发现期间内提出的赔偿请求，并在该期间首次通知华泰。不当行为的通知应包含与事实的或被指控的不当行为有关的详细描述、事实的或被指控实施不当行为的人员的陈述，以及描述可能导致赔偿请求的重大事实或情形。

(d) 赔偿请求——抗辩及和解

未经华泰事先书面同意，被保险公司或被保险人均不得就任何赔偿请求承认责任或进行和解或支付抗辩费用。但华泰不能不合理地拒绝给予该等同意。在任何时候，华泰有权但并无义务参与对本保险合同的任何赔偿请求的调查、抗辩或和解。在任何时候，华泰有权但并无义务继续以被保险人的名义对赔偿请求或针对任何个人或组织的有关共同责任分摊或补偿的赔偿请求（其中涉及被保险人的权利）进行抗辩或和解。未经双方共同选定的律师的建议，华泰与被保险人不得要求以抗辩方式处理赔偿请求。律师应考虑赔偿请求的经济性、原告可能获得的损害赔偿及费用补偿、以抗辩方式处理赔偿请求将产生的抗辩费用及被保险人赢得抗辩的可能性。征询律师意见所发生的费用应由华泰作为抗辩费用的一部分来支付。律师一旦建议在任何情况下赔偿请求不得以抗辩方式而应以和解方式处置时，华泰与被保险人在律师建议的合理范围内，不得反对以和解方式处理赔偿请求。

(e) 保密

投保人/被保险公司或被保险人可以披露其已支付的或已同意支付保险费投保本本保险合同。

但未经华泰事先书面同意，投保人/被保险公司或被保险人不得披露本保险合同的条款，包括但不限于：华泰作为保险人的身份、责任限额及保险费等，但法律规定应当披露的不在此限。

(f) 免赔额

针对每一赔偿请求所产生的损失，被保险公司或被保险人应先行支付免赔额以内的赔偿金额。当损失超过本保险合同承保明细表上所列的免赔额时，华泰仅负责赔付超过免赔额的部分。若被保险公司因破产而无法支付免赔额，依据本保险合同的条款及条件的约定，华泰应赔偿该损失。如果两个或两个以上针对任何被保险人提出的赔偿请求，系因单一不当行为或因一系列相关联的多次不当行为而产生，则该赔偿请求在适用免赔额时应被视为单一赔偿请求。该单一赔偿请求将按照下列事项中较先发生者来认定其首次请求的时间：

(1) 最早的赔偿请求首次提出的时间；或

(2) 可能导致赔偿请求最先出现的情形被通知的时间。

免赔额应适用于所有按照有关公司补偿的法律、法规、规章或协议，被保险公司被要求或被允许预付或赔偿的损失，无论被保险公司是否事实上对被保险人就该损失进行了预付或赔偿。被保险公司应支付的免赔额数额应当加计现在或将来的税收抵免利益后进行计算。

(g) 责任限额

华泰就保险期间或发现期间（如可适用）内首次提出的所有针对被保险人的赔偿请求产生的所有损失应赔付的最大总金额（包括抗辩费用）以保险合同承保明细表第（四）项所载的金额为限。若两个或两个以上赔偿请求，系因单一不当行为或因一系列相关联的多次不当行为而产生，则该等赔偿请求应被视为单一赔偿请求。该单一赔偿请求将按照下列事项中较先发生者来认定其首次请求的时间：

(1) 最早的赔偿请求首次提出的时间；或

(2) 可能导致赔偿请求最先发生的情形被通知的时间。

(h) 损失减少

被保险公司与被保险人应自行承担费用，以合理审慎并尽最大努力以避免或减少本保险合同所承保的任何损失。

(i) 非执行董事

由于被保险人的未披露或误导性陈述，华泰有权自保险合同生效日或承保范围发生任何变更日起解除本保险合同，但华泰应继续承保本保险合同下的非执行董事直至保险期间届满，但这些非执行董事须能证明其并不知晓所有该欺诈行为、未披露、误导性陈述或蓄意欺骗且与其无关。华泰有权自行决定是否返还保险费或变更本保险合同条款。

(j) 其它保险

除非中国法律另有规定，本保险合同仅承担以超过任何其它有效且可获理赔的保险赔偿金额以上的损失金额为限。但是，若此损失没有其他保险赔偿但可由本保险合同赔偿的情况下，特此同意本保险合同将作为主保险合同适用。

(k) 适用法律

本保险合同应适用并按照中华人民共和国法律进行解释。

本保险合同当事人应从下列两种方式中选择一种，以解决与本保险合同有关的争议：

(1) 因履行本保险合同产生的或与之相关的争议，由当事人诚信协商解决，协商不成的，应当：

(a) 如果除华泰之外的一方为中国公民或实体，则提交中国国际经济贸易仲裁委员会在北京根据届时的中国国际经济贸易仲裁委员会金融争议仲裁规则仲裁；

(b) 如果除华泰之外的一方为非中国公民或实体，则提交香港国际仲裁中心根据届时的联合国国际贸易法委员会仲裁规则仲裁或提交中国国际经济贸易仲裁委员会在北京根据届时的中国国际经济贸易仲裁委员会金融争议仲裁规则仲裁；或者

（2）因履行本保险合同产生的或与之相关的争议，由当事人诚信协商解决，协商不成的，按照相关法律和法规，向中国法院提起诉讼。

（l）陈述与可分性

华泰依据投保单与补充性投保单（如有）内的陈述以及其所附带的资料决定本保险合同的承保范围。所有该等陈述和资料构成本保险合同的基础。投保单应被视为单个投保人/被保险人的投保，且关于投保单内的陈述与细节，任何一名投保人/被保险人的陈述或了解的信息，不应对其它被保险人享有本保险合同的承保范围造成负面影响。

（m）代位追偿权

若华泰依本保险合同给付赔偿金额后，华泰应代位行使被保险人的所有赔偿请求权，且被保险人应全力配合华泰获得该权利，包括但不限于签署任何必要的文件使华泰得以有效地以被保险公司或被保险人的名义提起诉讼。

（n）接管与并购

若保险期间内，被保险公司与其它组织合并或者被并购，或任何个人或组织获得被保险公司50%或50%以上的已发行股份时，则本保险合同的承保范围将被变更而只适用于该等交易生效日之前的不当行为。

在该等接管或并购的情况下，投保人/被保险公司或被保险人可书面通知华泰以注销该保险合同，华泰应依书面通知所载的注销生效日期按短期费率计算并返还未满期保险费。

在该等接管或并购的情况下，经投保人/被保险公司或被保险人与华泰双方同意，本保险合同可继续适用于该等交易生效日之后的不当行为，但需满足以下条件：

（1）提供华泰所要求的所有资料、数据；

（2）支付华泰要求的额外保险费。

（o）保险费支付条款

兹经双方同意，除非本保险合同除外责任条款另有规定，华泰不应以被保险公司选择为其董（监）事、高级职员、董事会秘书或职员支付保险费为由而拒绝任何赔偿请求。

（p）注销条款

除非中国法律与法规另有规定，或投保人/被保险人公司或被保险人未支付保险费，华泰不得注销本保险合同。若投保人/被保险公司或被保险人注销本保险合同，已生效部分的保险费应根据如下计收：

（1）如果赔偿请求或有关情形已经根据保险合同被通知，保险费全额收取；

（2）如果赔偿请求或有关情形未根据保险合同被通知，且：

（a）保险合同生效期间少于6个月，则收取一半的保险费；

（b）保单生效期间超过6个月，则根据保险合同实际的生效期间按日比例收取保险费。

若投保人/被保险公司或被保险人注销多年期的保险合同，投保人/被保险公司或被保险人同意支付根据保险合同承保明细表中列明的全部保险费且该保险费被视为已全部到期。

（q）承保地区

本保险合同承保在全球任何地域内实施的不当行为和提出的赔偿请求。

【练习题】

一、选择题

1. 依据我国保险法的规定，保险合同于何时成立（　）

A. 投保人收到保险单之时　　B. 保险人做出同意承保承诺之时

C. 保险人签发保险单之时　　D. 投保人填写投保单之时

2. 书面保险合同的表现形式包括（　）

A. 暂保单　　B. 保险单　　C. 保险凭证　　D. 投保单

二、简答题

保险基本条款通常包括哪些内容？

第 10 章 保险合同的变更、解除与终止

第一节　保险合同的变更

民法上，合同变更有狭义与广义之分。狭义的合同变更仅指合同内容的变更，不包括合同主体的变更。广义的合同变更除包括合同的内容变更外，还包括合同主体的变更。而所谓主体的变更，又称合同的转让，是指新的主体替代原合同关系的主体。本书所指称的变更乃是广义的合同变更。依据我国《保险法》第 20、41、49 条的规定，在保险合同有效期间内，投保人和保险人可以协商变更保险合同的内容，保险合同主体亦可作变更。

【实务指南】

保险实务中，在变更保险合同时，保险人应当在原保险单上批注。保险人没有签发保险单而是签发其他保险凭证的，变更保险合同时，应当在该保险凭证上批注。保险人在保险单或者其他保险凭证上批注保险合同变更的内容，可以直接手写或者打字于保险单或者保险凭证上，也可以在保险单或者其他保险凭证上加贴批单，加贴批单时，保险人应当在批单和保险单或者其他保险凭证的粘接处签字盖章。除前述方式外，投保人与保险人还可以通过另行订立书面协议来变更原保险合同。

一、保险合同主体变更

（一）保险合同主体变更概述

保险合同当事人可因多种原因，如保险合同的当事人混同、当事人主体资格丧失等发生变更，但最为常见的则是因为保险标的的所有权发生转移——包括因买卖、赠与、继承而导致的标的所有权转移——而发生，这又被称之为保险合同的转让。保险合同成立后，当事人可以通过背书方法变更合同中当事人的姓名而转让保险合同。投保人（被保险人）转让保险合同的，保险人对于投保人享有的一切抗辩，可以有效对抗保险合同的受让人；保险人转让保险合同的，被保险人或者受益人依法

或依约定享有的权利，可以对受让保险合同的保险人继续行使。财产保险合同的被保险人死亡，被保险人依约享有的权利和承担的义务，由继承人在承继保险合同利益的范围内取得。

我国《保险法》在第二章第三节“财产保险合同”部分中，对保险标的移转产生的法律后果作了明确规定（该法第49条）：“保险标的转让的，保险标的的受让人承继被保险人的权利和义务。保险标的转让的，被保险人或者受让人应当及时通知保险人，但货物运输保险合同和另有约定的合同除外。因保险标的转让导致危险程度显著增加的，保险人自收到前款规定的通知之日起30日内，可以按照合同约定增加保险费或者解除合同。保险人解除合同的，应当将已收取的保险费，按照合同约定扣除自保险责任开始之日起至合同解除之日止应收的部分后，退还投保人。被保险人、受让人未履行本条第2款规定的通知义务的，因转让导致保险标的危险程度显著增加而发生的保险事故，保险人不承担赔偿保险金的责任。”

（二）财产保险合同主体的变更

在财产保险的情形下，除货物运输保险合同，或者保险合同当事人事先约定无须通知的以外，因保险标的的所有权转移而转让保险合同的，被保险人或保险标的的受让人（即新的被保险人）应当及时通知保险人，以便保险人对保险单进行批注，变更被保险人的记载，特别是便于保险人重新评估此种变更对其承保风险水平的影响。如保险人经评估后认为此种标的所有权的移转已明显提升了其所承保的风险水平，其可在接到通知后30日内要求投保人增加支付保险费，或径行解除保险合同。

【重点提示】

前述的30日期间在法律性质上属于除斥期间，而非诉讼时效，故其不得中断、延长，一旦此期间经过，则保险人丧失请求增加保险费或解除保险合同的权利。

若被保险人或受让人未履行前述通知义务，则法律后果应区分不同情形而定：

第一，若保险标的的转让导致了风险水平的抬升，并且正是此种抬升的风险引发了保险事故，则保险人可拒绝承担保险责任。

第二，即便保险标的的转让导致了风险水平的抬升，但保险事故并非因为此种抬升的风险而引发，则保险人不得拒绝承担保险责任，而仅得请求通知义务人赔偿因未履行通知义务而给其造成的损失。

之所以规定货物运输保险合同的转让无须通知保险人，是因为运输货物具有流动性，从开始起运到抵达目的地，该货物的所有权可能几经易手。如果每一次移转都要通知保险人，则必然影响商品流转，不利于贸易交往。况且各国法律大都规定，货物运输保险单随着货物的移转而以背书转让，毋须经保险人的同意或者批注。

（三）人身保险合同主体的变更

1. 投保人的变更。由于人身保险合同的保险期间一般较长，人寿保险合同甚至能达到数十年，在此期间，投保人可能死亡，或者与被保险人离婚，不能或不愿再继续支付保险费。而对于人寿保险，各国法律大都禁止保险人以诉讼方式请求投保人支付保险费，因此为维持保险合同效力，被保险人往往会选择自行支付保险费，即由自己担当投保人，从而导致投保人的变更。

2. 受益人的变更。受益人的法律地位源于人身保险合同的投保人或被保险人的指定，因此被保险人和投保人自然可以变更受益人。但是，被保险人或者投保人变更受益人的，应当书面通知保险人。保险人在收到变更受益人的通知后，应当在保险单上批注。被保险人或者投保人变更受益人而没有通知保险人的，受益人的变更不能对抗善意保险人，即保险人善意地对原指定的受益人给付保险金后，其就不再承担向指定在后的受益人给付保险金的义务。

对于被保险人指定的受益人，被保险人可予以变更；对于投保人指定的受益人，该受益人的指定须经被保险人的同意或者认可，被保险人可予以变更。但若投保人变更受益人的，应当经被保险人同意。

3. 保险人的变更。此种情形主要指因保险人资格的消灭而引起人寿保险合同权利义务的概括转让。人寿保险合同一般期限较长并具有储蓄性，而保险人可能因竞争而优胜劣汰。为了不因保险人的变化而使被保险人或受益人的利益受到损害，我国《保险法》第92条第1款规定："经营有人寿保险业务的保险公司被依法撤销或者被依法宣告破产的，其持有的人寿保险合同及责任准备金，必须转让给其他经营有人寿保险业务的保险公司；不能同其他保险公司达成转让协议的，由国务院保险监督管理机构指定经营有人寿保险业务的保险公司接受转让"。据此，因保险人的原因导致的人寿保险合同转让包括如下含义：

（1）保险公司被依法撤销或被依法宣告破产，是人寿保险合同转让的法定原因。

（2）转让的双方当事人包括被依法撤销或被依法宣告破产的经营人寿保险业务的保险公司（即转让人）和接受转让的经营人寿保险业务的保险公司（受让人）。转让人不得将人寿保险合同及准备金转让给没有经营人寿保险业务的保险公司。

（3）转让的对象包括人寿保险合同及其根据该合同而提取的准备金。

（4）受让人的接受包括自愿接受和强制接受。

4. 被保险人的变更。人身保险合同一般不会发生被保险人的变更，因为其以被保险人的寿命或身体为保险标的，一旦前述标的发生变更，则此种情形更应当被视为原合同的终止与新合同的成立。但是，在某些团体人身保险合同中，例如单位为全体职工订立的人身保险合同中，如果有职工调入或调离，为维持合同的稳定性及简化手续，投保人常常会与保险人协商对保险合同的被保险人进行变更。

二、保险合同内容变更

（一）保险合同内容变更概述

保险合同内容变更系指在合同主体不变的前提下，对合同规定的部分事项作出变更，如保险标的、保险价值、保险期限、保险费、保险金额等约定事项的变更，其一般是由当事人一方提出要求，经与另一方协商达成一致后，由保险人在保险合同中加以变更批注，该法律行为对双方均有拘束力。

保险合同内容的变更可分为两种情况：①法定变更，例如因保险标的的危险情况发生变化，投保人依照法律规定通知保险人，由保险人做出增加或减少保险费的变更；②约定变更，即保险人或投保人根据自身需要提出的变更，如变更保险条款、增减保险金额等。

（二）保险合同内容变更的具体类型

保险实务中，保险合同内容变更主要包括以下两种情形：

1. 保险标的的变更。在保险合同有效期内，投保人经与保险人协商，可以变更保险标的的范围。变更保险标的的范围，通常表现为扩大或缩小现有保险合同中保险标的的范围。

2. 保险费的变更。保险合同约定的保险费，不仅同保险金额的多少和保险费率的高低相关联，而且同保险人所承担的危险程度相关联。保险费的变更，包括但不限于下列情形：

（1）超额保险的保险费变更。投保人超额保险的，经投保人通知保险人超额保险的事实后，保险人应当退还相应的保险费。

（2）危险程度增加时的保险费变更。保险标的危险程度发生变化，保险费也应发生变动。例如，保险标的的所有权转移并通知保险人后，保险人经评估认为该承保风险水平明显增加的，保险人有权要求增加保险费，投保人应当相应增加保险费，并与保险人变更保险合同中原先约定的保险费。

（3）危险程度降低时的保险费变更。保险标的的危险程度是保险人确定保险费率的主要依据之一，一旦保险标的的有关情况发生变化而明显降低保险标的的危险程度时，保险人自然应当按比例减少收取保险费。[1]

（4）年龄误保时的保险费变更。人寿保险合同中，被保险人的年龄直接关系着保险人所承保的保险标的——人的寿命——的风险水平，一般而言，进入成年阶段之后，人的死亡概率逐年增加，因此，人寿保险合同的保险费与被保险人的年龄密切相关。与此相适应，投保人误保被保险人的年龄而致使其少交或者多交保险费的，保险人应当相应变更保险合同约定的保险费或者保险费率，要求投保人补交保险费或者向其退还多收的保险费。

（5）保险价值减少时的保险费变更。保险标的的价值明显减少，保险人承担的责任也必然相应降低，因此应当降低保险费。

第二节 保险合同的解除

一、保险合同解除的含义

依据合同法法理，合同解除是指合同有效成立后且未履行完毕时，因一方或双方当事人的意思表示，使合同关系提前归于消灭的一种法律事实。合同解除通常表现为违约的救济措施或合同不能履行、履行极为困难时，为避免当事人利益失衡，维护交易安全而采取的一项法律补救措施。尽管其具有补救功能，但合同解除也会降低履约的效率，使合同成立时当事人所预期的合同目的难以实现。[2]

具体到保险合同而言，当事人解除保险合同可分为两种方式，一为约定解除，一为法定解除。约定解除是指当事人通过协商，以意思表示一致的方式解除保险合同，或者一方当事人行使合同中事先约定的解除权而解除保险合同。法定解除是指在保险合同完全履行前，一方当事人根据法律赋予的解除权，以单方意思表示径行解除保险合同，使保险合同法律关系提前归于消灭的行为。我国《保险法》第15条对保险合同的解除作了原则性规定："除本法另有规定或者保险合同另有约定外，保险合同成立后，投保人可以解除合同，保险人不得解除合同。"

【理论扩展】

依据保险法的规定，投保人享有几乎不受限制的合同解除权，而保险人的解除权则被严格加以约束。究其原因，主要是由保险合同的特殊性所决定的：首先，保险合同双方当事人的经济实力、专业知识通常相差悬殊，显然保险经营十分专业化、

---

〔1〕 邹海林：《保险法教程》，首都经济贸易大学出版社2002年版，第85页。

〔2〕 徐卫东主编：《保险法学》，科学出版社2004年版，第160页。

保险条款技术性极强，投保人一般皆缺乏保险专业知识，且分散的投保人的经济力量明显弱于保险人，无法与之抗衡。同时，保险合同是附合合同，合同条款通常由保险人事先拟定，投保人只有同意与否的自由，而无法就该条款与保险人展开磋商。鉴于保险合同双方当事人交易地位存在着前述明显的不平等，故而保险法须采取措施对此予以矫正，以保护投保人利益，恢复当事人之间的利益衡平。其次，如前所述，保险是一个风险共同体，保险合同具有共同团体互济性。探究保险的本质，其基本意义即为集合面临共同风险的团体成员之力量以填补团体个别成员所遭受的具体损害，具有互助共济之本质。无可否认，此种风险共同体可以由团体成员直接构成，例如保险合作社，但其终究不属常态。实践中，更为常见的风险共同体是间接构成的，即面临同类风险的个体通过保险业者而形成共同体。此时，保险业者处于风险管理者的地位，其透过保险合同的订立，确定双方权利、义务之内容，将面临同质风险的无联系的多个个体组织起来，相互扶助。所以，保险合同双方当事人除了具有因契约而产生的对立性外，更因保险之本质而具有“共同团体互济性”。保险人作为风险共同体的管理人，自应尽力保护其成员的利益，使其成员在遭受损失时得到应有的补偿。如果对保险人的合同解除权不加以限制，则会有损害风险共同体成员利益之虞，有悖于保险设立的宗旨和目的。

基于以上原因，保险法在分配解除权时才采取了投保人优先的立法原则，使投保人虽然在订约时处于不利地位，但合同成立后却可以有解除合同的充分自由，以矫正当事人之间的利益失衡状态。但是，投保人的任意解除权并非毫无限制的绝对自由，其行使亦须遵循相应的规则。相对而言，保险人解除合同要受到严格的限制，但保险人并非没有解除权，在符合法定或约定解除条件时，其仍可解除保险合同。因为对于保险标的的危险状况最为详知者是投保人或被保险人，保险人无论于订约时或订约后几乎无法掌控危险，所以保险法要求投保人或被保险人负有相应义务，特别是最大诚信义务，及其派生的各项具体义务，一旦其违反前述义务，损害保险人利益时，法律则有必要赋予保险人解除权，以保护其合法利益。

二、保险合同的约定解除

合同是双方当事人意思表示一致的产物，作为其中一类的保险合同自不例外，因此当事人自可以依合意，按照约定的方式解除合同。也就是说，在约定解除的有关问题上，保险合同与其他类型的合同并无两样。约定解除保险合同的方式可分为两种，一种是当事人双方经过协商，一致同意解除保险合同；另一种是一方当事人根据保险合同的规定，在约定的得解约事由出现后，向另一方当事人发出解除合同的意思表示，从而使原保险合同归于消灭。例如，保险合同原先约定，若被保险人转让保险标的须事先通知保险人，否则保险人有权解除保险合同。一旦真的出现前述情形，保险人即可行使解除权，解除其与投保人之间的保险合同。基于意思自治原则，此种解除权的赋予只要不违反法律的强制性规定、不违反公序良俗，则应当认定为有效。

三、保险合同的法定解除

（一）投保人解除保险合同

考虑到投保人与保险人在经济实力、专业知识等诸多方面的悬殊差异，各国保险立法一般均赋予投保人充分的法定解约权，以矫正保险合同双方当事人之间可能的利益失衡状态。各国法律大都规定，投保人以得任意解除保险合同为常态，而以不得解除保险合同为例外。也就是说，除法律规定或者合同约定不得解除保险合同之外，在发生保险事故前，投保人可以随时选择解除合同。我国《保险法》第15条就是此种立法模式的典型代表，该条规定："除本法另有规定或者保险合同另有约定外，保险合同成立后，投保人可以解除合同，保险人不得解除合同"。

投保人依法解除保险合同时，无须向保险人陈述其解除合同的理由，但投保人解除保险合同的意思表示，应当通知保险人，保险合同自通知到达保险人时起解除。除法律另有规定或合同另有约定外，通知既可采用口头方式，亦可采用书面形式。但相较而言，书面方式利于举证，故实务中采纳较多。投保人解除保险合同，仅仅受法律规定的限制或者保险合同约定的限制。法律对投保人解除保险合同施加限制的，应当有明文规定。例如我国《保险法》第50条规定："货物运输保险合同和运输工具航程保险合同，保险责任开始后，合同当事人不得解除合同。"这是因为此两类保险合同的保险责任开始后，保险标的通常已处于运输途中，保险人对承保风险无法控制，如果赋予投保人任意解约权，对保险人来讲颇为不公。同理，保险合同对投保人解除保险合同附加限制的，亦应当在保险合同中作出明确的约定。若保险人对投保人解除保险合同有异议，可以请求人民法院或者仲裁机构确认解除合同的效力。

（二）保险人解除保险合同

与投保人的解除权相比，法律对于保险人解除权的限制则要严格得多，即保险人以不得解除保险合同为常态，以得解除为例外。因为相较于投保人而言，保险人在经济实力、专业知识上明显处于有利地位，且保险人是风险共同体的管理人，承担着分散风险、消化损失的社会责任，如果赋予其广泛的解约权，则不利于保险制度功能的实现。依据我国《保险法》第15条的规定，参照《保险法》相关条文可以发现，保险合同成立后，仅在下列情形发生时，保险人方才取得法定解除权：

1. 投保人违反如实告知义务。保险合同为最大诚信合同，且保险标的处于投保人（被保险人）的控制之下，保险人完全凭借投保人对保险标的相关情形的描述来决定是否承保，并决定保险费率，如果投保人就保险标的的风险状况做出不实告知，或隐瞒、遗漏相关情形，则可能给保险人造成重大损失。因此，投保人应遵循最大诚信原则，认真履行如实告知义务，否则保险人有权行使法定解除权以解除保险合同，维护自己的合法权益。依据我国《保险法》第16条的规定，订立保险合同时，保险人就保险标的或者被保险人的有关情况提出询问的，投保人应当如实告知。投保人故意或因重大过失违反如实告知义务，足以影响保险人决定是否同意承保或者提高保险费率的，保险人有权解除合同。

然而，此种法定解除权的行使有一定限制：首先，该解约权必须在法定期间内行使。依照法律规定，此种法定解除权自保险人知道有解除事由之日起，超过30日不行使而消灭，并且自合同成立之日起超过2年的，保险人不得解除合同。发生保险事故的，保险人应当承担赔偿或者给付保险金的责任。其次，保险人在合同订立时已经知道投保人未如实告知的情况的，保险人不得解除合同；发生保险事故的，保险人应当承担赔偿或者给付保险金的责任。最后，保险人在知道投保人违反如实告知义务后，在法定解除权存续期间有明示或默示放弃权利的意思表示，如继续向投保人收取保险费的，应当视为保险人放弃解除权，其不得再行主张解除保险合同。

【思考】

前段中的30日与2年期间的法律性质为何？是否可依当事人的意思表示一致而做变更？

2. 投保人（被保险人）违反特约条款。投保人（被保险人）违反保险合同规定的特约条款的，保险人可以解除保险合同。特约条款的意义在于：通过特约提高该条款的约束力，遵守特约条款构成保险合同效力维持的基础。一旦当事人违反特约条款，则保险合同得以存在的基础发生动摇乃至丧失，保险合同的效力不得不因之发生变动。投保人（被保险人）违反特约条款，保险人决定解除保险合同的，应当通知投保人。投保人（被保险人）违反特约条款，保险人知其事实但怠于行使解除合同的权利，其解除权消灭。所谓怠于行使是指权利人超过法定期间、约定期间或合理期间而未主张权利。[1]

3. 保险标的的危险程度增加。依据我国《保险法》第52条的规定，在合同有效期内，保险标的的危险程度显著增加的，被保险人应当按照合同约定及时通知保

---

〔1〕 邹海林：《保险法教程》，首都经济贸易大学出版社2002年版，第87页。

险人，保险人因此享有请求增加保险费或者解除保险合同的选择权。若保险人选择解除合同的，应当将已收取的保险费，按照合同约定扣除自保险责任开始之日起至合同解除之日止应收的部分后，退还投保人。被保险人未履行前述规定的通知义务的，因保险标的的危险程度显著增加而发生的保险事故，保险人不承担赔偿保险金的责任。但是，不论发生何种情形的危险增加，若保险人已知保险标的的“危险增加”而仍然收取保险费，或者在收到危险增加的通知后，不及时表示解除保险合同的，不得再主张解除保险合同。

4. 投保人（被保险人）违反防灾减损义务。依据我国《保险法》第 51 条的规定，被保险人应当遵守国家有关消防、安全、生产操作、劳动保护等方面的规定，维护保险标的的安全。保险人可以按照合同约定对保险标的的安全状况进行检查，及时向投保人、被保险人提出消除不安全因素和隐患的书面建议。投保人、被保险人未按照约定履行其对保险标的的安全应尽的责任，疏于维护保险标的的安全，或者对于保险人有关保险标的的安全防损建议怠于付诸实施的，保险人有权要求增加保险费或者解除合同。投保人（被保险人）违反防灾减损义务，保险人知其事实但怠于行使解除合同的权利，应当视为保险人放弃解约权，保险人不得再以相同事由主张解除保险合同。

5. 保险欺诈。我国《保险法》规定了两种保险欺诈情形下的合同解除权：①骗取保险金给付。依据我国《保险法》第 27 条第 1 款的规定，未发生保险事故，被保险人或者受益人谎称发生了保险事故，向保险人提出赔偿或者给付保险金请求的，保险人有权解除合同，并不退还保险费。②故意制造保险事故。依据《保险法》第 27 条第 2 款的规定，投保人、被保险人故意制造保险事故的，保险人有权解除合同，不承担赔偿或者给付保险金的责任，除投保人故意造成被保险人死亡、伤残或者疾病的，且其已交足 2 年以上保险费的以外，保险人还不退还保险费。但是，依照《保险法》第 43 条第 2 款的规定，受益人故意造成被保险人死亡、伤残、疾病的，或者故意杀害被保险人未遂的，仅仅该受益人丧失受益权，保险人并不得据此解除保险合同。

【思考】

为何受益人故意造成被保险人死亡、伤残、疾病的，或者故意杀害被保险人未遂的，仅仅该受益人丧失受益权，保险人并不得据此解除保险合同？

6. 误保年龄超过限制。依据我国《保险法》第 32 条第 1 款的规定，投保人申报的被保险人年龄不真实，并且其真实年龄不符合合同约定的年龄限制的，保险人可以解除合同，并按照合同约定退还保险单的现金价值。保险人行使上述合同解除权，自保险人知道有解除事由之日起，超过30日不行使而消灭。自合同成立之日起超过2年的，保险人不得解除合同，发生保险事故的，保险人仍应当承担给付保险金的责任。此外，若保险人在合同订立时已经知道投保人未如实告知被保险人的年龄情况的，保险人不得解除合同，发生保险事故的，保险人应当承担给付保险金的责任。

7. 人身保险合同效力中止后逾期未复效。依据我国《保险法》第37条的规定，中止效力的人身保险合同，在其效力中止后经过2年，投保人和保险人没有达成合同效力恢复的协议的，保险人有权解除保险合同。

8. 保险标的发生部分损失。依据《保险法》第58条的规定，保险标的发生部分损失的，自保险人赔偿之日起30日内，投保人可以解除合同；除合同另有约定外，保险人也可以解除合同，但应当提前15日通知投保人。合同解除的，保险人应当将保险标的未受损失部分的保险费，按照合同约定扣除自保险责任开始之日起至合同解除之日止应收的部分后，退还投保人。

四、保险合同解除权的行使时间与方式

保险合同的解除权在法律性质上属于形成权，依据民法原理，形成权的存续期间受除斥期间的限制。除斥期间一旦经过，则形成权消灭，而且除斥期间为绝对不变期间，不存在中止、中断或延长的情形。对于约定解除权的行使期间，一般由当事人协商一致确定，没有明确约定的，则应在合理期间内行使。所谓合理期间应属于事实判断问题，由法院或仲裁机构根据个案具体判断。

相较之下，法定解除权的存续时间限制取决于法律的明文规定。一般而言，《保险法》中规定的法定解除权如是由于投保人违反如实告知义务而成就的，则保险人应自知道有解除事由之日起30日内行使，否则该解除权消灭。但是，自合同成立之日起超过2年的，保险人不得解除合同。除此之外事由成就的解除权，法律并未规定该权利存续期间，依法理，其应在合理期间内行使，合同自通知到达对方时解除。

五、保险合同解除的法律效果

保险合同解除的法律效果主要解决的是合同的解除是否具有溯及力问题。一般认为，对于非继续性合同，行使解除权可发生溯及既往的效力，当事人可以要求恢复原状或采取其他补救措施；对于继续性合同，行使解除权则并不发生溯及既往的效力，作为典型性的继续性合同，保险合同自不例外。即保险人对于保险合同解除前发生的保险事故通常需承担保险责任，或者仅退还合同解除日之日起至保险期限结束的保险费。但是，法律规定此种解除具有溯及效力的除外，即对于解除前发生的保险事故不承担保险责任，或者退还全部保险费。

依据我国《保险法》第54条的规定，对于财产保险合同，保险责任开始前，投保人要求解除合同的，应当按照合同约定向保险人支付手续费，保险人应当退还保险费。保险责任开始后，投保人要求解除合同的，保险人应当将已收取的保险费，按照合同约定扣除自保险责任开始之日起至合同解除之日止应收的部分后，退还投保人。对于人身保险合同，我国《保险法》第47条规定："投保人解除合同的，保险人应当自收到解除合同通知之日起30日内，按照合同约定退还保险单的现金价值。"

第三节　保险合同的终止

一、保险合同终止的原因

保险合同的终止，是指保险合同在其存续期间内，因一定事由的发生，使合同的效力不再存在而面向将来归于消灭。终止的原因主要有以下几项：

（一）因保险合同约定的保险期间届满而终止

保险合同约定的保险期间是保险人为被保险人提供保险保障的时间界限，一旦约定的某一具体时刻到来，或者某一具体事件的发生，则可视为保险期间的届满。而除非法律另有规定或者当事人另有约定，保险人的保险责任随着保险期间的起算而开始，随着保险期间的届满而终止。保险实务中，发生保险事故只是一种偶然情形，而期限届满是除人寿保险合同外，其他保险合同终止的最为常见的情形。

（二）因保险人、投保人终止而终止

保险人终止，是指保险人彻底停止保险营业而消灭其经营保险业务的法律资格。依法设立的保险公司，因为被撤销、被宣告破产或者解散而终止。我国台湾地区"保险法"第27条规定："保险人破产时，保险契约于破产宣告之日终止，其终止后之保险费，已交付者，保险人应返还之。"《日本商法典》第651条规定："保险人受破产宣告时，投保人可以解除保险合同；投保人未解除保险合同的，保险合同在破产宣告后经过3个月时终止。"我国保险法没有明文规定保险合同因保险公司的终止而终止，但是考虑到我国破产立法有关尚未履行完毕合同的解除的规定，并依照法理，保险公司经营保险业务的资格因为保险公司的终止而丧失，其不再具有享受权利和承担义务的能力，故尚未履行完毕的保险合同应当终止。

但是，保险合同因为保险人的终止而终止的情形，并不适用于人寿保险。依照我国《保险法》第92条的规定，经营有人寿保险业务的保险公司被依法撤销或者被依法宣告破产的，其持有的人寿保险合同及责任准备金，必须转让给其他经营有人寿保险业务的保险公司；不能同其他保险公司达成转让协议的，由国务院保险监督管理机构指定经营有人寿保险业务的保险公司接受转让。所以，尚未到期的人寿保险合同不因保险公司终止业务而必然终止，应当依法被转让给其他经营人寿保险业务的保险公司。被保险人或者受益人依该人寿保险合同所享有的利益不受影响。

除保险人终止外，保险合同还可能因投保人的终止而终止。我国立法虽对此问题未作明确规定，但其他国家或地区的保险法律一般有类似规定。例如，我国台湾地区“保险法”第28条规定：“要保人破产时，保险契约仍为破产债权人之利益而存在。但破产管理人或保险人得于破产宣告3个月内终止契约。其终止后之保险费已交付者，应返还之”。再如《德国保险契约法》第14条也规定：“要保人受破产宣告和解程序者，保险人可以在1个月的期间内终止契约。”

（三）因保险人完全履行保险给付义务而终止

在保险合同中，保险人最主要的义务就是承担给付保险金的义务。但该种义务不仅有期限的限制，也有数额的限制。只要保险人履行给付保险金义务达到保险合同约定的保险金额总数时，无论该给付是一次还是多次，均认为保险人的保险合同义务已履行完毕，保险合同应当终止。

（四）因保险标的全部灭失或被保险人死亡而终止

财产保险的保险标的，非因保险合同所载的保险事故发生而致全部灭失，则保险合同所保障的对象丧失，依据无危险、无保险的原则，保险合同应当终止。同理，在人身保险合同里，若非因保险合同约定的事故的发生而导致被保险人死亡，保险合同效力也会终止。

（五）因合同主体行使解除权而终止

保险合同的解除是使合同关系提前归于消灭的行为，因此解除也是保险合同终止的原因之一。例如，保险标的遭受部分损失，保险人承担给付责任后可请求解除保险合同，从而终止双方之间的合同关系。

（六）因法律规定或当事人约定的其他情形出现而终止

除前述原因之外，保险合同还可能因为债务的免除、债权债务的混同、保险金的提存、债务的抵销等法定原因，以及当事人约定的其他原因而终止。

二、保险合同终止的法律效果

保险合同的终止，其效力自终止时起面向将来消灭而不再继续，并不溯及既往，所以双方当事人均无恢复原状的义务。保险人在合同终止前已收受的保险费不必返还，发生保险事故，由保险人承担保险责任。但对于保险人已收取的合同终止后的保险费，投保人则有权请求其返还。就人身保险而言，保险合同终止后，如符合法定或约定的条件，则保险人应退还相应的保险单现金价值。

保险合同终止后，若保险合同对结算和清理已有规定，则应当继续执行有关结算和清理条款。合同终止并不影响原先约定的结算和清理条款的效力。合同终止后，当事人依照诚实信用原则，应当履行通知、协助、保密等后合同义务。保险合同当事人违反后合同义务给合同相对人造成损害的，应当承担损害赔偿责任。[1]

【理论扩展】

保险合同终止及其与相关概念的异同

1. 保险合同终止与保险合同无效。保险合同终止与保险合同的无效性质不同。依据民法原理，合同（包括保险合同）无效是自始无效，故与其有关的一切给付均无法律上的原因，已经受领的，原则上给付人均可依不当得利请求受领人返还。而保险合同的终止则只向将来发生消灭的效力，在终止前仍属有效。因此，已为给付无须返还，但法律另有规定的除外。

2. 保险合同终止与保险合同解除。①二者存在密切的关联性。保险合同终止后——不论合同终止的原因是否为合同的解除——，当事人均应依照最大诚信原则，并根据交易习惯履行通知、协助、保密等后合同义务。而且，不论保险合同终止或者解除，保险合同中约定的债务结算或者清理条款的效力均不受影响，当事人可以继续请求损害赔偿。此外，保险合同因为解除而终止的，二者的法律效果相同。②保险合同的终止并不等同于保险合同的解除。首先，保险合同的终止原因较之保险合同的解除原因更具有多样性，甚至包括保险合同的解除；保险合同可以因为债务的履行、债务的抵销、标的物的提存（保险金的提存）、债务免除、债权债务混同、合同的解除以及法律或者当事人约定的其他原因而终止。保险合同的解除只是保险合同终止的一种形式。其次，保险合同的终止，并非仅限于保险合同的全部内容的效力停止，还包括保险合同的部分终止。保险合同的解除，仅发生保险合同的全部条款终止的结果，不会发生保险合同部分解除的问题。

3. 保险合同解除与保险合同撤销。一方面，依据保险法的规定，当出现法定或约定解约事由时，例如投保人违反如实告知义务，保险人可以解除保险合同。另一方面，依据《合同法》第54条的规定，在遭受欺诈、胁迫，发生重大误解，订约时显失公平的情形下，保险人还可以要求撤销保险合同。即保险人的解除权与撤销权二者之间理论上可能发生竞合。但实务中，保险人行使解除权或拒绝承担保险责任

---

〔1〕 邹海林：《保险法教程》，首都经济贸易大学出版社2002年版，第90页。

即可保护自己的合法权益，而无行使撤销权的必要。况且行使撤销权对保险人而言，其所获得的保护通常并不如行使解除权充分。因为前者必须返还全部保险费，而后者则通常仅需部分返还，甚至全部都无需返还。即行使撤销权对保险人而言，其实益在于行使解除权的除斥期间已经经过，而不得不藉此保护自己的权益。但问题在于，如此一来，则可能与保险法中的不可争条款〔1〕发生冲突，挫败该条款的立法目的。由于保险（合同）法是合同法的特别法，故此种情形下应当排除保险人的撤销权。

另一方面，投保人在遭受欺诈、胁迫，发生重大误解，订约时显失公平的情形下，理论上亦可以依据《合同法》第54条的规定要求撤销保险合同，但此种情形在实务中亦不多见。因为如发生投保人遭受欺诈、胁迫、重大误解等情形，其多见于保险人及其代理人，或保险人的业务员对保险条款作虚假宣传，诱使或迫使投保人投保，对此种情形，保险实务中法院常常判决保险人依据所做宣传情形负保险责任。则一旦保险事故发生——此类保险合同纠纷一般均发生于保险事故出现之后——，投保人（被保险人）的利益通常可比行使撤销权得到更充分的保护，因而并无行使撤销权的必要。但是，基于意思自治原则，特别是考虑到在保险事故未发生的情形下亦可能出现类似纠纷，投保人自然有权选择撤销保险合同，而且行使撤销权亦有一定实益。因为投保人虽可以随时解除保险合同，但其必然要丧失部分保险费，而这是违反投保人意愿的。

【实例参考】

涉及保险合同撤销、无效纠纷判决书

原告HG，男，19××年×月×日出生，美国公民，护照号码：××，住中华人民共和国BJ市××。

被告中国人寿保险股份有限公司BJ分公司，住所地中华人民共和国BJ市××。

负责人徐某某，总经理。

委托代理人秦某某，中国人寿保险股份有限公司BJ分公司职员。

---

〔1〕《保险法》第16条规定："订立保险合同，保险人就保险标的或者被保险人的有关情况提出询问的，投保人应当如实告知。投保人故意或者因重大过失未履行前款规定的如实告知义务，足以影响保险人决定是否同意承保或者提高保险费率的，保险人有权解除合同。前款规定的合同解除权，自保险人知道有解除事由之日起，超过30日不行使而消灭。自合同成立之日起超过2年的，保险人不得解除合同；发生保险事故的，保险人应当承担赔偿或者给付保险金的责任。……"

委托代理人槐某某，中国人寿保险股份有限公司 BJ 分公司职员。

原告 HG 与被告中国人寿保险股份有限公司 BJ 分公司（以下简称人寿保险 BJ 分公司）保险合同纠纷一案，本院于 2008 年 7 月 24 日受理后，依法组成由法官××担任审判长、法官××、×××参加的合议庭审理本案。本院于 2008 年 11 月 4 日、2008 年 12 月 1 日公开开庭进行了审理。原告 HG、被告人寿保险 BJ 分公司的委托代理人秦某某、槐某某到庭参加了诉讼。本案现已审理完毕。

原告 HG 起诉称：本人是名美籍华人。在 2005 年多次被中国人寿保险公司的销售代理邀请参加推销讲座。迫于情面，也是基于对中国人寿保险公司的信任，2005 年 8 月本人与人寿保险 BJ 分公司签订了两份人寿保险合同，一份是我本人的，另一份是为我儿子购买的，没想到落入了陷阱。虽经本人与保险代理人多次口头协商，但是代理人继续以谎言欺骗我。于是本人于 2007 年 9 月 12 日以书面的形式向中国人寿保险公司提出申诉，并于 2007 年 9 月 13 日书面向中国保险监督管理委员会 BJ 监管局（以下简称 BJ 保监局）投诉。BJ 保监局很快就有了答复，告知我人寿保险 BJ 分公司已经对保险代理人进行了处理。因此本人理解人寿 BJ 分公司已经承认了错误，否则没有理由处理其保险代理人。然而，他们对本人合理的索赔要求却始终不予理睬。直到本人向 110 报警并向××区经济侦察大队报案，才在 2008 年 6 月 27 日收到唯一的一份书面答复，是拒绝函。

我认为，上述提到的两份合同违反了《中华人民共和国保险法》第 12、13、19、24、56、106 和 136 条（均指的是 2002 年修订的《保险法》，该判决书下同。——笔者注）故诉至法院，请求判令：①撤销合同返还保险费并赔偿经济损失共计人民币 262 万元整；②人寿保险 BJ 分公司书面承认错误并赔礼道歉；③人寿保险 BJ 分公司承担所有诉讼费用。

被告人寿保险 BJ 分公司答辩称：不同意 HG 的诉讼请求。HG 没有证据证明我方在销售保险产品的过程中有欺骗行为。两份合同是真实有效的，HG 对合同条款内容是全面了解的。HG 自愿投保，双方签订的保险合同应当合法有效。合同签订前，HG 已参加了产品说明会，其对产品是了解的。HG 填写了财务问卷说明其投保的目的是遗产保障，因为美国的遗产税很高，通过在国内投保可以免交遗产税。HG 也曾在我方投保过其他险种，从 HG 的学历、生活经历等综合来看，HG 在签订合同时是慎重的。签订合同时，不存在我方欺瞒 HG 的情况，HG 表示对合同条款是清楚的，我方给了 HG10 天的犹豫期，10 天内 HG 可以无条件退保，如果其对合同条款不清楚，可以向我方咨询。在合同履行过程中，HG 交了保险费，其也领取了我方派发的两份合同的红利。故我方不存在欺骗、隐瞒的情形。HG 的诉讼请求是行使撤销权，撤销权的除斥期是一年，而HG行使该权利时已有两年，已经超过期限了。

经审理查明：2005年，HG参加了人寿保险BJ分公司的投资理财讲座，听取了人寿保险BJ分公司对“国寿鸿鑫两全保险（分红型）”险种的介绍。

同年8月11日，HG与人寿保险BJ分公司分别签订了保单号码为：2005－112106－S77－＋＋＋＋＋＋＋＋＋＋＋－8和保单号码为：2005－112106－S77－＋＋＋＋＋＋＋＋＋＋－1的保险合同两份，投保“国寿鸿鑫两全保险（分红型）”险种，其中保单号码为2005－112106－S77－＋＋＋＋＋＋＋＋＋＋＋－8的保险合同中，被保险人为HG；保单号码为：2005－112106－S77－＋＋＋＋＋＋＋＋＋＋＋－1的保险合同中，被保险人为RG（系HG之子）。该两份保险合同中均载明：合同生效日期：2005年8月11日；保险金额500 000元；交费方式：年缴，每年的8月11日；交费期满日：2008年8月10日。被保险人为HG的保险合同中载明：“保险费（标准）：335 950元”；被保险人为RG的保险合同中载明：“保险费（标准）：319 050元”。在“国寿鸿鑫两全保险（分红型）”保险条款中载明：“保险费的交付方式分为趸交、年交和月交三种，分期交付保险费的交费期间分为三年、五年和十年三种，由投保人在投保时选择”；“基本保险金额：是指保险单载明的保险金额”；“保险责任：在本合同有效期间内，本公司负以下保险责任：一、自本合同生效之日起，被保险人生存至每三周年的年生效对应日，本公司按基本保险金额的9%给付生存保险金。二、被保险人于本合同生效之日起一年内因疾病身故，本公司无息返还所交保险费，本合同终止；被保险人因意外伤害身故或于本合同生效之日起一年后因疾病身故，本公司按基本保险金额的200%给付身故保险金，本合同终止。三、被保险人生存至保险期满的年生效对应日，本公司按基本保险金额的150%给付满期保险金，本合同终止”。

上述合同订立后，HG陆续向人寿保险BJ分公司支付了第一、二期的保险费，其中被保险人为HG的合同已支付的保险费金额合计为671 900元，被保险人为RG的合同已支付的保险费金额为638 100元。2006年11月2日，HG从人寿保险BJ分公司处领取了保险合同中约定的公司年度红利及利息，其中被保险人为RG的合同，金额为3581.68元；被保险人为HG的保险合同，金额为4206.91元。2007年9月12日，HG以书面的形式向中国人寿保险股份有限公司投诉有关保险合同条款的解释及保险公司业务员的服务问题，并于2007年9月13日向BJ保监局投诉有关保险合同内容及保险公司虚假宣传等问题。后经BJ保监局认定，人寿保险BJ分公司在HG参加的有关涉案保险产品的投资理财讲座上“存在未如实全面介绍保险产品内容的行为”，同时该公司业务员在HG“代被保险人签字时未予提示”。此后，HG未再按合同约定支付第三期保险费，亦未领取当年度保险合同中约定的公司年度红利及利息。

庭审中，HG陈述其将两份保险合同应支付的第一期保险费金额理解为全部保险费的合计金额，而其已在合同订立前将此情况明确告知人寿保险BJ分公司的业务员。关于HG请求赔偿损失262万元的数额依据，HG解释是根据中国有关欺诈消费者处理赔偿问题的法律规定。

另，人寿保险BJ分公司的营销员彭某某到庭作证，证明其与人寿保险BJ分公司的工作人员李某某曾一同向HG介绍了本案的“国寿鸿鑫两全保险（分红型）”险种。HG对此表示认可，但认为保险公司的业务员并未向其明确说明有关保险费总金额的问题。

上述事实，有保险合同、保费发票、生存保险金/利差/红利领取申请书、HG的投诉材料、BJ市保监局出具的《信访事项办理情况告知书》、证人证言及当事人庭审陈述等在案佐证。

本院认为：

一、关于本案的法律适用问题

本案开庭之前，双方当事人均明确表示选择中国法律作为处理本案争议所适用的准据法，根据意思自治原则，本案适用中国法律解决双方争议。

二、对HG提出的诉讼请求的认定

本院认为，根据《中华人民共和国保险法》第56条的规定，以死亡为给付保险金条件的合同，未经被保险人书面同意并认可保险金额的，合同无效。本案中，被保险人为RG的保险合同并未经本人书面同意和认可，该合同应为无效。双方当事人均应返还因该无效合同取得的财产。人寿保险BJ分公司对此负有过错，其因该合同取得的两期保险费638 100元应当返还，并应当赔偿HG该款项所对应的损失，本院确定该损失数额为自2005年8月11日起以319 050元为基数，自2006年10月10日起以638 100元为基数，按照同期银行三年期个人定期存款利率计算的利息。HG根据该合同取得的红利及利息3581．68元应当返还给人寿保险BJ分公司。HG以欺诈消费者为由所主张的双倍赔偿数额，其法律依据仅适用于消费者为生活消费需要而购买、使用的，由经营者提供的生产、销售的商品或者服务，并不适用于本案双方当事人之间因保险合同产生的纠纷。故本院对其此项主张不予采信。

对于被保险人为HG的保险合同，HG认为人寿保险BJ分公司的工作人员以谎言欺骗其订立合同，其主要理由是，根据《中华人民共和国保险法》第24条的规定，保险金额是指保险人承担赔偿或者给付保险金责任的最高限额，而保险单中载明的保险金额是50万元，故根据上述法律规定，该50万元是人寿保险BJ分公司承担保险责任的最高限额，而人寿保险BJ分公司收取的保险费远远高于该限额，明显不合理。本院对此认为，保险单与保险条款均是保险合同的组成部分，在保险条款中对人寿保险BJ分公司的保险责任有明确的规定，并且根据保险条款第22条“释义”的内容，保险单上载明的“保险金额”仅是保险条款中的“基本保险金额”，人寿保险BJ分公司承担给付保险金的详细责任以及应尽的其他义务均需要结合保险单和保险条款的内容来确定。根据该份保险合同，HG需向人寿保险BJ分公司支付三期共计金额为1 007 850元的保险费，人寿保险BJ分公司要承担根据50万元基本保险金额计算的生存保险金、身故保险金、满期保险金三种保险金的给付责任，而且还要根据合同的约定向HG分配公司的年度红利，并无法律规定的显失公平的情形，且“国寿鸿鑫两全保险（分红型）条款”已经中国保险监督管理委员会核准备案，并未违反《中华人民共和国保险法》的规定。

但本院同时注意到，HG在听取人寿保险BJ分公司对涉案保险险种介绍的过程中，确实存在人寿保险BJ分公司未如实全面介绍的情况，由此必然影响到HG对保险条款的了解程度，影响到HG在订立保险合同时的真实意思。同时，人寿保险BJ分公司作为保险合同条款这一格式合同的制定者，其有义务在订立保险合同时向HG说明保险合同的条款内容，并且在诉讼中对其履行上述义务的具体情况承担证明义务，现并无证据证明人寿保险BJ分公司又专门针对保险费总额问题向HG进行了详细的说明。当事人订立合同，应当基于真实且一致的意思表示。从目前来看，尽管HG已经向人寿保险BJ分公司支付了两期保险费，但其对订立保险合同一直持有异议，且其就此问题向相关部门进行了反映。所谓可撤销合同，就是因意思表示不真实，通过有撤销权人行使撤销权，使已经生效的意思表示归于无效的合同。根据《中华人民共和国合同法》第54条的规定，对因重大误解订立的合同、在订立合同时显失公平的，当事人一方有权请求人民法院撤销合同，对一方以欺诈、胁迫的手段或者乘人之危，使对方在违背真实意思的情况下订立的合同，受损害方有权请求人民法院或者仲裁机构变更或者撤销。故本案中HG与人寿保险BJ分公司在订立合同时对保险费的支付问题没有达成一致的意思表示，HG有向法院请求撤销合同的权利，其行使撤销权有法律依据，本院应予支持。人寿保险BJ分公司提出HG行使撤销权超过了法定期限。但根据法律规定，具有撤销权的当事人自知道或者应当知道撤销事由之日起一年内没有行使撤销权的，其撤销权消灭。而本案中，HG是在2007年9月正式提出了异议，至2008年7月24日，HG向法院提起撤销合同之诉，并未超出法律规定的行使撤销权的期限。人寿保险BJ分公司此项主张，本院不予采信。

对于合同被撤销后的法律后果，根据《中华人民共和国合同法》第58条的规定，合同无效或者被撤销后，因该合同取得的财产，应当予以返还；不能返还或者没有必要返还的，应当折价补偿，有过错的一方应当赔偿对方因此所受到的损失，双方都有过错的，应当各自承担相应的责任。本案中，被保险人为HG的保险合同被撤销后，人寿保险BJ分公司收取的保险费671 900元应当返还给HG，HG领取的红利及利息4206.91元应当返还给人寿保险BJ分公司。由于人寿保险BJ分公司未尽说明义务，对合同被撤销负有主要责任，而HG基于合同当事人审慎的角度，其也应当详细阅读保险合同的内容以便理解当事人各自的权利和义务，对合同被撤销亦负有一定责任。因此本院确定人寿保险BJ分公司赔偿HG损失的数额为自2005年8月11日起以335 950元为基数，自2006年10月10日起以671 900元为基数，按照同期银行一年期个人定期存款利率计算的利息。

对于HG提出的要求人寿保险BJ分公司书面承认错误、赔礼道歉的诉讼请求，由于HG对合同无效及被撤销亦负有一定责任，故对此项诉讼请求，本院不予支持。

综上所述，依照《中华人民共和国保险法》第56条、《中华人民共和国合同法》第55条、第58条、第126条之规定，判决如下：

一、确认HG与中国人寿保险股份有限公司BJ分公司于2005年8月11日签订的保单号码为2005－112106－S77－＋＋＋＋＋＋＋＋＋＋－1的保险合同无效；

二、撤销HG与中国人寿保险股份有限公司BJ分公司于2005年8月11日签订的保单号码为2005－112106－S77－＋＋＋＋＋＋＋＋＋＋－8的保险合同；

三、被告中国人寿保险股份有限公司BJ分公司于本判决生效之日起10日内返还原告HG保单号码为2005－112106－S77－＋＋＋＋＋＋＋＋＋＋－1的保险合同项下的款项人民币638 100元；并赔偿原告HG的损失（自2005年8月11日起以人民币319050元为基数，自2006年10月10日起以人民币638 100元为基数，按照同期中国人民银行三年期个人定期存款利率计算，至实际付清之日止）；

四、被告中国人寿保险股份有限公司BJ分公司于本判决生效之日起10日内返还原告HG保单号码为2005－112106－S77－＋＋＋＋＋＋＋＋＋＋－8的保险合同项下的款项人民币671 900元；并赔偿原告HG的损失（自2005年8月11日起以人民币335 950元为基数，自2006年10月10日起以人民币671 900元为基数，按照同期中国人民银行一年期个人定期存款利率计算，至实际付清之日止）；

五、原告HG于本判决生效之日起10日内返还被告中国人寿保险股份有限公司BJ分公司保单号码为2005－112106－S77－＋＋＋＋＋＋＋＋＋＋－1的保险合同项下款项人民币3581.68元；

六、原告HG于本判决生效之日起10日内返还被告中国人寿保险股份有限公司BJ分公司保单号码为2005－112106－S77－＋＋＋＋＋＋＋＋＋＋－8的保险合同项下款项人民币4206.91元；

七、驳回原告HG的其他诉讼请求。

如果未按本判决指定的期限履行给付金钱义务，应当依照《中华人民共和国民事诉讼法》第229条的规定加倍支付迟延履行期间的利息。

案件受理费27 760元，由原告HG负担7760元（已支付），由被告中国人寿保险股份有限公司BJ分公司负担2万元（于本判决生效之日起七日内支付）。

如不服本判决，原告HG在判决书送达之日起30日内，被告中国人寿保险股份有限公司BJ分公司在判决书送达之日起15日内，向本院递交上诉状，并按对方当事人的人数提交副本，同时支付按照不服判决部分计算的上诉案件受理费，上诉于中华人民共和国BJ市高级人民法院。在上诉期满后七日内，仍未支付上诉案件受理费的，按自动撤回上诉处理。

……

【练习题】

一、选择题

1. 保险合同的解除权在法律性质上属于（　）

A. 形成权　　B. 请求权　　C. 抗辩权　　D. 物权

2. 自合同成立之日起超过多长时间的，保险人不得解除合同（　）

A. 30日　　B. 3个月　　C. 1年　　D. 2年

3. 下列哪些合同在保险责任开始后不得解除（　）

A. 企业财产保险合同　　B. 运输工具航程保险合同

C. 年金保险合同　　D. 健康保险合同

二、简答题

1. 人身保险合同中哪些主体可以变更？

2. 依据保险法的规定，保险人行使法定解除权的情形都有哪些？

3. 保险合同终止的原因都有哪些？

第 11 章

保险费

第一节　保险费的概念与法律意义

一、保险费的概念

保险合同是有偿合同，为换取保险人在发生保险事故后承担保险责任的承诺，投保人必须付出对价，此对价即为保险费。即保险费是投保人为换取保险人承担保险责任的承诺而按照约定向保险人支付的费用。我国《保险法》第 10 条第 2 款规定：“投保人是指与保险人订立保险合同，并按照合同约定负有支付保险费义务的人”，可见交付保险费是投保人的基本义务。

【理论扩展】

一般而言，保险费的构成包括纯保险费（Pure Premium）与附加保险费（Loadings）两部分。所谓纯保险费是指保险人按照大数法则计算后所收取的，备作保险事故发生时用以承担赔偿或给付保险金责任部分的保险费。所谓附加保险费是指保险人为填补自己经营费用并获取合理利润而向投保人所收取的那部分保险费。除前述两部分外，对于人寿保险而言，保险费还包括投保人交付的具有投资性质的储蓄部分的费用。而对于那些不以赢利为目的的保险人而言，其所收取的保险费则不包括合理利润部分。例如，互助保险公司所收取的保险费，主要包括纯保险费和经营费用两个部分，这在保险学中被称为净保险费（Net Premium），是保险人依照保险期间预期可能发生的全部损失计算出的每一风险单位或被保险人应当分担的份额。与之相比较，投保人所交付的，包括纯保险费、经营费用以及合理利润部分的全部保费的总和，称之为毛保险费（Gross Premium）。

二、保险费的法律意义

投保人依照法定或约定的时间、地点、方式、数额交付保险费是维持保险合同效力的必要条件，而非保险合同的特别生效要件，但人寿保险合同除外。即除非保险合同另有约定，人寿保险合同之外的其他保险合同的生效并不以投保人交付保险费为条件。但是，在保险合同生效后，投保人欲使保险合同的效力继续维持下去，则必须按照约定交付保险费。若其未能按照约定交付保险费的，则保险人有权终止保险合同的效力。交付保险费是投保人所承担的基本义务。因为保险费是保险人承担保险责任最重要的财产保障，其是否能依保险合同的约定履行保险责任，在相当程度上取决于投保人是否按照约定交付保险费。我国《保险法》第 14 条规定："保险合同成立后，投保人按照约定交付保险费，保险人按照约定的时间开始承担保险责任。"

【重点提示】

除人寿保险外，交付保险费是维持保险合同效力的必要条件，而非保险合同的生效要件。

三、有关保险费的其他问题

1. 被保险人不是保险合同的当事人，因此其并不承担交付保险费的义务。但维持保险合同的效力通常对被保险人有利，故在投保人不履行保险费交付义务时，被保险人有权代替其交付保险费，以使保险合同继续有效存在。

2. 保险代理人是保险人的代理人，故投保人向保险代理人支付保险费，其法律效果相当于向保险人本人交付保险费，而不论保险代理人实际上是否已将该保险费转交保险人。但是，保险经纪人并非保险人的代理人，而是投保人的代理人。虽然保险经纪人有义务在收到投保人交付的保险费后及时转交保险人，但投保人向保险经纪人交付保险费的行为并不能约束保险人。除非保险合同另有约定，保险经纪人收到投保人交付的保险费后，未按照约定交付给保险人的，保险人不承担任何保险责任，仅发生保险经纪人对投保人承担义务不履行的责任问题。

3. 投保人未能按照保险合同的约定交付保险费的，并非必然导致保险合同终止。①投保人征得保险人的同意，未按照保险合同的约定交付保险费的，此种情形可视为对原保险合同中保险费支付义务规定的变更，故保险合同的效力不受影响。②投保人违反交付保险费的义务，如超过约定期限支付或不按约定方式支付等，若保险人仍然收取而未做权利保留的，则保险合同的效力亦不受任何影响。③如果保险合同规定了垫交保险费的条款，则一旦符合此等条款，投保人未交付保险费的，保险合同的效力不受影响。④根据《保险法》第 36、37 条的规定，人身保险合同投保人支付首期保险费后，除合同另有约定外，投保人自保险人催告之日起超过 30 日未支付当期保险费，或者超过约定的期限 60 日未支付当期保险费的，合同效力中止，或者由保险人按照合同约定的条件减少保险金额。合同效力中止的，经保险人与投保人协商并达成协议，在投保人补交保险费后，合同效力恢复。⑤投保人未按保险合同的约定交付保险费的，保险人有权解除保险合同，但其不行使或怠于行使解除权的，保险合同效力不受影响。

【重点提示】

被保险人不是保险合同的当事人，因此其并不承担交付保险费的义务。但是，维持保险合同的效力通常对被保险人有利，故在投保人不履行保险费交付义务时，被保险人有权代替其交付保险费，以使保险合同继续有效存在。

第二节　财产保险中的保险费

一、财产保险保险费的交付

（一）保险费交付的时间

相较于人身保险合同，财产保险合同的保险期限一般较短，故保险实务中，当事人通常约定保险费一次性支付。但基于契约自由原则，当事人自然也可以约定分期支付保险费。财产保险的保险费必须按照保险合同约定的时间交付，若保险合同未约定交付时间，则投保人应当在保险合同成立后的合理时间内交付保险费。此处的合理时间为事实判断问题，由法院或仲裁机构依据个案具体情形确定。

（二）保险费交付的地点

投保人应在保险合同约定的地点交付保险费，如果合同对于交付地点未作明确约定，应依照保险惯例和《合同法》第62条的规定，在保险人或其代理人的营业场所交付。

（三）保险费交付的方式

就保险费的交付方式而言，原则上投保人应当以现金交付保险费。但如果保险合同对保险费的交付方式未作特别约定，则投保人可以采用一切合法的支付手段来交付保险费。保险实务中，投保人可以交付保险费的支付手段，主要有现金、汇票、本票、支票等方式。此外，除非保险合同另有约定或保险惯例另有规定，依据《合同法》第62条的规定，投保人以现金之外的方式交付保险费的，由此所发生的各项必要费用由投保人承担。

（四）保险费交付的义务人

如前所述，保险费的交付义务由投保人承担，但是在投保人为他人利益而订立的保险合同中，由于保险人可以对抗投保人的事项对抗保险合同的利害关系人，因此为了维护利害关系人的利益，特别是投保人破产或者支付不能情形下利害关系人的利益，除非合同另有约定，否则均应允许利害关系人代替投保人交付保险费，保险人无正当理由不得拒绝。

（五）保险费未为交付的法律后果

1. 除财产保险合同另有约定外，投保人应当在保险合同订立后立即支付保险费。在投保人支付保险费以前，保险人可以拒绝签发保险单证。例如我国《海商法》第234条规定：“除合同另有约定外，被保险人应当在合同订立后立即支付保险费；被保险人支付保险费前，保险人可以拒绝签发保险单证。”

2. 在投保人交付保险费前，保险人可以依照保险合同的约定拒绝承担保险责任。《保险法》第13条第3款规定：“依法成立的保险合同，自成立时生效。投保人和保险人可以对合同的效力约定附条件或者附期限。”可见，如果保险合同未作明确规定，合同应自成立时起生效，一旦发生保险事故，保险人仍应当承担保险责任，而不管投保人是否已经交付了保险费。当然，在承担了保险责任后，保险人有权要求投保人向自己承担违约责任，即追索欠缴的保险费以及因此给自己造成的损失。

3. 依据契约自由原则，如果保险合同将交付保险费约定为保险合同的生效要件，则该约定有效，即只有投保人交付保险费后，保险合同始发生法律效力。在投保人交付保险费前发生保险事故，造成保险标的损失的，因为保险合同未生效，故保险人自不应承担保险责任。但是，如果保险合同对于保险费的交付是否构成保险合同的生效要件未作约定或约定不明确，则投保人未交付保险费的事实并不影响保险合同的效力。同理，若当事人约定以按期交付保险费为保险合同效力维持的条件，则在投保人未能按照约定的时间交付保险费时，保险合同终止。发生保险事故的，保险人不承担保险责任。

【实例参考】

甲公司为其自有的汽车投保了车辆损失险，保险期间为2008年1月20日至2009年1月20日。乙保险公司同意为其承保并签发了保险单，但甲以当时经济紧张为由，要求过几天再交保险费，于是乙公司便在保险单的特别栏中注明“未缴保险费，本公司不负保险责任”。2008年9月3日，甲公司到乙保险公司支付了保险费，乙保险公司在不知情的情况下为其出具了交费收据。9月7日，甲公司以其车辆出险为由向乙保险公司索赔。后保险公司经查明发现该车辆于2008年9月2日发生保险事故。

问题：甲公司与乙保险公司之间的保险合同是否有效，乙保险公司是否应承担保险责任？

分析与评论：甲公司与乙保险公司之间的保险合同有效，乙保险公司在本案中不承担保险责任。因为合同的成立、有效以双方当事人的意思表示一致和不违反法律强制性规定、公序良俗为前提。本案中甲公司提出承保要求，乙保险公司同意为其承保，且保险合同中并没有约定不支付保险费则保险合同无效，因此该保险合同合法有效。

但是，保险合同有效与保险人承担保险责任，其间是有区别的。我国《保险法》第13条第3款规定："依法成立的保险合同，自成立时生效。投保人和保险人可以对合同的效力约定附条件或者附期限。"即保险人承担保险责任的条件或开始时间，可由保险合同具体约定。由于本案中的甲已经约定了延期交付保险费的事项，并且又明确约定保险责任的承担条件，即保险公司业务员所注明的"未缴保险费，本公司不负保险责任"。因此，应当按照保险合同的约定确定保险公司是否承担保险责任。在本案中，甲的车辆出险于其交付保险费之前，也就是保险公司承担保险责任的条件成就之前，而且甲在交付保险费时也隐瞒了已经出险的事实。因此，本案中车辆的出险不在保险公司承担保险责任的范围之内，保险公司无须承担保险责任。需要说明的是，投保人不交付保险费，并不一概导致保险公司不承担保险责任的后果。如果保险合同约定投保人可以延期支付保险费，并且没有明确约定保险公司因此而不承担保险责任，则在发生保险事故时，保险公司仍需承担保险责任。

【理论扩展】

我国《保险法》第38条明文规定，保险人对于人寿保险的保险费不得用诉讼方式要求投保人支付，但对于财产保险的保险费是否得以诉讼方式请求投保人交付，法律未作明文规定。但考虑到财产保险合同在性质上为填补损害的保险，投保人交付的保险费为保险人承担保险责任的对价，在投保人不交付保险费时，保险人应当可以使用诉讼方式请求投保人交付保险费，我国人民法院的司法实践也充分肯定了这一点。即在财产保险中，投保人不履行保险费交付义务时，除非法律另有规定，保险人可以诉讼方式请求投保人支付保险费。但在保险实务上，投保人没有按照约定交付保险费时，若没有发生保险事故，则保险人极少以诉讼方式请求投保人交付保险费主要原因有：①保险费相对于保险金额，其数额较少；②保险责任期间一般很短；③保险合同通常约定，保险人在投保人不交付保险费时有解除合同的权利；④保险人担心以诉讼方式请求投保人交付保险费，将有损于自己的声誉与公众形象。[1]

---

〔1〕 陈欣：《保险法》，北京大学出版社2000年版，第97页。

二、财产保险保险费的返还

财产保险的保险人，在保险合同因法定或者约定原因终止时，除法律规定或保险合同约定不退还保险费的以外，均应当退还已经收取的相应部分的保险费。保险实务中，此种情形主要因下列原因而发生：

（一）投保人过失违反如实告知义务

根据我国《保险法》第16条的规定，订立保险合同时，保险人就保险标的或者被保险人的有关情况提出询问的，投保人应当如实告知。投保人故意不履行如实告知义务的，保险人对于合同解除前发生的保险事故，不承担赔偿或者给付保险金的责任，并不退还保险费。投保人因重大过失未履行如实告知义务，对保险事故的发生有严重影响的，保险人对于合同解除前发生的保险事故，不承担赔偿或者给付保险金的责任，但应当退还保险费。

（二）保险标的的危险程度发生显著变化

根据我国《保险法》第52条的规定，在合同有效期内，如果保险标的的危险程度显著增加的，被保险人应当按照合同约定及时通知保险人，保险人可以按照合同约定增加保险费或者解除合同。保险人解除合同的，应当将已收取的保险费，按照合同约定扣除自保险责任开始之日起至合同解除之日止应收的部分后，退还投保人。此外，根据《保险法》第53条的规定，当据以确定保险费率的有关情况发生变化，保险标的的危险程度明显减少的，或者保险标的的保险价值明显减少的，除非保险合同另有约定，否则保险人应当降低保险费，并按日计算退还相应的保险费。

（三）投保人解除保险合同

根据《保险法》第15、54条的规定，除非法律另有规定或者保险合同另有约定外，保险合同成立后，投保人可以随时解除保险合同，保险人不得解除合同。保险责任开始前，投保人解除合同的，其应当按照合同约定向保险人支付手续费，保险人应当向投保人退还保险费。保险责任开始后，投保人解除保险合同的，保险人应当将已收取的保险费，按照合同约定扣除自保险责任开始之日起至合同解除之日止应收的部分后，退还投保人。比较特殊的是货物运输保险合同和运输工具航程保险合同，一旦保险责任开始，则法律明文禁止保险人解除保险合同，因而不会发生退费的问题。但是，若保险责任尚未开始，则投保人仍可解除保险合同，并请求保险人退还已交付的保险费。

（四）投保人违反法定防损义务

投保人在保险合同成立后，对保险标的的安全承担法定的防损义务，违反此项义务将直接增加保险标的的危险程度，加重保险人承担风险的责任。在投保人违反安全防损的法定义务时，保险人有权解除保险合同。依据我国《保险法》第51条的规定，被保险人应当遵守国家有关消防、安全、生产操作、劳动保护等方面的规定，维护保险标的的安全。保险人可以按照合同约定对保险标的的安全状况进行检查，及时向投保人、被保险人提出消除不安全因素和隐患的书面建议。投保人、被保险人未按照约定履行其对保险标的的安全应尽责任的，保险人有权要求增加保险费或者解除合同。依照保险法理，一旦保险人解除保险合同的，除非合同另有约定，保险人应将已收取的保险费扣除自保险责任开始之日起至合同解除之日止期间的部分，将剩余部分保险费退还投保人。

（五）保险标的发生部分损失

保险标的发生部分损失的，自保险人赔偿之日起30日内，投保人可以解除合同；除合同另有约定外，保险人也可以解除合同，但应当提前15日通知投保人。合同解除的，保险人应当将保险标的未受损失部分的保险费，按照合同约定扣除自保险责任开始之日起至合同解除之日止应收的部分后，退还投保人。

（六）其他原因提前终止保险合同

除上述原因以外，投保人或者保险人依照法律的规定或者保险合同的约定提前终止保险合同的，除非法律规定或保险合同约定不退还保险费的，保险人应当向投保人退还保险合同未到期部分的保险费。

【理论扩展】

续期保险费

续期保险费，是指投保人请求续保、经与保险人协商一致而应当交付的保险费。保险合同的续期为保险合同效力的延续，并非成立新的保险合同，性质上应当属于保险合同的变更，其内容主要限于保险期间以及保险费两个方面的变更。财产保险合同到期前，投保人请求续期的，在征得保险人同意后，除非保险合同对保险费的交付另有约定，应当在续期之日或保险合同到期前交付续期保险费，否则，保险合同将因期限届满而终止。[1]

〔1〕邹海林：《保险法教程》，首都经济贸易大学出版社2002年版，第72页。

第三节 人身保险中的保险费

一、人身保险保险费的交付

（一）保险费交付方式

与财产保险相比，人身保险的保险期间一般较长，有的甚至长达数十年。其保险费用数额一般较大，且投保人多为单个自然人，采用一次性交付保险费有诸多不便，故保险实务中人身保险合同通常均约定采取分期支付的办法。当然，基于意思自治原则，投保人也可以选择一次性交付全部保险费。我国《保险法》第35条规定："投保人可以按照合同约定向保险人一次支付全部保险费或者分期支付保险费。"若投保人选择分期支付保险费的，除非人身保险合同另有约定，法院应当给予充分尊重。

（二）保险费交付义务人

依据保险法理和我国保险法的规定，投保人为保险费交付的当然义务人。但考虑到人身保险场合中，投保人与被保险人或受益人常常并非同一主体，而保险合同又为被保险人或受益人的利益而存在，加之人身保险合同缴费期限一般较长，在此期间，投保人的经济状况可能发生无法预料的巨大变化，导致其丧失支付能力。故为维护自己对于保险合同所享有的利益，被保险人或者受益人可以代替投保人支付保险费，保险人对此不得拒绝。

（三）保险费交付时间

保险合同约定投保人一次性付清全部保险费，或者投保人选择一次性付清全部保险费的，保险实务惯例称之为"趸交"。保险合同约定采用趸交方式的，投保人应在保险合同成立后立即缴清。在约定分期交付的情形下，投保人依照保险惯例，应当在保险合同成立后立即付清首期保险费，并应当按照保险合同的约定，每年、每季度或者每月向保险人交付其余各期应交的保险费。依据《合同法》第94条第3项的规定，除非保险合同另有约定，保险人一般不得在未经催告的情形下，以投保人未支付首期保险费为由径行解除人身保险合同。[1] 但其余各期保险费则有所不同。我国《保险法》第36条规定："合同约定分期支付保险费，投保人支付首期保险费后，除合同另有约定外，投保人自保险人催告之日起超过30日未支付当期保险

〔1〕 人寿保险合同中一般不会出现此类问题，因为依据保险实务和保险法理，交付首期保险费是人寿保险合同生效的特别要件。

费，或者超过约定的期限60日未支付当期保险费的，合同效力中止，或者由保险人按照合同约定的条件减少保险金额。被保险人在前款规定期限内发生保险事故的，保险人应当按照合同约定给付保险金，但可以扣减欠交的保险费。”显然，依据前述规定，如果投保人不依照保险合同的约定期限履行首期以后保险费的缴费义务，保险人有权利但无义务催告投保人支付保险费和利息。

（四）人身保险合同缴费的宽限期

人身保险合同的保险期限一般较长，投保人的经济状况可能在此期间暂时出现恶化，为保护被保险人、受益人利益，使其不因投保人暂时的经济困难而遭受损失，也为了防范投保人在漫长的交费期间内因暂时疏忽而没能及时支付保险费，保险法规定了交费宽限期制度，即投保人依照长期人身保险合同享有的，每次交付保险费时延缓支付，而保险合同约定的利益不受影响的宽限日期。在交费宽限日期内，投保人即使没有及时支付保险费，保险合同仍然有效，若在此期间发生保险事故，则保险人仍应当承担给付保险金的责任。前述《保险法》第36条中的30日与60日即为交费宽限期。

（五）未为支付保险费的法律后果

1. 在人寿保险合同中，除非保险合同另有约定，交付首期保险费应属于保险合同的生效要件。即投保人不支付首期保险费，则保险合同不生效。此时，可以把交付首期保险费看做是保险人承担保险责任的开始条件。这是因为在人寿保险中，对于投保人欠交的保险费，保险人不得以诉讼方式请求其支付，为保持当事人利益衡平，有必要赋予保险人此一预防性手段。再者，保险实务与国外立法例也肯定了此一做法。例如，《韩国商法》第656条规定：“当事人之间若另无约定，保险人的责任，应自收到第一次保险费的支付时开始。”

2. 在意外伤害保险和健康保险中，若投保人未依约定时间支付首期保险费，保险人可以包括诉讼在内的各种适法方式请求投保人支付保险费，若投保人经催告后在合理期限内仍未履行义务，则保险人可以解除保险合同。在此期间内，若发生保险事故，保险人仍应承担保险责任，但当事人另有约定的除外。即当事人亦可以将支付首期保险费约定为保险合同生效的要件。

3. 无论是人寿保险还是意外伤害保险、健康保险，投保人超过保险合同约定的时间未支付首期保险费之外的其余各期保险费时，均构成履行迟延。如保险合同对投保人迟延交付保险费将引起的法律后果已有约定的，按照约定处理。没有约定的，在经过宽限期后，保险人既可以选择中止保险合同，也按照事先的约定或事后达成的协议减少保险金额。所谓保险合同的效力中止，是指保险合同的效力暂时停止，在符合法定或约定条件时，可以恢复保险合同的效力。保险合同因投保人交付保险费迟延而中止时，应当符合下列三个要件：①投保人超过约定期限未支付保险费；②逾期未支付保险费的期限已经超过60日，或投保人自保险人催告之日起超过30日仍未支付当期保险费；③保险合同没有约定诸如减少保险金额等其他救济措施。保险合同的效力因上述原因而中止的，若在前述期限内发生保险事故，保险人仍应承担保险责任，但可以扣减投保人欠交的保险费。保险合同效力中止后2年以内，如投保人与保险人协商并达成协议，在投保人补交保险费后，保险合同效力可以予以恢复。逾期未达成复效协议的，保险人有权解除合同。

如果保险合同中约定有减少保险金额的条件，在投保人迟延交付保险费超过规定的期限60日，或投保人自保险人催告之日起超过30日仍未支付当期保险费时，保险人应当按照保险合同的约定减少保险金额，其不得再行主张保险合同的效力中止。即使保险合同没有约定减少保险金额的条件，但保险人在投保人迟延交付保险费超过规定期间的60日后，或投保人自保险人催告之日起超过30日仍未支付当期保险费后以明确的意思表示减少保险金额的，对保险人亦发生相同的效果，除非投保人拒绝保险人的意思表示，保险人不得再行主张保险合同的效力中止。[1] 合同有效期内，若发生保险事故，保险人应按照减少后的保险金额承担保险责任。

【思考】

为何保险人不得以诉讼方式要求人寿保险的投保人交付保险费？

二、人身保险保险费的返还

人身保险保险费的返还通常基于下列原因而发生：

（一）投保人退保

投保人解除保险合同的，保险人应当自收到解除合同通知之日起30日内，按照合同约定退还保险单的现金价值。

（二）解除业已中止效力的保险合同

中止效力的人身保险合同经过2年不能复效的，保险人可以解除保险合同，但应当退还保单现金价值。我国《保险法》第37条规定："合同效力依照本法第36条规定中止的，经保险人与投保人协商并达成协议，在投保人补交保险费后，合同效力恢复。但是，自合同效力中止之日起满2年双方未达成协议的，保险人有权解除合同。保险人依照前款规定解除合同的，应当按照合同约定退还保险单的现金价值。"

---

〔1〕 邹海林：《保险法教程》，首都经济贸易大学出版社2002年版，第75页。

（三）因投保人过失违反如实告知义务导致保险人解除保险合同

依据《保险法》第16条第5款的规定，投保人因重大过失未履行如实告知义务，对保险事故的发生有严重影响的，保险人对于合同解除前发生的保险事故，不承担赔偿或者给付保险金的责任，但应当退还保险费。

（四）保险人以投保人年龄误告为由解除保险合同

依据《保险法》第32条的规定，投保人申报的被保险人年龄不真实，并且其真实年龄不符合保险合同约定的年龄限制的，保险人可以解除合同，并按照合同约定退还保险单的现金价值。

（五）投保人故意造成被保险人死亡、伤残或者疾病

依据《保险法》第43条的规定，投保人故意造成被保险人死亡、伤残或者疾病的，保险人不承担给付保险金的责任。投保人已交足2年以上保险费的，保险人应当按照合同约定向其他权利人退还保险单的现金价值。

（六）被保险人故意犯罪或者抗拒刑事强制措施导致其伤残或者死亡

依据《保险法》第45条的规定，因被保险人故意犯罪或者抗拒依法采取的刑事强制措施导致其伤残或者死亡的，保险人不承担给付保险金的责任。投保人已交足2年以上保险费的，保险人应当按照合同约定退还保险单的现金价值。

三、保险人以诉讼方式请求支付人寿保险费的禁止

各国保险立法例普遍认为，保险人不得以诉讼方式请求投保人支付人寿保险的保险费。我国《保险法》第38条也作了类似规定："保险人对人寿保险的保险费，不得用诉讼方式要求投保人支付。"这是因为人寿保险的期限极长，在此期间，投保人的经济状况可能发生恶化，从而无力支付保险费，而人寿保险完全为被保险人或受益人的利益而存在，故当投保人迟延交付保险费时，保险人不得以诉讼方式要求投保人交付保险费，否则可能危及投保人的生存。

【重点提示】

保险人不得以诉讼方式要求人寿保险的投保人交付保险费。

【思考】

人寿保险的保险人如何维护自己对应收保险费的合法权益？

【练习题】

一、选择题

1. 某企业与保险公司签订一份财产保险合同，保险费2万元。投保后一个月，保险标的被盗，企业向保险公司提出赔偿请求。保险公司在理赔时发现，该企业因重大过失未履行如实告知义务，且对保险事故的发生有严重影响。依照法律规定，

保险公司有权解除保险合同，其对保险费2万元的正确处理办法是（ ）

A. 不退还2万元保险费　　B. 应退还2万元保险费

C. 只退还2万元保险费的现金价值　　D. 可退还2万元保险费

2. 李某为其子投保了生死两全保险，期限5年，保费一次缴清。3年后，李某之子因抢劫被判处死刑执行枪决。保险人得知后（ ）

A. 应当按照合同规定承担保险责任

B. 不承担保险责任，可以退还保险单的现金价值

C. 不承担保险责任，并不退还保险费

D. 不承担保险责任，应当退还保险单的现金价值

3. 投保人在支付保险费的宽限期限届满后，仍然不能支付保险费的，保险公司对该人身保险合同可按以下方式处理（ ）

A. 终止　B. 中止　C. 解除　D. 撤销

4. 1995年8月10日，李某在某保险公司投保简易人身保险1份，保险期限为30年，约定保险费每月10日分期支付。1997年7月10日李某因下岗无力按期支付保险费，8月10日仍未支付，9月5日外出时遇车祸身亡。保险人应如何处理本案（ ）

A. 应当按照合同约定给付保险金，但可以扣减欠交的保险费

B. 可以按照合同约定给付保险金，但应当扣减欠交的保险费

C. 不承担保险责任，并不退还保险费

D. 不承担保险责任，但应退还保险单的现金价值

二、简答题

1. 投保人未按照保险合同的约定支付保险费，会发生什么法律后果？

2. 什么是交费宽限期？交费宽限期有何意义？

第 12 章 保险索赔

第一节　保险金给付请求权概述

一、保险金给付请求权的概念

保险金给付请求权，是指被保险人、受益人请求保险人依约给付保险金的权利。保险金给付请求权源自于保险合同的约定，与投保人无关，而专属于被保险人或受益人，除非投保人本身即是被保险人或受益人。[1]

二、保险金给付请求权的享有者

（一）财产保险中的权利享有人

对于财产保险而言，因并不存在受益人，故仅有被保险人可以享有保险金给付请求权。但保险事故发生时，若被保险人死亡或民事主体资格终止的，则其法定继承人或者财产继受人可相应取得保险金给付请求权。

（二）人身保险中的权利享有人

对于人身保险，如果保险合同指定有受益人的，受益人享有保险金给付请求权。若出现下列情形之一的，则被保险人享有保险金给付请求权，被保险人死亡后，其法定继承人继受取得保险金给付请求权：

1. 人身保险合同没有指定受益人。
2. 受益人指定不明无法确定的。
3. 受益人先于被保险人死亡，没有其他受益人的；若受益人与被保险人在同一事件中死亡，且不能确定死亡先后顺序的，推定受益人死亡在先。

---

〔1〕 我国《保险法》将财产保险中被保险人对保险人享有的请求支付保险金的权利称为“保险金赔偿请求权”，而将人身保险中被保险人与受益人的上述权利称为“保险金给付请求权”，力图以此体现人身保险的给付性。但为便于论述，本书有时会将两类权利统称为给付请求权。

4. 受益人依法丧失受益权或者放弃受益权，没有其他受益人的。受益人是由投保人或者被保险人指定的，指定受益人属于使受益人纯获利益的行为，因此，受益人自可依意思表示放弃该项权利。此外，受益人之保险金给付请求权，可以因下列原因而丧失：

(1) 投保人或被保险人变更受益人。我国《保险法》第41条规定："被保险人或者投保人可以变更受益人并书面通知保险人。保险人收到变更受益人的书面通知后，应当在保险单或者其他保险凭证上批注或者附贴批单。投保人变更受益人时须经被保险人同意。"某人取得保险金给付请求权是基于其作为受益人的法律身份，而非其他个人因素，故一旦其丧失受益人身份，则自然丧失保险金给付请求权。易言之，保险金给付请求权专属于受益人这一法律身份，而非担当受益人的某个具体个人。

(2) 受益人故意造成被保险人死亡、伤残、疾病的，或者故意杀害被保险人未遂的，该受益人丧失受益权（修改后《保险法》第43条第2款）。需要注意的是，我国《保险法》2009年2月修改以前对此问题的规定是"投保人、受益人故意造成被保险人死亡、伤残或者疾病的，保险人不承担给付保险金的责任。投保人已交足2年以上保险费的，保险人应当按照合同约定向其他享有权利的受益人退还保险单的现金价值。受益人故意造成被保险人死亡或者伤残的，或者故意杀害被保险人未遂的，丧失受益权"（参见修改前《保险法》第65条）。可以发现，修改前后的主要区别在于：根据修改后的相关规定，如果某个受益人实施了上述行为，则仅仅该受益人丧失受益权，保险合同仍然有效，其他受益人的受益权不受影响。

(3) 因投保人或保险人解除保险合同而丧失受益权。例如，《保险法》第43条第1款规定："投保人故意造成被保险人死亡、伤残或者疾病的，保险人不承担给付保险金的责任。投保人已交足2年以上保险费的，保险人应当按照合同约定向其他权利人退还保险单的现金价值。"此种情形下，产生保险金给付请求权的权利来源——保险合同业已终止，皮之不存，毛将焉附，故基于该合同而产生的保险金给付请求权自然也就无法继续存在。

【思考】

为何《保险法》对投保人和受益人故意造成被保险人死亡、伤残、疾病的情形规定了不同的法律效果？

（三）保险金给付请求权与保险代位权

在财产损失保险中，因第三者的不当行为造成保险标的损害而发生保险事故的，被保险人既可以向第三人请求损害赔偿，亦可以请求保险人给付保险赔偿金。如果被保险人选择行使保险金给付请求权的，则应在请求给付的金额范围内，将其享有的请求第三人的损害赔偿的权利转让给保险人。反之，如果被保险人选择行使对第三人损害赔偿权的，其保险金给付请求权在获得赔偿的范围内消灭，但对于损害赔偿未能弥补其所遭受损失的，可在未能填补的范围内继续行使保险金给付请求权。

在责任保险合同中，因为被保险人的行为而受害的第三人，依照保险合同的约定或者法律的规定，对保险人亦可享有保险金给付请求权。依据我国《保险法》第65条第1、2款的规定，保险人对责任保险的被保险人给第三者造成的损害，可以依照法律的规定或者合同的约定，直接向该第三者赔偿保险金。责任保险的被保险人给第三者造成损害，被保险人对第三者应负的赔偿责任确定的，根据被保险人的请求，保险人应当直接向该第三者赔偿保险金。被保险人怠于请求的，第三者有权就其应获赔偿部分直接向保险人请求赔偿保险金。

在人身保险合同中，人身保险的被保险人因第三者的行为而发生死亡、伤残或者疾病等保险事故的，被保险人或受益人在行使了保险金给付请求权后，被保险人或其继承人仍有权向第三人请求损害赔偿。

【思考】

为何《保险法》对人身保险与财产保险中，保险金给付请求权和对第三人的损害赔偿请求权能否并存作出了不同的规定？

第二节　保险金给付请求权的时效

一、民法上的时效制度

（一）时效制度概述

时效是指一定事实状态在法定期间持续存在，从而产生与该事实状态相适应的法律效力的期间制度，即法律规定的产生或消灭权利状态的期间制度，它可分为取得时效和消灭时效两种。与权利的不行使状态相关联的时效为消灭时效。消灭时效又被称之为诉讼时效，逾法定期间权利人若不行使权利，其权利将归于消灭或者不受法律保护。规定时效制度的目的在于能够及时消除权利义务关系的不稳定或者不确定状态，以减少纠纷的发生，稳定社会秩序，避免当事人及法院对较远以前发生的事实举证与调查证据的困难。

（二）民法上的时效的主要内容

1. 诉讼时效适用的客体。诉讼时效适用于民法上的请求权，主要有债权请求权和物权请求权。债权请求权包括基于合同、侵权行为、不当得利、无因管理、单方允诺、防卫过当、避险过当等所产生的请求权。物权请求权能够适用诉讼时效的，仅以返还财产请求权和恢复原状请求权为限。当事人在时效期间没有行使上述请求权的，该权利因为法律规定的时效期间的完成而不受人民法院的保护，即丧失了胜诉权。被保险人或者受益人对保险人享有的请求给付保险金的权利，属于财产上的请求权，是因为保险合同而发生的债权请求权，应当适用民法规定的时效制度。此外，保险人因为欠缺保险给付的原因而享有请求返还或者赔偿已给付的保险金的权利，保险人对第三人享有的保险代位求偿权，投保人因法定事由或者合同约定事由对保险人享有的请求退还保险费的权利等，皆属于债权请求权，也应当适用民法规定的时效制度。

2. 时效期间及其起算。时效期间可分为两种，一为普通时效期间，一为最长时效期间。我国《民法通则》规定的普通时效期间，即向人民法院请求保护民事权利的诉讼时效期间为 2 年，但是法律另有规定的，不在此限。所谓法律另有规定，包括但不限于《民法通则》第 136 条及其他法律有关诉讼时效的规定。原则上，普通诉讼时效期间应当从权利人知道或者应当知道权利被侵害之日起计算。此外，《民法通则》还规定了 20 年的最长时效期间，即请求人民法院保护民事权利的最长期间。该期间则从权利被侵害之日起计算。考虑到不同情形下的请求权的行使差异，如果其他法律对于诉讼时效期间的起算另有规定的，应当适用其他法律的规定。例如，依据我国《保险法》第 26 条的规定，保险金给付请求权的时效期间，自被保险人或者受益人知道或者应当知道保险事故发生之日起计算。

3. 时效期间的中止、中断与抛弃。根据我国《民法通则》第 139 条的规定，在诉讼时效完成前的最后 6 个月内，当事人因为不可抗力或者其他障碍不能行使请求权的，诉讼时效中止。从中止时效的原因消除之日起，诉讼时效期间继续计算。依据我国《民法通则》第 140 条的规定，诉讼时效因提起诉讼、当事人一方提出要求或者同意履行义务而中断，从中断时起，诉讼时效期间重新计算。依据我国《民法通则》第 138 条的规定，超过诉讼时效期间，当事人自愿履行的，不受诉讼时效限制。当事人自愿履行时效完成后的债务而抛弃时效利益的，不得以不知时效完成为由，请求返还。

二、特别法上的时效制度

《民法通则》与《保险法》是普通法与特别法的关系，依照特别法优先于普通法的原则，关于保险金请求给付的时效，如果《保险法》有规定的，应当适用《保险法》的规定。而在《海商法》未作规定的前提下，《保险法》还可以适用于海上保险，即《海商法》对海上保险已有规定的，依相同原理应当优先适用《海商法》

的规定。

我国《保险法》第26条规定："人寿保险以外的其他保险的被保险人或者受益人，向保险人请求赔偿或者给付保险金的诉讼时效期间为2年，自其知道或者应当知道保险事故发生之日起计算。人寿保险的被保险人或者受益人向保险人请求给付保险金的诉讼时效期间为5年，自其知道或者应当知道保险事故发生之日起计算。"我国《海商法》第264条规定："根据海上保险合同向保险人要求保险赔偿的请求权，时效期间为2年，自保险事故发生之日起计算。"第266条规定："在时效期间的最后6个月内，因不可抗力或者其他障碍不能行使请求权的，时效中止，自中止时效的原因消除之日起，时效期间继续计算。"第267条规定："时效因请求人提起诉讼、提交仲裁或者被请求人同意履行义务而中断。但是，请求人撤回起诉、撤回仲裁或者起诉被裁定驳回的，时效不中断。"

三、我国现行法中的保险金给付请求权的时效

（一）人寿保险的给付请求权的时效

人寿保险，包括死亡保险、生存保险和生死两全保险等人身保险。在发生保险事故后，或者被保险人生存到约定的年龄、期满时，被保险人或者受益人向保险人请求给付保险金的权利，其时效期间依现行法为自被保险人或者受益人"知道或应当知道保险事故发生"之日起5年，经过5年的时效期间，被保险人或者受益人不向保险人请求给付保险金的，其保险金给付请求权无法获得法律保护，即使被保险人或受益人提起诉讼或仲裁，亦无法获得胜诉。需要说明的是，我国的诉讼时效制度仅仅是消灭当事人的胜诉权，而不消灭实体权利，即即便时效完成，保险金给付请求权仍然存在，故如果保险人在时效完成后主动给予被保险人或受益人保险金的，该给付不存在不当得利的问题，被保险人或受益人有权受领，保险人不得反悔。

（二）海上保险的给付请求权的时效

海上保险金给付请求权，适用《海商法》规定的2年诉讼时效期间。但是，该2年诉讼时效期间的起算，与《民法通则》和《保险法》的相关规定存在差异，海上保险金给付请求权的诉讼时效期间，依现行法为自"保险事故发生之日起"计算。

（三）除前述保险以外的其他保险的给付请求权的时效

人寿保险和海上保险以外的其他保险，包括普通财产损失保险、责任保险、保证保险、信用保险和人寿保险以外的其他人身保险，如意外伤害保险、健康保险。具体言之，前述保险中的被保险人或者受益人向保险人请求给付保险金的权利，其时效期间皆为2年。依照我国《保险法》的规定，该时效期间自被保险人或者受益

人知道或者应当知道保险事故发生之日起计算。

四、现行法时效期间起算规定的缺陷

依我国修订后《保险法》第26条第1款的规定："人寿保险以外的其他保险的被保险人或者受益人，向保险人请求赔偿或者给付保险金的诉讼时效期间为2年，自其知道或者应当知道保险事故发生之日起计算。"此一规定在实务中出现了一些问题，[1] 而且也未考虑到责任保险的特殊性，存在明显法律漏洞。因为责任保险可分为两大类，一为事故型责任保险，一为索赔型责任保险。前者是指若被保险人致人损害的事实或行为发生在保险合同约定的保险期间内，则保险人须向被保险人承担保险责任，而不论受害的第三人何时向被保险人提出索赔。实务中，机动车第三者责任保险、住家综合保险，特别是总括普通责任保险大都属于此类保险。后者是指若受害的第三人在保险合同约定的保险有效期内向被保险人提出索赔，则不论被保险人致人损害的事实或行为发生于何时，保险人均须向被保险人承担保险责任。绝大多数的职业责任保险皆属于此类。

事故型责任保险与索赔型责任保险相比,主要存在着两点不同:①保险事故不同。事故型保险的保险事故为被保险人造成他人损害的行为,而索赔型则为被保险人遭受索赔的事实。②追溯力不同。前者保险人所承担的保险责任无任何溯及力,即保险人对在保险合同有效期之前发生的被保险人致人损害的行为不承担任何保险责任。而后者保险人所承担的保险责任,除非保险合同另有约定,则在理论上具有无限的溯及力,即保险人对保险合同有效期截止之前发生的被保险人致人损害的行为都有可能承担保险责任。《保险法》第26条规定的法律漏洞就在于并未考虑到索赔型责任保险的特殊性。若保险金给付请求权时效自保险事故发生之日起算,则被保险人在事故发生时(即遭受索赔时)是否应当承担赔偿责任尚不得而知,又如何能对保险人行使请求权,既然其无法行使请求权,则无计算时效期间的基础。[2] 显然,时效的起算日应当以被保险人得对保险人行使请求权时起开始计算。

【实例参考】

涉及保险索赔诉讼时效的判决书

上诉人（原审被告）中国人民财产保险股份有限公司W支公司，住所地内蒙古

---

〔1〕 在下文的实例参考中，本书将介绍一个涉及此问题的具体案例。

〔2〕 邹海林:《责任保险论》,法律出版社1999年版,第200～201页。

自治区呼和浩特市××路。

负责人杜某某，经理。

委托代理人胡某某，女，1970年11月23日出生，汉族，中国人民财产保险股份有限公司W支公司法律顾问，住该公司。

委托代理人刘某某，男，1983年6月9日出生，蒙古族，中国人民财产保险股份有限公司W支公司法律顾问，住该公司。

被上诉人（原审原告）高某某，男，1965年4月13日出生，汉族，BJ市SY区×××村村民，住BJ市SY区×××村××号。

委托代理人杨某某，男，1963年8月13日出生，汉族，BJ亚华在线咨询有限公司分公司职员，住BJ市SY区××××街××号。

上诉人中国人民财产保险股份有限公司W支公司（以下简称人保W支公司）因与被上诉人高某某保险合同纠纷一案，不服BJ市SY区人民法院××民初字第××号民事判决，向本院提起上诉。本院于2009年7月1日受理后，依法组成由法官××担任审判长、法官××、×××参加的合议庭，于2009年7月22日公开开庭进行了审理。上诉人人保W支公司的委托代理人胡某某，被上诉人高某某的委托代理人杨某某到庭参加了诉讼。本案现已审理终结。

高某某在一审中起诉称：2006年3月28日，高某某与人保W支公司在SY区××北区××号楼×门××室通过BJ亚华在线咨询有限公司分公司（以下简称亚华分公司）签订保险合同，高某某为车辆（车号为JB）投保了商业三者责任保险、不计免赔等财产保险，并依约交纳了保险费。在保险合同期间，2006年10月11日15时，高某某驾车将岳某某车辆撞坏，本车损坏。经SY区交通支队认定高某某方负事故全责。为此，高某某支付岳某某车辆修理费1620元。高某某向人保W支公司索取理赔款未果，故诉至法院，要求法院判令人保W支公司支付保险理赔款1620元并承担本案诉讼费。

人保W支公司在一审中答辩称：高某某未能提供保险单原件，故高某某不能证明与人保W支公司存在保险合同关系；事故发生后，高某某既未向人保W支公司报案，亦未向人保W支公司提出索赔请求；不论是从交通事故发生之日还是从高某某主张的损失确定之日起算，高某某的起诉既超过了索赔时限，也超过了诉讼时效，且不存在诉讼时效中断的法定事由。综上所述，请求法院驳回高某某的诉讼请求。

一审法院审理查明：2005年10月13日，亚华分公司与BJ酷车行信息咨询中心（以下简称酷车行中心）就关于销售人保W支公司机动车险业务事宜达成协议，约定：酷车行中心应确保人保W支公司所出保单的合法性和真实性，如有违法或因保单引发的法律及经济纠纷由酷车行中心负责，与亚华分公司无关；酷车行中心全权负责协调人保W支公司出单、核保、定损、理赔事宜，出现问题应第一时间解决或委托亚华分公司自行解决。协议签订后，亚华分公司代理了业务，将其收取的保险费交付酷车行中心，人保W支公司出具了保单。人保W支公司系将保单、保险费发票等保险单证交于酷车行中心姜某某。2007年10月11日，亚华分公司将人保W支公司诉至BJ市HD区人民法院，要求人保W支公司给付亚华分公司垫付的包括本案高某某在内的被保险人的理赔款505 371.11元。在本次诉讼中，人保W支公司认可其与酷车行中心在2005年10月至2006年5月间存在保险代理关系，由其委托酷车行中心在BJ地区开展保险业务、收取保险费，但未委托酷车行中心从事理赔业务、建立代理点。亚华分公司为保险客户理赔后，将理赔案件相关材料交付酷车行中心，其中部分材料已由酷车行中心转交人保W支公司。BJ市HD区人民法院经审理后认为没有证据表明亚华分公司与人保W支公司之间存在保险代理合同关系，于2009年2月20日作出××民初字第×××号民事裁定书驳回了亚华分公司的起诉，该裁定已经生效。酷车行中心法定代表人姜某某出庭作证时陈述酷车行中心与人保W支公司存在口头保险代理协议，保险代理权限包括出单、收保费、理赔、定损和接收报案和索赔材料；人保W支公司不认可姜某某所述的代理权限，但人保W支公司就与酷车行中心存在的保险代理关系未向该院提供书面合同。

高某某向该院提交了保险单号为PDAA200615019315＋＋＋＋的中国人民财产保险股份有限公司机动车辆保险单（正本）复印件，该保险单复印件载明：被保险人高某某；号牌号码JB；承保险种为保险金额50 000元的第三者责任险和不计免赔率特约条款；保险期限自2006年3月29日零时起至2007年3月28日24时止。该保单复印件同时载明经办人为姜某某，联系电话为95518。人保W支公司对保险单复印件的真实性不予认可，高某某为证实该保险单复印件的真实性提交了酷车行中心的证明并申请姜某某出庭作证。姜某某向该院陈述：高某某提交的保险单复印件所载内容与原件一致，该保险单原件是通过姜某某办理的，而姜某某是保险公司认可的业务员。该院通过95518向中国人民财产保险股份有限公司内蒙古分公司查询得知，在中国人民财产保险股份有限公司内蒙古分公司确有保单号为PDAA200615019315＋＋＋＋、被保险人为高某某的记载。证人姜某某、人保W支公司一致确认每份保险单的保险单号都是唯一的。

人保W支公司对高某某提交的保险条款不予认可，高某某对于人保W支公司提供的保险条款无异议。人保W支公司向该院提交的第三者责任保险条款第4条载明：被保险人或其允许的驾驶人员在使用保险车辆过程中发生意外事故，致使第三者遭受人身伤亡或财产直接损毁，依法应当由被保险人承担的经济赔偿责任，保险人负责赔偿。第21条载明：被保险人索赔时，应当向保险人提供与确认事故的性质、原因、损失程度等有关的证明和资料。不计免赔率特约条款约定：保险事故发生后，按照对应投保的主险条款规定的免赔率计算的，应当由被保险人自行承担的免赔金额部分，保险人负责赔偿。

2006年10月11日15时，在BJ市SY区南法信政府街肉联厂东侧，高某某驾驶保险车辆由南向北行驶，恰有岳某某驾驶JG车辆行驶至此，两车接触导致JG车辆受损。此事故经BJ市公安局SY分局交通支队认定高某某负全部责任，后高某某支付JG车辆修理费1620元。高某某称事故后及时报案并递交了索赔申请及材料，亚华分公司在接到报案及索赔材料后向其支付了保险理赔款。亚华分公司要求人保W支公司支付该笔费用时遭到拒绝，诉至法院亦未得到支持。在此情况下亚华分公司向高某某索回了垫付的理赔款，高某某只得另行向人保W支公司要求赔偿保险金。高某某就上述事实提供了亚华分公司、酷车行中心的证明及申请证人姜某某出庭作证。

一审法院判决认定：高某某为证实保险单复印件的真实性提供了酷车行中心的证明，人保W支公司系将保险单原件交于作为其代理人的酷车行中心，酷车行中心作为保险业务经办机构对保险单复印件真实性予以认可；作为保险单的直接经办人姜某某，当庭认可了保险单复印件的真实性；该院通过95518亦核实了高某某所提交的保险单复印件记载的保险单号和被保险人的存在。综上所述，该院对高某某提供的保险单复印件内容的真实性予以确认。

人保W支公司委托酷车行中心代理保险业务，而酷车行中心基于上述保险代理关系与亚华分公司就销售人保W支公司机动车保险业务达成协议。亚华分公司以人保W支公司的名义与高某某建立保险合同关系，且亚华分公司向高某某出具了人保W支公司的保险单，向高某某收取了保险费，高某某作为善意相对人有理由相信亚华分公司系代理人保W支公司所为的行为，该代理行为有效，该院确认高某某与人保W支公司之间存在合法有效的保险合同关系。

交通事故发生后，高某某及时向亚华分公司报案及提出索赔申请并递交材料的行为应视为高某某向人保W支公司提出了索赔申请。高某某在法律规定的期间内向人保W支公司提出了给付保险金的请求，且没有证据表明高某某知道其权利受到侵害，故高某某的起诉并未超过索赔时限和诉讼时效。保险事故发生后，亚华分公司基于保险代理关系代理人保W支公司向高某某垫付了保险金。亚华分公司为索要上述保险金将人保W支公司诉至法院，在法院确认亚华分公司系无权代理的情况下，亚华分公司向高某某索回了垫付的保险金。故高某某另行向保险合同的相对人人保W支公司主张给付保险金的权利，并无不当。

高某某与人保W支公司之间保险合同关系存在，双方均应按照合同约定行使权利、履行义务。交通事故发生后，高某某及时报案并提出了索赔申请，递交了索赔材料，人保W支公司应当依约承担赔偿责任。高某某提供的证据足以证明其因保险事故所造成的损失是客观存在的。故人保W支公司的辩解意见没有事实和法律依据，该院不予采信。高某某要求人保W支公司承担保险责任的请求并无不当，该院予以支持。综上所述，依照《中华人民共和国保险法》第24条第1款的规定（指的是2009年修订前的《中华人民共和国保险法》，该判决书下同——笔者注），判决如下：人保W支公司赔偿高某某保险金1620元，于本判决生效后7日内执行。如果人保W支公司未按本判决指定的期间履行给付金钱义务，应当依照《中华人民共和国民事诉讼法》第229条之规定，加倍支付迟延履行期间的债务利息。

人保W支公司不服一审法院上述民事判决，向本院提起上诉，认为一审法院认定事实和适用法律错误，其主要上诉理由如下：

一、高某某一审提起诉讼的时间已超过《中华人民共和国保险法》第27条所规定的索赔期间，已丧失了对人保W支公司的保险赔偿金请求权。理由如下：被保险车辆于2006年10月11日发生保险事故致第三者车辆损坏，并于2007年1月13日支付第三者车辆修理费1620元。根据《中华人民共和国保险法》第27条规定，人寿保险以外的其他保险的被保险人或者受益人，对保险人请求赔偿或者给付保险金的权利，自其知道保险事故发生之日起二年不行使而消灭。根据保监复（1999）256号《中国保险监督管理委员会关于索赔期限有关问题的批复》："对于责任保险而言，其保险事故就是第三人请求被保险人承担法律责任。保险事故发生之日，应指第三人请求被保险人承担法律责任之日。"在本案中，发生交通事故之日应为"第三人请求被保险人承担法律责任之日"，即高某某向第三人支付车辆修理费的2007年1月13日。但高某某是于2009年3月27日才向人保W支公司主张赔偿的，已过两年的索赔期间，该期间应为除斥期间，不适用于中止、中断或延长。根据中国保监会办公厅2008年8月25日《关于对<保险法>第27条理解有关问题的复函》："《保险法》第27条规定的期限，是被保险人或者受益人依据保险合同，对保险人请求保险金赔付的索赔时限，法理上属于请求权消灭时效，不同于《民法通则》规定的向人民法院请求保护民事权利的诉讼时效，二者并不冲突，各自产生独立的法律效果。"因此，高某某已丧失了对人保W支公司的保险赔偿金请求权。但一审法院却无视此事实，枉法裁判认为没有超过索赔期间。

二、高某某提起诉讼的时间已超过二年的诉讼时效，且不存在法定的诉讼时效中断事由。但一审法院却错误认定该案存在诉讼时效中断的事由。理由如下：

在一审判决中，一审法院认为，“交通事故发生后，高某某及时向亚华分公司报案及提出索赔申请并递交材料的行为应视为高某某向人保 W 支公司提出了索赔申请。高某某在法律规定的期间内向人保 W 支公司提出了给付保险金的请求，且没有证据表明高某某知道其权利受到侵害，故高某某的起诉并未超过索赔时限和诉讼时效”。一审法院对上述事实的认定明显存在错误。这是因为高某某是与人保 W 支公司签订的保险合同，保险合同中约定发生保险事故后应向保险人（即人保 W 支公司）进行报案和保险理赔，在保险合同上明确记载了全国统一报案电话 95518，从合同相对性的基本原理来说，高某某只能向保险合同的相对方进行报案和提出索赔申请，保险合同并未约定而且人保 W 支公司也从未向高某某承诺其可以向人保 W 支公司以外的任何人进行保险报案和提出索赔申请，一审法院在没有任何证据的情况下却认为高某某向亚华分公司报案的行为应视为向人保 W 支公司报案和索赔，显属错误。高某某向亚华分公司报案和索赔，本身就是违反合同约定的行为，其从亚华分公司取得的款项属于不当得利，亚华分公司的支付行为也不属于代人保 W 支公司支付保险赔偿金的行为。从 2007 年 1 月 13 日，高某某向第三者赔偿车辆修理费 1620 元之日起，诉讼时效开始起算，至其起诉时的 2009 年 3 月 27 日，已超过两年的诉讼时效。根据《民法通则》第 140 条之规定，时效中断主要有以下三种法定事由：提起诉讼、权利人要求义务人履行相应的义务、义务人履行相应的义务。在本案中，高某某提起诉讼的时间已超过 2 年，不能引起诉讼时效的中断，高某某要求人保 W 支公司履行义务的时间也已超过 2 年，人保 W 支公司在这 2 年期间由于高某某从未主张，故也未履行义务。因此，并不存在诉讼时效中断的法定事由。高某某已经丧失了胜诉权，但一审法院却无视保险合同约定的权利义务，将与人保 W 支公司无任何代理关系（含保险代理、保险赔偿）的亚华分公司的支付行为牵强地认定为人保 W 支公司的行为，并作出判决属于枉法裁判。

三、高某某在一审提起诉讼时，无法提供保险单的原件，只提供了保险单的复印件，一审法院却依据一个自相矛盾的证人证言，就认定保险单复印件的真实性，甚至主动去核实保险单的真实性，违反了民事诉讼谁主张、谁举证的基本原则，用司法权力不当干预民事审判，违反了法官中立的基本道德准则。

四、高某某在一审法庭审理过程中并没有提供证明其身份的原件，一审法院未经核实就加以判决。高某某主张的损失数额由于没有经过人保 W 支公司的现场定损，同时也没有鉴定部门的权威鉴定，无法确认其损失的真实性，一审法院却错误地认可其真实性。

综上，请求二审法院依法撤销一审判决，驳回高某某的诉讼请求。

高某某服从一审法院判决。其针对人保W支公司的上诉理由口头答辩称：高某某在一审期间提供了相应的证据，证明在保险事故发生当天，高某某就及时向亚华分公司报了案，亚华分公司针对高某某的索赔申请亦支付了相应的保险理赔款，因此，高某某并不知道自己的权利受到侵害，也没有向人保W支公司主张权利。直到2009年3月，HD区人民法院作出民事裁定，确认亚华分公司与人保W支公司之间不存在保险代理关系后，亚华分公司向高某某要回了理赔款，高某某才知道自己的利益受到侵害，因此，本案的诉讼时效应从2009年3月起算，高某某提起诉讼并未超过诉讼时效。有关保险单的真实性问题，一审法院已通过人保的报案电话进行了核实，故保险单的真实性是确定的。有关车辆损失的数额，是由酷车行中心核定价格后对车辆进行的修理，亚华分公司也按照该定损数额支付了理赔款。综上，请求二审法院依法驳回人保W支公司的上诉。

本院经审理查明的事实与一审法院查明的事实一致。

此外，在二审期间，高某某向本院提交了经过公证认证的授权委托书，证明提起本案诉讼及委托代理人均系其本人的真实意思表示。

上述事实，有高某某提供的协议、亚华分公司的证明、酷车行中心的证明、机动车辆保险单复印件、保险条款、道路交通事故认定书、车辆行驶证复印件、驾驶证复印件、修理费发票、维修明细、损失照片、××号民事裁定书、诉讼费票据等，人保W支公司提供的保险条款、快递详情单等，姜某某的证人证言、公证书及一审法院庭审笔录、谈话笔录在案佐证。

本院认为：根据审理查明的事实，高某某系通过亚华分公司向人保W支公司投保了机动车辆第三者责任险和不计免赔率特约条款，并已依约交纳了保险费。现高某某向法院提交的PDAA200615019315++++号保险单虽为复印件，但鉴于该单保险业务的经办机构及直接经办人均认可该保险单复印件真实性的事实，且经过一审法院查证，中国人民财产保险股份有限公司内蒙古分公司确有被保险人高某某及其所提供的保险单号的记录，故应当认定高某某与人保W支公司之间存在合法有效的保险合同关系。

在本案保险事故发生后，高某某及时向亚华分公司报案，并递交了相关索赔材料，亚华分公司亦向高某某支付了理赔款项。直至亚华分公司要求人保W支公司返还代垫款项的起诉被法院驳回，亚华分公司向高某某索回了垫付的理赔款时，高某某才知道其权利受到侵害，进而提起本案诉讼。基于本案保险合同的订立及履行过程，应当认定被保险人高某某作为善意相对人，其起诉并未超过索赔时限和诉讼时效。

人保 W 支公司上诉提出高某某主张的损失数额未经其现场定损，亦未经鉴定部门的权威鉴定的主张。经查，本案保险事故所涉的定损价格系经人保 W 支公司的保险代理机构酷车行中心确定，并以开具的修理费发票为准。在高某某举证证明该损失客观存在，且人保 W 支公司对该损失数额未提供证据加以反驳的情况下，人保 W 支公司应当按照保险合同的约定，对涉案保险事故给第三者造成的损失承担相应的赔偿责任。

有关高某某的身份问题，二审期间，经本院审核无误。一审法院根据高某某向法院提交的身份证复印件及其签署的授权委托书，对高某某及其委托代理人的身份予以确认，并无不当。

此外，一审法院为查清案件事实，通过电话核实高某某所提供的保险单的真实性，系人民法院行使审判职权的行为，并不构成对民事诉讼证据规则的违反。

综上，人保 W 支公司的上诉理由均不成立，本院不予支持。人保 W 支公司的上诉请求应予驳回。一审法院判决认定事实清楚，适用法律正确，应予维持。依照《中华人民共和国民事诉讼法》第 153 条第 1 款第 1 项之规定，判决如下：

驳回上诉，维持原判。

一审案件受理费 25 元，由中国人民财产保险股份有限公司 W 支公司负担（于本判决生效后七日内交纳至原审法院）。

二审案件受理费 50 元，由中国人民财产保险股份有限公司 W 支公司负担（已交纳）。

本判决为终审判决。

……

第三节　保险索赔与理赔

一、保险事故的通知

各国保险立法大都规定，保险事故发生后，一旦被保险人或受益人知其事实，则应当及时通知保险人。但对于被保险人或受益人违反前述义务的法律后果则存在极大争议。有人认为保险人可据此解除保险合同或不承担保险责任；有人认为保险人仅能就此请求损害赔偿，而无权解除保险合同。修改前的《保险法》第 22 条规定："投保人、被保险人或者受益人知道保险事故发生后，应当及时通知保险人。"

依据该条的规定，当事人可通过保险合同的约定，将及时通知保险人保险事故的发生作为保险人承担保险责任的先决条件之一。但新修订的《保险法》对此作了重大变动。该法第21条规定：“投保人、被保险人或者受益人知道保险事故发生后，应当及时通知保险人。故意或者因重大过失未及时通知，致使保险事故的性质、原因、损失程度等难以确定的，保险人对无法确定的部分，不承担赔偿或者给付保险金的责任，但保险人通过其他途径已经及时知道或者应当及时知道保险事故发生的除外。”可见，依据新修订法律，义务人未能履行保险事故通知义务时，保险人不得解除保险合同，而仅能对因未被及时告知保险事故发生而无法确定的损失部分拒绝赔偿。[1]

发生保险事故后的及时通知，是投保人、被保险人或受益人的法定义务。不论保险合同对之是否有所约定，在保险事故发生后，投保人、被保险人或受益人知悉的，均应当及时通知保险人。投保人、被保险人或受益人的任何一人在知悉保险事故发生后通知保险人的，对前述各利害关系人均发生效力，各利害关系人承担的保险事故的通知义务相应免除。保险事故的通知，应当采用保险合同所要求的形式，如果保险合同对通知的形式没有规定，义务人可以用书面形式，甚至口头形式通知保险人。需要说明的是，通知义务的履行并不限于义务人本人的通知，其代理人所发出的保险事故业已发生的通知与义务人本人所为的通知具有相同的法律效果。除非保险合同对保险事故的通知另有要求，义务人通知保险人本人、其代理人的，均应视为已履行通知义务。

二、保险索赔

保险索赔，是指被保险人或受益人请求保险人赔偿或给付保险金的意思表示。

保险索赔具有两个显著的法律特征：①保险索赔是被保险人或受益人行使保险金给付请求权的法律事实，它产生中断保险金给付请求权的时效之效力。保险金给付请求权的时效因为索赔而中断的，应当重新计算。②保险索赔是保险人履行赔偿或给付保险金义务的时间起算点。

保险人依照保险合同所承担的保险给付责任，因保险索赔而变为现实义务，并成为保险人的可归责事由。如果保险人收到索赔通知后，未能及时核定而作出赔偿或给付保险金的，则构成违约。但依据《保险法》第22条的规定，保险事故发生后，按照保险合同请求保险人赔偿或者给付保险金时，投保人、被保险人或者受益

[1] 但在保险合同非为保险人拟定的格式条款的情形下，我们认为，保险人有权约定，一旦义务人不履行通知义务，其可以解除保险合同。

人应当向保险人提供其所能提供的与确认保险事故的性质、原因、损失程度等有关的证明和资料。即被保险人或受益人提出索赔时，应当履行单证提示的法定义务。被保险人或受益人除向保险人提交保险单证及有关身份证明外，还应当向保险人提供与确认保险事故的性质、原因、损失程度等有关的证明和资料。保险人按照合同的约定，认为有关的证明和资料不完整的，保险人可以要求其补充提交，但应当及时一次性通知投保人、被保险人或者受益人。然而，保险人要求被保险人或受益人补充提交有关的证明或资料，并不必然表明保险人将接受保险索赔，一切仍有待于保险人的核定结果。

三、保险人的核定

首先，保险人在收到保险索赔的通知后，应当及时作出核定，以决定是否赔偿或给付保险金。何为及时核定，更多的属于事实判断问题。保险合同对之有约定的，保险人应当在合同约定的期间内完成核定；保险合同没有约定的，保险人应当在收到索赔通知后的合理期间内完成核定。为防止保险人藉此拖延履行给付责任，新修订的《保险法》对合理期间作出了大致界定。根据该法第 23 条的规定，保险人收到被保险人或者受益人的赔偿或者给付保险金的请求后，应当及时作出核定；情形复杂的，应当在 30 日内作出核定，但合同另有约定的除外。可见，保险人收到保险索赔的通知后，通常应在 30 日以内确定是否承担保险责任。

其次，保险人应当将经核定后，被保险人或受益人提出的索赔是否属于保险责任范围的结果及时通知被保险人或受益人。对属于保险责任范围的，保险人应当在与被保险人或者受益人达成赔偿或者给付保险金的协议后 10 日内，履行赔偿或者给付保险金的义务。保险合同对赔偿或者给付保险金的期限有约定的，保险人应当按照约定履行赔偿或者给付保险金义务。保险人未及时履行前述义务的，除支付保险金外，还应当赔偿被保险人或者受益人因此受到的损失。但是，如果经过合理期间后，保险人与被保险人、受益人仍不能达成有关赔偿或者给付保险金额的协议的，保险人得提存其赔偿金额或保险金，以消灭自己的保险给付义务。

再次，依据《保险法》第 25 条的规定，保险人自收到赔偿或者给付保险金的请求和有关证明、资料之日起 60 日内，对其赔偿或者给付保险金的数额不能确定的，应当根据已有证明和资料可以确定的数额先予支付；保险人最终确定赔偿或者给付保险金的数额后，应当支付相应的差额。

最后，保险人收到保险索赔的通知后，经核定认为不属于保险责任的，应当自作出核定之日起 3 日内向被保险人或者受益人发出拒绝赔偿或者拒绝给付保险金通知书，并说明理由。被保险人或受益人可以提起诉讼或仲裁，以主张自己的权利。

【练习题】

一、选择题

1. 人寿合同的被保险人或受益人对保险人请求给付保险金的权利，自其知道保险事故发生之日起几年内不行使而不受法律保护（　）

A. 2 年　　B. 5 年　　C. 6 个月　　D. 1 年

2. 非人寿合同的被保险人或受益人对保险人请求给付保险金的权利，自其知道保险事故发生之日起几年内不行使而不受法律保护（　）

A. 2 年　　B. 5 年　　C. 6 个月　　D. 1 年

3. 保险人自收到赔偿或给付保险金的请求和有关证明、资料之日起多长时间内，对其赔偿或给付保险金的数额不能确定的，应当根据已有的证明和资料可以确定的数额，先予支付（　）

A. 60 日　　B. 30 日　　C. 2 个月　　D. 6 个月

二、简答题

1. 哪些主体享有保险金给付请求权？

2. 承担保险事故发生后通知义务主体的范围是什么？如义务人未履行上述义务，会产生何种法律后果？

第13章 保险代位求偿权

第一节　保险代位求偿权概述

一、保险代位求偿权的概念

（一）保险代位权的概念

保险法上的代位权有广义与狭义之分，前者是指保险人赔偿被保险人的损失后，得以向对保险事故的发生或保险标的的损失负有责任的第三者求偿的权利，以及保险人向被保险人承担保险责任后，得以取得部分或全部保险标的的权利。其包括代位求偿权与物上代位权两种。狭义的保险代位权则仅指代位求偿权，又称保险代位求偿权。保险代位权是保险损失填补原则的重要体现，因此，其通常仅适用于典型的损失填补性保险合同，如财产损失保险合同、责任保险合同、保证保险合同、信用保险合同等。[1]

（二）代位求偿权与物上代位权的概念

所谓代位求偿权，是指保险人赔偿被保险人的损失后，代被保险人之位向对保险事故的发生或保险标的的损失负有责任的第三者请求赔偿的权利。即保险人得行使的仅仅是向第三者求偿的权利，而且可主张权利的大小要受到保险人实际赔偿的保险金数额的限制，它是债权、请求权的代位。代位求偿权是保险人享有的一项法定权利，无论保险合同是否对此做出明确约定，保险人都当然享有此项权利。我国《保险法》第60条对代位求偿权作了明确规定，即“因第三者对保险标的的损害而造成保险事故的，保险人自向被保险人赔偿保险金之日起，在赔偿金额范围内代位行使被保险人对第三者请求赔偿的权利。前款规定的保险事故发生后，被保险人已

---

〔1〕对医疗费用保险与收入保障保险是否应适用保险代位权的规定，学者之间观点不一，保险司法实务亦存在争议。但依据我国《保险法》第46、60条的规定，前述保险并不适用保险代位权的规定。

经从第三者取得损害赔偿的，保险人赔偿保险金时，可以相应扣减被保险人从第三者已取得的赔偿金额。保险人依照本条第一款规定行使代位请求赔偿的权利，不影响被保险人就未取得赔偿的部分向第三者请求赔偿的权利”。

所谓物上代位权，是指保险人承担保险责任后，代替被保险人而享有对保险标的的全部或部分利益的权利，物上代位权主要产生于推定全损（包括委付），它是一种物权、支配权的代位。所谓推定全损是指保险标的遭受保险事故尚未达到完全损毁或完全灭失的状态，但实际全损已经不可避免；或者修复、施救费用将超过保险价值；或者失踪达一定时间，保险人按照全损处理的一种推定性的损失。由于推定全损是保险标的并未完全损毁或灭失，即还有残值，而失踪可能是被他人非法占有，并非物质上的灭失，日后或许能够得到索还，如被盗抢的财物，所以保险人在按全损支付保险赔款后，理应取得保险标的的所有权，否则被保险人就可能由此而获得额外的收益。我国《保险法》第59条规定：“保险事故发生后，保险人已支付了全部保险金额，并且保险金额等于保险价值的，受损保险标的的全部权利归于保险人；保险金额低于保险价值的，保险人按照保险金额与保险价值的比例取得受损保险标的的部分权利。”此即为物上代位权的立法例。

【理论扩展】

海上保险中的物上代位权的取得是通过委付制度。即当保险标的（保险船舶或货物）发生推定全损时，被保险人自愿放弃保险标的的所有权并将一切权益转让给保险人，由保险人按保险金额赔偿被保险人的行为。推定全损是与实际全损相对而言的，当保险船舶或货物尚未达到全部灭失的程度，但已无法恢复，或者恢复费用将达到或超过保险价值时，或者失踪达到一定时间，这种损失被视为推定全损。委付处理原则正是损失填补原则的体现，委付后，被保险人只能获得相当于保险金额的赔偿，而不能既获得保险赔偿，又不转让有关权益。

委付的要件包括：①委付以推定全损为前提，如果标的物实际全部灭失，就没有权益可转让，保险人应赔偿全部损失，无委付可言；②委付应就保险标的的全部提出请求，即委付有不可分性；③委付不能附有条件；④委付经承诺或裁判方为有效。被保险人向保险人提出委付申请后，保险人可以承诺，也可以拒绝，但保险人一经承诺即不得反悔。

委付的效力。委付成立以后，委付标的物的一切权益自发生委付的原因出现之日开始全部转让给保险人。

【重点提示】

代位求偿权是代位行使债权、请求权；物上代位权是代位行使物权、支配权。

二、保险代位求偿权的特征

（一）保险代位求偿权本质上是一种债权的法定转移

1. 分析我国保险代位求偿权的法律规定可以发现，代位求偿权是被保险人对第三人损害赔偿请求权的转移。即当第三人的侵权或违约行为引起保险事故，致使保险标的因此而遭受损害时，被保险人依法可以向该第三人提出赔偿请求的权利。同时，基于业已存在的保险合同的约定，由于保险事故发生，被保险人向保险人请求承担保险责任的权利也就变为现实权利。依据我国民法与保险法的有关规定，被保险人既可以向保险人请求赔偿，也可以向实施不当行为的第三人请求赔偿。然而，保险制度的功能在于填补损害，为了避免被保险人同时行使两种请求权而获得超出其实际损失的额外利益，则法律有必要规定，一旦被保险人获得了保险人支付的保险金，就不应再向第三人行使其原有的对第三人的损害赔偿请求权。考虑到侵害他人权益者必须承担法律责任，因而需要将被保险人向第三人求偿的权利转让给保险人。保险人因替代原债权人（被保险人）而成为新的债权人，显然，债的主体发生了变更，但债的内容和客体却并未发生任何变更。因此，原来被保险人与第三人之债转变为保险人与第三人之间的债权债务关系。

2. 被保险人将其对第三人享有的损害赔偿请求权移转于保险人，是基于法律的规定，而非被保险人与保险人之间的意思表示一致。即该项债权的移转是法定移转，而非意定移转。因此，在被保险人受领保险给付前，其与第三人达成的和解、弃权等约定仍然有效，若其有害于保险人利益，则保险人相应免除自己的保险责任。我国《保险法》第61条第1款规定："保险事故发生后，保险人未赔偿保险金之前，被保险人放弃对第三者请求赔偿的权利的，保险人不承担赔偿保险金的责任。"在被保险人受领保险金给付之后，被保险人与第三人达成的和解或弃权的约定，对保险人无拘束力。我国《保险法》第61条第2款规定："保险人向被保险人赔偿保险金后，被保险人未经保险人同意放弃对第三者请求赔偿的权利的，该行为无效。"

（二）保险人承担保险责任是行使保险代位求偿权的先决条件

保险人若要行使代位求偿权，则必须先依照保险合同的约定，向被保险人承担保险责任。我国《保险法》第60条即明确地作了上述规定。现行多数国家、地区的立法例，例如，我国台湾地区"保险法"、美国《加利福尼亚州保险法》、《弗吉尼亚州保险法》等也莫不如此规定。

（三）保险代位求偿权的范围不得超过保险人的给付金额

法律设立保险代位求偿权的目的在于贯彻损失填补原则，防止被保险人获得双重利益，避免道德风险。同理，自也不应允许保险人获得超过保险赔偿金额的额外利益。所以，代位求偿权就其范围来说，至多等于而不能超过保险人已向被保险人承担的保险金数额：①当保险人的赔偿金额与第三人向被保险人应支付的损害赔偿额相等时，保险人即可行使对第三人原有的全部求偿权；②当保险人的赔偿金额低于第三人向被保险人原来应支付的损害赔偿额时，保险人只能行使与其赔偿金额相等的求偿权，超过部分仍归被保险人；③当保险人的赔偿金额高于被保险人享有的对第三人的损害赔偿请求权时，其可代位求偿的数额仍以被保险人对第三人享有的求偿权数额为限。显然，保险代位求偿权只能以保险人支付的赔偿金额为限。

【理论扩展】

保险代位既是贯彻保险法中的损害填补原则的一种方法，也有助于确定由造成被保险人损害的第三人最终承担经济赔偿责任，并藉此减少保险人的负担，降低保险费率。具体而言，保险代位求偿权的功能主要体现在以下三个方面：

1. 保险代位求偿权为损害填补原则所必须。该原则的核心内容在于“禁止得利”，从而防止道德风险的发生。如上所述，若发生第三人应对被保险人承担损害赔偿责任的情形，则被保险人理论上既可以向保险人请求补偿，亦可以向第三人请求赔偿，从而有可能获得超出其实际损失的利益，此种结果明显有违损害填补原则，因而需要通过代位求偿权制度对此加以规制。

2. 保险代位求偿权的运用还可以避免损害他人权益的第三人逃脱法律制裁，进而维护社会公共利益。损害他人合法权益的第三人应当为此不当行为承担不利的法律后果，包括使其最终在经济上有所负担。这是维持社会秩序、保护公共利益所必须的。若侵害他人合法权益之人因为被侵害人（被保险人）可以取得保险金而无须承担赔偿责任，其无异于加害人通过被保险人和保险人订立的保险合同而不当获利，况且，被保险人还需为维持保险合同的效力而承担相应义务，甚至是保险费的支出。因此，有必要赋予保险人代位求偿权，以消除加害人不当获利的可能性，阻吓其实施类似违法行为，维护社会公共利益。

3. 保险代位求偿权制度有助于保险人减轻保险给付负担，进而降低保险费率，惠及社会大众。显然，保险人通过行使代位求偿权可以从第三人处获得一定的经济补偿，减少自己因履行保险责任而遭受的损失，进而通过保险精算，降低保险费率，以利于保险行业的发展。

第二节　保险代位求偿权的行使

一、保险代位求偿权的行使要件

我国《保险法》第60条规定："因第三者对保险标的的损害而造成保险事故的，保险人自向被保险人赔偿保险金之日起，在赔偿金额范围内代位行使被保险人对第三者请求赔偿的权利。前款规定的保险事故发生后，被保险人已经从第三者取得损害赔偿的，保险人赔偿保险金时，可以相应扣减被保险人从第三者已取得的赔偿金额……"。依照该条规定，保险人行使代位求偿权，应当满足以下三个条件：被保险人对第三人有损害赔偿请求权；保险人已向被保险人给付保险金；保险人行使代位求偿权的数额以给付的保险金额为限。

（一）被保险人对第三人有损害赔偿请求权

如前所述，保险代位求偿权本质是一种债权的移转，是保险人代位行使被保险人对第三人的损害赔偿请求权。因此，如果被保险人对第三人不享有损害赔偿请求权，则保险人自无理由向第三人主张权利。前述损害赔偿请求权既可以是债务不履行的损害赔偿责任，亦可以是侵权行为的损害赔偿责任，甚至是其他依法律规定应当承担的损害赔偿责任，如避险不当等。

需要说明的是，我国《保险法》第60条规定的"因第三者对保险标的的损害而造成保险事故"部分所要解决的基础问题在于，第三者应当对保险标的的损害承担责任，至于第三者的行为是否是保险标的损害的唯一的、直接的原因，则在所不问。例如，无行为能力人的不当行为造成被保险人的保险财产受损，则保险人在向被保险人承担保险责任后，可向该无行为能力人的监护人行使保险代位权。再如，代理人因履行代理职责过程中的过失使被保险人的保险财产遭受损害，则保险人承担保险责任后，可向被代理人主张代位求偿权。[1] 最后，保险人就其负保险责任的原因事实与第三人对被保险人承担损害赔偿责任的原因事实必须相同。例如，第三人过失引起火灾，烧毁了保险标的——被保险人所有的房屋，则其应对被保险人承担损害赔偿责任。同时，第三人过失引起火灾并致害于保险标的的行为还是保险人承担保险责任的原因所在。

---

〔1〕当然，此种情形并不常见，实务中绝大多数皆是保险人对直接实施不当行为而致害于保险标的的第三人行使代位求偿权。故本书将之表述为"造成保险标的损害的第三人"。

（二）保险人已向被保险人给付保险金

一方面，保险代位求偿权的功能之一即是避免被保险人获取双重利益，然而，若保险人未向被保险人承担保险责任，则自应允许被保险人保留上述权利，因为此时并不会发生被保险人不当获利的情形。另一方面，就保险人而言，如果允许其在未向被保险人承担保险责任之前行使代位求偿权，则可能使保险人不当获利。总之，保险人在向被保险人给付保险金前，对造成保险标的损害的第三人不能行使代位求偿权。因为此时保险人对第三人的代位求偿权仅是一种期待权，尚未转化为既得权利，故不能行使。如果被保险人向第三人请求赔偿而取得部分赔偿金，则保险人应在给付保险金时，相应扣除被保险人已经取得的赔偿部分。

（三）代位求偿权的行使以保险人已经给付的保险金额为限

保险人行使代位权只能以其向被保险人给付的保险金数额为限，不得超过其向被保险人给付的保险金数额。否则，可能使保险人不当得利。需要说明的是，在保险实务中，保险人以给付的保险金额为限行使代位权并不具有绝对的意义。保险人在不损害投保人或被保险人的权利的范围内，可以超出已经给付的保险金额对第三人行使代位权。保险人行使代位权而从第三人处取得的赔偿，超过其向被保险人给付的保险金额时，应当将超过的部分退还给被保险人。

二、保险代位求偿权的行使方式

对于保险人究竟应当以自己的名义行使代位求偿权，抑或应以被保险人的名义行使代位权，在保险法理论和实务上，存在着两种对立的观点。一种观点认为，保险人应当以被保险人的名义行使代位权。另一种观点认为，保险人的代位权依照法律规定而发生，保险人行使代位权不以被保险人移转损害赔偿请求权的行为为要件，只要具备代位权的行使条件，即可径行以自己的名义行使被保险人对于第三人的赔偿请求权。

我们认为，前述第二种观点是较为妥当的。因为理论上，保险代位求偿权是保险人依法取得的法定权利，而不论保险合同是否对此作出了明示或默示的约定。再者，代位求偿权本质上是一种债权的移转，保险人在向被保险人承担保险责任后，债权的主体已经发生了移转，由被保险人变为了保险人。保险人自可以自己名义向第三人主张权利，无须经被保险人的同意、转让。而在保险实务上，保险人以自己的名义行使代位权，可以取得独立的诉讼地位，避免以被保险人的名义行使代位权所可能产生的诸多不便。我国的司法实务已经确认保险人以自己的名义行使保险代位求偿权，并取得独立的诉讼地位的正当性。

三、被保险人的协助义务

保险人行使保险代位求偿权，被保险人应当提供必要的协助。我国《保险法》第63条规定：“保险人向第三者行使代位请求赔偿的权利时，被保险人应当向保险人提供必要的文件和所知道的有关情况。”

（一）提供必要的文件和所知道的有关情况

与被保险人对第三人的损害赔偿请求权有关的文件，被保险人应当尽可能地提供给保险人，包括保险事故发生的时间、性质、损失程度、被保险人向第三人的赔偿请求文件、第三人否认或者承认赔偿责任的证明文件等。再者，被保险人还应当向保险人开具权利转让书，以示保险人因向被保险人给付保险赔偿金而当然取得代位求偿权。此种证明虽不具有赋予保险人代位求偿权的功效，但其却可以证明保险人的法律地位，有助于确认赔偿金额和赔付时间，定纷止争。除此以外，保险人要求被保险人提供其持有而能够提供的有关代位权行使的其他文件的，被保险人应当积极予以提供。最后，凡与保险事故的发生以及第三人责任有关的一切情况，被保险人也应当提供给保险人。

（二）其他协助义务

除前述义务外，当发生保险代位求偿权的诉讼时，经保险人要求，被保险人亦有做出其他相应配合行为——例如应保险人要求出庭作证、不得放弃其对第三人的抗辩权等——的义务。

四、保险代位求偿权行使限制

（一）保险代位求偿权适用范围限制

保险分为财产保险和人身保险，但损失填补类保险主要是财产保险，故保险代位求偿权作为填补损失原则的具体表现形式，原则上仅适用于财产保险。我国《保险法》在第二章第二节，即人身保险合同中规定：“被保险人因第三者的行为而发生死亡、伤残或者疾病等保险事故的，保险人向被保险人或者受益人给付保险金后，不享有向第三者追偿的权利，但被保险人或者受益人仍有权向第三者请求赔偿”（《保险法》第46条）。同时，在第二章第三节，即财产保险合同中规定：“因第三者对保险标的的损害而造成保险事故的，保险人自向被保险人赔偿保险金之日起，在赔偿金额范围内代位行使被保险人对第三者请求赔偿的权利”（《保险法》第60条）。可见，依据现行《保险法》的规定，代位求偿权仅适用于财产保险合同。

【思考】

为什么《保险法》限制保险代位求偿权在人身保险中的适用？是否保险代位求偿权不适用于任何性质的人身保险？

（二）保险代位求偿权适用对象限制

我国《保险法》第62条规定："除被保险人的家庭成员或者其组成人员故意造成本法第60条第1款规定的保险事故外，保险人不得对被保险人的家庭成员或者其组成人员行使代位请求赔偿的权利。"对于被保险人的家庭成员或者其组成人员的范围问题，依学者的观点，为了保护被保险人的利益，对被保险人的家庭成员应当作广义的解释，即家庭成员应当包括配偶、亲等较近的血亲而且共同生活的人、姻亲而且共同生活的人，以及虽非共同生活但负有法定扶养义务的人。对被保险人的组成人员则应当作狭义解释，即第三人不仅要受被保险人雇佣，而且对其不当行为，被保险人需承担法律责任。[1] 通常是指法人或其他组织的内部工作人员。

【思考】

法律为何限制保险人向前述人等行使保险代位求偿权？

（三）保险代位求偿权适用时效限制

保险代位求偿权属于请求权，自应受诉讼时效的限制。再者，代位求偿权本质上是一种法定的债权移转，即将原属于被保险人享有的对第三人的赔偿请求权移转于保险人。而第三人因造成保险标的损害而需承担的赔偿责任，或为侵权责任，或为违约责任，其损害赔偿请求权的诉讼时效各自不同。相应地，保险代位求偿权的诉讼时效也应由被保险人对第三人的请求权基础或者性质来决定。需要说明的是，由于代位求偿权是一种法定债权移转，因此，依据我国《保险法》第60条第1款的规定，保险人自承担保险责任之日起即可行使代位求偿权，而无须等待被保险人签发权利（益）转让证明书。

但对于代位求偿权诉讼时效的起算点，我国法律未作明确规定，司法实务中一般是以保险人承担保险责任之日开始计算。[2] 但我国台湾地区司法实务却是从被保险人可以行使损害赔偿请求权之时开始计算。其理由主要有两点：一是第三人依法律规定享有的时效利益不因保险代位权的行使而被剥夺或有所影响；一是保险人的代位求偿权是从被保险人之处移转而来，在法理上，任何人不得将大于自己所享有的权利让与他人，因此，保险人的代位求偿权不得超越被保险人对第三人的损害赔偿请求权。学者之间则对此观点不一。[3] 我们认为，采纳此种观点，似乎对保险人过于严苛，有使加害人不当得利之嫌。毕竟诉讼时效制度的目的在于敦促权利人及时行使权利，而非保护加害人的利益。再者，代位求偿权是一种法定的权利移转，

---

〔1〕 施文森：《保险法总论》，台湾三民书局1985年版，第204页。

〔2〕 参见下文实例参考中的案例。

〔3〕 梁宇贤：《保险法新论》，中国人民大学出版社2004年版，第138页。

是基于法律规定而完全成就要件的权利，故所谓权利受让人不得超过原权利人权利范围的问题也不存在。最后，保险是一风险共同体，保护保险人的利益，在某种程度上将惠及全体被保险人，因此维护保险人利益的价值更大于加害人利益维护的价值。因而，将诉讼时效从保险人承担保险责任之时开始计算并无不妥。

【实例参考】

涉及代位求偿权诉讼时效起算点的判决书

上诉人（原审原告）中国人民财产保险股份有限公司BJ市CY支公司，住所地BJ市CY区××楼。

负责人高某，经理。

委托代理人张某，男，1966年12月1日出生，汉族，中国人民财产保险股份有限公司BJ市CY支公司法律顾问，住BJ市DC区××号。

委托代理人代某，男，1960年6月12日出生，汉族，中国人民财产保险股份有限公司BJ市CY支公司职员，住BJ市CY区××号。

被上诉人（原审被告）何某，男，1957年6月10日出生，回族，住BJ市DC区××号。

委托代理人志某，BJ市××律师事务所律师。

委托代理人王某，男，1953年6月3日出生，汉族，BJ××房地产开发有限公司职员，住BJ市DC区××号。

上诉人中国人民财产保险股份有限公司BJ市CY支公司（以下简称人保CY支公司）因与被上诉人何某追偿权纠纷一案，不服BJ市DC区人民法院××号民事判决，向本院提起上诉。本院于2009年5月12日受理后，依法组成由法官××担任审判长，法官××、×××参加的合议庭进行了审理。本案现已审理终结。

人保CY支公司在一审中起诉称：2002年12月15日，何某在人保CY支公司处为其与中国光大银行XZ支行（以下简称光大银行）签订的汽车消费贷款借款合同投保了机动车消费贷款保证保险，人保CY支公司承保后向何某出具了保险单。保险单首页载明：投保人为何某，担保方式为保证，担保人为樊某，被保险人为光大银行，保险期限从2002年12月16日至2005年12月15日止，保险金额为910 000元。2002年12月17日，何某与光大银行签订了汽车消费贷款借款合同，约定何某为向BJ福德机械有限公司（以下简称福德公司）购置工程车辆向光大银行申请消费贷款，贷款金额为910 000元，贷款期限3年。后光大银行向何某发放了上述贷款，福德公司收到购车款后也向何某交付了工程车。2005年7月1日起，何某开始拒绝向光大银行偿还借款，光大银行依保证保险合同向人保CY支公司提出索赔，人保CY支公司于2006年12月21日赔付光大银行保险金273 080.79元，光大银行已将上述债权及其项下相关权益转让与人保CY支公司。现人保CY支公司起诉要求何某给付人保CY支公司已支付的保险金273 080.79元并按照中国人民银行同期贷款利率支付自2005年12月31日起至实际给付之日止的利息，本案诉讼费由何某负担。

何某在一审中答辩称：何某对在人保CY支公司处投保机动车消费贷款保证保险、与光大银行签订汽车消费贷款借款合同及向福德公司购买工程车辆的事实无异议。但何某已于2006年1月4日向光大银行偿还了全部贷款，光大银行也将何某所购工程车辆的发票、产品合格证交于何某，且告知何某到人保CY支公司办理退保手续。在借款期限内，何某按照借款合同的约定如约履行还款义务，未发生保险事故，所以人保CY支公司向光大银行履行保险责任并无事实依据。此外，人保CY支公司于2005年12月31日向光大银行赔偿保险金，自其赔偿保险金之日即取得了代位追偿权，且人保CY支公司在两年内并未向何某提出过债权主张，现人保CY支公司于2008年5月15日起诉，其请求权已超过诉讼时效，故何某不同意人保CY支公司的诉讼请求。

一审法院审理查明：2002年12月15日，何某在人保CY支公司处为其与光大银行签订的汽车消费贷款借款合同投保了机动车消费贷款保证保险，人保CY支公司承保后向何某出具了保险单。保险单首页载明：投保人为何某，担保方式为保证，担保人为樊某，被保险人为光大银行，保险期限从2002年12月16日至2005年12月15日止，保险金额为910 000元。保险合同机动车辆消费贷款保证保险条款对于保险责任作如下约定：投保人未能按机动车辆消费贷款合同约定的期限偿还欠款的，视为保险事故发生。保险事故发生后3个月，投保人仍未履行约定的还款义务，保险人按保险合同约定负责偿还投保人所欠款项，但以不超过保险金额为限。本保险合同所称的所欠款项是指机动车辆消费贷款合同中未偿还的贷款本金以及未偿还贷款本金在保险事故发生之日至保险事故结案之日期间的合同约定的贷款利息。2002年12月17日，何某与光大银行签订了汽车消费贷款借款合同，合同约定，何某为向福德公司购置燕工牌塔式起重机向光大银行申请消费贷款，贷款金额910 000元；贷款期限为36个月，即自2002年12月17日起至2005年12月17日止；贷款利率为月息4.575‰；贷款期内，每年1月1日若遇有中国人民银行调整贷款利率，则按中国人民银行调整贷款利率的有关文件执行；何某按照等额还款方式每月还本付息

27 474.17 元；借款合同项下担保方式为由福德公司提供连带责任保证担保。后光大银行向何某发放了贷款 910 000 元，福德公司收到购车款后也向何某交付了燕工牌塔式起重机一台。

何某在履行其与光大银行的汽车消费贷款借款合同过程中，陆续向光大银行偿还了部分贷款本息，但因光大银行自 2005 年 2 月起连续未收到还款，故向人保 CY 支公司提出保证保险索赔申请。2005 年 12 月 31 日，人保 CY 支公司向光大银行支付了保险金 273 080.79 元，2006 年 1 月 4 日，光大银行将上述款项入账。同日，福德公司从保证金账户向光大银行支付了 40 431.98 元，用于将何某的贷款全部结清。2006 年 1 月 5 日，光大银行向何某出具客户贷款结清通知单，通知单载明，您在 2002 年 12 月 17 日与我行签订的 35150216020022 号《贷款合同》项下的工程机械按揭贷款已于 2006 年 1 月 4 日全部清还完毕。

庭审过程中，人保 CY 支公司提供了保证保险索赔申请书、保证保险结案协议书、保证保险权益转让书及预付赔款收据、赔款收据，以证明其履行了保险责任，但保证保险索赔申请书、保证保险结案协议书均未签署日期。预付赔款收据、赔款收据虽签署了日期，但"收款单位章"处并未加盖光大银行印章。在保证保险结案协议书中载明：根据光大银行出具的索赔材料，双方一致核定人保 CY 支公司向光大银行支付款项金额为 273 080.79 元；上述款项由人保 CY 支公司于本协议生效日 10 日内支付给光大银行，其中已垫付金额为 273 080.79 元，结案时尚需支付金额为 0 元；光大银行同意在人保 CY 支公司向其支付上述款项的同时向人保 CY 支公司出具权益转让书，将光大银行对投保人（债务人）及担保人享有的相应债权及其从权利转让给人保 CY 支公司，并就人保 CY 支公司对其享有的相应债权进行追偿事宜予以配合协助。保证保险权益转让书载明：人保 CY 支公司签发的机动车辆保证保险第 PDAD200211010503 + + + + + + 号保险单所承保的投保人为何某、借款合同号为光银贷 2002 - 0138 的汽车消费贷款保证保险，于 2005 年 7 月 1 日发生了保险条款规定的保险事故。鉴于人保 CY 支公司已于 2005 年 12 月 31 日履行了保险责任，现将上述借款合同中约定的追偿权转让给人保 CY 支公司，并协助人保 CY 支公司共同向投保人（借款人）进行追偿。

现人保 CY 支公司主张其于 2005 年 12 月 31 日向被保险人光大银行支付的 273 080.79元为预付赔款，光大银行于 2006 年 12 月 31 日才与人保 CY 支公司签署保证保险结案协议书并出具保证保险权益转让书，故人保 CY 支公司于 2006 年 12 月 31 日才取得保证保险代位追偿权。对此，何某不予认可。一审法院于 2008 年 11 月 27 日向光大银行询证保证保险结案协议书的签署日期。光大银行于 2008 年 12 月 10

日答复："由于负责办理何某贷款结案协议书的工作人员已经离开我行，且无法联络到，故不知当时为何没有填写日期。"

另外，何某在庭审中向一审法院提供的其向福德公司支付款项的有效收款凭据总金额为837 700元。对此，人保CY支公司认为何某向福德公司支付款项与汽车消费贷款借款合同和保证保险合同无关。

上述事实有人保CY支公司提供的汽车消费贷款借款合同、机动车辆消费贷款保证保险单、保证保险索赔申请书、保证保险结案协议书、保证保险权益转让书，何某提供的贷款结清通知单、进账单、收据、收条，一审法院的两份询证函、光大银行的回函及人保CY支公司当庭陈述在案佐证。

一审法院判决认定：本案中，何某与光大银行签订的汽车消费贷款借款合同、何某与人保CY支公司签订的机动车辆消费贷款保证保险合同，均未违反法律、行政法规的强制性规定，属有效合同。各方当事人均应按照合同约定履行己方义务。结合人保CY支公司与何某之诉辩意见，本案的争议焦点为：一、人保CY支公司是否对何某享有债权；二、对何某的起诉是否超过诉讼时效。

就争议焦点一，该院认为，根据法律规定，当事人对自己提出的主张，有责任提供证据。本案中，何某虽辩称其已按照汽车消费贷款借款合同的约定向光大银行偿还了全部借款本息，未发生保险合同约定的保险事故，并提供了其向福德公司支付款项的证据，但借款合同的当事人是何某与光大银行，何某只有向光大银行偿还借款本息才是合同约定的应履行的义务，何某在履行合同过程中将用于偿还借款本息的款项支付给福德公司，并不能免除何某向光大银行偿还借款本息的义务。因何某未能提供其向光大银行履行还款义务的证据，故该院对何某的上述辩解不予采信。因何某逾期偿还借款，导致保险事故发生，人保CY支公司向被保险人光大银行履行保险责任，符合保险合同的约定，并应依法取得对何某的代位追偿权，故人保CY支公司对何某享有合法债权。

就争议焦点二，根据法律规定，因第三者对保险标的损害而造成保险事故的，保险人自向被保险人赔偿保险金之日起，在赔偿金额范围内代位行使被保险人对第三者请求赔偿的权利。就人保CY支公司所称其在保证保险权益转让之日方取得追偿权的主张，该院认为，保险法对保险人取得代位追偿权的形式并未作出明确规定，因此保险人行使代为追偿权不应以被保险人是否转让权益为条件。本案中，人保CY支公司虽称2006年1月4日向光大银行支付的保险金为预付赔款，但一方面，根据光大银行2006年1月5日向何某出具的客户贷款结清通知单，可以确定光大银行对人保CY支公司的保险合同债权实现之日为2006年1月4日，则人保CY支公司履行保险责任和取得代为追偿权的日期亦应确定为2006年1月4日。另一方面，保险合同并未对预付赔款作出约定，人保CY支公司仅以单方出具的预付赔款收据证实存在预付赔款的事实，缺乏证明力，该院不予采信。现人保CY支公司于2008年5月15日向该院递交起诉状，亦未提出存在诉讼时效中止或中断的事由，故人保CY支公司的起诉已超过两年的诉讼时效，该院对人保CY支公司的诉讼请求不予支持。

综上所述，依照《中华人民共和国民法通则》第135条、《中华人民共和国保险法》第45条第1款（指2002年修订的《保险法》，该判决书下同——笔者注）、《中华人民共和国民事诉讼法》第64条第1款之规定，判决：驳回原告人保CY支公司的诉讼请求。

人保CY支公司不服一审法院上述民事判决，向本院提起上诉。其主要上诉理由是：一审法院认定事实有误，证据不足，特别是在法院查证了部分事实以及人保CY支公司提交了权益转让书的情况下，仍以人保CY支公司的起诉已经超过了诉讼时效而驳回人保CY支公司的诉讼请求是错误的。第一，何某没有提交客户贷款结清通知单的原件，人保CY支公司始终没有认可这一事实，而一审法院却认定了该证据。第二，一审中人保CY支公司提交了光大银行的索赔申请，光大银行在申请中要求赔偿的数额是31万多元，人保CY支公司经过初步核算赔付了273 080.79元，人保CY支公司支付了273 080.79元之后，光大银行仍然在扣划车商的保证金，何某仍然在向银行还款，人保CY支公司取得权利多少是不确定的，同时取得最后保险追偿权的时间也是不确定的，一审法院认为光大银行向何某开具了客户贷款结清通知单，人保CY支公司在客户贷款结清通知单开具之后就取得了代位追偿权，这点认定是没有根据的，光大银行是否开具了客户贷款结清通知单，人保CY支公司不清楚，因为人保CY支公司赔付的273 080. 79元是预付赔偿，人保CY支公司在不清楚光大银行开具的客户贷款结清通知单的情况下，就无法取得正式确定的权益转让的权利。第三，人保CY支公司提交的重要证据就是结案协议和权益转让书，在签订结案协议的同时，光大银行给人保CY支公司出具了权益转让书，权益转让书上有双方确定的时间，光大银行是在2006年12月转让的权益。人保CY支公司的保险责任是在2006年12月向光大银行全部承担完毕的，光大银行此时才向人保CY支公司转让权利，人保CY支公司才能向责任人去追偿。第四，客户贷款结清通知单是光大银行XZ支行出具的，而不是何某的贷款银行出具的，人保CY支公司不认可。人保CY支公司请求二审法院撤销原判，依法改判，支持人保CY支公司的诉讼请求。

何某服从一审法院判决。其未向本院提交书面答辩意见，但其在本院庭审中口头答辩称：第一，根据我国《保险法》第45条的规定，保险人向银行履行了保险责任，支付了保险金那一天其就取得了代位求偿的权利。人保CY支公司2005年12月底向光大银行支付了保险金，因此从2005年12月底就取得了代位追偿的权利，而人保CY支公司向法院起诉的时间是2008年5月15日，根据法律规定，已经超出了2年的诉讼时效。第二，人保CY支公司上诉提出何某没有出具客户贷款结清通知单的原件不是事实，一审中何某出具了原件，而且一审法院到光大银行XZ支行调查，该行就其中内容也进行了答复，可以证明何某提交的客户贷款结清通知单是真实合法的。第三，人保CY支公司主张的预付保险金问题，其没有提交相关的证据，而且在法律上也不存在预付保险金的概念。而从人保CY支公司在一审中提交的权益转让书可以看出，2005年12月31日光大银行已经将权益转让给了人保CY支公司，光大银行出具的相关说明也证明2005年12月底，光大银行已经获得了人保CY支公司的赔偿，可以说明在2005年12月31日，人保CY支公司已经履行了赔款义务，不存在预付款问题。第四，何某与光大银行签订合同之后一直是通过车商向光大银行还款，总共已经支付了104万元，交给了车商，如果车商没有把钱转给光大银行，光大银行也应该与人保CY支公司联系，但是光大银行不但没有向何某催收，而且在2006年1月4日还向何某出具了还清贷款的通知单。一审法院因诉讼时效问题没有支持人保CY支公司的诉讼请求也是符合公平原则的。何某请求二审法院维持原判。

本院经审理查明的事实与一审法院查明的事实一致。

本院二审期间依法补充查明以下事实：保险合同机动车辆消费贷款保证保险条款对于赔偿处理作如下规定：对贷款合同设定抵押或连带责任保证的：……被保险人获得保险赔偿的同时，应将其有关追偿权益转让给保险人，并协助保险人追偿欠款。

上述事实，有人保CY支公司提供的机动车辆消费贷款保证保险单在案佐证。

本院认为：何某与光大银行签订的汽车消费贷款借款合同及其与人保CY支公司签订的机动车辆消费贷款保证保险合同，均系各方当事人的真实意思表示，亦未违反法律和行政法规的强制性规定，属有效合同，各方当事人均应依约履行己方义务。按照保险合同机动车辆消费贷款保证保险条款的规定，被保险人获得保险赔偿的同时，应将其有关追偿权益转让给保险人，并协助保险人追偿欠款。根据本院查明的事实，人保CY支公司于2005年12月31日向光大银行支付了保险金273 080.79元，2006年1月4日，光大银行将上述款项入账。自2006年1月4日起，光大银行即应将其有关追偿权益转让给人保CY支公司，故一审法院认定人保CY支公司取得追偿权的日期为2006年1月4日并无不当。人保CY支公司未在法律规定的两年诉讼时效期间内向何某主张权利，丧失了胜诉权，一审法院判决驳回其诉讼请求，是正确的。人保CY支公司关于其向光大银行支付的保险金为预付赔款以及其在光大银行出具权益转让书之后才能行使追偿权的上诉意见，既无合同依据，亦无法律依据，本院不予采纳。人保CY支公司在本案一审庭审过程中对何某提交的客户贷款结清通知单的真实性已予认可，现其上诉又提出何某没有提交客户贷款结清通知单的原件，与其在一审庭审中的陈述矛盾，本院不予支持。人保CY支公司关于结清单不是何某的贷款银行出具的的上诉意见，依据不足，本院不予采纳。……[1]综上所述，人保CY支公司的上诉请求，没有事实和法律依据，应予驳回。一审法院判决认定事实清楚，处理并无不当，本院予以维持。综上所述，依照《中华人民共和国民事诉讼法》第153条第1款第1项之规定，判决如下：

驳回上诉，维持原判。

一审案件受理费5396元，由中国人民财产保险股份有限公司BJ市CY支公司负担（已交纳2698元，余款于本判决生效之日起七日内交至原审法院）。

二审案件受理费5396元，由中国人民财产保险股份有限公司BJ市CY支公司负担（已交纳）。

本判决为终审判决。

……

第三节 第三人的抗辩权

责任源自于义务的不履行或不当履行，因此，违反民事义务应当承担民事责任。但是，行为人有法定或约定的抗辩事由存在时，则可以免予或者减轻承担民事责任，可见，抗辩事由实际为免责或减责事由。在保险实务中，第三人可向保险人主张的抗辩事由主要是被保险人放弃索赔的权利。依据保险法理，如果被保险人放弃对第三人的赔偿请求权，或者同第三人就损害赔偿的数额达成和解，第三人得以此对抗保险人的代位求偿权。作为保险合同法一般法的《合同法》也作了如此规定。该法第82条规定：“债务人接到债权转让通知后，债务人对让与人的抗辩，可以向受让

〔1〕 二审法院在判决书省略部分称“需要说明的是，在本案中，人保CY支公司的追偿权来源于当事人之间的合同约定，而非法律规定，故《中华人民共和国保险法》第45条第1款有关保险代位求偿权的规定不应适用于本案。”我们认为，法院的此一判决意见并不妥当，与我国现行法及法理相冲突，故将该部分在正文中省去。

人主张。”

首先，在保险合同成立前，被保险人预先放弃对第三人的赔偿请求权，保险人已知其事实，则保险人应当受被保险人放弃赔偿请求权的约束。在发生保险事故后，第三人因为被保险人预先放弃赔偿请求权而取得的利益，可以有效对抗保险人的代位求偿权。

其次，若保险人和投保人在订立保险合同时，约定放弃保险代位求偿权或者不适用保险代位求偿权的，其约定具有阻止保险代位求偿权发生的效力，第三人可以此对抗保险人的索赔请求。保险合同约定放弃保险代位求偿权的，不论是否发生保险事故，保险人均不得主张保险代位求偿权。

再次，在保险合同成立后，保险事故发生前，被保险人放弃对第三人的求偿权或者就该求偿与第三人达成和解以减轻第三人的责任，以致损害保险人的代位权的，被保险人应当对保险人承担损害赔偿责任。此后发生保险事故，保险人不知其事实而向被保险人给付保险赔偿金，保险人因为被保险人放弃请求权的行为而不能向第三人行使代位权，可以向被保险人追回已为的保险给付。

最后，在保险事故发生后，仅在保险人未赔偿保险金之前，被保险人放弃对第三者的请求赔偿的权利的，第三人才可以对抗保险人的代位求偿权，此时，保险人可以拒绝承担保险责任；在保险人向被保险人赔偿保险金后，被保险人未经保险人同意放弃对第三者请求赔偿的权利的，因放弃权利的行为无效，第三人不得以此对抗保险人的代位求偿权。例如，我国《保险法》第61条规定：“保险事故发生后，保险人未赔偿保险金之前，被保险人放弃对第三者请求赔偿的权利的，保险人不承担赔偿保险金的责任。保险人向被保险人赔偿保险金后，被保险人未经保险人同意放弃对第三者请求赔偿的权利的，该行为无效。被保险人故意或者因重大过失致使保险人不能行使代位请求赔偿的权利的，保险人可以扣减或者要求返还相应的保险金。”

第十三章

【实例参考】

A厂有“凌志”牌进口轿车一辆，1999年向D保险公司投保车辆损失险，保险金额63万元，保险公司签发的保险单中附有中国保险监督管理委员会制定的《机动车辆保险条款》，该条款第19条规定，保险车辆发生保险责任范围内的损失应当由第三方负责赔偿的，被保险人应当向第三方索赔；如果第三方不予支付，被保险人应提起诉讼，被保险人提起诉讼后，保险人根据被保险人提出的书面赔偿请求，应按照保险合同予以赔偿，但被保险人必须将向第三人追偿的权利转让给保险人，并协助保险人向第三方追偿。此外，A厂还投保了不计免赔额特约险。

1999年12月29日，A厂驾驶员驾驶该车在高速公路上与C厂的小客车相撞，A厂的“凌志”轿车全部毁损。经公安机关认定，C厂小客车的驾驶员负全部责任。“凌志”轿车经价格事务所评估，实际价值为242 550元，残值按10%计算为24 255元，损失为218 295元。经公安机关调解后，当事人达成协议，由C厂赔偿A厂218 295元。随后A厂向保险公司索赔。保险公司于2000年4月14日答复要求A厂提供书面赔偿请求、第三方不予支付的书面证明、人民法院的受理证明。A厂遂于6月1日将C厂诉至D市某区法院，要求C厂赔偿损失63万元，并于当日向保险公司邮寄保险理赔申请书、保险单、道路交通事故损害赔偿调解终结书、道路交通事故责任认定书、法院受理案件通知书。但保险公司于6月5日向A厂回函称其提供的材料中缺少第三方不予支付的书面证明。因索赔无果，A厂于6月7日向保险公司所在地E市某区法院提起诉讼，请求判令保险公司支付赔偿金63万元。7月7日，D市某区法院就A厂与C厂道路交通事故赔偿纠纷案作出判决，确认由C厂赔偿A厂车辆损失218 295元。11月23日，经D市中级法院终审判决维持原判。2000年12月4日，E市某区法院就保险合同纠纷案作出判决，认为保险公司应按保险金额进行赔偿，因A厂投保了不计免赔特约险，故保险公司不应实行20%的绝对免赔率，判决保险公司赔偿A厂605 745元，轿车残值归A厂所有。保险公司不服该判决，上诉至E市中级法院称：一审混淆了保险公司的代位责任，保险公司赔偿责任仅限于第三方责任范围内的代位责任，而根据D市法院判决，第三方C厂的赔偿额为218 295元，依《机动车辆保险条款》规定，保险金额高于实际价值的，以不超过出险时的实际价值计算赔偿，因此本案的赔偿额应当在218 295元以内。

法院审理后，形成了三种不同意见：第一种意见认为，A厂在履行保险合同的义务后，保险公司应当按照合同及有关法律规定进行赔偿，即应当维持原审判决。第二种意见认为，应当依据损失填补原则，保险金额高于实际价值，以不超过出险时的实际价值计算赔偿。考虑到A厂已经以财物损害赔偿为由向D市法院起诉，并经判决由C厂赔偿其损失218 295元，依据代位赔偿的原则，保险公司向A厂支付赔偿金后，A厂在D市法院的申请执行权可以转由保险公司行使。即，改判保险公司向A厂支付218 295元赔偿金。第三种意见认为，基于侵权损害赔偿之债，A厂对所遭受的财产损失可以直接要求C厂赔偿；基于保险合同的约定，也可以向保险公司索赔，在保险公司赔付后，A厂的权利转让给保险公司。现A厂选择了侵权损害赔偿，法院亦判决C厂赔偿，A厂已丧失要求保险公司赔偿的权利，故应驳回A厂的诉讼请求。

问题：法院的何种意见较为妥当？

分析与评论：本案实质上涉及两个法律问题：一是超额保险问题，一是保险人的代位求偿权问题。所谓超额保险，是就保险金额与保险价值的关系而言，其指保险合同当事人所约定的保险金额超过保险标的的价值的保险。保险本质在于补偿被保险人之损害，损害之范围又以被保险人对保险标的所拥有之价值为限，故超额保险为法律所不允许。而依据保险赔偿的损失填补原则，保险事故发生使被保险人遭受损失时，保险人必须在保险责任范围内对被保险人所遭受的实际损失进行补偿，该原则是保险理赔的基本原则，旨在防止不当得利和道德风险的发生。因此，就本保险合同纠纷而言，A厂投保金额为63万元，车辆评估的实际价值为242 550元，属于超额保险，超额部分应认定无效。由于A厂的实际损失是218 295元，依据损失填补原则，A厂不能从保险人处获得多于该损失的赔偿。E市某区法院的判决显然违背了该原则。在本案中，保险事故发生后，A厂可以对致损第三人C厂请求损害赔偿，也可以依据保险合同向保险公司请求保险赔偿。之所以A厂先起诉C厂后又起诉保险公司，是基于保险合同的约定，并非是A厂自身原因而造成的重复诉讼。况且，D市法院关于C厂向A厂赔偿损失的判决仅是一个诉讼结果，其实质意义上的损害赔付并未实现。因此，A厂向保险公司请求保险赔偿的权利并未丧失。而且，无论被保险人是否取得保险赔偿，C厂均不应免责。故保险公司在依判决向A厂给付保险赔偿金后，即可直接向C厂要求给付该赔偿金，或向D市某区法院申请执行。综上分析，第二种意见是恰当的。

【练习题】

一、选择题

1. 保险人向被保险人赔偿保险金后，被保险人未经保险人同意放弃对第三者请求赔偿的权利的，（　）

A. 保险人可解除保险合同

B. 第三者可拒绝向保险人承担赔偿责任

C. 被保险人应向保险人返还保险金

D. 该行为无效

2. 保险事故发生后，保险人未赔偿保险金之前，被保险人放弃对第三者请求赔偿的权利的，（　）

A. 保险人不承担赔偿保险金的责任

B. 保险人仍应承担赔偿保险金的责任

C. 该行为无效

D. 该行为属于可撤销行为

二、简答题

1. 保险人行使保险代位求偿权，应当具备哪些条件？
2. 保险代位求偿权的行使受哪些限制？

第14章 保险合同的解释

第一节 保险合同解释的含义及其必要性

一、保险合同解释的含义

保险合同的解释，是指法院或者仲裁机关对发生争议的合同条款阐明其真实含义的活动。即在当事人对保险合同的内容，包括但不限于其所使用的语言文字的理解发生争议时，法院或者仲裁机关依照法律规定的方式对保险合同的内容予以确定或者说明的过程。保险合同的内容表现为各种形式的保险条款，而保险条款是由文字写成的，因此当事人如何遵守和履行保险合同，首先应当对保险合同的条款文字予以解释。解释保险合同应当以与解释任何其他合同相同的方法进行，故解释保险合同的基本规则为探求当事人的真实意图。

二、保险合同解释的必要性

如同其他合同一样，保险合同也有其解释的必要性，其主要体现为以下几点：

（1）保险合同的内容是通过文字表达的，尽管立约者力图使任何用语的核心意义明确，但其总会向边缘扩展，使其外延模糊，因而需要通过解释确定保险合同用语的扩展边际。

（2）为实现获取保险保障的目的，当事人应预见到将来可能发生的全部情况与风险，并已对之进行了合理分配，但事实上其不可能完全做到此点。因此，需要对保险合同进行解释，以既有约定去探求当事人的可能意图。

（3）保险合同的条款或者内容，由保险人和投保人约定，当事人约定的事项因为当事人的认知程度、使用的语言文字的差别，以及随着时间的推移等，难免会出现不统一或矛盾之处，导致发生争议，而且立法者的立法也可能存在缺陷，因此在保险合同发生争议时，特别是当事人对合同条款所使用的语言文字认识不一时，更有解释保险合同的必要。

第二节 保险合同的解释方法

一、保险合同解释的基本原则

保险合同是合同的一种，所以有权机关在解释保险合同时首先必须遵循合同的一般性解释原则，然后再考虑保险法的特殊性，具体分析争议合同的性质、特点、目的、内容等诸多因素，以明辨是非，分清责任。即保险合同解释的首要原则就是各类合同解释所普遍遵循的探求真意原则。再者，基于保险合同是定式合同、附合合同，并考虑到缔约当事人之间专业、经济能力的严重失衡，保险合同的解释还应遵循不利解释原则。

前述两项原则，也是大陆法系大多数国家或地区解释保险合同所遵循的基本原则。例如，我国台湾地区“保险法”第54条第2款规定：“保险契约之解释，应探求契约当事人之真意，不得拘泥于所用之文字；如有疑义时，以作有利于被保险人之解释为原则。”我国《保险法》第30条也规定：“采用保险人提供的格式条款订立的保险合同，保险人与投保人、被保险人或者受益人对合同条款有争议的，应当按照通常理解予以解释。对合同条款有两种以上解释的，人民法院或者仲裁机构应当作出有利于被保险人和受益人的解释。”

二、保险合同解释的方法

一般而言，在具体案件中，法院或仲裁机构一般采用下列方法确定合同内容，探求当事人真实意图。

（一）文义解释方法

文义解释方法，又称文字解释方法，它是指按照保险条款所使用的文字含义进行解释，以探求当事人的真实意图。保险合同双方当事人协商一致的意思表示是通过一定的文字形式表现出来的，因此，当合同的某些内容产生争议时，首先应按照条款文字通常、普遍的含义进行解释，而不能主观臆断、牵强附会，对其作超出该词句通常可能含义的解释。

例如，财产保险承保危险之一的“火灾”，依通常理解应该是既要有火又要有灾。1996年5月中国人民银行印发的《财产保险基本险》条款与条款解释和《财产综合险》条款与条款解释中，也把它界定为是指在时间或空间上失去控制的燃烧所造成的灾害。因此，根据文义解释方法，首先，没有燃烧现象不属于火灾，如用熨斗熨衣服造成的焦糊变质损失，以及因家用电器使用过度、超电压、碰线、漏电、自身发热所造成的本身损毁。其次，在生产、生活中有目的的用火，但该燃烧在可控制的范围内，并不会造成不必要的损害的也不属于火灾，如为了处理垃圾而进行焚烧。

（二）专业解释方法

在保险实务中，某些社会日常用语由于社会分工的专业化已经具有了其特定的专门含义，并被保险惯例所确认时，则有权机关在解释此类保险条款时应遵循其专门含义。如许多财产保险条款中所承保的“暴风”、“暴雨”危险的含义，就须按我国气象部门对“暴风”（根据气象部门制定的风力等级表规定，暴风指风速在28.3米/秒以上，即风力等级表中的11级风）、“暴雨”（每一小时降雨量达16毫米以上，或连续12小时降雨量达30毫米以上，或连续24小时降雨量达50毫米以上）的规定来理解。不符合上述规定条件的大风、大雨所造成保险财产的损失，均不引发保险事故，保险人不负保险责任。但需要注意的是，如果保险条款对此作了其他规定，则应从其约定。例如，中国人民保险公司原《企业财产保险条款》将暴风责任明确扩大至8级风，即风速在17.2米/秒以上，则其暴风的概念与气象部门的专业解释不同，此时即应依照条款的规定进行解释。

（三）整体解释方法

整体解释，是指将合同的各项条款以及各个构成部分看做一个完整的有机体，依据各条款以及各部分的相互关联性、争议条款在合同中的地位等，将争议条款与其他条款相互参照，以确定当事人订立合同条款的真实意图的解释方法。《法国民法典》第1161条规定：“契约的全部条款得相互解释，以确定每一条款从整个行为所获得的意义。”英美法院的司法实务认为，对保险合同的条款应当从整体上探求当事人的意图，不同部分的每一条款以及合同的所有部分，应当放在一起进行解释，而不论保险合同的条款是打印的还是手写的。我国《合同法》第125条也要求按照合同所使用的词句、合同的有关条款解释有争议的合同条款。因此，解释有争议的合同条款时，不能孤立地仅就此一条款进行解释，而应强调保险条款前后的逻辑性与整体的协调性，在综合考虑其他合同条款的基础上解释争议条款。

（四）目的解释方法

目的解释，是指当保险合同文字用语含义不清而可作多种解释时，应对其作有利于实现合同目的及合法性的解释。例如，《法国民法典》第1158条规定：“文字可能有两种解释时，应采取适合于契约目的的解释”；我国《合同法》第125条也作了类似规定。显然，投保人和保险人订立保险合同，目的在于分散被保险人的损失风险，而并不在于鼓励其从事道德风险行为。保险合同若无效，被保险人分散其损失风险的目的势必落空。按照目的解释方法，保险合同的效力有疑义时，不得被解释为违反法律或公共利益，除非不得不作此种解释。

（五）补充解释方法

补充解释，是指运用保险合同所用文字以外的工具，对保险合同欠缺的内容所作出地能够反映当事人真实意图的解释。在保险合同的约定有遗漏或不完整，当事人的意图难以确定时，可以通过法律的强制性规定，或者借助法律的任意性规范、保险人的行为或交易习惯，以及诚实信用原则、公平原则等补充解释保险合同，以找到当事人的真实意图。但是，对保险合同作补充解释时，应当注意以下两点：①法律有强制性规定的，应当依照法律的规定解释保险合同的条款或内容；②法律没有强制性规定的，应当借助法律的任意性规范、保险人或其代理人的行为或交易习惯，以及诚实信用原则、公平原则等对保险合同欠缺的内容作出补充，从而使保险合同的内容清楚、完整。在进行补充解释时，应当推定当事人意图订立具有法律约束力的保险合同，努力探求当事人订立保险合同的目的，并把保险合同的条款作为一个整体和相互联系的部分予以衡量。[1]

【实务指南】

对于保险合同的条款，保险人与投保人、被保险人或者受益人有争议时，应当按照保险合同的有关词句语义、合同的目的、交易习惯以及诚实信用方法等，确定该条款的真实意思。其中词句解释，可以参考下列规则做出认定：①书面约定与口头约定不一致的，以书面约定为准；②投保单与保险单或其他保险凭证不一致的，以保险单载明的内容为准；③特约条款与格式条款不一致的，以特约条款为准；④保险合同的条款内容因记载方式或时间不一致的，按照批单优于正文、后批注优于前批注、加贴批注优于正文批注、手写优于打印的规则解释。

【理论扩展】

英美法上的保险合同解释方法[2]

1. 英国法院解释保险合同所采用的方法，归纳起来，主要有以下14项：

（1）当事人的真实意思应受到尊重。保险合同的解释，首先应探求当事人的真实意思，而当事人的真实意思应从保险单及其他有关文件来探求，除非确有必要参照订立合同当时的有关情况，否则法院不得随意猜测当事人的意思。

〔1〕邹海林：《保险法教程》，首都经济贸易大学出版社2002年版，第129页。

〔2〕李玉泉：《保险法》，法律出版社1997年版，第141～146页。

(2) 应从保险合同整体进行解释。保险条款前后自成一体，相互衔接，具有严密的逻辑性。因此，对保险合同的解释，不得仅注意或偏重某一特定条款，而必须就保险合同的整体规定来确定其含义。

(3) 书写条款的效力应优先于印刷条款。保险条款通常都按标准格式预先印就，但保险人也可针对个别约定在保险单上以书写或打字方式加载某些条款。二者发生冲突时，书写条款的效力应优先于印刷条款，因为书写条款是当事人在订约时自由选择作成的，更能表达双方当事人的真实意思。

(4) 语法解释原则。保险条款都由专家拟定，无论用词造句均极为严谨。对于保险单上的用语，自然应该按其语法上的意义加以解释。

(5) 保险单用语按其通俗意义解释。解释保险单与解释其他文件相同，应按其用语所具有的通俗意义解释，不得局限于保险单用语的特定意义。所谓通俗意义，是指具有一般知识及常识的人对于保险单用语所理解的通俗及简明的意义。但保险单上除一般用语外，还使用法律及其他专业术语，对于这种专业术语，应按其在专业上所特别具有的意义加以解释。

(6) 保险单用语可由其上下文确定其含义。保险单某一用语有时受其上下文的限制，应参照上下文确定其含义。英国法院在这种场合，一般采用下列原则作为解释的依据：①同类解释。保险单条款所列举的事项如属于同一类的，则紧接列举事项后的用语，其所表示的也属一类，此即所谓的同类解释原则。②限制解释。限制用语紧接概括用语之后的，则在前面的概括用语不得按其原有的含义解释，而应受后面的用语的限制。

(7) 保险单用语按其表面意义解释。除非有充足的理由作不同的解释，否则保险单用语应按其表面意义或自然含义解释。如果保险单用语十分清晰与明确，仅容许作一种解释的，则不论此种解释是否合理，法院均应受此种解释的约束。

(8) 保险单用语须从宽解释。保险单用语须尽可能地从宽解释，便于其能按当事人的真实意思发生效力，以达到当事人订立保险合同的目的。

(9) 尽量采用合理的解释。保险单用语如含义不清，有两种或两种以上的解释的，应尽量采用合理的解释，以合理的解释推定为当事人的真实意思表示。

(10) 疑义利益的解释原则。保险合同是附合合同，一般是依照保险人拟定的保险单条款订立的，并非真正由双方当事人协商订立，投保人对条款内容并无选择权，因此对保险条款和用语保险人最为清楚。如有关条款或用语的含义不清，或应如何解释发生争议时，应作有利于被保险人的解释。

(11) 保险单规定应尽量使之趋于一致。如果同一保险单中的规定或用语发生抵触，法院在解释时，应尽量加以协调，使之趋于一致。法院在协调时，下列原则可资遵循：①如当事人的真实意思可以确定，则保险单中任何与其真实意思相抵触的规定或用语无效；②保险单的规定或用语前后发生抵触的，除非有特定理由，否则前者的效力应优先于后者；③如果保险单上的用语与投保申请书或其他附件的用语发生抵触时，除非有相反的证明，否则应以保险单上的用语为准。

（12）明示条件优先于默示条件。保险单所具有的默示条件与明示条件发生抵触时，应以后者为准。如投保人的说明不实，隐瞒或遗漏足以变更或减少保险人对于危险的估计的，保险人可解除合同。这是保险单的默示条件，无须另行载明。但如果保险单规定：促成损害发生的危险事故与投保人的不实说明或隐瞒间无因果关系，保险人仍须负赔偿责任的，则保险单的规定应优先于前述默示条件。

（13）以后确定与原先确定的效力相同。保险合同成立时，其关于保险期限、地点、标的物的数量等须以后按当事人约定的方式予以确定的，这种以后确定视为与原先确定的效力相同。

（14）印刷字体不论大小，效力相同。保险单所使用的字体大小不一，有的小到须用放大镜才能阅读。这种以极小的字体印就的条款，其效力是否低于以较大的字体印就的条款，英国有的法官主张以极小字体印就的条款效力低些，但在判例法上则不论条款所使用字体的大小，均产生相同的效力。

2. 美国法院对保险合同的解释，不像英国法院那样偏重于技术性，而是着重从保险的目的，以及保险合同的性质出发，其所采用的原则主要有：

（1）公平原则。20 世纪以后，附合合同在美国逐渐盛行，所谓契约自由似乎已不再存在。无论保险合同或其他资金周转合同，其内容完全由一方当事人所控制，他方仅得表示接受与否，因此合同内容难免有失公平。为此，美国《统一商法典》第 2 篇第 302 条第 1 款明确规定："法院如在法律上判定合同或合同中任何条款显失公平的，可宣告该合同或该条款无效，或仅确认不公平条款以外部分的效力，或限制不公平条款的适用，以免产生不公平的结果。"《统一商法典》虽未进一步规定不公平的含义，但美国学者们认为，所谓不公平应从实质上及程序上加以考虑。一般来说，如合同是在毫无选择，以及在程序上显然是使用不公平方法签订的，则法院通常均判定合同中的任何苛刻规定就属于不公平。《统一商法典》就附合合同所创设的这一新原则，目前已普遍适用于保险合同的解释。

（2）合理期待。合理期待原则即指购买保险单的社会大众有权获取满足其合理期待所必要的保护。即使保险单规定的条款完全否定将投保人或受益人所期待的危险承保在内，但其就保险单条款所存有的客观上的合理期待仍须尊重。但是，这一原则如果被无限制地加以援引，则无异于允许法院可完全忽视保险单的规定，而为当事人另外创设一种新的合同，因而美国法院已有逐渐限制该原则的趋势。

(3) 标题是合同的一部分。美国法院鉴于社会大众投保时，绝大多数人只以保险单的标题作为投保与否的依据，极少仔细研读有关条款内容，于是判定。标题如含有保险单索引性质的通常名称，则标题构成合同的一部分，应与保险单上所载的条款一并予以解释。

(4) 禁止抗辩。此处的禁止抗辩是指保险人对于保险条款、合同效力故意作不实说明，以致被保险人因善意信赖而遭受损害的，不管保险单上的规定如何，保险人应受其不实说明的拘束，不得援引保险单的规定进行抗辩。

(5) 弃权。保险人明知依据保险单规定可以行使抗辩权，而以明示或默示方式予以抛弃的，则以后不得再加以援用。其与禁止抗辩原则的不同在于：前者是依保险人的意思发生效力，后者是禁止依保险人的意思发生效力。

此外，英美法院解释保险合同时，还受口头证据法则的约束：即保险单签发前的任何口头或书面约定，除非保险单将之明确规定为合同的内容，否则均不得作为解释的依据。

【实例参考】

涉及合同解释方法的判决书

上诉人（原审原告）李某某，女，1953 年 12 月 24 日出生，汉族，住 BJ 市 CY 区××室。

委托代理人佟某某，BJ 市××律师事务所律师。

被上诉人（原审被告）中国人寿保险股份有限公司 BJ 市分公司，住所地 BJ 市 CY 区××号×层。

负责人徐某某，总经理。

委托代理人槐某某，女，1978 年 7 月 20 日出生，汉族，中国人寿保险股份有限公司 BJ 市分公司职员。

委托代理人秦某某，男，1962 年 4 月 20 日出生，汉族，中国人寿保险股份有限公司 BJ 市分公司职员。

上诉人李某某因与被上诉人中国人寿保险股份有限公司 BJ 市分公司（以下简称人寿 BJ 公司）人身保险合同纠纷一案，不服 BJ 市 CY 区人民法院××号民事判决，向本院提起上诉。本院于 2009 年 8 月 4 日受理后，依法组成由法官××担任审判长，法官×××、××参加的合议庭进行了审理。本案现已审理终结。

李某某在一审中起诉称：1998年9月30日，李某某与中国人寿保险股份有限公司CY分公司（以下简称CY分公司）签订保险单，同时收到鸿寿养老金保险条款。2006年12月31日，该保险业务转入人寿BJ公司，人寿BJ公司开出0705++++号保险单，合同约定李某某每年交保费10 200元，交费10年，保险金额为5万元，至李某某55周岁时按保险单所载保险金额的二倍一次领取养老保险金。2007年11月22日，李某某完成第10次交费。李某某于2008年12月24日达到鸿寿养老金保险条款第7条关于领取保险金约定的条件，2009年2月3日，李某某到人寿BJ公司领取上述养老保险金时，被人寿BJ公司的业务人员拒绝，理由是领取养老保险金的条件不仅是被保险人年龄达到55周岁，还要等到2009年9月30日该保险单的生效对应日。李某某认为人寿BJ公司提供的是格式条款，不应存在李某某55周岁时再等保险单到生效对应日的附加条件，故诉至法院，要求人寿BJ公司给付养老保险金10万元，支付滞纳金（以10万元为基数，按日2.1‰计算，自2009年2月3日起至给付之日止），并承担诉讼费用。

人寿BJ公司在一审中答辩称：按合同约定保险金的领取日期应为合同的生效对应日，而不是年龄的对应日，合同的生效对应日是2009年9月30日，李某某的索赔请求不符合给付条件，故不同意李某某的诉讼请求。

一审法院审理查明：佟某某与李某某系夫妻关系。1998年9月30日，佟某某作为投保人为李某某向CY分公司投保了鸿寿养老金保险，CY分公司签发了保险单，保险单号为211300Y0598000++++++。保险单载明：保险金额为5万元，保险期间为终身，保险责任起止时间为1998年9月30日12时起，交费期为10年，交费方式为按年，保险费为10 200元。2006年12月31日，李某某的保险单自CY分公司转入人寿BJ公司。人寿BJ公司签发了保险单，保险单号为1998－112199－Y05－02++++++－6，保险单载明：保险单生效起止期为1998年9月30日至终身。

鸿寿养老金保险条款第2条约定：中国人寿保险股份有限公司对本保险单应负的责任，自投保人缴付第一期保险费且本公司同意承保而签发保险单时开始。除另有约定外，保险单签发日即为本合同的生效日，生效日每年的对应日为生效对应日。第7条约定：在本合同有效期内，被保险人生存至约定领取养老保险金年龄（男性60周岁，女性55周岁）的生效对应日，可选择下列三种方式之一领取养老保险金：一、按保险单所载保险金额的二倍一次领取养老保险金。二、从约定领取养老保险金年龄起每年于生效对应日，男性被保险人按保险单所载保险金额的16.8%领取养老保险金，女性被保险人按保险单所载保险金额的14.8%领取养老保险金，直至被保险人身故为止。若被保险人领取养老保险金不足10年身故，其身故保险金的受益人可继续领取，直到领满十年为止。三、从约定领取养老保险金年龄起每年于生效对应日，按下列公式领取养老保险金，直至被保险人身故时止……若被保险人领取养老保险金不足10年身故，其身故保险金的受益人可继续领取，直至领满10年为止。上述选择由被保险人于领取养老保险金前确定，一经确定，不得变更。

保险合同签订后，李某某依约交纳保险费至2008年，并选择按保险条款第7条约定的第一种方式领取保险金。

2008年12月24日，李某某年满55周岁。2009年2月3日，李某某向人寿BJ公司提出领取养老保险金的申请，人寿BJ公司以不符合保险合同约定为由拒付。

一审法院判决认定：佟某某作为投保人为被保险人李某某投保了鸿寿养老金保险，人寿BJ公司向李某某签发了保险单，双方保险合同成立，该合同系双方事人的真实意思表示，亦不违反法律、行政法规的强制性规定，属合法有效合同，双方当事人均应按合同约定全面履行各自的义务。本案争议的焦点主要是对保险条款第7条“生效对应日”的理解问题。保险条款第7条约定，李某某应当在约定领取养老保险金年龄（女性55周岁）的生效对应日领取养老保险金，该条款对养老保险金领取的时间进行了约定。保险条款第2条对生效对应日作出了明确的解释，即保险单签发日即为合同的生效日，生效日每年的对应日为生效对应日。根据上述约定所使用的词句及保险条款第2条的解释，保险条款第7条的“生效对应日”应解释为合同的生效对应日。本案保险单签发日为1998年9月30日，李某某于2008年12月24日年满55周岁，故其领取养老保险金年龄的生效对应日为2009年9月30日。现李某某要求人寿BJ公司支付养老保险金的诉讼请求，不符合合同的约定，故该院不予支持。综上，依照《中华人民共和国保险法》第24条第1款的规定（指的是2002年修订的《保险法》下同——笔者注），判决：驳回李某某的诉讼请求。

李某某不服一审法院上述民事判决，向本院提起上诉。其主要上诉理由是：

一、一审判决混淆了两个“生效对应日”的概念，认定事实错误。①涉案保险条款客观上存在两个“生效对应日”，第一个是保险条款第2条规定的合同生效对应日，即“保险单签发日为本合同生效日，生效日每年的对应日为生效对应日”，第二个是第7条规定的被保险人周岁年龄生效对应日，即“在合同有效期内，被保险人生存至约定领取养老保险金年龄（女55周岁）的生效对应日，可选择下列三种方式之一领取养老保险金……”。第2条明确的“合同生效对应日”是第7条“在本合同有效期内”的前提，即投保人和被保险人必须连续10年在“合同生效对应日”交足每年的10 200元保险费，10年交足102 000元，使合同的有效期成持续状态，这是领取养老保险金的先决条件。在此合同有效期内，被保险人达到55周岁“年龄的生效对应日”，即到了55周岁生日之日，就可以按约定领取养老保险金。这两个“生效对应日”缺一不可，成为被保险人领取养老保险金的条件。这是保险条款第2条和第7条规定的全部内含。②这两个“生效对应日”在保险条款中所指的问题和性质是不能混淆的。保险条款第2条明确“合同生效对应日”的条款标题是“保险责任的开始及缴付保险费”，界定的是保险责任的开始时间和按每年合同生效对应日交费问题。保险条款第7条写明的条款标题是“保险责任”，约定的是保险人何时支付养老保险金的问题。第2条的含义只适用该条，其不是整个保险条款通用词语的释义。这与人寿BJ公司现在使用的《国寿美满一生保险条款》第22条和《国寿金彩明天保险条款》第22条的使用性质是不同的。可见一审判决否认第七条约定的“年龄的生效对应日”，并混淆将其“解释为合同的生效对应日”，是与保险条款内容相悖的。第7条从语法上讲，整个句子的搭配结构是：被保险人—生存—至领取年龄的—生效对应日，即女55周岁生日，说的是人的生存年龄对应生日，意思表达准确、清楚。而不是一审判决书解释的：被保险人—生存—至领取年龄（55周岁）和合同生效对应日。人生存至55周岁年龄的生效对应日是约定领取养老金唯一法定年龄条件，人生存至55周岁年龄和合同生效对应日是在年龄之外设定附加领取条件。保险公司的经营方式是在推销收款后出具保单才附一份其单方制定的霸王格式条款，不仅与推销员所讲相差甚远，存在合同陷阱，而且不公平，无双方真实意思可言。一审法院不应对这样的合同作出有利于格式条款制定方的解释。

二、一审判决适用法律错误。保险条款第7条在“年龄的生效对应日”中间没有“合同”二字。一审判决不仅在“生效对应日”前面加上“合同”二字，而且直接解释为“保险条款第7条的‘生效对应日’应解释为合同的生效对应日”。一审法院对第7条的解释，说明了两个问题：一是更证明保险条款第7条存在歧义，否则无须法院判决书解释，李某某按保险条款约定申请领取是合理合法的。二是说明一审法院适用法律错误，保险条款是人寿BJ公司提供的格式条款，在判决书未加字和解释之前有两种以上解释。根据《合同法》第41条和《保险法》第31条规定，“人民法院应当作出有利于被保险人的解释”。而一审法院的解释与该法律规定相悖。

三、一审判决李某某领取保险金时间是2009年9月30日错误，即使保险条款第7条就是指“本合同的生效对应日”，领取保险金的时间也不是2009年9月30日，而是2008年9月30日。判决书已写明“李某某于2008年12月24日满55周岁”，正是在2008年的“年”合同生效对应日的年份，要求领取养老金理所当然。

因为保险条款中“生效对应日”前面并未注明55周岁“后”的第一个“‘年’生效对应日”才能领取，属约定不明。2008年李某某达到55周岁，又在2008年合同“年”生效对应日之后，这样领取才是公平合理的。一审判决让李某某等到2009年9月30日才能领取养老保险金，致使人寿BJ公司非法多占用李某某一年资金和利息，不符合公平原则。因此，请求二审法院撤销原判，依法改判支持李某某的诉讼请求，并由人寿BJ公司承担一、二审诉讼费用。

人寿BJ公司服从一审法院判决，其未向本院提交书面答辩意见，但其在本院诉讼中的口头答辩意见与其在一审中的意见相同。

本院经审理查明的事实与一审法院查明的事实一致。

上述事实，有211300Y0598000+++++++号保险单、1998－112199－Y05－02+++++++－6保险单、保险费发票、鸿寿养老金保险条款以及当事人陈述意见在案佐证。

本院认为：李某某与人寿BJ公司之间的保险合同合法有效，保险条款是保险合同的组成部分，对双方当事人具有约束力。本案的争议焦点是保险条款第7条规定的“被保险人生存至约定领取养老保险金年龄（男性60周岁，女性55周岁）的生效对应日”中的“生效对应日”如何理解。“生效对应日”并非一个常用的普通词汇，而是保险条款中出现的特有名词，关于“生效对应日”的含义，在保险条款中，仅在第2条中有表述，即“除另有约定外，保险单签发日即为本合同的生效日，生效日每年的对应日为生效对应日”。保险条款的其他条文中，并未涉及生效对应日的其他解释。因此，对“生效对应日”的理解应以保险条款第2条的规定为准。一审法院对此认定无误。李某某在符合生存至55周岁的年龄条件后，在保险条款第2条所表述的“生效对应日”，可领取保险金。李某某在2009年2月3日要求领取保险金时，尚未符合上述条件。因此，李某某上诉理由不能成立，本院不予支持。

综上，原审判决认定事实清楚，适用法律正确，应予维持。依照《中华人民共和国民事诉讼法》第153条第1款第1项之规定，判决如下：

驳回上诉，维持原判。

一审案件受理费1154元，由李某某负担（已交纳）。

二审案件受理费2308元，由李某某负担（已交纳）。

本判决为终审判决。

……

第三节　保险合同中的不利解释原则

一、不利解释原则的概念

不利解释原则是指当保险人与投保人、被保险人、受益人就合同内容发生争议时，应作有利于被保险人的解释。我国《保险法》第30条规定："采用保险人提供的格式条款订立的保险合同，保险人与投保人、被保险人或者受益人对合同条款有争议的，应当按照通常理解予以解释。对合同条款有两种以上解释的，人民法院或者仲裁机构应当作出有利于被保险人和受益人的解释"，此即是不利解释原则的立法例。

二、不利解释原则的确立原因

对有争议的保险合同的条款作不利解释，原因在于以下三点：

（1）保险合同大都属于格式合同、附合合同，其条款由保险人事先事先拟定，基于自利性的原因，该条款充分考虑了保险人的自身利益，而极少反映投保人、被保险人、受益人的利益诉求，在缔结保险合同时，投保人只有选择接受与否的自由，而不能与保险人展开对等的谈判，以协商确定合同条款。

（2）保险营业极具技术性特征，其条款内容晦涩复杂，包含有许多普通人不易理解的专业术语。此外，投保人受时间的限制，亦往往不可能对保险条款予以细致研究。

（3）现代社会的保险人大都为经济实力雄厚的保险公司，而投保人则多为单个的自然人，经济实力差异极大。而且保险人因其经营保险事业，自然远比投保人、被保险人、受益人熟知保险专业知识。

上述原因使投保人在订立保险合同的过程中明显处于弱势地位。因此，为了实现投保人、被保险人或受益人与保险人之间的利益平衡，有必要制定规则以保护相对弱势群体的利益。事实上，不仅《保险法》规定了不利解释原则，作为保险合同法一般法的合同法也作了类似规定。《合同法》第41条规定："对格式条款的理解发生争议的，应当按通常理解予以解释。对格式条款有两种以上解释的，应当作出不利于提供格式条款一方的解释。格式条款和非格式条款不一致的，应当采用非格式条款。"

三、不利解释原则的适用限制

（1）虽然保险合同的条款文义不清时，应当作有利于被保险人的解释，但适用此一原则不得同解释保险合同的基本原则相冲突，即解释保险合同应当首先探究当事人的真实意思。不利解释原则仅能适用于保险合同有歧义而致使当事人的意图不明确的场合，如果保险合同有文义不清的条款，但经适用文义解释、专业解释、目的解释、整体解释等方法已经探明了当事人的真实意思，则没有适用不利解释原则的必要。再者，若保险合同的用语经法律、司法解释等作出规定，已经明确而没有歧义的，即说明合同条款的用语不存在歧义，不能适用不利解释原则。

（2）不利解释原则是为了适应合同格式化的趋势，以保护经济、专业知识上的弱者利益而发展的合同条款解释原则。假设被保险人并非法律设想的类似弱者，而是一个拥有巨大市场份额并富有经营之道的企业时，其完全可以同保险人展开平等的谈判，以确定保险合同的具体内容。那么，法律设计的不利解释原则就失去了保护弱者的基础，保险合同一旦发生条款争议，则不能作有利于被保险人的解释。例如，再保险合同的条款发生争议时，因其当事人均为专营保险业务的保险公司，对再保险合同的条款及内容应当具有充分的判断力，故不能适用不利解释原则。

（3）不利解释原则不适用于保险监管机关审批的保险条款的解释。部分美国法院认为，对法律规定的基本保险条款，因保险合同所使用的语言已经保险管理机构依照法律规定核准，故即使基本保险条款发生歧义，也不存在对保险单作有利于被保险人解释的理由。考虑到我国《保险法》第136条的规定，关系社会公众利益的保险险种、依法实行强制保险的险种和新开发的人寿保险险种等的保险条款和保险费率，因需报经国务院保险监督管理机构批准，不同于保险人事先拟定的保险条款，故在发生歧义或者文义不清时，应当由保险监督管理委员会依照法律、保险条款所使用的语言文字、制定前述保险条款的目的作出公正的解释，而不适用不利解释原则。

【重点提示】

保险人与被保险人、受益人等就经中国保监会审批的保险条款的内容发生争议时，不得适用不利解释原则。

【练习题】

1. 不利解释原则的适用例外有哪些？
2. 保险合同解释的基本原则是什么？
3. 探求真意原则与不利解释原则的适用关系如何？

第15章 人身保险合同

第一节　人身保险合同概述

一、人身保险合同的概念

人身保险合同是以人的寿命和身体为保险标的的保险合同。具体而言，人身保险合同是指投保人与保险人之间达成的，以被保险人的寿命或身体为保险标的，当被保险人因合同约定范围内的自然灾害、意外事故、疾病、年老等原因，以致死亡、伤残或者丧失劳动能力，或者达到合同约定的年龄，或合同约定的期限届满时，保险人依照约定向被保险人或受益人给付保险金的保险合同。

我国《保险法》中，人身保险合同原来被置于财产保险合同之后。为了体现对人的生命和身体的尊重，2009年《保险法》修改后将人身保险合同移至财产保险合同之前。

二、人身保险合同的特征

人身保险合同是与财产保险合同并存的基本保险合同种类，但其以人的寿命和身体为保险标的，因此具有不同于财产保险合同的特征：

（一）保险标的是人的寿命和身体

人身保险合同的标的限于人的寿命和身体，这就意味着被保险人只能是自然人。而财产保险合同的保险标的则为财产及与财产有关的利益，被保险人可以是自然人，也可以是法人和其他团体。此外，人的寿命和身体不能以货币来计量，即不具有可估价性。财产保险合同的标的则能以货币来衡量其价值。

（二）具有定额性

人身保险合同以人的寿命和身体为保险标的，具有不可估价性，从而也就不存在保险价值。因此，人身保险合同都是由保险人根据科学计算而规定固定的金额，供投保人选择，或者由投保人与保险人协商确定一个数额，作为保险合同的最高赔偿限额。与此相反，财产保险合同则以保险标的的保险价值为标准，投保人只能在保险价值的范围内确定保险金额，保险金额若超过保险价值，则超过部分无效。

（三）具有给付性

根据人身保险合同，只要发生了保险合同约定的保险事故，或合同约定的期限届满，保险人即按照合同约定向被保险人或者受益人给付保险金，而不必考虑保险事故是否给被保险人造成了损失以及损失金额，也不论被保险人是否已从他人处获取补偿。[1] 这就区别于财产保险合同的补偿性特征。财产保险合同的被保险人只有在保险事故发生造成损失时，才可以以实际损失为依据获得保险人的补偿。

（四）保险人不享有代位求偿权

财产保险合同中，如果因第三者对保险标的的损害而造成保险事故的，保险人自向被保险人赔偿保险金之日起，在赔偿金额范围内代位行使被保险人对第三者请求赔偿的权利。人身保险合同中，被保险人因第三者的行为而发生死亡、伤残或者疾病等保险事故的，保险人向被保险人或者受益人给付保险金后，不享有向第三者追偿的权利，但被保险人或者受益人仍有权向第三者请求赔偿。

（五）具有储蓄性

人身保险合同主要是将投保人多次支付的保险费集中起来，形成人身保险责任准备金，最终由保险人以保险金的形式返还给被保险人或受益人。因此，人身保险合同具有储蓄性。此外，在采用均衡保费制时，投保人早期缴纳的保险费大于按照自然死亡率应缴纳的保险费，此一多交部分可视为投保人在保险人处的储蓄。基于储蓄性，投保人或者被保险人就保险单享有一定的储蓄方面的权利，如抵押贷款权、中途退保要求返还合同现金价值的权利等。财产保险合同则属于营业性质，限于在保险金额范围内补偿保险标的的实际损失，不存在现金价值的退还问题。

（六）保险费支付的非诉性

人寿保险合同中，投保人有义务按照保险合同的约定一次性或者分期支付保险费。如果投保人未按照约定支付保险费，保险人不能通过诉讼的方式要求投保人支付，而只能在催告无效后中止保险合同或者采取其他救济方法。我国《保险法》第38条规定：“保险人对人寿保险的保险费，不得用诉讼方式要求投保人支付。”这主要是考虑到人寿保险合同保险期限一般较长，在此期间，投保人的经济状况可能发生变化而无力承担保险费，强制其支付保险费可能危及其生存。

---

〔1〕 人寿保险合同集中体现了此种特征，但对于意外伤害保险和健康保险，学者之间仍存在争议。

【思考】

人身保险合同的定额性、给付性与保险人不享有代位求偿权的关系。

三、人身保险合同的分类

人身保险合同的种类，各国保险法规定不一。但通常依据保险危险的不同，将人身保险合同分为人寿保险合同、健康保险合同、意外伤害保险合同三大类，我国《保险法》也是如此。

（一）人寿保险合同

人寿保险合同，是以被保险人在保险期间内的死亡或者生存作为给付保险金条件的人身保险合同。人寿保险是最早的人身保险。在保险实务中，人寿保险的具体险种有死亡保险、生存保险、生死两全保险等。

（二）健康保险合同

健康保险合同，又称疾病保险合同，是以被保险人的健康为保险标的，以被保险人患病、分娩，或因患病、分娩造成残疾、死亡为保险事故的人身保险合同。保险实务中，健康保险的具体险种有重大疾病保险、住院医疗保险、手术保险等。

（三）意外伤害保险合同

意外伤害保险合同，是以被保险人的身体为保险标的，在保险期间内被保险人因意外事故导致其伤残、死亡时，保险人给付保险金的人身保险合同。意外伤害保险合同又可分为普通意外伤害保险合同和特种意外伤害保险合同。

【思考】

被保险人死亡都可能是三类人身保险合同的保险事故，其间存在什么差异？

第二节　人身保险合同的特殊条款

一、年龄误告条款

年龄误告条款，又称为年龄不实条款，是指投保人在投保时，误报了被保险人的年龄，但保险合同仍然有效，并应按被保险人的真实年龄予以更正。

被保险人的年龄是人身保险合同中保险人测定危险程度以确定保险费率，甚至决定是否承保的依据。因此，各国保险法都对年龄误报作出了规定。依据我国《保险法》第32条的规定，对于年龄误报的处理分为三种情况：

（1）投保人申报的被保险人年龄不真实，并且其真实年龄不符合合同约定的年龄限制的，保险人可以解除合同，并按照合同约定退还保险单的现金价值。保险人的合同解除权，自保险人知道有解除事由之日起，超过30日不行使而消灭。自合同成立之日起超过2年的，保险人不得解除合同；发生保险事故的，保险人应当承担给付保险金的责任。如果保险人在合同订立时已经知道投保人未如实告知的情况的，保险人不得解除合同；发生保险事故的，保险人应当承担给付保险金的责任。

（2）投保人申报的被保险人年龄不真实，致使投保人支付的保险费少于应付保险费的，保险人有权更正并要求投保人补交保险费，或者在给付保险金时按照实付保险费与应付保险费的比例支付。

（3）投保人申报的被保险人年龄不真实，致使投保人支付的保险费多于应付保险费的，保险人应当将多收的保险费退还投保人。

【实例参考】

2004年6月22日，王某向平安人寿保险公司投保了一份死亡人寿保险，被保险人为其本人，王某指定其妻子为受益人。2008年7月15日，王某因交通事故不幸死亡，其妻带了相关的证明资料向保险公司申领保险金。保险公司在查验时发现保险单上所填写的年龄与其户口簿上所登记的不一致，投保单填写的63岁是虚假的。实际上，投保时王某已经超出了保险条款规定的65岁的最高投保年龄。保险公司以王某投保时误报年龄且王某投保时的实际年龄已超出了保险合同约定的年龄限制为由，拒付保险金，只同意在扣除手续费后退还王某的保险费。其妻则以王某并非故意虚报年龄，王某不存在过错为由，要求保险公司按照合同支付保险金。双方未能达成一致，其妻向人民法院提起诉讼，要求保险公司按照合同支付保险金。

问题：保险公司是否应当向王某之妻给付保险金？

分析与评论：本实例中，投保人王某在投保时误报了自己的年龄，其真实年龄已超过保险合同规定的最高年龄限制。《保险法》第32条第1款规定："投保人申报的被保险人年龄不真实，并且其真实年龄不符合合同约定的年龄限制的，保险人可以解除合同，并按照合同约定退还保险单的现金价值。保险人行使合同解除权，适用本法第16条第3款、第6款的规定。"第16条第3款规定："前款规定的合同解除权，自保险人知道有解除事由之日起，超过30日不行使而消灭。自合同成立之日起超过2年的，保险人不得解除合同；发生保险事故的，保险人应当承担赔偿或者给付保险金的责任。"依据第32条的规定，王某投保时的真实年龄不符合合同的限制，因此保险公司可以取得合同解除权。但保险公司是在王某之妻申领保险金时得知王某投保时误报年龄，而此时合同成立已超过2年，故依据《保险法》第16条第3款的规定，保险公司应当向受益人，即王某之妻给付合同约定的保险金。

二、不可争议条款

不可争议条款，又称为不可抗辩条款，是指人身保险合同中，保险人对于投保人在订约时违反如实告知义务行为的抗辩权，自保险合同成立2年后不得行使的约定。

基于保险法的最大诚信原则，投保人有义务在订约时如实告知有关被保险人年龄和健康的一切状况。如果投保人没有履行如实告知义务，足以影响保险人决定是否承保或者提高保险费率的，法律赋予保险人解除合同的权利。即使在此期间发生保险事故，也不影响保险人解除权的行使。法律赋予保险人合同解除权的目的在于，避免投保人故意隐瞒被保险人身体的真实状况，利用保险合同诈取保险金，损害保险人的利益。但同时法律对保险人的解除权作出了限制，即保险人应当在一定期间内行使解除权，超过该期限的，保险人即丧失解除权。如果长期或者无限期地赋予保险人以合同解除权，则可能影响到被保险人或投保人的正当利益。不可争议条款旨在保护被保险人或受益人的利益，避免在投保人长期支付保险费后，保险人利用解除权获取不正当利益。因为经过一段时间后，投保人在订约时是否履行了如实告知义务难以查清，而且如果被保险人死亡，受益人也不一定清楚当初投保的具体情况，从而有必要对保险人的合同解除权规定一个期限，以维护法律关系的稳定，避免投保人、被保险人或受益人的利益受损。

我国《保险法》第16条第2款规定："投保人故意或者因重大过失未履行前款规定的如实告知义务，足以影响保险人决定是否同意承保或者提高保险费率的，保险人有权解除合同"；第3款规定："前款规定的合同解除权，自保险人知道有解除事由之日起，超过30日不行使而消灭。自合同成立之日起超过2年的，保险人不得解除合同；发生保险事故的，保险人应当承担赔偿或者给付保险金的责任。"因此，我国保险法中，保险人法定抗辩的最长期限为2年。

需要说明的是，在其他国家，不可争议条款大都属于人身保险的特有条款，甚至被限于投保人将被保险人年龄误告的情形方可适用，修改前《保险法》即作了类似规定。但考虑到我国保险实务中投保易、理赔难的情形极为突出，为保护被保险人、受益人合法权益，我国新修订《保险法》将不可争议条款的适用情形扩大到了年龄误告以外的其他情形。而且，不可争议条款理论上不仅适用于人身保险，而且适用于财产保险。但由于财产保险保险期限一般较短，故此一条款在实务中仍主要适用于人身保险，特别是期限较长的人寿保险。

【思考】

我国新修订《保险法》将不可争议条款扩大适用的利弊何在？

三、自杀条款

自杀条款是指在人身保险合同中，约定被保险人在投保后一定期间内自杀时，保险人不承担给付保险金的义务，仅退还保险单的现金价值；但在法定期间后被保险人自杀的，保险人应当承担给付保险金的义务。

人身保险合同中规定自杀条款的目的主要有两个：①防止道德风险的发生。通过自杀条款，将自杀作为除外责任，避免蓄意自杀者企图通过保险为家属谋取保险金，以防止道德风险；②保护被保险人家属或受益人的利益。人寿保险的目的在于保障被保险人的家属或受益人的利益，如果将被保险人自杀不分情形一律不给付保险金，将会影响其家属或者受益人的利益。因此，多数国家的保险法均对自杀作出了时间上的限制，即在保险合同生效后的一定期限内，被保险人的自杀为除外责任，超过该期限被保险人自杀的，保险人仍应给付保险金。因为一般情况下，一个企图通过自杀获取保险金的人，不可能推迟到若干年后才去实施，即使当时确有自杀意图，也可能随着时间的延续而改变初衷。

我国《保险法》第44条规定："以被保险人死亡为给付保险金条件的合同，自合同成立或者合同效力恢复之日起2年内，被保险人自杀的，保险人不承担给付保险金的责任，但被保险人自杀时为无民事行为能力人的除外。保险人依照前款规定不承担给付保险金责任的，应当按照合同约定退还保险单的现金价值。"需要说明的是，有些国家、地区的立法例将自杀区分为故意自杀与过失自杀，例如，我国台湾地区的"保险法"。[1] 我国《保险法》44条虽没有明确区分故意自杀和过失自杀，但保险实务中，保险单上通常约定故意自杀为除外责任。而且，最高人民法院亦曾专门对自杀的含义作出过解释，因此，可以确认《保险法》第44条中的自杀应为故意自杀。[2] 此外，还需要注意的是，2009年《保险法》修改后，第44条中增加了合同效力恢复后2年期间重新起算和无民事行为能力被保险人自杀例外的规定。

【理论扩展】

人身保险合同中被保险人的自杀，一般指被保险人故意自杀，即意思能力健全的被保险人故意剥夺自己生命的行为，不包括不具有骗取保险金目的的事故或精神

---

〔1〕 可以认为，我国台湾地区"保险法"中的自杀应为社会大众通常所理解的含义，即既包括意思能力健全者故意剥夺自己生命的行为，也包括意思能力有缺陷的人主动剥夺自己生命的行为。而故意自杀仅指前者。

〔2〕 参见《最高人民法院关于如何理解〈中华人民共和国保险法〉第六十五条"自杀"含义的请示的答复》[（2001）民二他字第18号]。具体内容为："江西省高级人民法院：你院（2001）赣经请字第3号关于如何理解《中华人民共和国保险法》第六十五条"自杀"含义的请示收悉，经研究答复如下：本案被保险人在投保后2年内因患精神病，在不能控制自己行为的情况下溺水身亡，不属于主动剥夺自己生命的行为，亦不具有骗取保险金的目的，故保险人应按合同约定承担保险责任。"（本答复中的《保险法》第65条即2009年修改后《保险法》第44条。——作者注）

错乱导致的自杀。对于被保险人自杀时保险人是否负有给付保险金责任，各国和地区的法律规定存在差异。德国、日本的保险法规定被保险人自杀的，保险人不负给付保险金的责任。多数国家保险法则规定，被保险人自杀的，保险人应当给付保险金，但是对时间作出了限制。如《意大利民法典》第1927条规定："在被保险人自杀的情况下，其发生于自契约缔结期满2年之前，保险人不承担支付保险金的责任，除非有相反的约款。如果因保险费支付的欠缺使契约处于效力未定状态，自效力未定状态被取消之日没有经过2年的，保险人也不承担责任。"我国台湾的规定则较为特殊，其"保险法"第109条第1款规定："被保险人故意自杀者，保险人不负给付保险金额之责任。但应将保险之保单价值准备金返还于应得之人。"这就意味着对于被保险人故意自杀，保险人原则上不承担给付保险金的义务。但该条第2款又规定："保险契约载有被保险人故意自杀，保险人仍应给付保险金额之条款者，其条款于订约2年后始生效力。恢复停止效力之保险契约，其2年期限应自恢复停止效力之日起算。"此外，需要注意的是，自杀条款仅适用于以死亡为给付保险金条件的人寿保险合同，意外伤害保险合同和健康保险合同均不适用。

【实例参考】

2005年6月1日，55岁的赵某为自己投保了一份10年期的死亡保险合同，约定每年6月1日前赵某向保险公司支付保险费，受益人为赵某之妻黄某。2007年，赵某因故未能在6月1日前支付保险费，保险合同效力遂于2007年8月2日中止。2008年3月10日，赵某向保险公司补交了拖欠的保险费及利息，并就合同效力恢复与保险公司达成了一致。2009年5月20日，赵某自杀身亡。受益人黄某向保险公司提出了给付保险金请求，保险公司则拒绝给付。

问题：保险公司应否向黄某给付保险金？

分析与评论：本实例中，投保人赵某投保了定期死亡保险，在支付了两期费用后，未能按期支付下一期保险费，保险合同效力中止。在合同效力中止7个多月后，赵某在补交了保险费和利息后，就合同的复效与保险公司达成了协议，合同效力恢复。在合同效力恢复1年2个多月后，赵某自杀。《保险法》第44条规定："以被保险人死亡为给付保险金条件的合同，自合同成立或者合同效力恢复之日起2年内，被保险人自杀的，保险人不承担给付保险金的责任，但被保险人自杀时为无民事行为能力人的除外。保险人依照前款规定不承担给付保险金责任的，应当按照合同约定退还保险单的现金价值。"因此，依照本条规定，保险公司不承担向黄某给付保险金的义务，但应退还保险单的现金价值。

【理论扩展】

保险法中“故意”内涵的界定[1]

即便在已经确认被保险人意思能力健全——即其属于完全民事行为能力人——的前提下，法院仍然经常需要对保险条款中的“故意”内涵做出界定，以最终明确保险人的保险责任。实务中，美国法院一般采取下列规则之一去解释“故意”：首先，有观点认为，所谓故意是指被保险人意欲从事某种行为并希望因此造成一定的人身或财产损害结果，这又称为主观故意规则。[2] 例如，被保险人违反交通法规超速驾驶，其可能并无造成损害结果的意图，但对于超速驾驶行为主观上无疑是故意的。若依此种规则，则被保险人前述行为不属于“故意”。

第二种规则称为具体主观故意规则，该规则也要求被保险人主观上意欲从事某种行为，但要求被保险人必须对实际发生的损害结果存在明确的主观意愿，而非只有发生概括性的损害的意图，即被保险人在从事某种行为时，必须对该行为引起的后果有明确的预期，并希望该后果的发生。这种观点给被保险人提供了最充分的保护，因为被保险人行为引起的实际损害后果如果与其从事该行为时的预期结果并不一致，则保险人不能援引道德风险除外责任条款对抗被保险人的给付请求权。[3]

第三种规则称为客观故意规则，根据这一规则，当法院认为一个具有通常理性的人应该预见到某种行为的结果时，即使被保险人并无造成损害结果的主观意愿，也应认为被保险人存在故意，保险人也可以引用道德风险除外责任条款。显然，此种标准的适用明显不利于对被保险人利益之维护。[4]

上述三种规则中，主观故意规则在美国获得了最广泛的支持，其被认为能最好地平衡受益人、被保险人与保险人之间的利益诉争，我国学者也对此表示赞同。[5]

四、不丧失价值条款

不丧失价值条款，又称为不丧失价值任选条款，是指人身保险合同中约定投保

---

〔1〕 马宁：《董事责任保险研究》，中国社会科学院研究生院2009年博士论文，第164～165页。

〔2〕 Judith A. Warshawsky, “The Expansion of Insurance Coverage to Include the Intentional Tortfeasor”, 23 *Loy. L. Rev.* 1977, pp. 122～128.

〔3〕 Kristin Wilcox, “Intentional Injury Exclusion Clauses—What is Insurance Intent?”, 32 *Wayne L. Rev.* 1986, p. 1534.

〔4〕 Kristin Wilcox, “Intentional Injury Exclusion Clauses—What is Insurance Intent?”, 32 *Wayne L. Rev.* 1986, p. 1534.

〔5〕 邹海林：《责任保险论》，法律出版社1999年版，第208～213页。

人有权在合同有效期内选择有利于自己的方式处置保险单现金价值的条款。

人身保险合同在投保人交付一定期间的保险费后通常都有现金价值，这种价值称为不丧失价值或不没收给付。其来源包括三部分：一是均衡保险费下，投保人早期超交的保险费；二是前述保费累积所生的利息；三是生存者利益，即保险期内被保险人死亡，但其所享有的保险费及其利息，由其生存的受益人享有。保险单的现金价值属于投保人所有，不会受保险合同效力的变化而丧失。在此意义上，保险单现金价值称为不丧失价值。对此部分现金价值，保险事故发生前，投保人也可以利用。即使投保人解除合同或者终止合同，保险人也不能剥夺投保人应享有的现金价值的权利，其应向投保人返还保险费及利息。

依据不丧失价值条款，投保人有权在合同期限内任意选择有利于自己的方式处理保险单的现金价值。通常可以选择的方式包括：

（1）解除保险合同，领取保险单的现金价值。《保险法》第47条规定："投保人解除合同的，保险人应当自收到解除合同通知之日起30日内，按照合同约定退还保险单的现金价值。"值得注意的是，2009年新《保险法》取消了原《保险法》规定的"已交足2年以上保险费"的限制，更加有利于保护投保人的利益。而依照原《保险法》第69条[1]的规定，如果未交足2年保险费，投保人解除合同后只能获取扣除手续费后的已支付保险费。

（2）办理减额保险。保险合同在具有现金价值后，如果投保人停交保险费，即可将保险人应返还的现金价值作为一次支付的保险费，而将原保险合同转换为保险条件相同，但保险金额降低的保险合同。《保险法》第36条第1款规定："合同约定分期支付保险费，投保人支付首期保险费后，除合同另有约定外，投保人自保险人催告之日起超过30日未支付当期保险费，或者超过约定的期限60日未支付当期保险费的，合同效力中止，或者由保险人按照合同约定的条件减少保险金额。"

（3）办理展期保险。保险合同在具有现金价值后，如果投保人停交保险费，即可将保险人应返还的现金价值作为一次支付的保险费，而将原保险合同转换为保险金额相同，但保险期间缩短的展期保险合同。我国《保险法》中没有规定这一方式。

（4）向保险人借款。保险合同满一定期限后，投保人可以将具有现金价值的保险单质押，向保险人借款。我国台湾地区"保险法"第120条规定："保险费付足

---

〔1〕原《保险法》第69条规定："投保人解除合同，已交足2年以上保险费的，保险人应当自接到解除合同通知之日起30日内，退还保险单的现金价值；未交足2年保险费的，保险人按照合同约定在扣除手续费后，退还保险费。"

一年以上者，要保人得以保险契约为质，向保险人借款。保险人于接到要保人之借款通知后，得于一个月以内之期间，贷给可得质借之金额。”

五、垫付保险费条款

垫付保险费条款，又称为自动垫付保险费条款，是指人身保险合同中，投保人未按照约定期限支付保险费，且没有在宽限期内支付保险费的，则保险人在保险单的现金价值中自动扣除投保人欠缴的保险费，继续维持合同效力的一种合同约定。

垫付保险费条款通常适用于分期支付保险费的长期性人身保险合同，目的在于防止投保人由于疏忽等原因，或者暂时的资金周转困难，未及时续缴保险费，造成保单失效，丧失保险单原有的保障功能。垫付保险费条款的主要内容包括以下几个方面：

（1）垫付保险费以订约时投保人选择该条款为条件。虽然垫付保险费条款有有利于投保人的一方面，但同时也可能导致在一定期间后投保人退保时所得的保险单的现金价值减少，因此需要投保人事先同意。

（2）适用垫付保险费条款的前提是保险单具有现金价值。自动垫付开始后，如果投保人持续未支付保险费，则垫付将一直持续到耗尽保险单上现金价值之时。如果投保人仍不支付保险费，则保险合同中止。

（3）自动垫付期间，保险合同仍然有效。如果在垫付期内发生保险事故，保险人负有给付保险金义务，但可将垫付的保险费本息在应给付的保险金额中扣除。

我国《保险法》中没有垫付保险费的规定，但保险实务中，各保险公司的人身保险合同中大多有该条款，供投保人选择。

六、宽限期条款

宽限期条款，又称支付保险费宽限期条款，是指在保险合同中约定或者法律规定的宽限期内，即使投保人未支付保险费，保险合同仍然有效。发生保险事故时，保险人仍应承担保险责任。

人身保险合同期限较长，保险费多是分期支付，投保人可能因为疏忽或者暂时的资金困难，以致未能按期支付保险费。为了确保合同效力的稳定性，同时保护投保人的利益，保险合同的当事人通常在合同中约定支付保险费的宽限期，只要投保人在宽限期内支付了保险费，则合同效力不受影响。但如果超过该宽限期投保人仍未支付保险费的，合同效力将中止。在宽限期内发生保险事故的，保险人仍应承担保险责任，但可以在支付保险金时扣除保险人应交而未交的保险费及其利息。

宽限期的产生有两种方式：①当事人约定，如果投保人与保险人在订立保险合同时约定了宽限期，则依照约定的期限；②法定的期限，如果当事人没有在保险合同中约定宽限期，则依照保险法的规定。我国《保险法》第36条第1款规定：“合同约定分期支付保险费，投保人支付首期保险费后，除合同另有约定外，投保人自保险人催告之日起超过30日未支付当期保险费，或者超过约定的期限60日未支付当期保险费的，合同效力中止，或者由保险人按照合同约定的条件减少保险金额。”依照该条的规定，法定的宽限期为60日。

如果超过宽限期投保人仍未支付保险费，通常可能发生两种法律后果：①合同效力中止。在中止期间，合同效力停止，如果发生保险事故，保险人无义务支付保险金。②保险人按合同约定减少保险金额。此种法律后果的发生以保险合同有约定为前提。

需要说明的是，之所以规定投保人支付首期保险费后方可适用宽限期条款，是因为人身保险中一般将支付首期保险费作为保险合同的生效要件，如果保险合同尚未生效，自然谈不上宽限期内效力维持。

七、复效条款

复效条款，是指投保人因不能按期支付保险费，且在宽限期届满后仍未支付保险费导致保险合同效力中止后，投保人在一定期间内缴清所拖欠的保险费，提出恢复合同效力的申请，经保险人同意后，恢复原保险合同效力的约定。

人身保险合同，特别是长期性的人身保险合同，投保人通常采用分期方式支付保险费。在保险期间内，投保人可能因为各种原因致使不能按期支付保险费，且经保险人催告仍没有在法定期间内支付保险费，将使人身保险合同因投保人违约而导致效力的中止。但中止仅是合同效力的暂时停止，而不是合同失效。在合同效力中止后的一定期间内，投保人仍有权申请恢复保险合同的效力。保险合同中约定的复效办法称为复效条款。

复效条款的目的在于通过一定的方式恢复已经中止的保险合同的效力，避免解除合同给被保险人、受益人带来的损失，保护被保险人的利益。各国保险法大都规定了复效制度。我国《保险法》第37条规定：“合同效力依照本法第36条规定中止的，经保险人与投保人协商并达成协议，在投保人补交保险费后，合同效力恢复。但是，自合同效力中止之日起满2年双方未达成协议的，保险人有权解除合同。”依照本条规定，人身保险合同的投保人申请合同复效应当具备以下条件：

（1）投保人的复效申请应当在期限内提出。依照《保险法》第37条的规定，该期限为合同中止后2年内。超过该期限，保险人有权解除合同。当然，如果投保人超过期限提出复效申请，保险人表示同意的，合同效力仍可以恢复。

（2）投保人应当补交中止期间的保险费。正是因为投保人未按期支付保险费而导致合同效力中止，因此，补交保险费是合同复效的前提条件。至于是一次性补交，还是分期补交，可以由投保人与保险人协商确定。

（3）被保险人符合投保条件。在合同中止期间，被保险人的健康状况或者对合同产生影响的其他因素可能会发生变化。因此，投保人申请复效应履行如实告知义务，提供可保性证明，确认被保险人的健康状况在中止期间未曾恶化等情形，即确保仍然符合投保条件。

（4）申请经保险人同意。投保人在中止后一定期间内提出复效申请，经协商与保险人达成协议的，也即经保险人同意，合同效力恢复；如果未达成协议，则合同效力不能恢复。

【实例参考】

2005 年 8 月 1 日，李某为自己投保了一份终身寿险保单，附加意外伤害保险条款。由于资金周转困难，2008 年 8 月 1 日李某未履行按期支付续期保费的义务，保险合同的效力遂于2008 年 10 月 2 日中止。2009 年 5 月 1 日，李某向保险公司补交了其所拖欠的保险费及利息，经保险合同双方当事人协商达成协议，保险合同效力恢复。2009 年 6 月 1 日，李某向保险公司申领保险金，称其在2009 年 4 月遭遇交通事故，共花费医疗费用 35 000 元。

问题：此种情形下，保险公司应否赔偿李某的 35 000 元医疗费用？

分析与评论：本实例中，李某投保后未按时支付保险费，致使保险合同效力中止。在效力中止 7 个月后，李某补交了保险费及利息，并与保险公司就保险合同复效达成了协议。但在保险合同效力中止期间，李某遭遇了交通事故，支出医疗费用 35 000 元。依据《保险法》第 37 条的规定，保险合同效力中止的，经保险人与投保人协商并达成协议，在投保人补交保险费后，合同效力恢复。可见，在合同效力中止期间，合同效力暂时停止，也即在此期间不产生保险合同应有的效力。因此，对于李某在保险合同复效前发生交通事故支出的医疗费用，保险公司不承担保险责任。

八、贷款条款

贷款条款，又称为保单贷款条款、保单质押贷款条款，是指人身保险合同的投保人在支付了一定期限以上的保险费之后，投保人可以在保险单现金价值的范围内以保险单为质押，向保险人申请贷款的合同条款。

贷款条款的目的在于解决投保人的短期资金困难，方便投保人融资，同时稳定保险业务。贷款条款主要适用于长期性人身保险合同。长期性人身保险合同通常采用均衡保险费制，在此制度下，交足一定期限保险费的保险单就具有了现金价值。这部分现金价值表现为责任准备金，用于将来支付保险金，具有不可没收的性质，投保人可以根据需要进行处置。因此，投保人因暂时的困难急需资金时，可以保险单为质押向保险人借款。但贷款可能降低保险金的给付，从而削弱了保险合同的保障作用。同时，贷款也会影响保险人对保险资金的运用。因此，保单质押贷款应当适度，且符合法律的规定。

投保人以具有现金价值的保险单为质押借款，并不影响保险合同的效力。在此期间发生保险事故的，保险人应给付保险金，但有权从应给付的保险金中扣除借款的本息。投保人以保险单质押贷款时，贷款的数额及利息不能超过保险单的现金价值。

保单质押贷款是现代寿险业的一个惯例，我国《保险法》中没有规定保单质押贷款，仅在第34条第2款规定："按照以死亡为给付保险金条件的合同所签发的保险单，未经被保险人书面同意，不得转让或者质押"。这相当于间接肯定了此种条款的合法性。

第三节 人寿保险合同

一、人寿保险合同的概念和特征

（一）人寿保险合同的概念

人寿保险合同，简称寿险合同，是指投保人与保险人订立的，以被保险人在合同约定的年限内死亡，或者在约定的年限届满时仍然生存为保险金给付条件的保险合同。

人寿保险是人身保险中产生最早的险种，也是人身保险的典型代表。早期的人寿保险主要是死亡保险，此后随着社会经济的发展，基于人们长寿的希望，出现了生存保险，后来又出现了将死亡保险与生存保险相结合的生死两全保险。人寿保险合同中，人的生命为保险标的，人的生存或者死亡为保险事故。

（二）人寿保险合同的特征

人寿保险合同具有以下主要特征：

1. 人寿保险合同为定额合同。人寿保险合同的保险标的为人的生命，不论是人的生存还是死亡，都无法以金钱衡量。保险人应支付的保险金额，无法在保险事故发生后以金钱估价，而只能以合同中约定的保险金额为给付的依据。因此，人寿保险合同均为定额保险合同，不存在超额或不足额的情形。

2. 人寿保险合同具有储蓄性。人寿保险合同订立后，投保人须按期支付保险费，形成人身保险责任准备金，最终由保险人以保险金的形式返还给被保险人或受益人。被保险人或受益人获得的保险金相当于保险费的总和加上一定的利息，因此，人寿保险合同具有储蓄性。投保人寿保险有利于投保人养成平时储蓄的习惯，在意外事故发生时无须顾虑其身后的生计，并使老年生活有所保障。此外，人寿保险的储蓄性还体现在在采取均衡保险费率的情况下，投保人在保险合同早期所缴纳的保险费大于按照其自然死亡率应缴纳的保险费，此一多交的部分相当于储蓄于保险人处。

3. 人寿保险合同具有长期性。人寿保险的目的在于保障被保险人在合同约定的年限届满仍生存时的生活，或者在合同期限内死亡时其供养之人的生活。合同期限届满后，被保险人或者受益人获得保险人支付的保险金，提供了实现这种保障的资金。只有合同期限较长，通过长期的积存，保险期限届满后被保险人或者受益人才能获得保险人给付的数额较大的保险金。因此，人寿保险合同为长期性合同，保险期限通常少则几年，多则几十年，甚至达到了被保险人终生。

4. 人寿保险合同不存在重复保险和保险代位权。人寿保险合同以人的生命为保险标的，保险事故发生后保险人向被保险人或者受益人支付的保险金具有给付性。由于人的生命不可以金钱衡量，因此不存在超额保险的问题，被保险人同时可以参加几种人寿保险，也可以同时获得约定的保险金。此外，《保险法》第 46 条规定："被保险人因第三者的行为而发生死亡、伤残或者疾病等保险事故的，保险人向被保险人或者受益人给付保险金后，不享有向第三者追偿的权利，但被保险人或者受益人仍有权向第三者请求赔偿。"财产保险则相反，投保人不得重复投保，如果重复投保，则超过保险价值部分的合同无效。财产保险的保险人享有代位求偿权，即因第三者对保险标的的损害而造成保险事故的，保险人自向被保险人赔偿保险金之日起，在赔偿金额范围内代位行使被保险人对第三者请求赔偿的权利。

【思考】

是否所有人寿保险类型均具有储蓄性？

二、人寿保险合同的种类

（一）死亡保险合同、生存保险合同和生死两全保险合同

以保险事故为标准，人寿保险合同可以分为三类：死亡保险合同、生存保险合同和生死两全保险合同。

1. 死亡保险合同。死亡保险合同是指以被保险人的死亡为保险事故的保险合同。被保险人在约定期间内死亡时，保险人按照约定的数额支付保险金。死亡保险合同依据保险期间的不同，又可分为终身保险合同和定期保险合同。

（1）终身保险合同是以被保险人的终身为保险期间，从保险合同约定的日期开

始至被保险人死亡时止，不论被保险人何时死亡，保险人均有给付保险金的义务。

（2）定期保险合同以一定期间为保险期间，被保险人在此期间内死亡的，保险人应当支付保险金。如果被保险人在保险期间届满时仍然生存，则保险人不承担给付保险金义务，也不退还保险费，因此该险种的保险费低于其他人寿保险合同。

2. 生存保险合同。生存保险合同是指以被保险人在保险期间届满时仍然生存为保险事故的保险合同。保险合同期间届满，如果被保险人仍然生存，保险人应当给付保险金；如果被保险人在保险期间内死亡，则保险合同终止，保险人不给付保险金，也不返还保险费。

生存保险合同的主要目的在于被保险人生存到一定年龄后，可以从保险人处获取合同约定的保险金，以保障其未来生活的需要。保险金的支付，既可以一次给付，也可以分期给付。分期给付保险金的，称为年金或定期金。

3. 生死两全保险合同。生死两全保险合同，又称混合保险，即无论被保险人在保险期间内死亡，或者期间届满仍然生存，保险人均应给付保险金的保险合同。

生死两全保险是生存保险与死亡保险合并而成的一个险种，目的是从生存与死亡两个方面为被保险人提供保障。因此，其保险费包含了生存与死亡两个方面的因素，但又低于同时投保生存保险和死亡保险的保险费之和。

【思考】

保险要求危险的发生不确定，但人总是要死亡的，而保险公司还有终身死亡保险险种，其原因何在？

（二）普通人寿保险合同和简易人寿保险合同

以保险经营的方式为标准，人寿保险合同可以分为普通人寿保险合同与简易人寿保险合同。

1. 普通人寿保险合同。普通人寿保险合同是指以通常的方法经营的人寿保险合同。普通人寿保险是其他人寿保险合同的基础。

2. 简易人寿保险合同。简易人寿保险合同是指以简易的方法经营的人寿保险合同。通常保险金额小、保费低，而且无须体检，投保和核保程序都较为简便。在我国台湾地区和日本，简易人寿保险合同由邮政机构办理。

（三）单独人寿保险合同、联合人寿保险合同和团体人寿保险合同

以被保险人的人数为标准，人寿保险合同可以分为单独人寿保险合同、联合人寿保险合同和团体人寿保险合同。

1. 单独人寿保险合同。单独人寿保险合同是指被保险人为一人的人寿保险合同。

2. 联合人寿保险合同。联合人寿保险合同是指被保险人为两人或者两人以上，以其中一人在保险期限内死亡或者达到约定年龄仍生存为保险金给付条件的人寿保险合同。联合人寿保险合同中，被保险人之间通常具有一定利害关系，如夫妻、父母、兄弟姐妹、合伙人等。

3. 团体人寿保险合同。团体人寿保险合同是指以团体为投保人，团体全体成员为被保险人，以被保险人指定的家属或其他人为受益人的人寿保险合同。团体人寿保险合同只有一张总保险单，每个团体成员作为被保险人持有一张保险凭证作为保险关系的法律依据。

（四）分红人寿保险合同和不分红人寿保险合同

以有无红利分配为标准，分为分红人寿保险合同和不分红人寿保险合同。

1. 分红人寿保险合同。分红人寿保险合同是指保险人将每期盈利的一部分分配给被保险人的人寿保险合同。持有分红保单的投保人有权要求保险人定期或不定期分配红利。

2. 不分红人寿保险合同。不分红人身保险合同，是指投保人支付保险费后，不分取保险人盈利的人寿保险合同。该合同仅为保险保障，无其他经济利益。

【理论扩展】

20世纪50年代以来，国际寿险业出现了一种新的保险产品——投资连接保险。投资连接保险，是指包含保险保障功能且至少在一个投资账户拥有一定资产价值的人寿保险产品。投资账户，是指保险公司依照规定设立的资产单独管理的资金账户。投资账户划分为等额单位，单位的价值由单位数量及资产的市场价值决定。该账户与保险公司的其他任何账户之间不得存在债权、债务关系，也不对保险公司的其他债务承担连带责任。投资账户的设立、合并、分立、关闭、清算等应当报中国保监会批准。投资连接保险是代表寿险业最新趋势的非传统保险产品，其最显著的特征是保险单的现金价值是由投保人在投资账户中所拥有投资单位的数量和价格的乘积决定的。投资单位的价格又取决于资金的运作状况。如果金融市场较为繁荣且资金操作得当，则投资账户的收益将会较高；反之，则投资账户的收益会较差。因此，投资连接保险是一种高风险、高回报的寿险产品，其主要通过专家理财的优势分散投保人的投资风险，在保证账户资产安全的前提下长期稳定增长。[1]

---

〔1〕 许崇苗、李利：《中国保险法原理与适用》，法律出版社2006年版，第297～298页。事实上，此一险种是传统人寿保险与投资基金相结合的产物。

三、人寿保险合同的当事人和关系人

（一）人寿保险合同的当事人

1. 保险人。人寿保险合同的保险人，是在保险事故发生后承担保险金给付义务的人，通常为依法设立的经营人寿保险业务的公司法人。

人寿保险具有长期性、储蓄性的特点，涉及的资金数额巨大，与数以百万、千万计的被保险人、受益人的生活福利和社会经济秩序密切相关，因此必须由具有非常健全的组织机构经营，才能保证其安全性。各国通常由专门经营寿险业务的保险公司作为保险人，例外情形下可由其他机构经营人寿保险业务。我国《保险法》第95条规定："保险人不得兼营人身保险业务和财产保险业务。但是，经营财产保险业务的保险公司经国务院保险监督管理机构批准，可以经营短期健康保险业务和意外伤害保险业务。"

2. 投保人。投保人是对被保险人具有保险利益，与保险人订立人寿保险合同，并向保险人支付保险费的人。

自然人作为投保人，应当具备行为能力。投保人以他人为被保险人订立人寿保险合同的，应当对他人具有保险利益。《保险法》第31条规定："投保人对下列人员具有保险利益：①本人；②配偶、子女、父母；③前项以外与投保人有抚养、赡养或者扶养关系的家庭其他成员、近亲属；④与投保人有劳动关系的劳动者。除前款规定外，被保险人同意投保人为其订立合同的，视为投保人对被保险人具有保险利益。"

（二）人寿保险合同的关系人

1. 被保险人。人寿保险合同的被保险人是指生命受到保险合同保障，享有保险金给付请求权的人。

人寿保险的被保险人须为自然人，法人不得为被保险人。投保人可以以自己为被保险人，订立人寿保险合同，法律对此没有限制。但对于以第三人为被保险人的死亡保险或生死两全保险合同，须经第三人同意并约定保险金额，否则无效。《保险法》第34条第1款规定："以死亡为给付保险金条件的合同，未经被保险人同意并认可保险金额的，合同无效。"例外的是，父母为其未成年子女投保的人身保险，不受该款规定限制。此外，《保险法》第33条规定："投保人不得为无民事行为能力人投保以死亡为给付保险金条件的人身保险，保险人也不得承保。父母为其未成年子女投保的人身保险，不受前款规定限制。但是，因被保险人死亡给付的保险金总和不得超过国务院保险监督管理机构规定的限额[1]。”法律作出如此限制的目的，在于防范由此可能产生的道德风险。

【思考】

为什么父母可不经未成年的被保险人同意，而径行为其订立以死亡为给付条件的保险？夫或妻可为无行为能力的配偶订立以死亡为给付条件的保险合同吗？为什么？

2. 受益人。受益人是指由人寿保险合同指定，发生保险事故时享有保险金领取资格的人。

受益人既可以是自然人，也可以是法人，胎儿也可以成为受益人。受益人由被保险人或投保人指定，但依据《保险法》第39条第2款的规定：“投保人指定受益人时须经被保险人同意。投保人为与其有劳动关系的劳动者投保人身保险，不得指定被保险人及其近亲属以外的人为受益人”。

受益人可为一人，也可为数人。当受益人为数人时，被保险人或者投保人可以确定受益顺序和受益份额；未确定受益份额的，受益人按照相等份额享有受益权。

被保险人或者投保人可以变更受益人并书面通知保险人，但投保人变更受益人时须经被保险人同意。

【理论扩展】

人身保险合同中的受益人有广义和狭义之分。广义的受益人是指保险事故发生后享有保险金请求权的人，保险事故包括被保险人死亡、伤残、疾病、生存到合同约定的年龄或期限等。狭义的受益人是指被保险人死亡后享有死亡保险金请求权的人，即受益人仅仅是指死亡保险金受益人。我国《保险法》第18条第3款规定：“受益人是指人身保险合同中由被保险人或者投保人指定的享有保险金请求权的人。投保人、被保险人可以为受益人。”可见，保险法是从广义的角度来理解受益人，但保险实务中受益人多是指狭义的受益人，以避免被保险人和受益人的保险金请求权发生冲突。此外，该概念将受益人限于人身保险合同。因为人身保险中，包括死亡人寿保险、健康保险和意外伤害保险，均可能出现以被保险人死亡为保险事故，从而除了投保人、被保险人外，有必要存在受益人，于保险事故发生时领取保险金。在财产保险合同中，被保险人即为受益人，不涉及被保险人的死亡，因此没有特别指定受益人的必要。

---

[1] 中国保监会《关于父母为其未成年子女投保死亡人身保险限额的通知》（[1999]43号）中规定，父母为其未成年子女投保死亡保险的保险金额总和，以人民币5万元为限。

四、人寿保险合同的效力

（一）对保险人的主要效力

1. 保险金给付义务。人寿保险合同的保险事故发生后，即被保险人在保险期限内死亡，或被保险人在保险期限届满后仍生存的，保险人应当依照合同的约定，向被保险人或受益人给付保险金。

人寿保险为定额保险，因此原则上保险人不得减少给付数额，但为避免合同失效，在特定的情形下，保险人可以减少保险金的给付，其主要包括以下几类情形：

（1）因宽限期届满欠交保险费。人寿保险在合同约定分期支付保险费，投保人支付首期保险费后，除合同另有约定外，投保人自保险人催告之日起超过30日未支付当期保险费，或者超过约定的期限60日未支付当期保险费的，保险人可按照合同约定的条件减少保险金额。

（2）投保人支付的保险费少于应付数额。被保险人的年龄是计算人寿保险合同的投保人应交保险费的基础，如果在订立保险合同时，因为投保人申报的被保险人年龄不真实，致使投保人支付的保险费少于应付保险费的，保险人有权在给付保险金时按照实付保险费与应付保险费的比例支付。

在例外情形下，可免除保险人给付保险金的义务，其主要包括以下几类情形：

（1）被保险人在保险合同成立2年内，或者保险合同复效后2年内故意自杀。依据《保险法》第44条的规定，以被保险人死亡为给付保险金条件的合同，自合同成立或者合同效力恢复之日起2年内，被保险人自杀的，除非其自杀时为无民事行为能力人，否则保险人不承担给付保险金的责任，但应当按照合同约定退还保险单的现金价值。

（2）被保险人因故意犯罪或者抗拒依法采取的刑事强制措施导致死亡。依据《保险法》第45条的规定："因被保险人故意犯罪或者抗拒依法采取的刑事强制措施导致其伤残或者死亡的，保险人不承担给付保险金的责任。投保人已交足2年以上保险费的，保险人应当按照合同约定退还保险单的现金价值。"

（3）投保人故意造成被保险人死亡。依据《保险法》第43条的规定，投保人故意造成被保险人死亡的，保险人不承担给付保险金的责任。投保人已交足2年以上保险费的，保险人应当按照合同约定向其他权利人退还保险单的现金价值。2009年修订后的《保险法》取消了受益人故意造成被保险人死亡时，保险人不承担给付保险金责任的规定，改为受益人故意造成被保险人死亡的，该受益人丧失受益权。

2. 返还保险单的现金价值。人寿保险具有储蓄性质，投保人在支付保险费后，保险人应将一部分留存，为准备将来履行给付保险金义务而积存责任准备金。保险单的现金价值是保险人应退还给投保人、被保险人或者受益人而积存的责任准备金。

根据我国《保险法》的规定，在下列情形下，保险人应当返还保险单的现金价值：

(1) 以被保险人死亡为给付保险金条件的合同，自合同成立或者合同效力恢复之日起2年内，被保险人自杀的，保险人应当按照合同约定退还保险单的现金价值。

(2) 被保险人因故意犯罪或者抗拒依法采取的刑事强制措施导致其伤残或者死亡，如果投保人已交足2年以上保险费的，保险人应当按照合同约定退还保险单的现金价值。

(3) 投保人故意造成被保险人死亡，如果投保人已交足2年以上保险费的，保险人应当按照合同约定向其他权利人退还保险单的现金价值。

(4) 投保人解除合同的，保险人应当自收到解除合同通知之日起30日内，按照合同约定退还保险单的现金价值。

(5) 投保人申报的被保险人年龄不真实，并且其真实年龄不符合合同约定的年龄限制的，保险人可以解除合同，并按照合同约定退还保险单的现金价值。

3. 代位求偿权的禁止。被保险人因第三者的行为而发生死亡的，保险人向被保险人或者受益人给付保险金后，不享有向第三者追偿的权利，但被保险人或者受益人仍有权向第三者请求赔偿。

由于人寿保险合同以人的生命为保险标的，保险事故发生后保险人向被保险人或者受益人支付的保险金具有给付性，因此禁止保险人向造成保险事故发生的第三人追偿。

（二）对投保人的主要效力

1. 支付保险费的义务。依照保险合同的规定，投保人有支付保险费的义务。该项义务并不具有专属性，利害关系人如被保险人、受益人都可以代投保人支付保险费。我国《保险法》中没有规定保险费的代交，但我国台湾地区“保险法”第115条明确规定：“利害关系人，均得代要保人交付保险费。”

投保人虽有支付保险费的义务，但对于人寿保险合同的保险费，保险人不得用诉讼方式要求投保人支付。因为人寿保险具有储蓄性，投保人支付的保险费中，只有一部分是保险人的经营费用，其余部分实际上是保险人为将来给付保险金而积存的责任准备金，是保险人对投保人所负的债务。且人寿保险的保险期限一般较长，其间投保人的经济状况可能发生变动，无力支付保险费。若强制执行，则可能危及其生存。因此，是否按期支付保险费，由投保人自己决定。但是，如果投保人不按期支付保险费，将产生下列的法律后果：

（1）保险合同效力中止。合同约定分期支付保险费，投保人支付首期保险费后，除合同另有约定外，投保人自保险人催告之日起超过 30 日未支付当期保险费，或者超过约定的期限 60 日未支付当期保险费的，合同效力中止。

（2）减少保险金额。合同约定分期支付保险费，投保人支付首期保险费后，除合同另有约定外，投保人自保险人催告之日起超过 30 日未支付当期保险费，或者超过约定的期限 60 日未支付当期保险费的，如果保险合同有约定，保险人可以按照合同约定的条件减少保险金额。

（3）保险人取得合同解除权。合同效力依法中止的，经保险人与投保人协商并达成协议，在投保人补交保险费后，合同效力恢复。但是，自合同效力中止之日起满 2 年双方未达成协议的，保险人有权解除合同。

【重点提示】

投保人未按照约定支付保险费，超过宽限期后仍未支付时，如果保险合同有约定，则由保险人按照合同约定的条件减少保险金额。否则，依照保险法，保险合同效力中止。

2. 如实告知年龄的义务。如实告知义务是保险合同投保人都应负有的义务。但在人寿保险合同中，年龄具有特别重要的意义，是保险人决定是否承保以及保险费率的关键因素。因此，保险法中专门就投保人如实告知年龄作出了特别规定。

《保险法》第 32 条规定："投保人申报的被保险人年龄不真实，并且其真实年龄不符合合同约定的年龄限制的，保险人可以解除合同，并按照合同约定退还保险单的现金价值。保险人行使合同解除权，适用本法第 16 条第 3 款、第 6 款的规定。投保人申报的被保险人年龄不真实，致使投保人支付的保险费少于应付保险费的，保险人有权更正并要求投保人补交保险费，或者在给付保险金时按照实付保险费与应付保险费的比例支付。投保人申报的被保险人年龄不真实，致使投保人支付的保险费多于应付保险费的，保险人应当将多收的保险费退还投保人。"

【实例参考】

中保人寿保险有限公司个人养老金保险（A 型）条款

（98 版　利差返还型）

第一条　保险合同构成

个人养老金保险（A 型）合同（以下简称本合同）由保险单及所附条款、声明、批注，以及与本合同有关的投保单、批单、复效申请书、健康声明书和其他书面协议共同构成。

第二条 投保范围

凡十六周岁以上的城乡居民均可作为被保险人，由本人或对其具有保险利益的人作为投保人向中保人寿保险有限公司（以下简称本公司）投保本保险。

第三条 保险责任开始

本公司所承担的保险责任自本公司同意承保、收取首期保险费并签发保险单的次日开始。除另有约定外，保险责任开始的日期为本合同的生效日，生效日每年（或月）的对应日为本合同每年（或月）的生效对应日。

第四条 养老金的领取方式及开始领取日

养老金的领取分为即期领取和延期领取二种。

即期领取养老金的领取方式分为年领、月领二种，开始领取日为本合同的生效日。

延期领取养老金的领取方式分为年领、月领和一次性领取三种，开始领取年龄分为45、50、55、60、65岁五种，开始领取日为投保人约定领取年龄的生效对应日。

第五条 保险责任

在本合同有效期内，本公司负下列保险责任：

一、被保险人在本合同约定的养老金开始领取日前身故，本公司按本条款所附的《身故保险金表》给付身故保险金，本合同终止。

二、被保险人生存至本合同约定的养老金开始领取日：

1. 约定一次性领取养老金的，本公司按保险单载明的养老金领取金额给付养老金，本合同终止。

2. 约定按年或按月领取养老金的，本公司于每年或每月的生效对应日按保险单载明的养老金领取金额给付养老金。若被保险人自开始领取养老金之日起不满十年身故，其受益人可继续领取未满十年部分的养老金，本合同于自开始领取养老金之日起第十年的生效对应日终止。若被保险人自开始领取养老金之日起满十年后仍生存，可继续领取直至身故为止。

第六条 责任免除

因下列情形之一导致被保险人身故，本公司不负保险责任：

一、投保人、受益人对被保险人的故意行为；

二、被保险人故意犯罪、拒捕、自伤身体；

三、被保险人服用、吸食或注射毒品；

四、被保险人在本合同生效（或复效）之日起二年内自杀；

五、被保险人酒后驾驶、无照驾驶，或驾驶无有效行驶证的机动交通工具；

六、被保险人患艾滋病（AIDS）或感染艾滋病病毒（HIV呈阳性）期间；

七、战争、军事行动、暴乱或武装叛乱；

八、核爆炸、核辐射或核污染及由此引起的疾病。

上述各款情形发生时，本合同终止。投保人已缴足二年以上保险费的，本公司退还保险单现金价值；投保人未缴足二年保险费的，本公司在扣除手续费后，退还保险费。

第七条　保险费

保险费的缴付方式分为趸缴、年缴、半年缴和月缴，投保人可选择其中一种。

分期缴付保险费的缴费期间为本合同生效之日起至约定养老金开始领取日止。

第八条　首期后保险费的缴付、宽限期间及合同效力中止

分期缴付保险费的，首期后的保险费应按照如下规定向本公司缴付：

一、年缴保险费的缴付日期为本合同每年的生效对应日；

二、半年缴保险费的缴付日期为本合同每半年的生效对应日；

三、月缴保险费的缴付日期为本合同每月的生效对应日。

如未按上述规定日期缴付保险费的，自次日起六十日为宽限期间；逾宽限期间仍未缴付保险费的，本合同效力自宽限期间届满的次日起中止。在宽限期间内发生保险事故，本公司仍负保险责任，但应从给付的保险金中扣除欠缴的保险费及利息。

第九条　合同效力恢复

在本合同效力中止之日起二年内，投保人可填写复效申请书，并提供被保险人的健康声明书或本公司指定或认可的医疗机构出具的体检报告书，申请恢复合同效力，经本公司审核同意，自投保人补缴所欠的保险费及利息的次日起，本合同效力恢复。

自本合同效力中止之日起二年内双方未达成协议的，本公司有权解除本合同。投保人已缴足二年以上保险费的，本公司退还保险单现金价值；投保人未缴足二年保险费的，本公司在扣除手续费后，退还保险费。

第十条　如实告知

订立本合同时，本公司应向投保人明确说明本合同的条款内容，特别是责任免除条款，并可以就投保人、被保险人的有关情况提出书面询问，投保人、被保险人应当如实告知。

投保人故意隐瞒事实，不履行如实告知义务的，或因过失未履行如实告知义务，足以影响本公司决定是否同意承保或者提高保险费率的，本公司有权解除本合同。

投保人故意不履行如实告知义务的，本公司对本合同解除前发生的保险事故，不承担给付保险金的责任，并不退还保险费。投保人因过失未履行如实告知义务，对保险事故的发生有严重影响的，本公司对本合同解除前发生的保险事故，不承担给付保险金的责任，但可以退还保险费。

第十一条 受益人的指定和变更

被保险人或投保人可指定一人或数人为身故保险金的受益人。受益人为数人的，可以确定受益顺序和受益份额；未确定受益份额的，受益人按照相等份额享有受益权。

被保险人或投保人可以变更身故保险金的受益人，但需书面通知本公司，经本公司在保险单上批注后方能生效。

投保人指定或变更身故保险金的受益人时须经被保险人书面同意。

养老金的受益人为被保险人本人，本公司不受理其他指定和变更。

第十二条 保险事故通知

投保人、被保险人或受益人应于知悉保险事故发生之日起十日内以书面形式通知本公司，否则，投保人、被保险人或受益人应承担由于通知迟延致使本公司增加的查勘、调查费用，但因不可抗力导致迟延的除外。

第十三条 保险金申请

一、在本合同有效期内，被保险人生存至养老金开始领取日，由被保险人作为申请人，填写保险金给付申请书，并提交下列证明、资料：

1. 保险合同及最近一次保险费的缴费凭证；

2. 被保险人的户籍证明与身份证件。

二、在本合同有效期内被保险人身故的，由身故保险金受益人作为申请人，填写保险金给付申请书，并提交下列证明、资料：

1. 保险合同及最近一次保险费的缴费凭证；

2. 受益人的户籍证明与身份证件；

3. 公安部门或县级以上（含县级）医院出具的被保险人死亡证明书；

4. 被保险人的户籍注销证明；

5. 本公司要求提供的与确认保险事故的性质、原因等相关的证明、资料。

三、本公司收到申请人的保险金给付申请书及上述证明、资料后，对核定属于保险责任的，本公司在与申请人达成有关给付保险金协议后十日内，履行给付保险金的义务；对不属于保险责任的，本公司向申请人发出拒绝给付保险金通知书。

四、被保险人或受益人对本公司请求给付保险金的权利自其知道保险事故发生之日起五年不行使而消灭。

第十四条　保单利差的计算与给付

在本合同有效期内的每一保单年度末，若该保单年度的“银行二年定期储蓄存款利率”大于计算保险费的预定利率（5%），本公司以二者之差乘以期中保单现金价值，计算保单利差。

依照投保人在投保时的选择，本公司可按以下二种方式之一给付保单利差：

一、抵缴保险费，如缴费期满后，则按储存生息方式办理。

二、储存生息。按各保单年度“银行二年定期储蓄存款利率”，依复利方式计息，累计至本合同解除、终止或投保人申请时给付。

投保人如在投保时未选择保单利差的给付方式，本公司按储存生息方式办理。

投保人可于本合同有效期内，以书面形式变更保单利差给付方式。

本公司每年应向投保人书面通知保单利差的有关资料。

第十五条　合同内容变更

在本合同有效期内，投保人可填写变更申请书变更本合同的有关内容，经本公司审核同意，并由本公司在原保险单上批注、或出具批单、或与投保人订立书面变更协议。

第十六条　地址变更

投保人的住所或通讯地址变更时，应及时以书面形式通知本公司。投保人未以书面形式通知的，本公司按所知最后的住所或通讯地址发送有关通知。

第十七条　年龄计算及错误处理

被保险人的投保年龄按周岁计算。投保人应在投保本保险时将本人和被保险人的真实年龄在投保单上填明，如果发生错误，本公司按照下列规定办理：

一、投保人申报的被保险人年龄不真实，并且其真实年龄不符合本合同约定的年龄限制的，本公司可以解除本合同，并在扣除手续费后向投保人退还保险费，但是自本合同生效之日起逾二年的除外。

二、投保人申报的被保险人年龄不真实，致使投保人实付保险费少于应付保险费的，本公司有权更正并要求投保人补缴保险费及利息，或在给付保险金时按照实付保险费与应付保险费的比例给付。

三、投保人申报的被保险人年龄不真实，致使投保人实付保险费多于应付保险费的，本公司应将多收的保险费无息退还投保人。

第十八条 投保人解除合同的处理

本合同成立后，养老金开始领取日前，投保人可以要求解除本合同。解除本合同时，应填写解除合同申请书，并提交保险合同、最近一次保险费缴费凭证和投保人的户籍证明与身份证件。

本合同的保险责任自本公司接到解除合同申请书之日起终止。投保人于签收保险单后十日内要求解除合同的，本公司退还已收全部保险费，但如经本公司体检的，则应扣除体检费。投保人已缴足二年以上保险费的，本公司退还保险单现金价值；投保人未缴足二年保险费的，本公司在扣除手续费后，退还保险费。

第十九条 争议处理

因履行本合同发生的争议，由当事人协商解决，协商不成的，当事人可依达成的仲裁协议通过仲裁解决。无仲裁协议或者仲裁协议无效的，可依法向人民法院提起诉讼。

第二十条 释义

本条款有关名词释义如下：

艾滋病：是指后天性免疫力缺乏综合症的简称。

艾滋病病毒：是指后天性免疫力缺乏综合症病毒的简称。后天性免疫力缺乏综合症的定义应按世界卫生组织制定的定义为准，如在血液样本中发现后天性免疫力缺乏综合症病毒或其抗体，则可认定为感染艾滋病或艾滋病病毒。

不可抗力：是指不能预见、不能避免并不能克服的客观情况。

利息：按月利率5‰计算。

手续费：是指每张保险单平均承担的营业费用、佣金以及本公司对该保险单已承担的保险责任所收取的费用总和。

银行二年定期储蓄存款利率：是指按照人民银行规定，该保单年度中每月第一个营业日银行二年定期居民储蓄存款利率的算术平均值。

期中保单现金价值:期中保单现金价值=(期初保单现金价值+期末保单现金价值)/2。

第四节 健康保险合同

一、健康保险合同的概念和特征

（一）健康保险合同的概念

健康保险合同，又称疾病保险合同，是指投保人与保险人订立的，以被保险人在合同约定的期限内发生疾病、分娩及由此致残、死亡时，保险人给付保险金的保险合同。

健康保险以被保险人疾病、分娩，及因疾病、分娩所致残废、死亡为保险事故，保险人对被保险人因保险事故发生而引起的费用支出和损失予以填补的人身保险合同。

（二）健康保险合同的特征

1. 健康保险合同承保的危险具有综合性。健康保险合同承保的危险包括疾病、分娩，以及因疾病、分娩所致的残疾和死亡，具有明显的综合性。

2. 健康保险合同具有补偿性。健康保险合同的保险事故主要包括疾病、分娩、因疾病和分娩所致的伤残和死亡。其中，疾病和分娩主要补偿被保险人的医疗费用损失；因疾病和分娩致残不仅补偿被保险人的医疗费用，还补偿被保险人的经济收入损失；因疾病和分娩死亡还补偿丧葬费支出、遗属的生活费。因此，健康保险合同具有一定的补偿性，故而一些国家允许由经营财产保险业务的保险公司经营健康保险业务。

3. 健康保险合同具有定额保险和不定额保险的双重属性。一方面，健康保险合同以被保险人因疾病、分娩所致残废、死亡为保险事故，无法从经济上衡量其价值，因此通常采取定额保险，即在合同中约定保险事故发生，特别是被保险人死亡或伤残时，保险人应给付的保险金额。另一方面，健康保险合同又补偿被保险人的医疗费用、工资收入损失、丧葬费，具有损害填补的性质。保险事故发生前无法确定具体数额，因此通常采用不定额保险，由保险人在保险事故发生后根据实际发生的前述费用损失和维持生活的最低数额支付保险金。

4. 健康保险合同的保险事故具有特殊性。健康保险合同中，被保险人身体的内在原因引发的疾病损害被保险人的身体健康，才是健康保险合同所承保的风险。疾病必须符合三个条件：一是由于内在原因所致；二是非先天性原因；三是非自然原因。这样一方面排除了外来原因造成被保险人损害，与意外伤害保险合同相区别；另一方面排除了因为自然原因或者被保险人先天性原因给被保险人身体造成的损害，与人寿保险合同相区别。

【思考】

健康保险合同承保的疾病风险，应当符合什么条件？

（三）健康保险合同与人寿保险合同的区别

1. 保险事故不同。健康保险以被保险人疾病、分娩，以及因疾病、分娩致残或死亡为保险事故，而人寿保险合同以被保险人的生存或者死亡为保险事故。

2. 合同期限不同。健康保险合同的期限一般为 1 年，但也有长期的，而人寿保险合同通常为长期合同。

3. 保险费支付方式不同。健康保险合同的保险费通常一次性支付，保险单不具有现金价值，而人寿保险合同的保险费则多采平均分摊方式分期交付，保险单具有现金价值。

4. 保险金额确定和给付方式不同。健康保险合同虽事先约定保险金额，但保险事故发生后多依据被保险人患病、致残的程度决定实际给付金额的多少，如治疗所需的医疗费用。人寿保险合同则为定额保险合同，保险事故发生后保险人依合同约定数额给付保险金，除非合同有特别约定，否则不得减少保险金给付。

二、健康保险合同的种类

健康保险合同依保险保障的内容不同，可以分为以下几类：

（一）医疗费用保险合同

医疗费用保险合同，是指被保险人因患病或分娩而支出大额医疗费用时，由保险人按照约定承担赔偿责任的健康保险合同。

医疗费用保险合同主要针对大病的医疗费用支出，不包括轻微疾病花费的小额医疗费用支出，如日常感冒的医疗费用等。区分重大疾病与轻微疾病的标准，实务中一般以是否因病住院治疗为据。医疗费用保险合同中的医疗费用包括：住院费、检查费、诊疗费、手术费、护理费、药品费等。

医疗费用保险合同中，一般规定一定数额的免赔额，在免赔额范围内的医疗费用支出，保险人不承担赔偿责任，其目的主要在于排除小额医疗费用的给付。同时，医疗保险合同中通常还规定有最高给付限额，超过最高给付限额部分的医疗费用，保险人也不承担给付责任。

医疗费用保险合同依据承保的医疗费用的类别不同，又可分为普通医疗费用保险合同、住院费用保险合同、手术费用保险合同等。

（二）收入损失保险合同

收入损失保险合同，是指被保险人因疾病或分娩不能正常工作而失去收入，由保险人给付保险金的健康保险合同。收入损失保险合同根据收入方式的不同，又分为工资收入保险合同、业务收入保险合同。其中，工资收入保险合同的被保险人为工薪收入者，业务收入保险合同的被保险人为会计师、律师等自由职业者。

（三）疾病致残和疾病死亡保险合同

疾病致残和疾病死亡保险合同，是指被保险人因疾病、分娩而造成残疾或死亡时，由保险人按约定给付保险金的保险合同。

三、健康保险合同的订立

（一）健康保险合同的当事人

健康保险合同的当事人为保险人与投保人。保险人主要为经营人身保险业务的保险公司，依据我国《保险法》第95条第2款的规定，经营财产保险业务的保险公司也可以经营短期健康保险业务。

健康保险合同的投保人与被保险人通常为同一人，但也可以为不同人。当投保人与被保险人为不同人时，投保人对被保险人应当具有保险利益，否则保险合同无效。投保人对下列人具有保险利益：①本人；②配偶、子女、父母；③前项以外与投保人有抚养、赡养或者扶养关系的家庭其他成员、近亲属；④与投保人有劳动关系的劳动者。除前述规定外，被保险人同意投保人为其订立合同的，视为投保人对被保险人具有保险利益。

健康保险合同由第三人订立的，无须被保险人同意或者认可保险金额。但如果第三人订立以被保险人死亡为保险金给付条件的健康保险合同，则需要经被保险人同意，并由其认可保险金额。

（二）保险合同订立前的健康检查

健康保险合同以被保险人疾病、分娩，及因疾病、分娩致残、死亡为保险事故，被保险人的健康状况对保险人是否同意承保具有重大的影响。因此，健康保险合同成立前，保险人可以要求对被保险人进行健康检查，以了解被保险人的健康状况，进而决定是否承保以及保险费率的高低。健康检查的费用属于保险的业务费用，应由保险人承担。如果被保险人拒绝检查的，保险人可以拒绝承保。

（三）健康保险的保险事故

健康保险合同中，保险人的保险金给付义务可因下列保险事故的发生而变为现实义务：

1. 被保险人患有疾病。疾病是指被保险人自身原因引起的肉体和精神的痛苦与不健全。健康保险合同中所称的疾病应当符合以下条件：①疾病由被保险人内部原因引起。由外部原因直接引起的被保险人身体的痛苦和不健全则为意外伤害。②疾病非由先天性原因造成。健康保险只对被保险人由健康转入不健康承担保险责任。先天性的身体疾病或者缺陷不属于保险人的承保范围。③疾病由偶然性原因引起。健康保险承担责任的疾病应当是在订立合同时不能预料到的偶然原因引起的，如果疾病是可以预料到的，由人体自然衰老造成的，如因年老导致器官功能减弱或死亡等皆不属于保险人的责任范围。

2. 被保险人分娩。健康保险合同的分娩通常是指分娩和妊娠四个月以上的流产。分娩作为健康保险合同的保险事故，只有女性才能作为被保险人。分娩不限于活产，死产或流产也属于分娩。

【重点提示】

健康保险合同把分娩作为承保风险，是因为分娩可能引发妇女身体的不良变化。虽然分娩本身并非疾病，但可以诱发多种疾病。健康保险合同中可以由当事人约定分娩条款。

3. 被保险人因疾病、分娩致残或死亡。被保险人因疾病、分娩致残或死亡，包括因疾病致残、因分娩致残、因疾病死亡和因分娩死亡四种情形。

（四）健康保险的除外责任

在下列情形下，保险人不承担保险责任：

1. 被保险人在保险合同订立前或订立时已经患病或者怀孕，保险人就该疾病或者分娩不承担保险责任。保险合同只承保不确定的危险，对于已经发生的保险事故，如保险合同订立前被保险人已经患病或者怀孕，则属于保险合同的不保危险。

2. 被保险人故意自杀或企图自杀造成的疾病，或因此导致残废或者死亡，保险人不承担保险责任。对于被保险人故意造成保险事故发生，保险人不承担保险责任，以此避免道德风险。

3. 被保险人非法堕胎，或因此造成残疾、死亡。出于保护妇女身体健康、维护社会善良风俗的目的，未经卫生行政部门许可，任何机构和个人不得为妇女施行堕胎手术。非法堕胎可能导致无法控制的风险，保险人对此不承担保险责任。但是合法的人工流产，保险人应依约定负保险责任。

四、健康保险合同的效力

（一）对保险人的主要效力

1. 保险金的给付义务。发生健康保险合同约定的保险事故时，保险人应当向被保险人或受益人给付合同约定的保险金额，或依约定在保险金额范围内填补被保险人的实际损失。

对于不同的保险事故，保险人的保险金给付义务内容不同。疾病给付由保险人在实际支出的医疗费用范围内，承担合同约定范围内的费用；分娩给付的范围包括身体检查、保胎、生产、婴儿护理等费用。残废给付和死亡给付则多依照保险合同事先约定的数额径行给付。

2. 代位求偿权禁止。依据我国《保险法》第46条的规定，健康保险合同的被保险人因第三者的行为造成保险事故发生的，保险人在给付保险金后，不享有向第三者追偿的权利。[1]

（二）对投保人的主要效力

1. 支付保险费。投保人的主要义务是按照保险合同约定的数额、期限交付保险费。利害关系人，如被保险人等均可代交。

2. 如实告知义务。订立保险合同时，投保人应当如实向保险人告知被保险人的年龄、职业、身体状况、以往病史等事项。这些事项与被保险人的健康状况密切相关，影响到保险人是否承保、是否提高保险费率。

【实例参考】

2006年8月29日，钱某与中国人民保险公司签订了一份《家庭健康保险合同》，现已连续投保2年。2008年4月13日至2008年5月16日，钱某因阑尾炎在医院住院治疗30天。依据保险合同，保险人每天应支付的保险金是150元，即保险公司应支付一般住院日额保险金4500元，并应给付手术定额保险金600元，以上两项合计5100元。上述保险事故发生后，钱某将上述事实告知保险公司并申请赔付。但保险公司于2008年7月4日向钱某发出理赔决定通知书，以钱某在投保前曾于2005年8月因外伤住院治疗，于2006年7月进行体检的结果为高血压，而钱某于2006年8月在向保险公司投保时，未如实告知上述情况，因此拒绝其赔偿并要求与钱某解除保险合同。故钱某诉至法院，请求判令保险公司赔付一般住院日额保险金4500元、手术定额保险金600元，合计5100元，并继续履行双方于2006年8月29日签订的《家庭健康保险合同》。

问题：保险公司是否应当向钱某赔付住院费用、手术定额保险金及继续履行《家庭健康保险合同》？

分析与评论：本实例中，钱某以投保人、被保险人身份与保险公司签订的保险合同，是当事人双方真实的意思表示，且不违反我国法律、法规的相关规定，合法有效。保险公司向钱某签发的保险单中载明其投保了医疗保险，钱某因病住院而产生的医疗费用属保险公司承保范围，保险公司应履行保险合同，按合同约定的标准向钱某支付理赔款。虽然钱某曾于2005年8月因外伤住院治疗，于2006年7月进行体检的结果为高血压，但该情况与保险事故的发生，即钱某患急性阑尾炎住院治疗

---

〔1〕严格地讲，健康保险中的医疗费用保险和收入损失保险均具有明显地损害填补的性质，因而可以适用代位权制度。但我国《保险法》可能是基于抚慰受害人（被保险人）因患病所遭受的精神和肉体痛苦的需要，禁止保险人行使保险代位权。然而健康保险实务中，保险单时常规定如被保险人可从其他途径获得医疗费用补偿，保险人仅就剩余部分给付保险金。而保监会也认可此种变相行使代位权的做法的合法性。

并无直接影响，因此，保险公司拒绝赔付的理由不能成立。至于续签保险合同，属于投保人与保险公司之间的合意事项，并非保险公司应承担的履约责任。《保险法》第11条规定：“订立保险合同，应当协商一致，遵循公平原则确定各方的权利和义务。”因此，在原保险合同期限届满之后，钱某请求继续履行保险合同不能获得法院的支持。

中保人寿保险有限公司重大疾病终身保险条款

保险合同构成

第一条 本保险合同（以下简称本合同）由保险单及其所载条款、声明、批注，以及和本合同有关的投保单、复效申请书、健康声明书、体检报告书及其他约定书共同构成。

保险责任的开始及缴付保险费

第二条 中保人寿保险有限公司（以下简称本公司）对本合同应负的责任，自投保人缴付第一期保险费且本公司同意承保而签发保险单时开始。除另有约定外，保险单签发日即为本合同的生效日，生效日每年的对应日为生效对应日。

本公司同意承保且收取第一期保险费后，应签发保险单作为承保的凭证。

合同撤销权

第三条 投保人于收到保险单之日起十日内可亲自或以邮寄方式书面连同保险单向本公司申请撤销本合同。合同撤销的效力，自投保人寄出邮戳次日零时起或亲自送达时起生效。合同撤销后发生的保险事故，本公司不负保险责任；但合同撤销前若发生保险事故，则本公司仍依本合同的规定负保险责任，但合同不得撤销。

本公司于收到合同撤销申请，并收回保险单后，无息退还投保人所缴付的保险费。

第二期及第二期以后保险费的缴付，宽限期间及合同效力的中止

第四条 第二期及第二期以后的分期保险费，应依照本保险单所载缴付方法及日期，向本公司缴付并索取凭证妥为保存。如本公司派员前往收取时，应向该收费员缴付并索取凭证妥为保存。第二期及第二期以后的分期保险费到期未缴付时，自

保险单所载缴付日期的次日起六十日为宽限期间；逾宽限期间仍未缴付且无保险费垫交的，本合同自宽限期间终了的次日起效力中止。如宽限期间内发生保险事故，本公司仍负保险责任，但应从给付保险金中扣除欠缴的保险费及利息。

保险费的垫交

第五条　第二期及第二期以后的分期保险费超过宽限期间仍未缴付，而本保险单当时的现金价值足以垫交保险费及利息时，除投保人事前另以书面作反对声明外，本公司自动垫交其应缴保险费及利息，使本合同继续有效。如发生保险事故，本公司应从给付保险金中扣除本公司垫交的保险费及利息。

本保险单当时的现金价值不足以垫交一期保险费及利息时，本公司退还现金价值，本合同效力即行中止。

合同效力的恢复

第六条　本合同效力中止后，投保人可在效力中止日起两年内，填妥复效申请书及被保险人健康声明书申请复效。

前项复效申请，经本公司同意并投保人交清欠缴的保险费及利息后，自次日起，本合同效力恢复。

保险责任

第七条　在本合同有效期内，被保险人于本合同生效或复效之日起一百八十日以后初次发生、并经本公司指定或认可的医疗机构确诊患重大疾病时，本公司按保险单所载保险金额的二倍给付重大疾病保险金。

无论被保险人患一种或两种以上重大疾病，保险金的给付以一次为限，给付重大疾病保险金后，本公司所负给付重大疾病保险金的责任即行终止，但本合同继续有效。

第八条　在本合同有效期内，被保险人因意外伤害而身故或身体高度残疾，或于本合同生效或复效之日起一百八十日以后因疾病而身故或身体高度残疾时，本公司按保险单所载保险金额的三倍给付身故保险金或身体高度残疾保险金，但应扣除已给付的重大疾病保险金。给付身故保险金或身体高度残疾保险金后，本合同效力即行终止。

第九条　被保险人于本合同生效或复效之日起一百八十日后的缴费期内患重大疾病，从其被确定患重大疾病之日起，免缴本合同以后各期的保险费，本合同继续有效。

责任免除

第十条 被保险人因下列情事之一而患重大疾病、身故或身体残疾时，本公司不负保险责任：

一、投保人的故意行为；

二、受益人的故意行为；

三、在合同订立或复效之日起二年内自杀或故意自伤身体；

四、故意犯罪、吸毒、殴斗、酒醉；

五、战争、军事行动或动乱；

六、患获得性免疫缺陷综合症（艾滋病）、性病、先天性疾病或遗传性疾病；

七、核爆炸、核辐射或核污染；

八、无驾驶执照、酒后驾驶；

九、被保险人于本合同生效或复效之日起一百八十日以内患重大疾病。

发生第一款情事时，本公司向其他享有权利的人退还保险单现金价值；发生第九款情事时，本公司向投保人退还保险费；发生其他各款情事时，本公司向投保人退还保险单现金价值。

本公司退还保险单现金价值或保险费后，本合同效力即行终止。

身体高度残疾鉴定

第十一条 被保险人因意外伤害或疾病而身体高度残疾，应在治疗结束后，由本公司指定或认可的医疗机构进行鉴定。如果自被保险人遭受意外伤害或患疾病之日起一百八十日内治疗仍未结束，按第一百八十日的身体情况进行鉴定。

保险事故的通知与保险金的申请时间

第十二条 在本合同有效期内，投保人、被保险人或受益人应于知悉被保险人身故或发生其他保险事故之日起七日内以书面通知本公司，并应于被保险人发生保险事故后三十日内向本公司申请给付保险金，否则投保人、被保险人或受益人应负担由于通知迟缓致使本公司增加的查勘、调查费用。

保险金的申请与给付手续

第十三条 被保险人申请领取重大疾病保险金或申请免缴保险费时，应出具下列文件：

一、保险单、保险金申请书或免缴保险费申请书；

二、最近一次保险费的缴费凭证；

三、被保险人的户籍证明与身份证件；

四、附有本公司指定或认可的医疗机构出具的病理显微镜检查、血液检验及其他科学方法检验报告的疾病诊断证明书。

第十四条　受益人申请领取身故保险金时，应出具下列文件：

一、公安部门或县级以上（含县级）医院出具的被保险人死亡证明书；

二、保险单及保险金申请书；

三、最近一次保险费的缴费凭证；

四、被保险人的户籍注销证明；

五、受益人的户籍证明与身份证件。

第十五条　被保险人申请领取身体高度残疾保险金时，应出具下列文件：

一、本公司指定或认可的医疗机构出具的被保险人身体高度残疾鉴定书；

二、保险单及保险金申请书；

三、最近一次保险费的缴费凭证；

四、被保险人的户籍证明与身份证件。

合同的解除

第十六条　投保人或被保险人在订立本合同或申请复效时，对本公司的书面询问应据实告知。如故意隐瞒事实，不履行如实告知义务，或因过失未履行如实告知义务，足以影响本公司决定是否同意承保或者提高保险费率的，本公司有权解除本合同，且不退还保险费。对本合同解除前发生的保险事故，本公司不负保险责任。

本公司通知解除本合同时，如投保人死亡、居住所不明，或其他原因，通知不能送达时，本公司将该项通知送达受益人。

第十七条　投保人解除本合同时，本公司应于接到通知后三十日内退还本保险单的现金价值。但已给付重大疾病保险金的，投保人不得解除本合同。

投保人解除本合同时，应出具下列文件：

一、保险单及解除合同申请书；

二、最近一次保险费的缴费凭证；

三、投保人的户籍证明与身份证件。

年龄的计算及错误的处理

第十八条 被保险人的投保年龄以周岁计算。

投保人在申请投保时，应将被保险人的真实年龄及性别在投保单上填明。如果发生错误应依照下列规定办理：

一、投保人申报的被保险人年龄不真实，并且其真实年龄不符合本合同约定的年龄限制的，本公司可以解除本合同，并在扣除手续费后向投保人退还保险费，但是自本合同生效之日起逾二年的除外。

二、投保人申报的被保险人年龄或性别不真实，致使投保人实付保险费少于应付保险费的，本公司在给付保险金时按照实付保险费与应付保险费的比例支付。

三、投保人申报的被保险人年龄或性别不真实，致使投保人实付保险费多于应付保险费的，本公司将多收的保险费无息退还投保人。

合同内容的变更

第十九条 投保人在本合同有效期内，可申请减少保险金额，但是减额后的保险金额不得低于最低承保金额，其减少部分视为解除合同。

受益人的指定及变更

第二十条 被保险人或投保人可以指定被保险人身故保险金的受益人，但投保人指定受益人时须征得被保险人同意。在本合同有效期内，投保人可以书面通知本公司变更被保险人身故保险金的受益人，并将本保险单与被保险人的同意书送交本公司批注。

前项变更，如发生法律上的纠纷，本公司不负责任。

重大疾病保险金、身体高度残疾保险金的受益人为被保险人本人，本公司不受理其他指定或变更。

第二十一条 被保险人身故后，遇有下列情形之一的，身故保险金作为被保险人的遗产，由本公司向被保险人的继承人履行给付保险金的义务：

一、没有指定受益人的；

二、受益人先于被保险人死亡，没有其他受益人的；

三、受益人放弃受益权或依法丧失受益权，没有其他受益人的。

变更地址

第二十二条　投保人的地址有变更时，应及时以书面通知本公司。投保人不做前项通知时，本公司按所知最后地址发送的通知，视为已送达投保人。

索赔时效

第二十三条　本合同的受益人对本公司请求给付保险金的权利，自其知道保险事故发生之日起五年不行使而消灭。

批注

第二十四条　本合同内容的变更或记载事项的增删，非经投保人书面申请及本公司在保险单上批注，不生效力。

合同纠纷

第二十五条　本合同发生争议且协商无效时，可通过仲裁机构仲裁或向人民法院提起诉讼。

释义

第二十六条　本条款所述“重大疾病”，是指符合下列定义的疾病：

一、心脏病（心肌梗塞）：

指因冠状动脉阻塞而导致部分心肌坏死，其诊断必须同时具备下列三项条件：

1. 新近显示心肌梗塞变异的心电图。

2. 血液内心脏酶素含量异常增加。

3. 典型的胸痛病状。

但心绞痛不在本合同的保障范围之内。

二、冠状动脉旁路手术：

指为治疗冠状动脉疾病的血管旁路手术，须经心脏内科心导管检查，患者有持续性心肌缺氧造成心绞痛并证实冠状动脉有狭窄或阻塞情形，必须接受冠状动脉旁路手术。其他手术不包括在内。

三、脑中风：

指因脑血管的突发病变导致脑血管出血，栓塞、梗塞致永久性神经机能障碍者。所谓永久性神经机能障碍，是指事故发生六个月后，经脑神经专科医生认定仍遗留下列残障之一者：

1．植物人状态。

2．一肢以上机能完全丧失。

3．两肢以上运动或感觉障碍而无法自理日常生活者。

所谓无法自理日常生活，是指食物摄取、大小便始末、穿脱衣服、起居、步行、入浴等，皆不能自己为之，经常需要他人加以扶助之状态。

4．丧失言语或咀嚼机能。

言语机能的丧失是指因脑部言语中枢神经的损伤而患失语症。

咀嚼机能的丧失是指由于牙齿以外的原因所引起的机能障碍，以致不能做咀嚼运动，除流质食物以外不能摄取食物之状态。

四、慢性肾衰竭（尿毒症）：

指两个肾脏慢性且不可复原的衰竭而必须接受定期透析治疗。

五、癌症：

指组织细胞异常增生且有转移特性的恶性肿瘤或恶性白血球过多症，经病理检验确定符合国家卫生部「国际疾病伤害及死因分类标准」归属于恶性肿瘤的疾病，但下述除外：

1．第一期何杰金氏病。

2．慢性淋巴性白血病。

3．原位癌症。

4．恶性黑色素瘤以外的皮肤癌。

六、瘫痪

指肢体机能永久完全丧失，包括两上肢、或两下肢、或一上肢及一下肢，各有三大关节中的两关节以上机能永久完全丧失。

所谓机能永久完全丧失，指经六个月以后其机能仍完全丧失。关节机能的机能丧失指永久完全僵硬或关节不能随意识活动超过六个月以上。

上肢三大关节包括肩、肘、腕关节，下肢三大关节包括股、膝、踝关节。

七、重大器官移植手术：

指接受心脏、肺脏、肝脏、胰脏、肾脏及骨髓移植。

八、严重烧伤：

指全身皮肤20%以上受到第三度烧伤。但若烧伤是被保险人自发性或蓄意行为所致，不论当时清醒与否，皆不在本合同的保障范围之内。

九、暴发性肝炎：

指肝炎病毒感染而导致大部分的肝脏坏死并失去功能，其诊断必须同时具备下列条件：

1．肝脏急剧缩小；

2．肝细胞严重损坏；

3．肝功能急剧退化；

4．肝性脑病。

十、主动脉手术：

指接受胸、腹主动脉手术，矫正狭窄，分割或切除主动脉瘤。但胸或腹主动脉的分支除外。

第二十七条　本条款所述“意外伤害”是指外来的、突然的、非本意地使被保险人身体受到剧烈伤害的客观事件。

第二十八条　本条款所述“身体高度残疾”是指下列情事之一：

一、双目失明；

二、言语或咀嚼机能完全永久丧失；

三、中枢神经或胸、腹部脏器极度障害，终身不能从事任何工作，为维护生命必要的日常生活活动，全需他人扶助；

四、两手腕关节丧失或两足踝关节丧失；

五、一手腕关节及一足踝关节丧失；

六、一目失明及一手腕关节丧失或一目失明及一足踝关节丧失；

七、四肢机能完全永久丧失。

注：1．失明的认定

（1）视力的测定，依据国际视力表两眼分别依矫正视力测定。

（2）失明指视力永久在国际视力表0.02以下。

2．言语机能的丧失指下列情形之一：

（1）指构成语言的口唇音、齿舌音、口盖音、喉头音等四种语言能力中，有三种以上（含三种）丧失不能发出。

（2）声带全部剔除。

（3）因脑部言语中枢神经的损伤而患失语症。

3．咀嚼机能的丧失指由于牙齿以外的原因所引起的机能障碍，以致不能做咀嚼运动，除流质食物外不能摄取食物的状态。

4．为维持生命必要的日常生活活动，全需他人扶助者指食物摄取、大小便始末、穿脱衣服、起居、步行、入浴等，都不能自己完成，经常需要他人扶助的状态。

5. 所谓机能永久完全丧失指经一百八十日后其机能仍完全丧失而言。

第五节 意外伤害保险合同

一、意外伤害保险合同的概念和特征

（一）意外伤害保险合同的概念

意外伤害保险合同，简称伤害保险合同，是指投保人与保险人订立的，约定被保险人遭受意外伤害或者因意外伤害而致残、死亡时，由保险人承担保险金给付责任的人身保险合同。

（二）意外伤害保险合同的特征

意外伤害保险合同的基本特征主要有：

1. 承保危险为意外伤害。意外伤害保险合同的保险事故是被保险人因意外伤害致伤、致残或致死。所谓意外伤害，是指非被保险人所能预料的、外界的、剧烈性原因对被保险人身体所造成的伤害。意外伤害不包括疾病或者其他自然原因导致的伤害。

2. 保险期限较短。意外伤害保险合同除了附加于人寿保险合同中的伤害条款外，通常为1年期以下的短期保险。这是因为一方面许多意外伤害保险合同只能采取短期保险，如旅客意外伤害保险合同；另一方面，被保险人活动区域的变化决定了危险因素处于变动之中，从而不宜订立长期合同。

3. 意外伤害保险原则上属于定额保险。意外伤害保险合同的保险标的是被保险人的身体，而身体受到的伤害是无法以金钱衡量的。因此，一般情形下，意外伤害保险为定额保险。意外伤害保险合同的保险事故发生后，保险人依据合同约定的保险金额向被保险人或受益人给付保险金，不得减少。但意外伤害保险合同的当事人也可以约定非定额给付，即保险人在合同约定的保险金额范围内按照实际医疗支出向被保险人或受益人支付赔偿金。

4. 保险代位权的禁止。意外伤害保险合同的保险人因保险事故发生所受到的身体伤害、残疾或者死亡，是无法以金钱加以衡量的，保险人给付的保险金并非对被保险人损失的补偿，更不代表被保险人人身的价值。因此，意外伤害保险合同中不适用保险代位权制度。被保险人因第三者的行为而发生死亡、伤残或者疾病等保险事故的，保险人向被保险人或者受益人给付保险金后，不享有向第三者追偿的权利，但被保险人或者受益人仍有权向第三者请求赔偿。

【思考】

身体伤害、致残、死亡在意外伤害保险合同中与在健康保险合同中存在什么差别?

二、意外伤害保险合同的种类

意外伤害保险合同通常包括以下几类:

(一) 普通意外伤害保险合同

普通意外伤害保险合同,又称为一般意外伤害保险合同、个人意外伤害保险合同或单纯意外伤害保险合同,是指被保险人为单个自然人,在被保险人因意外事故而致使其身体受到伤害时,保险人依照约定给付保险金的人身保险合同。

普通意外伤害保险是最典型、最原始的意外伤害保险合同,其被保险人为单个自然人,通常保险期限为1年或1年以下,保险责任范围包括被保险人遭受意外伤害及因意外伤害致残、致死。

(二) 团体意外伤害保险合同

团体意外伤害保险合同,是指以各种单位等团体为投保人,以该团体的成员为被保险人的意外伤害保险合同。

团体意外伤害保险合同意在为团体成员提供安全保障,通常附加残疾、死亡条款。团体意外伤害保险合同以机关、企事业单位等团体为投保人,以团体的全体或者一定比例以上的成员为被保险人,在保险期内,因意外事故导致被保险人身体伤害、残疾或死亡时,保险人按照约定给付全部或部分保险金。

(三) 特种意外伤害保险合同

特种意外伤害保险合同,是指被保险人限于特定范围,或者保险责任仅限于某种特殊原因造成的意外伤害的意外伤害保险合同。

1. 旅客意外伤害保险合同。它是以旅客为被保险人,以一定的旅行过程为保险期间的意外伤害保险合同。具体包括铁路旅客意外伤害保险合同、公路旅客意外伤害保险合同、飞机旅客意外伤害保险合同、水上旅客意外伤害保险合同、旅游意外伤害保险合同等。

2. 交通事故意外伤害保险合同。它是以被保险人因交通事故遭受意外伤害为保险事故的意外伤害保险合同。

3. 电梯乘客意外伤害保险合同。它是以电梯乘客为被保险人,以电梯运行过程中给被保险人造成的意外伤害为保险事故的意外伤害保险合同。

(四) 学生意外伤害保险合同

学生意外伤害保险合同,又称学生平安意外伤害保险合同,是指以学生作为被保险人，因意外伤害造成被保险人残疾或者死亡时，保险人给付保险金的意外伤害保险合同。

三、意外伤害保险合同的订立

（一）意外伤害保险合同当事人及关系人

1. 意外伤害保险合同当事人。

（1）保险人。依据我国《保险法》第 95 条的规定，意外伤害保险合同的保险人一般为经营人身保险业务的保险公司，但经营财产保险业务的保险公司经保险监督管理机构批准，也可以经营意外伤害保险合同。

（2）投保人。意外伤害保险合同的投保人既可以是自然人，也可以是法人以及非法人组织。投保人与被保险人为不同人时，投保人对被保险人应当具有保险利益，否则保险合同无效。依照我国《保险法》的规定，投保人对下列人具有保险利益：①本人；②配偶、子女、父母；③前项以外与投保人有抚养、赡养或者扶养关系的家庭其他成员、近亲属；④与投保人有劳动关系的劳动者。除前款规定外，被保险人同意投保人为其订立合同的，视为投保人对被保险人具有保险利益。

意外伤害保险合同由第三人订立的，无须被保险人同意或者认可保险金额。但如果第三人订立以被保险人死亡为保险金给付条件的意外伤害保险合同，则需要经被保险人同意并认可保险金额。

2. 意外伤害保险合同关系人。

（1）被保险人。意外伤害保险合同的被保险人是身体受到保险合同保障，享有保险金请求权的自然人，法人不得为被保险人。

（2）受益人。受益人是指由意外伤害保险合同指定，发生保险事故时享有保险金领取资格的人。受益人既可以是自然人，也可以是法人，胎儿也可以成为受益人。投保人指定受益人时须经被保险人同意。此外，投保人为与其有劳动关系的劳动者投保人身保险，不得指定被保险人及其近亲属以外的人为受益人。

受益人可为一人，也可为数人。受益人为数人的，被保险人或者投保人可以确定受益顺序和受益份额；未确定受益份额的，受益人按照相等份额享有受益权。被保险人或者投保人可以变更受益人并书面通知保险人，但投保人变更受益人时须经被保险人同意。

（二）意外伤害保险人的保险责任

意外伤害保险合同中，被保险人的身体受到意外伤害，或者因意外伤害致残、致死的，保险人应当依照保险合同的约定向被保险人或者受益人给付保险金。

意外伤害的构成应当符合三个条件：①外来性。即伤害是由被保险人身体以外的原因引起的。如果是由身体内部的原因给被保险人造成伤害，则属于疾病而非意外伤害。②偶然性。给被保险人身体造成伤害的事件必须是被保险人不能预见和不希望发生的事故，如果被保险人可以预见或者希望发生则不属于意外事故。③剧烈性。剧烈性是指意外事故从发生到损害结果的造成须在很短时间之内。

保险人只对属于意外事故造成的被保险人身体损害承担给付保险金义务，对不属于意外伤害而造成被保险人死亡、残疾的，保险人不承担给付保险金义务。其主要包括：①投保人故意伤害被保险人；②被保险人故意犯罪、自杀；③被保险人斗殴、醉酒、吸食或注射毒品；④被保险人受酒精、毒品、管制药品的影响而导致的意外等。

【重点提示】

意外伤害保险合同承保的伤害，应当是由具有外来性、偶然性和剧烈性的意外事故所造成的身体伤害。

四、意外伤害保险合同的效力

（一）对保险人的主要效力

1. 保险金的给付义务。在意外伤害保险合同有效期内发生意外伤害时，保险人对属于保险责任的意外伤害事故，承担向被保险人或受益人给付合同约定的保险金的责任。

具体而言，死亡保险金按照保险金额全额给付；伤残保险金依据《人身保险残疾程度与保险金给付比例表》中规定的给付比例支付；医疗保险费则依据合同约定的每次伤害的医疗保险金额给付，或者依照实际住院天数给付保险金。

2. 代位求偿权禁止。依据我国《保险法》第46条的规定，被保险人因第三者的行为造成保险事故发生的，保险人在给付保险金后，不享有向第三者追偿的权利。

（二）对投保人的主要效力

1. 支付保险费。投保人的主要义务，是按照保险合同约定的数额、期限交付保险费。利害关系人，如被保险人等均可代交。意外伤害保险合同一般为短期合同，合同期限通常为1年或者1年以下，因此保险费多由投保人一次性支付。

2. 如实告知义务。订立保险合同时，投保人应当如实向保险人告知事关被保险人年龄、性别、工作单位、行业性质、具体工种、活动范围、面临的危险等事项。这些事项与被保险人可能遭遇的意外伤害密切相关，影响到保险人是否承保、保险费率的高低。投保人故意或者因重大过失未履行如实告知义务，足以影响保险人决定是否同意承保或者提高保险费率的，保险人有权解除合同。投保人故意不履行如实告知义务的，保险人对于合同解除前发生的保险事故，不承担赔偿或者给付保险金的责任，并不退还保险费。

【实例参考】

中国人民财产保险股份有限公司
意外伤害保险条款（2009版）

1 总则

1.1 合同构成

本保险合同由保险条款、投保单、保险单或其他保险凭证、批单组成。凡涉及本保险合同的约定，均应采用书面形式。

1.2 被保险人

年龄在6个月至65周岁（释义见6.1）、身体健康、能正常工作或正常生活的自然人可作为被保险人。

1.3 投保人

具有完全民事行为能力的被保险人本人、对被保险人有保险利益的其他人可作为投保人。

被保险人为限制民事行为能力人的，应由其监护人作为投保人。被保险人不满10周岁的，应由其父母作为投保人。

1.4 受益人

订立本保险合同时，被保险人或投保人可指定一人或数人为身故保险金受益人。身故保险金受益人为数人时，应确定其受益顺序和受益份额；未确定受益份额的，各身故保险金受益人按照相等份额享有受益权。本保险合同的残疾或烧伤保险金的受益人为被保险人本人。

被保险人或投保人可以变更保险金受益人，但需书面通知保险人（释义见6.2），由保险人在本保险合同上批注。对因保险金受益人变更发生的法律纠纷，保险人不承担任何责任。

投保人指定或变更保险金受益人的，应经被保险人书面同意。被保险人为无民事行为能力人或限制民事行为能力人的，应由其监护人指定或变更保险金受益人。

受益人故意造成被保险人身故、伤残的，或者故意杀害被保险人未遂的，该受益人丧失受益权。

2 保障内容

2.1 保险责任

在保险期间内被保险人遭受意外伤害（释义见6.3），并因该意外伤害导致其身故、残疾或烧伤（释义见6.4）的，保险人依照下列约定给付保险金，且给付各项保险金之和不超过保险金额。

2.1.1　身故保险责任

在保险期间内被保险人遭受意外伤害，并自意外伤害发生之日起180日内因该意外伤害身故的，保险人按保险金额给付身故保险金，对该被保险人的保险责任终止。

被保险人因遭受意外伤害且自该意外伤害发生日起下落不明，后经人民法院宣告死亡的，保险人按保险金额给付身故保险金。但若被保险人被宣告死亡后生还的，保险金受领人应于知道或应当知道被保险人生还后30日内退还保险人给付的身故保险金。

被保险人身故前保险人已给付2.1.2、2.1.3约定的残疾、烧伤保险金的，身故保险金应扣除已给付的保险金。

2.1.2　残疾保险责任

在保险期间内被保险人遭受意外伤害，并自该意外伤害发生之日起180日内因该意外伤害造成本保险合同所附《人身保险残疾程度与保险金给付比例表》（简称《给付表一》）所列残疾程度之一的，保险人按该表所列给付比例乘以保险金额给付残疾保险金。如第180日治疗仍未结束的，按当日的身体情况进行残疾鉴定，并据此给付残疾保险金。

（1）被保险人因同一意外伤害导致一项以上残疾时，保险人给付各项残疾保险金之和，但给付总额不超过保险金额。不同残疾项目属于同一肢（释义见6.5）时，仅给付其中给付比例最高一项的残疾保险金。

（2）被保险人如在本次意外伤害之前已有残疾，保险人按合并后的残疾程度在《给付表一》中所对应的给付比例给付残疾保险金，但应扣除原有残疾程度在《给付表一》所对应的残疾保险金。

2.1.3　烧伤保险责任

在保险期间内被保险人遭受意外伤害，造成本保险合同所附《意外伤害事故烧伤保险金给付比例表》（简称《给付表二》）所列烧伤程度之一的，保险人按该表所列给付比例乘以保险金额给付烧伤保险金。

（1）被保险人因同一意外伤害导致多处烧伤的，无论是否发生在身体同一部位（释义见6.6），保险人仅给付其中比例最高一项的烧伤保险金；被保险人因同一意外伤害导致烧伤并伴有残疾的，保险人仅按烧伤给付比例和残疾给付比例中较高的一项给付保险金。

（2）被保险人因不同意外伤害烧伤且发生在身体的同一部位时，保险人仅给付其中最高一项的烧伤保险金，即：后次烧伤保险金的金额较高的，应扣除前次已给付的保险金；前次烧伤保险金的金额较高的，保险人不再给付后次的烧伤保险金。

（3）被保险人因不同意外伤害烧伤且发生在身体的不同部位时，保险人给付各项烧伤保险金之和，但给付总额不超过保险金额。

2.2 责任免除

2.2.1 原因除外

被保险人因下列原因而导致身故、残疾或烧伤的，保险人不承担给付保险金责任：

（1）投保人的故意行为；

（2）被保险人故意自伤或自杀，但被保险人自杀时为无民事行为能力人的除外；

（3）因被保险人挑衅或故意行为而导致的打斗、被袭击或被谋杀；

（4）被保险人妊娠、流产、分娩、药物过敏；

（5）被保险人接受包括美容、整容、整形手术在内的任何医疗行为而造成的意外；

（6）被保险人未遵医嘱服用、涂用、注射药物；

（7）被保险人受酒精、毒品、管制药物的影响；

（8）疾病，包括但不限于高原反应、中暑、猝死（释义见6.7）；

（9）非因意外伤害导致的细菌或病毒感染；

（10）任何生物、化学、原子能武器，原子能或核能装置所造成的爆炸、灼伤、污染或辐射；

（11）恐怖袭击。

2.2.2 期间除外

被保险人在下列期间遭受意外伤害导致身故、残疾或烧伤的，保险人不承担给付保险金责任：

（1）战争、军事行动、武装叛乱或暴乱期间；

（2）被保险人从事违法、犯罪活动期间或被依法拘留、服刑、在逃期间；

（3）被保险人存在精神和行为障碍（以世界卫生组织颁布的《疾病和有关健康问题的国际统计分类（ICD－10）》为准）期间；

（4）被保险人酒后驾车、无有效驾驶证（释义见6.8）驾驶或驾驶无有效行驶证的机动交通工具期间；

（5）被保险人从事潜水（释义见6.9）、跳伞、热气球运动（释义见6.10）、攀岩运动（释义见6.11）、探险活动（释义见6.12）、武术比赛（释义见6.13）摔跤比赛、特技（释义见6.14）表演、赛马、赛车等高风险的活动期间，但被保险人作为专业运动员从事其专业运动期间除外；

（6）被保险人驾驶或搭乘非商业航班期间；

（7）被保险人患有艾滋病（AIDS）或感染艾滋病病毒（HIV）（释义见6.15）期间。

2.3　保险金额

保险金额是保险人承担给付保险金责任的最高限额。

保险金额由投保人、保险人双方约定，并在保险单中载明。

保险金额一经确定，在保险期间内不得变更。

2.4　保险期间

除另有约定外，保险期间为1年，以保险单载明的起讫时间为准。

3　投保人、被保险人义务

3.1　交费义务

投保人应当在保险合同成立时交清保险费。保险费交清前发生的保险事故，保险人不承担保险责任。

3.2　年龄申报义务

投保人申请投保时，应按被保险人的周岁年龄填写。

投保人申报的被保险人年龄不真实，并且其真实年龄不符合本保险合同约定的年龄限制的，保险人有权解除保险合同，并向投保人退还现金价值（释义见6.16）。

3.3　如实告知义务

投保人应如实填写投保单并回答保险人提出的询问，履行如实告知义务。

投保人故意或者因重大过失未履行前款规定的如实告知义务，足以影响保险人决定是否同意承保或者提高保险费率的，保险人有权解除合同。

投保人故意不履行如实告知义务的，保险人对于合同解除前发生的保险事故，不承担给付保险金的责任，并不退还保险费。

投保人因重大过失未履行如实告知义务，对保险事故的发生有严重影响的，保险人对于合同解除前发生的保险事故，不承担给付保险金的责任，但应当退还保险费。

3.4　职业或者工种变更通知义务

被保险人变更职业或工种时，投保人或被保险人应在10日内以书面形式通知保险人。

被保险人所变更的职业或工种，依照保险人职业分类其危险性减低的，保险人自接到通知后，自职业变更之日起，退还变更前后职业或工种对应的未满期保费（释义见6.17）差额；其危险性增加的，保险人在接到通知后，自职业变更之日起，增收变更前后职业或工种对应的未满期保险费差额；被保险人所变更的职业或工种依照保险人职业分类在拒保范围内的，保险人有权解除本保险合同。如保险人解除合同的，本保险合同自保险人接到通知之日的次日零时起终止，保险人退还现金价值。

被保险人变更职业或工种且未依本条约定通知保险人而发生保险事故的，若依照保险人职业分类不在拒保范围内但其危险性增加的，保险人按其原保险费与新职业或工种所对应的保险费的比例计算并给付保险金；若被保险人所变更的职业或工种依照保险人职业分类在拒保范围内的，保险人不承担给付保险金的责任，保险人退还现金价值。

3.5　住址或通讯地址变更通知义务

投保人住所或通讯地址变更时，应及时以书面形式通知保险人。投保人未通知的，保险人按本保险合同所载的最后住所或通讯地址发送的有关通知，均视为已送达投保人。

3.6　其他内容变更通知义务

在保险期间内，投保人需变更合同其他内容的，应以书面形式向保险人提出申请。保险人同意后出具批单，并在本保险合同中批注。

若被保险人已身故，则保险人不接受本保险合同中有关该被保险人的任何内容的变更申请。

3.7　保险事故通知义务

发生保险责任范围内的事故后，投保人、被保险人或受益人应及时通知保险人，并书面说明事故发生的原因、经过和损失情况；故意或者因重大过失未及时通知，致使保险事故的性质、原因、损失程度等难以确定的，保险人对无法确定的部分，不承担给付保险金的责任，但保险人通过其他途径已经及时知道或者应当及时知道保险事故发生的除外。

上述约定，不包括因不可抗力（释义见6.18）而导致的迟延。

4 保险金申请与给付

4.1 保险金申请

保险金申请人（释义见6.19）向保险人申请给付保险金时，应填写保险金给付申请书，并提交以下材料。保险金申请人因特殊原因不能提供以下材料的，应提供其他合法有效的材料。若保险金申请人委托他人申请的，还应提供授权委托书原件、委托人和受托人的身份证明等相关证明文件。保险人按照本保险合同的约定，认为有关的证明和资料不完整的，应当及时一次性通知保险金申请人补充提供。保险金申请人未能提供有关材料，导致保险人无法核实该申请的真实性的，保险人对无法核实部分不承担给付保险金的责任。

4.1.1 身故保险金申请

（1）保险金给付申请书；

（2）保险单原件；

（3）保险金申请人的身份证明；

（4）公安部门或司法部门、二级及二级以上医院或保险人认可的医疗机构出具的被保险人死亡证明或验尸报告。若被保险人为宣告死亡，保险金申请人应提供法院出具的宣告死亡证明文件；

（5）被保险人的户籍注销证明；

（6）保险金申请人所能提供的与确认保险事故的性质、原因、损失程度等有关的其他证明和资料。

4.1.2 残疾或烧伤保险金申请

（1）保险金给付申请书；

（2）保险单原件；

（3）被保险人身份证明；

（4）司法部门、二级及二级以上医院或保险人认可的医疗机构、保险人认可的其他鉴定机构出具的残疾或烧伤鉴定诊断书；

（5）保险金申请人所能提供的与确认保险事故的性质、原因、损失程度等有关的其他证明和资料。

4.2 诉讼时效期间

保险金申请人向保险人请求给付保险金的诉讼时效期间为2年，自其知道或者应当知道保险事故发生之日起计算。

4.3 保险金的给付

保险人在收到保险金申请人提交的本保险条款4.1所列的材料后，应及时就是否属于保险责任做出核定，情形复杂的，保险人在收到保险金申请人的上述请求后30日内未能核定保险责任的，保险人与保险金申请人根据实际情形商议合理期间，保险人在商定的期间内做出核定结果并通知保险金申请人。

保险人应当将核定结果通知被保险人或者受益人，对属于保险责任的，保险人应在与保险金申请人达成有关给付保险金数额的协议后10日内，履行给付保险金义务；对不属于保险责任的，应当自做出核定之日起3日内向保险金申请人发出拒绝给付保险金通知书，并说明理由。

保险人自收到给付保险金的请求和有关证明、资料之日起60日内，对其给付保险金的数额不能确定的，应当根据已有证明和资料可以确定的数额先予支付；保险人最终确定给付保险金的数额后，应当支付相应的差额。

5 合同的解除和争议处理

5.1 合同的解除

在本保险合同成立后，投保人可以书面形式通知保险人解除合同，但保险人已根据本保险合同约定给付保险金的除外。

投保人解除本保险合同时，应填写保险合同解除申请书，并提供下列证明文件和资料：

(1) 保险合同解除申请书；

(2) 保险单原件；

(3) 保险费交付凭证；

(4) 投保人身份证明。

投保人要求解除本保险合同，自保险人接到保险合同解除申请书之时起，本保险合同的效力终止。保险人收到上述证明文件和资料之日起30日内退还保险单的现金价值。

保险人依据3.2和3.3所取得的保险合同解除权，自保险人知道有解除事由之日起超过30日不行使而消灭。

保险人在合同订立时已经知道投保人未如实告知的情况的，保险人不得解除合同；发生保险事故的，保险人应当承担赔偿或者给付保险金的责任。

5.2 合同的争议处理

因履行本保险合同发生的争议，由当事人协商解决。协商不成的，提交保险单载明的仲裁机构仲裁；保险单未载明仲裁机构且争议发生后未达成仲裁协议的，依法向人民法院起诉。

与本保险合同有关的以及履行本保险合同产生的一切争议处理适用中华人民共

和国法律（不包括港澳台地区法律）。

6　释义

6.1　周岁

以法定身份证明文件中记载的出生日期为基础计算的实足年龄。

6.2　保险人

指与投保人签订本保险合同的中国人民财产保险股份有限公司各分支机构。

6.3　意外伤害

指以外来的、突发的、非本意的、非疾病的客观事件为直接且单独的原因致使身体受到的伤害。

6.4　烧伤

指被保险人在保险期间内因意外事故导致的机体软组织的烧伤，烧伤程度达到Ⅲ度，Ⅲ度烧伤的标准为皮肤（表皮、皮下组织）全层的损伤，涉及肌肉、骨骼，软组织坏死、结痂、最后脱落。烧伤面积以《新九分法》为标准，烧伤的程度及烧伤面积的计算均以保险人认可的鉴定机构的鉴定结果为准。

6.5　肢

指人体的四肢，即左上肢、右上肢、左下肢和右下肢。

6.6　部位

指本保险合同所附《意外伤害事故烧伤保险金给付比例表》约定的人体部位，即人体分为两个部位：头部、躯干及四肢部。

6.7　猝死

外表看似健康的人由于潜在的疾病或者功能障碍所引起的突然的、意外的死亡。

6.8　无有效驾驶证

被保险人存在下列情形之一者：

（1）无驾驶证或驾驶证有效期已届满；

（2）驾驶的机动车与驾驶证载明的准驾车型不符；

（3）实习期内驾驶公共汽车、营运客车或者载有爆炸物品、易燃易爆化学物品、剧毒或者放射性等危险物品的机动车，实习期内驾驶的机动车牵引挂车；

（4）持未按规定审验的驾驶证，以及在暂扣、扣留、吊销、注销驾驶证期间驾驶机动车；

（5）使用各种专用机械车、特种车的人员无国家有关部门核发的有效操作证，驾驶营业性客车的驾驶人无国家有关部门核发的有效资格证书；

（6）依照法律法规或公安机关交通管理部门有关规定不允许驾驶机动车的其他

情况下驾车。

6.9 潜水

指以辅助呼吸器材在江、河、湖、海、水库、运河等水域进行的水下运动。

6.10 热气球运动

指乘热气球升空飞行的体育活动。

6.11 攀岩运动

指以攀登悬崖、楼宇外墙、人造悬崖、冰崖、冰山等运动。

6.12 探险活动

指明知在某种特定的自然条件下有失去生命或使身体受到伤害的危险，而故意使自己置身其中的行为。如江河漂流、徒步穿越沙漠或人迹罕至的原始森林等活动。

6.13 武术比赛

指两人或两人以上对抗性柔道、空手道、跆拳道、散打、拳击等各种拳术及各种使用器械的对抗性比赛。

6.14 特技

指从事马术、杂技、驯兽等特殊技能。

6.15 艾滋病（AIDS）或艾滋病病毒（HIV）

艾滋病病毒指人类免疫缺陷病毒，英文缩写为HIV。艾滋病指人类免疫缺陷病毒引起的获得性免疫缺陷综合征，英文缩写为AIDS。

在人体血液或其它样本中检测到艾滋病病毒或其抗体呈阳性，没有出现临床症状或体征的，为感染艾滋病病毒；如果同时出现了明显临床症状或体征的，为患艾滋病。

6.16 现金价值

除另有约定外，现金价值＝保险费×［1－（保险单已经过天数/保险期间天数）］×75%。经过天数不足一天的按一天计算。

6.17 未满期保险费

未满期保险费＝保险费×［1－（保险单已经过天数/保险期间天数）］。经过天数不足一天的按一天计算。

6.18 不可抗力

指不能预见、不能避免并不能克服的客观情况。

6.19 保险金申请人

身故保险金申请人是指受益人或被保险人的继承人或依法享有保险金请求权的其他自然人；残疾或烧伤保险金申请人是指被保险人本人。

人身保险残疾程度与保险金给付比例表

等级	项目	残疾程度	最高给付比例
第一级	一	双目永久完全失明者（注1）	100%
	二	两上肢腕关节以上或两下肢踝关节以上缺失者	
	三	一上肢腕关节以上及一下肢踝关节以上缺失者	
	四	一目永久完全失明及一上肢腕关节以上缺失者	
	五	一目永久完全失明及一下肢踝关节以上缺失者	
	六	四肢关节机能永久完全丧失者（注2）	
	七	咀嚼、吞咽机能永久完全丧失者（注3）	
	八	中枢神经系统机能或胸、腹部脏器机能极度障碍，终身不能从事任何工作，为维持生命必要的日常生活活动，全需他人扶助者（注4）	
第二级	九	两上肢、或两下肢、或一上肢及一下肢，各有三大关节中的两个关节以上机能永久完全丧失者（注5）	75%
	十	十手指缺失者（注6）	
第三级	十一	一上肢腕关节以上缺失或一上肢的三大关节全部机能永久完全丧失者	50%
	十二	一下肢踝关节以上缺失或一下肢的三大关节全部机能永久完全丧失者	
	十三	双耳听觉机能永久完全丧失者（注7）	
	十四	十手指机能永久完全丧失者（注8）	
	十五	十足趾缺失者（注9）	
第四级	十六	一目永久完全失明者	30%
	十七	语言机能永久完全丧失者（注10）	
	十八	一上肢三大关节中，有二关节之机能永久完全丧失者	
	十九	一下肢三大关节中，有二关节之机能永久完全丧失者	
	二十	一手含拇指及食指有四手指以上缺失者	
	二一	一下肢永久缩短5公分以上者	
	二二	十足趾机能永久完全丧失者	

等级	项目	残疾程度	最高给付比例
第五级	二三	一上肢三大关节中，有一关节之机能永久完全丧失者	20%
	二四	一下肢三大关节中，有一关节之机能永久完全丧失者	
	二五	两手拇指缺失者	
	二六	一足五趾缺失者	
	二七	两眼眼睑显著缺损者（注11）	
	二八	一耳听觉机能永久完全丧失者	
	二九	鼻部缺损且嗅觉机能遗存显著障碍者（注12）	
第六级	三十	一手拇指及食指缺失，或者拇指或食指有三个以上手指缺失者	15%
	三一	一手拇指或食指有三个或三个以上手指机能永久完全丧失者	
	三二	一足五趾机能永久完全丧失者	
第七级	三三	一手拇指或食指缺失，或中指、无名指和小指中有二个或以上缺失者	10%
	三四	一手拇指及食指机能永久完全丧失者	

注：

1. 失明包括眼球缺失或摘除、或不能辨别明暗、或仅能辨别眼前手动者。最佳矫正视力低于国际标准视力表0.02，或视野半径小于5度，并由有资格的眼科医师出具医疗诊断证明。

2. 关节机能的丧失是指关节永久完全僵硬、或麻痹、或关节不能随意识活动。

3. 咀嚼、吞咽机能的丧失是指由于牙齿以外的原因引起器质障碍或机能障碍，以致不能作咀嚼、吞咽运动，除流质食物外不能摄取或吞咽的状态。

4. 为维持生命必要的日常生活活动，全需他人扶助是指食物摄取、大小便始末、穿脱衣服、起居、步行、入浴等，皆不能自己为之，需要他人帮助。

5. 上肢三大关节是指肩关节、肘关节和腕关节；下肢三大关节是指髋关节、膝关节和踝关节。

6. 手指缺失是指近侧指间关节以上完全切断。

7. 手指机能的丧失是指自远侧指间关节切断，或自近侧指间关节僵硬或关节不能随意识活动。

8. 足趾缺失是指自趾关节以上完全切断。

9. 听觉机能的丧失是指语言频率平均听力损失大于90分贝。语言频率为500、1000、2000赫兹。

10. 语言机能的丧失是指构成语言的口唇音、齿舌音、口盖音和喉头音的四种语言机能中，有三种以上不能构声，或声带全部切除，或因大脑语言中枢受伤害而患失语症，并须有资格的五官科（耳、鼻、喉）医师出具医疗诊断证明，但不包括任何心理障碍引致的失语。

11. 两眼眼睑显著缺损是指闭眼时眼睑不能完全覆盖角膜。

12. 鼻部缺损且嗅觉机能遗存显著障碍是指鼻软骨全部或二分之一缺损及两侧鼻孔闭塞、鼻呼吸困难，不能矫治或两侧嗅觉丧失。

所谓“永久完全丧失”是指自意外伤害之日起经过一百八十天的治疗，机能仍然全丧失。但眼球摘除等明显无法复原的情况，不在此限。

意外伤害事故烧伤保险金给付比例表

烧伤部位	占体表皮肤面积	给付比例
头部	足2%但少于5%	50%
	足5%但少于8%	75%
	不少于8%	100%
躯干及四肢	足10%但少于15%	50%
	足15%但少于20%	75%
	不少于20%	100%

【实例参考】

中保人寿保险公司99鸿福终身保险条款

保险合同构成

第一条　本保险合同由保险单及其所载条款、声明、批注，以及和本合同有关的投保单、复效申请书、体检报告书及其他约定书共同构成。

投保条件

第二条　凡一周岁以上六十周岁以下，身体健康、能正常工作或劳动的人，可作为被保险人参加本保险。

第三条 被保险人或对被保险人具有保险利益的人，均可作为投保人向中国人民保险公司（以下简称本公司）投保本保险。一周岁至十六周岁的被保险人，投保人限为被保险人的父亲或母亲。

保险合同生效

第四条 本保险合同自本公司签发保险单起开始生效，开始生效的日期为生效日。生效日每年的对应日为生效对应日。

保险期间

第五条 本保险合同的保险期间自本保险合同生效日起至被保险人死亡或身体高度残疾时止。

保险金额

第六条 每年在生效对应日按保险单所列明保险金额的5%增加保险金额。

保险责任

第七条 在保险合同有效期内，保险人负下列保险责任：

1. 自保险合同生效之日起，被保险人生存至每三周年生效对应日，保险人按保险单所列明保险金额的10%给付保险金。

2. 被保险人因疾病造成死亡或身体高度残疾，保险人按保险金额给付保险金，本保险合同即行解除。

3. 被保险人因遭受意外伤害造成死亡或身体高度残疾，保险人按保险金额给付保险金，本保险合同即行解除。

告知

第八条 订立本保险合同时，本公司应当向投保人说明本保险合同的条款内容，并就被保险人的有关情况提出询问，投保人应当据实告知。

第九条 投保人故意隐瞒事实，不履行如实告知义务的，或因过失未履行如实告知义务，足以影响本公司决定是否同意承保或者提高保险费率的，本公司有权解除本保险合同。

第十条 投保人故意不履行如实告知义务的，本公司对于本保险合同解除前发生的保险事故，不承担给付保险金的责任，并不退还保险费。

第十一条　投保人因过失未履行如实告知义务，对保险事故的发生有严重影响的，本公司对于本保险合同解除前发生的保险事故，不承担给付保险金的责任，但退还保险费。

责任免除

第十二条　对下列情事之一造成被保险人的死亡或身体高度残疾，本公司不负给付保险金责任：

1. 投保人或受益人对被保险人的故意行为；
2. 被保险人犯罪、吸毒、殴斗、酒醉、自杀；
3. 自本保险合同生效之日起二年内，被保险人的自杀、故意自伤身体；
4. 战争、军事行动及动乱；
5. 核辐射、核污染；
6. 无驾驶执照或酒后驾驶。

保险费

第十三条　保险费交费方式分为一次交付、按年交付、按半年交付、按月交付。按年交付保险费的交费期限为生效日每年对应日所在月的1号至月底；按半年交付保险费的交费期限为生效日每半年对应日所在月的1号至月底；按月交付保险费的交费期限为每月的1号至月底。投保人可选择其中一种作为本保险合同的保险费交费方式。

第十四条　按年交付、按半年交付、按月交付保险合同的保险费交费期间分为十年、二十年。投保人可选择其中一种作为本保险合同的保险费交费期间。

效力中止、效力恢复

第十五条　按年交付、按半年交付、按月交付的保险合同，自保险费交费期限结束的次日起六十日内为交付保险费宽限期间。交付保险费宽限期间内，本公司仍负保险责任。交付保险费宽限期间内，投保人仍未交付保险费，自交付保险费宽限期间结束的次日起本保险合同效力中止。

第十六条　自本保险合同效力中止之日起二年内，经本公司与投保人协商并达成协议，在投保人补交保险费后，本保险合同效力恢复。

第十七条　自本保险合同效力中止之日起二年内，本公司与投保人未达成协议的，本公司有权解除本保险合同。

解除保险合同

第十八条 发生下列情事之一，本公司可以解除本保险合同：

1. 第九条所列情事；

2. 第十七条所列情事；

3. 第二十八条所列情事。

发生下列情事之一，投保人可以解除本保险合同：

4. 第十一条所列情事；

5. 第十二条所列情事；

6. 自本保险合同生效之日起二年后且投保人已交足二年以上保险费，投保人、被保险人不愿继续保险。

解除保险合同时，投保人凭保险单、投保人的身份证件、最后一次交费收据向本公司领取退保金。本条情事1、情事2、情事3、情事5和情事6发生时，本公司按本条款《现金价值表》向投保人给付退保金。情事4发生时，本公司按投保人所交保险费给付退保金。本公司向投保人给付退保金后，本保险合同即行解除。

受益人

第十九条 被保险人或投保人可以指定或变更受益人。但投保人指定或变更受益人必须征得被保险人同意。变更受益人须书面申请并经本公司在保险单上批注后方能生效。

第二十条 被保险人死亡后，遇有下列情形之一的，保险金作为被保险人的遗产，由本公司向被保险人的继承人履行给付保险金的义务：

1. 没有指定受益人的；

2. 受益人先于被保险人死亡，没有其他受益人的；

3. 受益人依法丧失受益权或者放弃受益权，没有其他受益人的。

保险事故通知

第二十一条 在保险合同有效期内，被保险人发生保险责任范围内的保险事故，投保人、被保险人或受益人应在保险事故发生之日起七日内通知本公司，否则被保险人或受益人应负担由于通知迟缓致使本公司增加的查勘、调查费用。

身体高度残疾鉴定

第二十二条　被保险人因疾病或遭受意外伤害造成身体高度残疾，应在治疗结束后，由本公司指定的医疗机构进行鉴定。如果被保险人发病或遭受意外伤害之日起一百八十日治疗仍未结束，按第一百八十日的身体情况进行鉴定。

申请给付

第二十三条　在保险合同有效期内，被保险人生存至每三周年生效对应日，其受益人凭保险单、投保人的身份证件、最后一次交费收据向保险人申请领取保险单所列明保险金额10%的保险金。

第二十四条　在保险合同有效期内，被保险人发生保险责任范围内的死亡，其受益人凭保险单、受益人的身份证件、公安部门或卫生部门县级以上（含县级）医院出具的死亡证明书、最后一次交费收据向保险人申请领取保险金。

第二十五条　在保险合同有效期内，被保险人发生保险责任范围内的身体高度残疾，被保险人凭保险单、被保险人的身份证件、保险人指定的医疗机构出具的身体残疾程度鉴定书、最后一次交费收据向保险人申请领取保险金。

第二十六条　保险人给付保险金时应扣除欠交的保险费。

年龄计算和错误处理

第二十七条　被保险人的年龄以周岁计算。

第二十八条　投保人申报的被保险人年龄不真实，并且其真实年龄不符合本保险合同约定的年龄限制的，本公司自本保险合同生效之日起二年内可以解除本保险合同。

第二十九条　投保人申报的被保险人年龄不真实，致使投保人支付的保险费少于应付保险费的，本公司在给付保险金时按照实付保险费与应付保险费的比例支付。

第三十条　投保人申报的被保险人年龄不真实，致使投保人实付的保险费多于应付保险费的，本公司将多收的保险费退还投保人。

索赔时效

第三十一条　本保险合同的被保险人或者受益人对本公司请求给付保险金的权利，自其知道保险事故之日起五年内不行使而消灭。

合同纠纷

第三十二条 本保险合同发生争议且协商无效时，可通过仲裁机构仲裁或向人民法院提起诉讼。

释义

第三十三条 本条款所述“意外伤害”是指外来的、突然的、非本意的使被保险人身体受到剧烈伤害的客观事件。

第三十四条 本条款所述“身体高度残疾”是指下列情事之一：

1. 两眼视力完全永久丧失；
2. 咀嚼吞咽及言语功能完全永久丧失；
3. 中枢神经或胸腹器官严重残疾，终身需要护理；
4. 两上肢腕关节以上丧失或功能完全永久丧失；
5. 两下肢踝关节以上丧失或功能完全永久丧失；
6. 一上肢腕关节以上和一下肢踝关节以上丧失或功能完全永久丧失。

【练习题】

一、选择题

1. 人寿保险合同属于下列哪些类型的合同（　）

A. 补偿性　　B. 给付性

C. 定额性　　D. 定值性

2. 下列哪种合同不属于人身保险合同（　）

A. 生存保险合同　　B. 健康保险合同

C. 意外伤害保险合同　　D. 机动车辆造成第三人伤亡的保险合同

3. 下列主体中，享有保险金请求权者为（　）

A. 投保人　　B. 被保险人

C. 受益人　　D. 保险经纪人

4. 按照保险合同，负有支付保险费义务的人是（　）

A. 投保人　　B. 被保险人

C. 受益人　　D. 保险人

5. 下列主体中，谁有权变更受益人（　）

A. 保险人　　B. 被保险人

C. 投保人　　D. 保险代理人

6. 受益人只存在于哪类合同之中（　）

A. 财产损失保险　　B. 人身保险

C. 海上保险　　D. 责任保险

7. 甲为自己投保一份人寿保险，指定其妻为受益人。甲有一子4岁，甲母60岁且自己单独生活。某日，甲因交通事故身亡。该份保险的保险金依法应如何处理（　）

A. 应作为遗产由甲妻、甲子、甲母共同继承

B. 应作为遗产由甲妻一人继承

C. 应作为遗产由甲妻、甲子继承

D. 应全部支付给甲妻

二、简答题

1. 简述人身保险合同的概念和特征。
2. 简述年龄误告条款的法律后果。
3. 简述不丧失价值条款的内容。
4. 简述复效条款的概念和适用条件。
5. 简述人寿保险合同的概念和特征。
6. 试述人寿保险合同的效力。
7. 简述健康保险合同的保险责任。
8. 哪些情形下保险人应当向投保人退还保险单的现金价值？

第16章 财产保险合同概述

第一节 财产保险合同的概念、特征和分类

一、财产保险合同的概念

财产保险合同，是以财产及其相关利益为保险标的的保险合同的总称。具体言之，财产保险合同是指保险人与投保人订立的，由投保人向保险人支付保险费，保险人承诺，当自然灾害、意外事件等约定保险事故发生给被保险人造成财产损失，或者被保险人因依法承担民事责任而遭受财产损失时，保险人向被保险人支付保险金，以填补被保险人所受损失的合同。财产保险合同与人身保险合同，共同构成了保险合同的两大基本种类。

财产保险有狭义和广义之分。狭义的财产保险指以有形财产为保险标的的保险，包括动产和不动产，如传统财产保险中的海上保险、火灾保险、运输工具保险等，又称为财产损失保险。广义的财产保险除了包括有形财产保险外，还包括以与财产有关的利益为保险标的的保险，如信用保险、责任保险、保证保险等。现代的财产保险为广义的财产保险，即不仅包括有形财产的保险，还包括无形财产的保险，我国《保险法》中的财产保险合同就是广义上的财产保险。

二、财产保险合同的特征

财产保险合同不仅具备保险合同的一般特征，同时与人身保险合同相比较，财产保险合同还具备以下特征：

（一）财产保险合同的标的是财产及有关利益

财产保险合同的标的具有广泛性，包括物质财产及与物质财产有关的利益。具体而言，财产保险合同的标的既包括有形财产如动产、不动产，还包括与财产有关的利益，如信用风险、民事赔偿责任等积极或消极财产利益。这是财产保险合同与人身保险合同的根本区别，同时也决定了财产保险合同的其他特征。财产及财产利

益的可转让性决定了财产保险合同的标的可以随着所有权的转移而发生转移，保险法对此作出了明确规定。《保险法》第49条规定："保险标的转让的，保险标的的受让人承继被保险人的权利和义务。保险标的转让的，被保险人或者受让人应当及时通知保险人，但货物运输保险合同和另有约定的合同除外。"人身保险合同则不具有可移转性。

（二）财产保险合同的保险标的具有价值上的确定性

财产保险合同的保险标的为财产及有关财产利益，可以通过一定的方式以货币衡量其准确价值。与此相较，人身保险中的保险标的大都难以用货币准确估价。财产保险合同的保险金额取决于保险标的本身的价值，而保险标的的价值又可以准确估定，因此，财产保险合同的保险金额限于可准确估定的保险财产的实际价值范围以内。如果投保人实际投保的金额超过了保险标的的实际价值，其超过部分保险人不负赔偿责任，投保人（被保险人）也无权要求保险人赔偿。例如，《保险法》第55条第3款规定："保险金额不得超过保险价值。超过保险价值的，超过部分无效，保险人应当退还相应的保险费"；第56条第2款规定："重复保险的各保险人赔偿保险金的总和不得超过保险价值。"对于保险金额低于保险价值的，依照《保险法》第55条第4款的规定，除合同另有约定外，保险人按照保险金额与保险价值的比例承担赔偿保险金的责任。

（三）财产保险合同应严格适用损失填补原则

财产保险合同约定的保险事故发生致使被保险人遭受损害时，保险人有义务依合同约定的范围以给付保险金等方式填补被保险人的损失。但同时，被保险人亦不得通过保险获得超出其实际损失的额外利益。例如《保险法》第55条第3款、第56条第2款关于保险金额不得超过保险价值的规定，第60条关于保险代位权的规定等，均从不同侧面体现了财产保险合同的上述补偿性要求。即保险人给付保险金的目的旨在弥补因保险事故发生而给被保险人造成的利益损失，而不能使被保险人因保险给付而不当得利，它是财产保险合同必须严格遵守的基本准则。

【重点提示】

财产保险的补偿性决定了财产保险合同存在足额保险、不足额保险与超额保险，人身保险的给付性则决定了人身保险合同中不存在足额与否的问题。

（四）财产保险合同的保险人享有代位权

保险人代位权，是指在财产保险合同中，保险人赔偿被保险人损失后所取得的，原由被保险人享有的，向负有赔偿责任的第三人在支付的保险金范围内请求赔偿的权利。财产保险合同具有补偿性，在保险人支付保险金对被保险人的损失进行补偿之后，为防止被保险人向负有赔偿责任的第三人继续请求赔偿以获取超过保险价值的利益，保险法规定此种情形下保险人取得代位求偿权。《保险法》第60条第1款规定："因第三者对保险标的的损害而造成保险事故的，保险人自向被保险人赔偿保险金之日起，在赔偿金额范围内代位行使被保险人对第三者请求赔偿的权利。"

【思考】

财产保险合同与人身保险合同的特征有哪些显著区别？

三、财产保险合同的分类

在不同的历史时期，随着保险业的发展，保险理论上和实务上对财产保险合同存在着不同的分类。传统保险法中，常以保险事故发生的范围将财产保险合同分为海上保险合同、陆上保险合同两类。此后，出现了以保险事故命名的财产保险合同，如火灾保险合同、水灾保险合同、雪灾保险合同、地震保险合同等。之后，随着财产保险标的的多样化，又出现了以保险标的名称命名的财产保险合同，如车辆保险合同、产品责任保险合同等。我国《保险法》对于财产保险合同采广义的概念，在第95条将财产保险分为财产损失保险、责任保险、信用保险、保证保险等。

依据不同的分类标准，财产保险合同大体上可以分为以下类别：

（一）财产损失保险、责任保险、信用保险与保证保险

依我国《保险法》的规定，财产保险合同可以分为上述四个类别，其划分依据为财产保险合同的标的。

1. 财产损失保险合同是狭义的财产保险合同，是指以有形财产为保险标的的财产保险合同，其目的在于补偿被保险人的损失。财产损失保险的标的包括绝大部分动产和不动产，如房屋、车辆、机器设备、货物等，但种植物和养殖物不包括在内。

2. 责任保险合同是指以被保险人依法应当对第三人承担的损害赔偿责任为保险标的的保险合同。《保险法》第65条第4款规定："责任保险是指以被保险人对第三者依法应负的赔偿责任为保险标的的保险。"责任保险属于广义的财产保险，责任的范围既包括侵权责任，也包括违约责任。责任保险可以具体划分为雇主责任保险、公众责任保险、产品责任保险、职业责任保险等。

3. 信用保险合同是指以第三人的信用为标的而成立的保险合同，具体而言，信用保险合同是保险人对第三人的信用贷款或者信用售货提供担保，在第三人未按期清偿债务时由保险人向被保险人负责清偿的保险合同。信用保险合同具体可分为出口信用保险合同、投资信用保险合同、商业信用保险合同等。

4. 保证保险合同是指保险人对债务人的债务履行向被保险人提供担保，在债务人不履行约定义务给被保险人造成损失时，由保险人向被保险人清偿或者承担赔偿

责任的保险合同。保证保险合同具体可分为诚实保证保险合同、确实保证保险合同等。

（二）足额保险、不足额保险与超额保险

依财产保险合同保险金额与保险价值之间的比例关系划分，财产保险合同可以分为足额保险合同、不足额保险合同与超额保险合同。

1. 足额保险合同是指保险金额与投保财产的保险价值相同的财产保险合同。发生保险事故时，足额保险合同的被保险人获得的保险金可以使被保险人的损失得到充分的补偿，即不会因为保险事故的发生而遭受损失。

2. 不足额保险合同是指保险金额与投保财产的保险价值之间存在一定差额的财产保险合同，即保险金额小于保险价值。不足额保险在发生保险事故时，保险人依照保险金额与保险价值的比例承担赔偿责任，被保险人获得的保险金只能部分地弥补损失。不足额保险既可能因为保险人的规定而发生，也可能因为投保人的自主选择或者投保财产价值上涨而发生。

3. 超额保险合同是指保险金额大于投保财产的保险价值的财产保险合同。对于超额保险，《保险法》第55条第3款规定："保险金额不得超过保险价值。超过保险价值的，超过部分无效，保险人应当退还相应的保险费"。财产保险合同具有补偿性，对于超过投保财产实际价值的部分，保险人不负赔偿义务。禁止超额保险的目的在于避免投保人或被保险人从保险赔偿中获得额外利益，从而避免道德风险的发生。

（三）自愿财产保险合同与强制财产保险合同

以财产保险合同的订立是否为投保人自愿为依据，可以将财产保险合同分为自愿财产保险合同与强制财产保险合同。

1. 自愿财产保险合同是指基于投保人与保险人自愿而订立的财产保险合同。《合同法》第4条规定："当事人依法享有自愿订立合同的权利，任何单位和个人不得非法干预"，保险合同也是如此。《保险法》第11条也明确规定："订立保险合同，应当协商一致，遵循公平原则确定各方的权利和义务。除法律、行政法规规定必须保险的外，保险合同自愿订立。"基于自愿原则，投保人可以选择是否投保、向谁投保，同时在双方自愿的基础上确定保险金额、保险期限、保险责任及责任免除、保险费及其支付办法等条款。绝大部分的财产保险合同都属于自愿财产保险合同，其目的在于保险事故发生给被保险人造成损害时，被保险人可以通过获取保险金弥补损失。

2. 强制财产保险，是指法律规定必须参加的保险，因此又称为法定财产保险。

在我国，强制财产保险最典型的是机动车交通事故责任强制保险，简称“交强险”。强制财产保险多为责任保险，其直接目的在于赔偿被保险人因法律规定而对第三人负有损害赔偿责任时所遭受的损失。强制财产保险的多为与群众生活关系密切、对公共利益影响较大的财产，强制其保险可以确保发生保险事故时第三人能得到基本的赔偿，避免因被保险人支付能力有限而造成的第三人无法受偿的情形发生。《道路交通安全法》第17条规定：“国家实行机动车第三者责任强制保险制度，设立道路交通事故社会救助基金。具体办法由国务院规定”；第98条规定：“机动车所有人、管理人未按照国家规定投保机动车第三者责任强制保险的，由公安机关交通管理部门扣留车辆至依照规定投保后，并处依照规定投保最低责任限额应支付的保险费的2倍罚款。”

【思考】

结合现实生活谈谈强制财产保险的制度价值是什么？应如何更好地实现该种价值？

（四）定值保险合同与不定值保险合同

依据财产的保险价值是否已在财产保险合同中载明为标准，财产保险合同可以分为定值保险合同与不定值保险合同。

1. 定值保险合同是指保险标的的价值载明在保险合同中的财产保险合同。定值保险合同中，保险标的的价值由投保人与保险人事先确定，发生保险事故导致标的物全损或者部分损失时，由保险人依据合同中载明的保险价值支付全部金额或者按比例支付部分金额，无须对保险标的估价。这样一方面可以避免保险事故发生后的估价困难和争议，另一方面也可以促使保险人在订立保险合同时对保险标的审慎估价，避免过高或者过低估价。定值保险合同通常适用于本身价值难以确定的特殊标的，如文物、字画等。此外，海洋货物运输保险中也多采用定值保险合同。这是因为货物在不同的地区存在不同的价值，为了避免将来可能发生的纷争，通常采取定值保险方式。

2. 不定值保险合同是指保险标的的价值并没有载明在保险合同中，保险合同中仅载明了保险金额，保险标的的价值在保险事故发生后再行确定的财产保险合同。不定值保险合同标的的价值通常是变动的，当发生保险事故时，以保险标的的市场价格确定保险价值。保险事故发生时，如果保险标的的实际价值高于保险金额，按照保险金额全部或者按比例赔偿；如果保险标的的实际价值低于保险金额，则按照实际损失或按比例计算赔偿金额。财产保险合同绝大部分属于不定值保险合同，这样才能真正发挥财产保险的补偿功能。

【实例参考】

2007年5月9日，陈某与渤海财产保险股份有限公司签订机动车辆保险合同一份，以陈某所有的宝来轿车为保险标的投保车辆损失险，保险金额为约定的110 500元，保险期间为2007年5月9日零时起至2008年5月8日24时止，合同所附保险条款对车辆损失赔偿的计算方法和折旧率作了明确约定。2008年2月15日晚，陈某驾驶投保车辆宝来轿车因避让同方向前方行驶的车辆，致车辆冲向路基引起着火，造成整车烧完的交通事故，经公安局交通警察认定，陈某承担事故损失的100%责任。事故发生后陈某就该保险赔偿事宜多次跟保险公司协调解决，要求保险公司按保险合同约定赔付因保险事故造成的损失110 500元。保险公司认为，只能按照投保车辆折旧后的实际价值进行赔付。

问题：应当依据什么标准对陈某的损失进行赔偿？

分析与评论：本实例中，陈某与保险公司订立的财产保险合同中约定了保险金额，没有明确投保财产宝来轿车的价值，因此该保险合同属于不定值保险合同。不定值保险合同的保险人承担赔偿责任的最高限额为合同约定的保险金额，如果保险标的的实际价值低于保险金额，则依照实际损失计算。陈某在保险事故发生导致保险标的全损后，要求保险人按照合同约定的保险金额支付赔偿金，保险人认为应当依据保险合同的条款在计算折旧后按照事故发生时投保车辆的实际价值进行赔付。显然，由于陈某与保险人订立的是不定值保险合同，虽然合同约定了保险金额，但该金额并非保险事故发生时保险标的物的实际价值。依损失填补原则，财产保险的保险人只对被保险人的实际损失承担赔偿责任。本实例中的保险标的为机动车，其价值一直处于贬损之中，因此保险事故发生后应当对其进行估价，然后由保险人按照保险标的的实际价值进行赔付。

第二节　财产保险合同的主要内容

一、财产保险合同的保险标的

（一）财产保险保险标的概述

财产保险合同的保险标的，是投保人予以投保而寻求保险保障的对象，也是保险人同意承保并承担保险责任的目标。保险标的确定后，对保险人而言意味着其对哪些财产承担保险责任，同时可以根据标的的具体情况确定保险费率、保险责任及除外责任。因此，保险标的是财产保险合同的首要条款。

对于什么是财产保险合同的标的，存在两种观点。一种观点认为保险标的是与财产有关的保险利益。其理由是，保险事故发生后，保险人只对被保险人的经济损失承担承担赔偿责任，而不承担恢复保险财产原状的责任，而且投保人在保险事故发生后也只是希望其经济损失得到补偿。另一种观点则认为保险标的是保险财产及其有关利益。其理由是，投保的财产就是保险标的，保险对象与保险的标的是一致的，保险事故发生导致保险标的受到影响。被保险人因为保险事故发生造成保险标的，即投保财产的毁损而遭受的损失，是通过保险人支付保险金得到补偿的。因此，财产保险合同的保险标的是被保险的财产本身。

实际上，随着保险业的发展，财产保险标的的范围在不断扩展，不仅财产本身可以成为保险标的，而且财产发生保险事故造成的其他危险和损失也成为了财产保险的标的，如机动车第三者责任强制保险。此外，除了一般财产保险外，财产保险还包括责任保险、信用保险、保证保险等。我国《保险法》第 12 条第 4 款明确规定："财产保险是以财产及其有关利益为保险标的的保险。"

（二）担当财产保险标的的条件

财产保险是以财产及其有关利益为保险标的保险，但并非一切财产或者利益均可成为保险标的。可投保的财产或者利益应当符合以下条件：

1. 投保的财产或利益应当能够用货币来衡量。只有能以货币来衡量的财产或利益在受到损失后，才存在补偿的可能。财产保险合同作为补偿性合同，如果保险标的不能以货币来计算，则保险人无法确定补偿的数额，从而无法履行赔偿责任。这是财产保险合同本身的性质决定的。不能以货币衡量的财产或者利益，如河流、矿藏等因此不能成为财产保险合同的标的。

2. 被保险人必须对保险标的具有保险利益。保险利益是指投保人或者被保险人对保险标的具有的法律上承认的利益。财产保险合同的被保险人在保险事故发生时，可能遭受损失或者利益丧失，此时才存在补偿其损失的必要。如果被保险人对于保险标的不具有保险利益，也即保险事故发生造成的损失与其没有关系，从而没有补偿的需要，也就不需要保险的保障。因此，《保险法》第 12 条第 2 款规定："财产保险的被保险人在保险事故发生时，对保险标的应当具有保险利益。"否则，将可能导致道德风险的发生。投保人是否对保险标的具有保险利益则在所不问，如果投保人不具有保险利益，损失发生时则不能获得补偿，从而不会引发道德风险。

此外，成为财产保险标的的财产或者利益还应该是合法，或至少不违反法律规定的，非法占有、使用的财产或者利益不能成为保险标的。

【重点提示】

同时具备能够用货币来衡量和被保险人对保险标的具有保险利益两个条件，才能成为财产保险合同的保险标的。

（三）财产保险保险标的的范围

依据我国《保险法》第12条第4款的规定，财产保险合同的保险标的包括财产及其有关利益。据此，财产保险合同的保险标的包括以下两大类：

1. 可保财产。

（1）一般可保财产。一般可保财产是指能够普遍成为财产保险合同标的的财产。对于一般可保财产，保险人通常同意承保，因而无须保险人的特别同意。投保人所有、使用或者经营管理的财产，以及与投保人具有法律上承认的利益关系的财产，具体如企业的机器设备、原材料、产成品，家庭的房屋、家电等，各种运输工具如机动车、飞机、船舶等皆属于此类财产。

（2）特约可保财产。特约可保财产是一般可保财产之外，原则上不属于可保财产，但经保险人与投保人特别约定，保险人同意承保的财产。特约可保财产通常为无固定价格或者价格变化较大的财物，如金银、珠宝、文物、书画、艺术品、稀有金属等。此外，还有一些财产，虽然对于被保险人而言具有保险利益，但其价值较难评估或者损失难以估算，但经投保人与保险人特别约定也可以成为可保财产，如铁路、桥梁、码头、水闸等。

2. 可保利益。依照保险法，与财产有关的利益也可以成为财产保险合同的标的。该利益必须是合法的利益，且可以以货币加以衡量，才能成为可保利益。该种利益属于无形财产，如利润损失、运费损失、信用等。依据指向的客体不同，可保利益可以分为所有权利益、用益物权利益、担保物权利益、信用利益等。

根据具体的内容不同，可保利益可分为现有利益、期待利益与责任利益。

（1）所谓现有利益，是指被保险人对保险标的已经现实地享有的保险利益，包括但不限于所有权利益、用益物权利益、担保物权利益、占有利益等。

（2）所谓期待利益是指在保险合同缔结时，被保险人对保险标的尚未现实享有的，但基于现有权利而未来可获得的利益，例如，如商品从甲地运至乙地可以获取的买卖利益、建筑物所有权人可以获取的租金收益等。

（3）责任利益又称为免损利益，是指由于保险事故的发生本应由被保险人承担民事赔偿责任，但是因保险人的保险赔偿而使其免予承担赔偿责任。免损利益属于消极利益，通常以民事赔偿责任为限，行政责任、刑事责任不能成为财产保险的标的。责任利益依发生的原因分为两类：契约责任与侵权责任。可成为财产保险标的的民事责任主要包括雇主责任、公众责任、产品责任、职业责任等。

二、财产保险合同的保险金额

（一）保险金额的含义

保险金额是财产保险合同当事人约定的保险事故发生时保险人赔偿的最高限额。财产保险中，保险金额是保险人计算保险费的依据，同时也是判断足额、不足额或者超额保险的标准。财产保险的标的包括财产和与财产有关的利益，在订立保险合同时，有些财产容易确定其价值，而有些财产及利益则难以估价，因此需要通过约定保险金额以确定保险人的最高赔付额，同时确定保险费。

（二）保险金额与保险价值

保险价值是指保险合同中约定的保险标的的价值或保险事故发生时保险标的的实际价值。依保险金额与保险价值是否一致，保险金额分为三种情况：

1. 足额保险。足额保险又称等额保险，是保险金额与保险价值相等的保险。足额保险在发生保险事故时，保险人支付的保险金等同于保险标的的实际价值，因此被保险人可以获得完全的补偿。同时，足额保险的保险金额也是保险人承担的最高赔偿责任。

2. 不足额保险。不足额保险是保险金额低于保险价值的保险，因此又称为部分保险、低额保险。不足额保险的被保险人在保险事故发生而受损时，保险人支付的保险金低于实际损失，因此只能获得部分补偿。不足额保险既可能因投保人出于节省保险费所致，也可能因保险标的在保险合同订立后价值上涨而发生，还可能因为保险人为了促使投保人加强事故预防而限制投保人。对于不足额保险，依照《保险法》第55条第4款的规定，“保险人按照保险金额与保险价值的比例承担赔偿保险金的责任”。世界各国保险法多作出了类似规定，如《德国保险契约法》第56条、《意大利民法典》第1907条、《日本商法典》第636条、《韩国商法》第674条等。[1]

3. 超额保险。超额保险是保险金额大于保险价值的保险。根据超额保险发生的原因，可分为善意的超额保险和恶意的超额保险。

对于善意的超额保险，如投保人不了解保险标的的价值而过高估计价值，或者保险合同订立后保险标的价值下降致使保险金额高于保险价值的，保险人在保险标

---

〔1〕《德国保险契约法》第56条：保险事故发生时，保险金额低于保险价值者，保险人仅依据保险金额对保险价值的比例补偿损害。《意大利民法典》第1907条：在保险事故发生时，如果保险人仅涉及保险价值的一部分，则保险人按保险所涉部分的比例承担损害赔偿的责任，除非有不同的约款。《日本商法典》第636条：以保险金额之一部分投保时，保险人的负担，按照保险金额对保险价值的比例确定。《韩国商法》第674条：将部分保险价值加入保险时，保险人应按保险金额对保险价值的比例来承担补偿责任。但是当事人之间另有约定时，保险人应以保险金额为限承担补偿其损害的责任。

的的实际价值范围内承担赔偿责任，超过部分归于无效。对于恶意超额保险，如投保人为了在保险事故发生后多获取赔偿而约定超过保险标的价值的保险金额的，有些国家规定恶意保险合同无效，如《意大利民法典》第 1909 条规定："保险金额超过保险价值的保险，如果被保险方有恶意，则保险无效"；多数国家则不区分善意与恶意，只规定超过保险价值部分无效，如《日本商法典》第 631 条规定："保险金额超过保险标的的价额时，保险契约就其超过部分为无效"。

我国《保险法》对于超额保险没有区分善意与恶意，但明确规定保险金额不得超过保险价值，超过保险价值的，超过部分无效，保险人应当退还相应的保险费。

【思考】

保险金额与保险价值之间是什么关系？

（三）保险金额的确定

保险金额是保险人在保险事故发生时赔偿的最高限额。保险经营实践中，财产保险合同的保险金额一般通过下述方法之一予以确定：

1. 定值保险法。定值保险法又称为实际价值法，是指投保人与保险人在订立财产保险合同时，依据保险标的的实际价值约定保险金额的方法。依照此方法，保险人在进行赔付时，不需要考虑保险事故发生时保险标的的实际价值。国际保险市场中的财产损失保险时常采用实际价值法来确定保险金额，如海上货物运输保险合同等。依据实际价值法确定保险金额的财产保险合同发生保险事故后，无须对保险标的财产进行估价，直接由保险人依据合同中载明的保险价值支付全部金额或者按比例支付部分金额。

2. 不定值保险法。依据此方法，投保人与保险人在订立财产保险合同时，不确定保险标的的实际价值，而是约定保险事故发生时保险人赔偿的最高限额。依此方法订立的保险合同，是不定值保险。不定值保险在发生保险事故后，以保险标的的实际价值确定保险人的赔偿数额。如果保险标的的实际价值高于保险金额，按照保险金额全部或者按比例赔偿；如果保险标的的实际价值低于保险金额，则按照实际损失计算赔偿金额。财产保险合同绝大部分属于不定值保险合同，这样才能真正发挥财产保险的补偿功能。

3. 重置价值法。重置价值法是指财产保险合同约定，按照保险事故发生时保险标的的重置价值来确定保险金额。所谓重置价值，则指保险标的因保险事故发生受损后重新购置或者复建的价值。重置价值法主要适用于被保险人在保险财产因保险事故受损后有重置必要的财产保险合同。此种方法产生于第二次世界大战后，是对传统的火灾保险的发展。例如，投保人以其所有的已有 20 年历史的房屋按照相当于重新建造一幢相同房屋的价值与保险人订立合同，保险事故发生后，保险人应当按照合同约定的重置价值支付保险金，无须扣除建筑物的贬值部分。

4. 第一危险法。第一危险法是指投保人与保险人在订立财产保险合同时约定，不按保险财产的实际价值确定保险金额，而是将第一次保险事故发生可能造成的最高损失金额约定为保险金额。以此种方法确定保险金额时，把保险财产的价值分为两个部分：第一次危险造成的损失部分为足额保险，而其余价值为第二危险，保险人不予赔付，而是由被保险人自行负担。因此，以第一危险法确定保险金额的保险通常为不足额保险。

三、财产保险合同的保险责任

（一）保险责任的概念

保险责任是指依照保险合同约定在保险事故发生而对被保险人造成损失时，保险人向被保险人承担的赔偿责任。在财产保险合同中，承担保险责任是保险人的首要义务，也是投保人（被保险人）与保险人订立保险合同的目的所在。保险事故发生后，合同约定的保险责任既是保险人进行赔偿的依据和范围，也是被保险人要求赔偿的依据和范围。《保险法》第 14 条规定："保险合同成立后，投保人按照约定交付保险费，保险人按照约定的时间开始承担保险责任。"

财产保险合同的标的可能因各种危险而受到毁损，但并非所有情形下保险人都要承担保险责任。只有当保险财产受保险人承保范围内的危险而给被保险人带来损失时，保险人才承担损失赔偿责任，也即承担保险责任，从而确定保险责任的范围就成为财产保险合同的重要条款，对保险人和被保险人都具有重要意义。

（二）保险责任的范围

1. 基本责任。基本责任是财产保险合同中载明的保险人承担保险责任的危险的范围。

造成财产损失的危险很多，但并非所有的危险都能成为保险保障的风险，只有部分危险，也即可保危险，保险人才能承保，进而成为保险责任的一部分。基本责任包括的危险通常分为三类：

（1）自然灾害。自然灾害是指不能预见、不能避免并不能克服的客观情况，也就是不可抗力，如地震、海啸、龙卷风、洪水、泥石流、雪灾、雹灾等。对于客观情况是否构成自然灾害，并非由被保险人的主观判断决定，而应以相关的专业标准判定。需要指出的是，由于地震的特殊性，中国保监会对于地震保险作出了特定的规定。

（2）意外事故。意外事故是指损害结果的发生并非行为人的故意或过失，而是不可预见或者不能避免的原因引起的事件。意外事件通常包括火灾、爆炸、飞行物体及其他空中运行物体坠落等。意外事故最经常发生的是火灾，而不同国家对于火灾的解释不完全相同。在我国，火灾是指异常性燃烧所造成的经济损失。仅有燃烧现象并不足以构成火灾，只有异常性燃烧且失去控制而导致损害发生才属于火灾的责任范围。此外，因自然灾害和意外事故引致的停水、停电、停气造成保险财产的直接损失，保险人也承担赔偿责任。

（3）其他责任。其他责任是指在自然灾害、意外事故发生后，为了抢救保险财产或者防止财产损失扩大采取必要措施而产生的费用。与自然灾害和意外事故不同，其他责任并非由保险事故直接引起，而是为了减少保险财产的损失而带来的费用，因其有利于保险人而被列入基本责任的范围。

2. 特约责任。特约责任又称为附加责任，是指在基本责任范围之外，经投保人与保险人协商，而在基本责任基础上特别约定的责任范围。特约责任实质上属于对保险基本责任的扩大，其目的是为了满足被保险人的特别保障需要。对于特约责任部分，由投保人与保险人另行约定保险费用。如家庭财产保险附加的盗窃险，即为一种特约责任。特约责任通常以背书条款或者附加条款的方式在财产保险合同中加以约定。

四、财产保险合同的除外责任

（一）除外责任概述

除外责任是指依照法律规定或者合同约定，保险人不承担赔偿责任的范围。除外责任是对保险人在某些危险所致保险标的损失时赔偿责任的免除，在责任免除的范围内，保险人不承担赔偿责任。

财产保险合同明确除外责任具有重要的意义：一方面，明确保险人的除外责任可以避免投保人对保险责任范围的误解，减少可能产生的纠纷。例如对于“一切险”，投保人可能理解为所有的危险，从而必须明确除外责任，让投保人了解哪些危险不属于保险人的责任范围。另一方面，明确除外责任有助于防范道德风险。例如明确因被保险人的故意行为造成的损失，保险人不承担赔偿责任，避免被保险人为获取保险金而故意损害保险财产。此外，财产保险合同中明确约定除外责任，还有助于减少不同险种保险责任的重叠，便于对某些危险作出特殊安排。

（二）除外责任的分类

依除外责任的产生根据不同，可将除外责任分为法定除外责任与约定除外责任。

1. 法定除外责任，是指基于法律明文规定与保险默示条款而发生的，保险人不承担保险责任的情形。例如，《保险法》第27条第2款规定：“投保人、被保险人故意制造保险事故的，保险人有权解除合同，不承担赔偿或者给付保险金的责任”。《海商法》第243条规定，除合同另有约定外，因下列原因之一造成货物损失的，保险人不负赔偿责任：①航行迟延、交货迟延或者行市变化；②货物的自然损耗、本身的缺陷和自然特性；③包装不当。第244条规定，除合同另有约定外，因下列原因之一造成保险船舶损失的，保险人不负赔偿责任：①船舶开航时不适航，但是在船舶定期保险中被保险人不知道的除外；②船舶自然磨损或者锈蚀。

2. 约定除外责任，是指财产保险合同中明确规定的保险人不承担赔偿责任的危险。此类除外责任是由投保人与保险人在订立合同时协商达成一致而在保险合同中明确规定的，因此又可称为合同除外责任。至于具体的情形，可由投保人与保险人自由协商，法律并无强制性规定。如依保险法规定，投保人故意制造保险事故的，保险人不承担赔偿责任，双方还可以约定，因投保人重大过失造成保险事故发生的，保险人也不承担赔偿责任。

（三）除外责任的范围

财产保险合同中，常见的除外责任主要包括以下几项：

1. 被保险人的故意行为。对于被保险人故意制造保险事故，造成保险财产灭失、毁损的，保险人不承担赔偿责任。各国保险法通常都对此作出了明确规定，这是防范道德风险的要求。故意是指被保险人明知自己的行为会发生危害结果，而希望此种结果发生的行为。

投保人、被保险人或者受益人重大过失造成保险事故发生的，保险人应否承担赔偿责任？我国《保险法》对此没有明确，但有些国家保险法律明确保险人不承担赔偿责任。如《德国保险契约法》第61条规定：“要保人故意或者因重大过失导致保险事故发生者，保险人不负给付的义务。”《意大利民法典》第1900条、《韩国商法》第659条、《俄罗斯联邦民法典》第963条也作出了类似的规定。

2. 战争、军事行动或暴乱行为。此类行为一旦发生，将会造成财产的巨额损失，而且损失的范围和程度难以预计。因此，一般的财产保险的损失概率中并未包含此项危险，从而将其归入了除外责任的范围。如《德国保险契约法》第84条规定：“火灾爆炸因地震或于战争中，或军事指挥官为战争状态的声明的行为所造成者，保险人不负责任。”《日本商法典》、《意大利民法典》、《韩国商法》也作出了类似的规定，即除非有特约，否则因战争、动乱、暴乱而发生的损失，保险人不承担赔偿责任。我国保险法对此没有明确规定。

3. 核子辐射和污染。核子辐射和污染是指核武器爆炸和核反应堆事故产生的光辐射、贯穿辐射和放射性污染。[1] 核子辐射和污染可能造成财产的巨大损失，其范围和损失结果难以预测，因此属于除外责任。

4. 地震。关于对地震危险的承保，中国保监会2001年8月30日发布的《企业财产保险扩展地震责任指导原则》第4条规定："地震险只能作为企财险的附加险承保，不得作为主险单独承保"；第6条规定："各保险公司承保地震险项目，需要使用单独的地震险条款。条款由各保险公司自行制定，并报保监会事前备案。"这就意味着对家庭财产保险合同而言，保险人对因地震造成的损失不承担赔偿责任；对企业财产保险合同而言，如果没有地震附加险，保险人也对因地震造成的损失不承担赔偿责任。也就是说，地震一般属于财产保险合同的除外责任。

对于地震风险的预防，世界上主要的灾害多发国家和地区考虑到地震等巨灾风险的特殊性，一般都采取政府与商业保险公司共同建立地震等巨灾保险基金的做法，对地震等巨灾风险进行单独的有效管理。即政府制定有效的公共政策，国家财政提供适当的财政资助，保险公司广泛参与，采用市场化的运作方式，形成全国性或区域性的保障体系。如美国的洪水保险基金、日本的地震保险集团等。这种模式可以避免单一保险公司单独承保地震保险等巨灾风险，而且可以解决保险费收入的有限性与地震等巨灾损失的巨大性之间的矛盾。[2]

5. 间接损失。间接损失是指因保险标的遭受保险事故所产生的各种间接的、无形的经济损失。如因保险事故发生，造成企业设备损坏而导致的停工、停业的损失，包括企业应付的工资、利润及因此而产生的经济责任。又如房屋毁损后的租金损失等。规定间接损失属于除外责任的范围是因为财产保险合同签订时，保险费通常只计算了保险财产的直接损失。另外，间接损失的范围难以在事先予以确定，从而无法成为保险标的。

6. 保险标的自身性状导致的损失与保管不善造成的损失。保险标的自身缺陷或特性而导致的损害，保险人不负保险责任。自身性状如保险财产本身的自然损耗、内在缺陷、包装不当等。自然损耗虽然也是被保险人的损失，但属于确定要发生的损失，并非保险意义上的风险，因此属于财产保险合同的除外责任。此外，因保险财产本身的缺陷（包括包装不当）、保管不善导致的变质、霉烂、受潮、虫咬等损失，通常也属于财产保险合同的除外责任。产品本身具有缺陷说明其将带来的危险具有确定性，从而不能列为承保责任范围；保管不善属于投保人或者被保险人的人

[1] 孙积禄：《保险法》，高等教育出版社2008年版，第128页。

[2] 李玉泉：《保险法》，法律出版社2003年版，第203页。

为因素所致，将其列入除外责任有助于加强投保人或者被保险人的责任心。我国《保险法》中没有对此予以明确，但《海商法》则有明确规定。《海商法》第243条规定："除合同另有约定外，因下列原因之一造成货物损失的，保险人不负赔偿责任：……②货物的自然损耗、本身的缺陷和自然特性。"

此外，已经发生的保险事故、被保险人怠于防损而扩大的损失通常作为保险合同的默示条款，亦包含在除外责任范围之内。

【思考】

为什么间接损失、被保险人怠于防损而扩大的损失属于除外责任的范围？

第三节 重复保险

一、重复保险的概念

重复保险又称复保险，是指投保人就同一保险标的、同一保险利益、同一保险事故在同一期间与两个以上保险人订立保险合同的保险。依据《保险法》的规定，重复保险只适用于财产保险合同，人身保险合同中则不适用。因为财产保险合同具有典型的补偿性，存在超额补偿的问题，而人的生命和健康却是无价的，不存在赔偿是否超额的问题。

重复保险有广义和狭义之分。广义的重复保险包括保险金额总和超过保险标的价值和未超过保险标的价值两种情形，狭义的重复保险则仅指保险金额总和超过保险标的的价值。在各国的保险立法中，有的采广义上重复保险立法，如《意大利民法典》第1901条、我国台湾地区"保险法"等；有的采狭义上的重复保险立法，如英国1906年《海上保险法》、《日本商法典》第632条等。

我国保险立法对于重复保险的规定，2009年《保险法》修改前采广义的观点，而修改后则采狭义的观点。修改前的《保险法》第41条第3款规定："重复保险是指投保人对同一保险标的、同一保险利益、同一保险事故分别向二个以上保险人订立保险合同的保险。"新《保险法》第56条第4款规定："重复保险是指投保人对同一保险标的、同一保险利益、同一保险事故分别与两个以上保险人订立保险合同，且保险金额总和超过保险价值的保险。"此外，海商法对于海上保险合同的重复保险也采狭义的观点。《海商法》第225条规定："被保险人对同一保险标的就同一保险事故向几个保险人重复订立合同，而使该保险标的的保险金额总和超过保险标的的价值的，除合同另有约定外，被保险人可以向任何保险人提出赔偿请求。被保险人获得的赔偿金额总和不得超过保险标的的受损价值。各保险人按照其承保的保险金额同保险金额总和的比例承担赔偿责任。任何一个保险人支付的赔偿金额超过其应当承担的赔偿责任的,有权向未按照其应当承担赔偿责任支付赔偿金额的保险人追偿。”

保险法对重复保险作出规定的目的:一方面,防止被保险人获取超额保险金。财产保险的一个显著特征就是具有补偿性,投保人同时向多个保险人重复保险,如果投保总额不超出保险标的的价值则法律没有必要进行规制,如果超出了保险标的的价值,则有必要予以限制。否则,投保人可能通过重复保险获取超过保险标的价值的超额保险金,有违财产保险制度的理念,同时可能导致道德风险。另一方面,发挥重复保险的积极功能。重复保险既可以降低保险人的风险,又可以增强对被保险人的保障。因此,只需对重复保险的赔付作出适当的规制即可,而没有必要予以禁止。

第十六章

【重点提示】

我国《保险法》中的重复保险是狭义上的,对重复保险予以规定的目的有两个方面:既防止被保险人获取超额保险金,又发挥重复保险的积极意义。

二、重复保险的构成要件

根据《保险法》的规定,构成重复保险应当具备以下要件:

(一)投保人与数个保险人订立数个保险合同

重复保险的保险人应是复数的,包括两个或者两个以上,而且保险合同也必须是复数的,如此才可能构成重复保险。如果投保人与数个保险人仅订立一份保险合同,则构成共同保险;与同一保险人订立数份保险合同,则分别为单独保险,均不构成重复保险。

(二)须为同一保险标的上的同一保险利益

只有投保人就同一保险标的上的同一保险利益与数个保险人订立数个保险合同才可能构成重复保险。否则,投保人就不同保险标的上的保险利益与数个保险人订立数份保险合同,只构成单独保险而非重复保险。例如,甲以其所有的房屋向乙保险公司投保,以其所有的汽车向丙保险公司投保。此外,如果投保人就同一保险标的上的不同保险利益与保险人订立数个保险合同也不构成重复保险。例如,甲作为汽车的所有人与保险人就其所有人利益订立保险合同,乙作为汽车抵押权人与保险人就其抵押利益订立保险合同,虽然是就同一保险标的订立了两份保险合同,但不构成重复保险。只有甲作为汽车的所有人,既与保险人A也与保险人B就其所有人利益订立两份保险合同,才构成重复保险。

(三)须就同一保险事故或者保险危险投保

数个保险人对同一保险标的的同一保险事故或者危险承保,才构成重复保险。如房屋所有人就其房屋分别向两个以上保险人投保火灾险,保险事故同为“火灾”。

如果就不同保险事故或者危险分别向数个保险人投保，则不构成重复保险，而是单独保险。因为根据保险事故或者危险的不同，就同一保险标的存在数个险种，不同保险人的保险责任并不相同，被保险人不能不当得利。如就房屋分别向不同保险人投保火灾险、水灾险，就不构成重复保险。

（四）须数个保险合同的保险期间重合

重复保险的保险期间应当存在重合，此处既包括保险期间完全相同，亦包括保险期间部分重合。保险期间完全相同的重复保险称为“重叠保险”，也称为“同时重复保险”，其保险合同的起始和终止时间完全相同。保险期间部分重合的重复保险称为“异时重复保险”，其保险合同的起始和终止时间存在不同，或者是起始时间不同，或者是终止时间不同。

满足上述四个要件的财产保险合同构成广义上的重复保险，狭义上的重复保险还需满足数个保险合同的保险金额总和超过保险标的价值这一要件。[1]

【理论扩展】

重复保险与共同保险、保险竞合的区别

共同保险是指两个或两个以上保险人共同承保同一标的的同一危险、同一保险事故，而且保险金额不超过保险标的的价值。即投保人就同一保险标的，同时与两家或两家以上的保险公司签订一份保险合同。在发生赔偿责任时，其赔款按各保险公司承担的份额比例分保。重复保险是指投保人对同一保险标的、同一保险利益、同一保险事故与两个以上保险人分别订立独立的保险合同。而保险竞合则是指投保人就不同保险标的、不同保险利益与两个以上的保险人分别订立保险合同，该数个合同承保范围发生重叠。

三、重复保险投保人的通知义务

（一）概述

在重复保险中，投保人除了应当履行财产保险合同的一般义务外，还应当履行与重复保险有关的通知义务。《保险法》第56条第1款规定：“重复保险的投保人应当将重复保险的有关情况通知各保险人。”

该条中的有关情况，包括保险人的名称、住所地、保险标的、保险金额、保险

---

〔1〕除此之外，在部分保险合同采用第一危险责任的情形下，即使全部保险合同的保险金额总和未超过保险价值，被保险人亦可能获得超出其实际损失的保险金，有学者也将此种情形称之为重复保险。参见李永军主编：《商法学》，中国政法大学出版社2004年版，第771页。

费、保险期间等保险合同的内容。我国保险法中对此没有明确，我国台湾地区“保险法”则对投保人应当告知的事项作出了具体规定。该法第36条规定：“要保人应将他保险人之名称及保险金额通知各保险人。”投保人通知义务以其已知或者应知的事实为限，但下述情况下投保人无须履行通知义务：①保险人已知的事实；②通常情况下，保险人应知的事实；③保险人或者其代理人声明不需要告知的事实。

确立重复保险投保人的特别通知义务，其目的在于避免投保人通过重复保险获取超过保险标的价值的保险金，杜绝其获取不当得利的机会。

（二）违反通知义务的法律后果

对于投保人违反通知义务的法律后果，我国保险法没有明确规定。但其他国家或地区的保险立法则对此有所规定。其中，德国、意大利、我国台湾地区等均区分重复保险为善意抑或恶意，而规定了违反通知义务时的不同法律效果。例如，我国台湾地区“保险法”第37条规定：“要保人故意不为前条之通知，或意图不当得利而为复保险者，其契约无效。”第38条规定：“善意之复保险，其保险金额之总额超过保险标的之价值者，除另有约定外，各保险人对于保险标的之全部价值，仅就其所保金额负比例分担之责。但赔偿总额，不得超过保险标的之价值。”虽然学者对此种立法模式，即区分善意与恶意而规定不同法律后果的意见不一，但我国多数学者认为，依据现行保险法，无论何种重复保险，投保人违反通知义务的，除非保险合同另有约定，保险人均不得藉此解除保险合同或拒绝承担保险责任。

需要说明的是，《保险法》第16条规定了投保人故意或者因重大过失未履行如实告知义务的法律后果，[1] 那么此条是否适用于重复保险投保人未履行通知义务的

---

〔1〕　《保险法》第16条规定：订立保险合同，保险人就保险标的或者被保险人的有关情况提出询问的，投保人应当如实告知。

投保人故意或者因重大过失未履行前款规定的如实告知义务，足以影响保险人决定是否同意承保或者提高保险费率的，保险人有权解除合同。

前款规定的合同解除权，自保险人知道有解除事由之日起，超过30日不行使而消灭。自合同成立之日起超过2年的，保险人不得解除合同；发生保险事故的，保险人应当承担赔偿或者给付保险金的责任。

投保人故意不履行如实告知义务的，保险人对于合同解除前发生的保险事故，不承担赔偿或者给付保险金的责任，并不退还保险费。

投保人因重大过失未履行如实告知义务，对保险事故的发生有严重影响的，保险人对于合同解除前发生的保险事故，不承担赔偿或者给付保险金的责任，但应当退还保险费。

保险人在合同订立时已经知道投保人未如实告知的情况的，保险人不得解除合同；发生保险事故的，保险人应当承担赔偿或者给付保险金的责任。

情形呢，多数学者对此持否定态度。[1] 其原因大致如下：

（1）通知义务与如实告知义务的立法目的不同。通知义务是为了避免投保人超额投保获取不当的利益，降低投保人超额投保的道德风险，而如实告知义务则是为了保险人确定和控制保险标的的危险程度，以估算恰当的保险费率。

（2）通知义务和如实告知义务的内容不同。通知义务的内容主要是重复保险的有关情况，而如实告知义务的内容则更为广泛，凡是可能影响保险人对于危险程度、保险费率等因素判断的事实均属于如实告知义务的范围。

（3）通知义务和如实告知义务产生的时间不同。通知义务只有在投保人与不同保险人订立的保险合同构成重复保险后才产生，而如实告知义务在订立合同时就已经产生。

基于上述几个方面的差异，可以认定重复保险投保人的通知义务是与一般保险投保人的如实告知义务具有不同性质的义务，因此保险法中关于违反如实告知义务的法律后果不能类推适用于重复保险。

四、重复保险中保险人给付义务的分担

在构成重复保险的情况下，如果发生了保险事故，被保险人可以从数个保险人处获得保险金赔付。为了防止投保人取得额外利益而违背损失填补原则，保险法规定在此种情形下，由所有的保险人在不超过保险标的价值的前提下分担赔偿责任。《保险法》第56条第2款规定：“重复保险的各保险人赔偿保险金的总和不得超过保险价值。除合同另有约定外，各保险人按照其保险金额与保险金额总和的比例承担赔偿保险金的责任。”

依据该条规定，重复保险责任的分担有两种方式：

1. 保险合同有约定的，依照合同约定。当投保人履行了通知义务向保险人告知存在重复保险时，保险人可能就保险责任与投保人作出了特别约定。如果该约定没有违反法律的强制性规定，则保险事故发生后，保险人依约定向投保人承担赔偿责任。但投保人与保险人关于保险赔付的约定不得违反保险法的规定，即各保险人赔偿保险金的总和不得超过保险价值。

2. 没有约定的，按比例分担责任。如果保险合同中没有就赔偿责任的承担作出特别的约定，则适用保险法的规定，由各保险人按照其保险金额与保险金额总和的比例承担赔偿保险金的责任。这样规定防止了投保人获取超过保险标的价值的保险

---

[1] 邹海林：《保险法教程》，首都经济贸易大学出版社2002年版，第197页；温世扬主编：《保险法》，法律出版社2007年版，第200页；徐卫东主编：《保险法学》，科学出版社2004年版，第257页；彭红、豆景俊主编：《保险法》，中山大学出版社2003年版，第144页。

金的可能。当然，对于保险金额总和未超过保险标的价值的广义上的重复保险，则不存在分担的问题，由各保险人依照保险合同约定的保险金额承担赔偿责任。

【实例参考】

吴某于2006年3月1日向平安财产保险公司投保了家庭财产保险及附加盗窃险，保险金额为20 000元，保险期限为1年。两个月后，吴某所在单位用福利基金为全体职工在太平洋财产保险公司投保了家庭财产保险和附加盗窃险，保险金额为20 000元，保险期限也为1年。2006年11月，吴某家被盗。吴某发现后立即向公安部门报案，并通知保险公司和所在单位。经查勘现场发现，吴某家防盗门及入户门门锁均被撬开，45英寸液晶电视一台、摄像机一台、高级西装二套被窃，共计损失金额17 500余元。三个月后，公安部门未能破案追回赃物，吴某向平安财产保险公司索赔。在理赔过程中，平安财产保险公司获悉吴某所在单位也为其家庭财产向太平洋财产保险公司投保了家庭财产保险附加盗窃险，保险金额也为20 000元。平安财产保险公司决定按照保险金额与保险金额总和的比例承担赔付责任，即吴某家被窃损失的50%。吴某拒绝接受，并向法院提起诉讼，要求平安财产保险公司全额赔付其被盗损失17 500元。

问题：平安财产保险公司是否应对吴某的损失承担全额赔付责任?

分析与评论：本实例中，吴某先后自己和单位为其家庭财产投保了家庭财产保险附加盗窃险。该两份财产保险合同，就同一保险标的、同一保险利益、同一保险事故分别投保，且保险期间存在重合，构成了“异时重复保险”。虽然吴某没有通知太平洋财产保险公司其已向平安财产保险公司投保，但并非故意，且不存在通过超额投保获取不当利益的主观目的，因此，无论是从法理上分析，还是依据现行实体法，吴某单位为其与太平洋财产保险公司签订的保险合同都是有效的，太平洋财产保险公司不得解除或者终止合同。关于平安保险公司的赔偿责任，由于保险合同中没有就赔偿责任的承担作出特别的约定，因此应当依照《保险法》第56条第2款的规定，由两家保险公司按照其保险金额与保险金额总和的比例承担赔偿保险金的责任，也即各承担50%的赔偿责任。从而，平安保险公司不应承担全部损失的赔偿责任，吴某的请求不应得到人民法院支持。

【练习题】

一、选择题

1. 狭义的财产保险合同是指（ ）

A. 责任保险合同　　B. 信用保险合同

C. 保证保险合同　　D. 财产损失保险合同

2. 根据具体的内容不同，财产可保利益可分为（　）

A. 现有利益　B. 期待利益　C. 责任利益　D. 未来利益

3. 责任保险合同的保险标的包括（　）

A. 民事赔偿责任　B. 行政处分责任

C. 行政处罚责任　D. 刑事责任

二、简答题

1. 简述财产保险合同的概念和特征。
2. 简述财产保险合同的主要分类。
3. 试述财产保险合同保险标的的概念、条件和范围。
4. 财产保险合同保险金额的确定有哪些方法?
5. 简述财产保险合同保险标的的条件及范围。
6. 简述财产保险合同的保险责任与除外责任。
7. 简述重复保险的构成要件。

第17章 财产损失保险合同

第一节　财产损失保险合同概述

一、财产损失保险合同的概念

财产损失保险合同即狭义的财产保险合同，是指投保人与保险人达成的，以各种有形财产为保险标的的财产保险合同。我国《保险法》中的财产保险合同则是广义的，既包括以有形财产为保险标的，也包括以与财产有关的利益为保险标的的保险合同。财产损失保险合同仅是广义财产保险合同的一部分，是由火灾保险发展演变而来的。

财产损失保险合同的保险标的仅限于有形财产，即占有一定空间而以有形体存在的能以价值衡量的财产，包括动产与不动产。财产损失保险合同的保险人只补偿被保险人因保险财产毁损而受到的损失，该损失仅指直接损失，包括直接物质损失以及采取救助措施而引起的必要的费用等。

在财产保险中，财产损失保险是最典型、最具有代表性的，同时也是保险业务的重要组成部分。目前，在我国保险实务中，财产损失保险合同依照保险标的的不同，分为四大类：（企业）财产保险合同、家庭财产保险合同、运输工具保险合同和货物运输保险合同。需要说明的是，在许多国家，政府对农业采取扶持政策，以各种方式进行补贴，而农业保险则属于其中的一种。显然，农业保险不属于纯粹的商业保险，因而不适用《保险法》，亦不属于商业性质的财产损失保险范畴。我国《保险法》第186条第1款规定："国家支持发展为农业生产服务的保险事业。农业保险由法律、行政法规另行规定。"

二、财产损失保险合同的赔偿范围

财产损失保险合同是以补偿被保险人的财产损失为目的的保险合同，因此确定哪些损失属于保险人的赔偿范围对被保险人具有重要意义，同时也应当在财产损失保险合同中予以明确。

财产损失保险合同的保险人承担的赔偿范围通常包括以下三个方面：

1. 保险标的的实际损失。发生保险事故时，被保险人遭受的保险金额范围内的实际损失是保险人赔偿的基本范围。投保人与保险人订立财产损失保险合同的目的在于对其将来可能遭受的损失予以保障，通过获得保险人的赔偿减轻其损失，甚至恢复到保险事故发生前的状态。因此保险人的赔偿至多相当于被保险人的实际损失，如果超过实际损失则构成不当得利，可能引发道德风险。

2. 施救费用。依据《保险法》第57条的规定:“保险事故发生时,被保险人应当尽力采取必要的措施,防止或者减少损失。保险事故发生后,被保险人为防止或者减少保险标的的损失所支付的必要的、合理的费用,由保险人承担;保险人所承担的费用数额在保险标的损失赔偿金额以外另行计算,最高不超过保险金额的数额。”将施救费用列入财产损失保险合同保险人赔偿的范围,是为了鼓励被保险人在保险事故发生后积极采取措施,防止或者减少损失的扩大,避免社会财富的无谓浪费。

这些费用主要包括：①保险事故发生时，为抢救财产或者防止灾害蔓延而采取必要的措施造成的保险标的的损失。如某企业投保了财产保险，该企业的某一建筑物发生火灾，为了防止火灾的进一步蔓延，该企业将建筑物周围的附属建筑（同一保险合同的标的）予以拆除而造成的损失。②为施救、保护、整理保险标的所支出的必要的、合理的费用。如火灾发生后的人工费、消防器材费用等。

3. 其他必要费用。《保险法》第64条规定:“保险人、被保险人为查明和确定保险事故的性质、原因和保险标的的损失程度所支付的必要的、合理的费用,由保险人承担。”这些费用是为了确定保险人赔偿的最终数额而发生的,因而应当由保险人承担。

【重点提示】

财产损失保险合同的赔偿范围除了保险财产的实际损失外，还包括施救费用和其他必要的费用。

三、财产损失保险合同的赔偿方式

如果保险事故发生，在人寿保险合同中，保险人所要赔付的数额由保险合同明确规定；在意外伤害合同中，保险人依照双方一致同意的特定数额赔付保险金；在健康保险合同中，则多依据实际发生医疗费用确定保险人赔付的数额。然而，在遵照损失填补原则确定保险金赔付数额的财产损失保险合同中，依据不同的方式，计算出的保险赔偿金额是不同的。因此，财产损失保险合同中通常载明了采用哪种赔偿方式。

在保险实务中，财产损失保险合同的赔偿方式主要有以下四种：

1. 比例责任赔偿方式。比例责任赔偿方式是以保险金额与保险事故发生时保险标的的实际价值的比例来计算赔偿金额。这就意味着，赔偿的数额不仅与实际损失有关，还与保险金额与保险价值的比例有关。从而，如果是足额保险，则被保险人的实际损失就可以获得充分的补偿；如果是不足额保险，则被保险人只能依照比例获得补偿。此种方式的计算方法为：赔偿金额 = 损失金额 ×（保险金额 ÷ 保险价值）。例如，投保人将其所有的价值 50 万元的房屋投保家庭财产保险，保险金额为 30 万元。如果在保险期限内发生火灾，致使该房屋遭受 30 万元的实际损失，则其能获得保险人 18 万元的赔付。

2. 第一危险责任赔偿方式。第一危险责任赔偿方式又称为第一损失责任赔偿方式，是指在保险金额的范围内，保险人按照实际损失赔偿。财产保险中，保险金额内损失成为第一损失，超过保险金额的损失成为第二损失。保险人对第一损失承担全额赔偿责任，第二损失则由被保险人自己承担。[1] 依照此种赔偿方式，赔偿金额的计算与保险金额和损失金额有关，发生保险事故时，凡在保险金额范围内的损失，均按照足额保险全额赔付，而不论保险金额与保险标的的实际价值是否一致。此种方式对被保险人的补偿比较充分。例如，在前述实例中，如果采用第一危险责任赔偿方式，则被保险人可获得 30 万元的赔付。

3. 限额责任赔偿方式。限额责任赔偿方式，是指保险人只在保险事故发生后，保险财产损失超过预先设定的限度时才承担赔偿责任的一种赔偿方式。本方式多见于农业保险中。依照限额赔偿方式，保险合同中预先规定一个固定的额度作为被保险人取得收益的标准，在被保险人的实际收入低于该额度时，视为发生保险事故，由保险人赔偿实际数额与约定数额之间的差额；如果被保险人的收益达到或者超过约定的限额，则视为未发生保险事故，保险人不承担赔偿责任。例如，小麦种植者对其小麦收成投保，约定每亩产量 400 公斤为限额标准，当实际收成少于该标准时，保险人负责赔偿差额部分；如果实际收成等于或者高于该标准，则保险人不承担赔偿责任。

4. 免责限度赔偿方式。免责限度赔偿方式，是指对保险标的的损失约定一个最小限度，在此限度内的损失，保险人不负赔偿责任。这一限度称为免赔率或者免赔额。此种方式通常适用于存在自然损耗的保险标的。免责限度赔偿方式又可分为相对免责限度赔偿和绝对免责限度赔偿。相对免责限度赔偿，是指保险标的的损失达到规定的限度时，保险人按照全部损失不做任何扣除地如数赔偿；绝对免责限度赔偿，是指损失超过约定的限度时，仅就超过限度部分的损失进行赔偿。例如，投保人将自己价值 10 万元财产投保足额保险，约定免赔额为 15 万元。则若发生保险事故致被保险人遭受 3 万元损失，如采用相对免责限度赔偿法，则被保险人可获得 2

---

〔1〕 温世扬主编：《保险法》，法律出版社 2007 年版，第 204 页。

第十七章

万元赔偿。而若被保险人仅遭受0.5万元损失，因未达到免赔限度，故无论采用上述何种赔偿法，被保险人均无法获得赔偿。

不论按照哪种赔偿方式，在保险事故发生后，保险人都应当及时作出核定，并尽快与被保险人达成赔偿协议，以尽可能早地补偿被保险人的损失。《保险法》第23条对此作出了明确规定："保险人收到被保险人或者受益人的赔偿或者给付保险金的请求后，应当及时作出核定；情形复杂的，应当在30日内作出核定，但合同另有约定的除外。保险人应当将核定结果通知被保险人或者受益人；对属于保险责任的，在与被保险人或者受益人达成赔偿或者给付保险金的协议后10日内，履行赔偿或者给付保险金义务。保险合同对赔偿或者给付保险金的期限有约定的，保险人应当按照约定履行赔偿或者给付保险金义务。保险人未及时履行前款规定义务的，除支付保险金外，应当赔偿被保险人或者受益人因此受到的损失。"

第二节 企业财产保险合同

一、企业财产保险合同的概念

企业财产保险合同是指法人或非法人组织作为投保人，以其自己所有的、经营管理的、或与其有经济利害关系的，存放于固定地点的有形财产作为保险标的向保险人投保而缔结的财产保险合同。

在保险实践中，投保人不限于企业，还包括国家机关、事业单位、社会团体等企业之外的主体。但是，中国人民银行1996年5月30日颁布的《关于印发〈财产保险基本险〉和〈财产保险综合险〉条款、费率及条款解释的通知》明确规定了自1996年7月1日后，以财产保险基本险和财产保险综合险取代原企业财产保险，因此，形式意义上的企业财产保险在我国保险实务中不再存在了。

二、财产保险基本险

（一）保险标的的范围

1. 下列财产可在保险标的范围以内：①属于被保险人所有或与他人共有而由被保险人负责的财产；②由被保险人经营管理或替他人保管的财产；③其他具有法律上承认的与被保险人有经济利害关系的财产。

被保险人与投保财产存在上述关系，可被认为对其具有保险利益，即被保险人对投保财产具有经济利害关系，否则不能投保。

2. 下列财产非经被保险人与保险人特别约定，并在保险合同上载明，不在保险标的范围以内：①金银、珠宝、钻石、玉器、首饰、古币、古玩、古书、古画、邮票、艺术品、稀有金属等珍贵财物；②堤堰、水闸、铁路、道路、涵洞、桥梁、码头；③矿井、矿坑内的设备和物资。

上述财产无一定价值，保险金额很难确定，风险也较特别，因此必须经被保险人和保险人双方事先特别约定，在保险合同及明细表上载明，才能成为财产保险合同的标的。

3. 下列财产不在保险标的范围以内：①土地、矿藏、矿井、矿坑、森林、水产资源以及未经收割或收割后尚未入库的农作物；②货币、票证、有价证券、文件、账册、图表、技术资料、电脑资料、枪支弹药以及无法鉴定价值的财产；③违章建筑、危险建筑、非法占用的财产；④运输过程中的物资；⑤领取执照并正常运行的机动车；⑥畜、禽类和其他饲养动物。

这些财产由于各种原因不能成为财产保险合同的标的：或者不能用货币衡量其价值，如土地、矿藏、矿井、矿坑、森林、水产资源及文件、账册、图表、技术资料等；或者不是实际的物资，如货币、票证、有价证券；或者成为保险标的不利于贯彻执行政府有关命令或规定，如违章建筑及其他政府命令限期拆除、改建的房屋、建筑物；或者不属于财产保险的范围，如运输过程中的物资、领取执照并正常运行的机动车和畜禽类等，应由其他险种承保。这就意味着，上述财产不得成为财产保险合同的标的，即使投保人与保险人协商一致签订了保险合同，该合同也是无效的。

（二）保险责任

1. 由于下列原因造成保险标的的损失，保险人依照约定负责赔偿：

（1）火灾。火灾是指在时间或空间上失去控制的燃烧所造成的灾害。火灾的构成必须同时具备以下三个条件：①有燃烧现象，即有热有光有火焰；②属于偶然、意外发生的燃烧；③燃烧失去控制并有蔓延扩大的趋势。因此，仅有燃烧现象并不等于构成本保险中的火灾责任。在生产、生活中有目的用火，如为了防疫而焚毁玷污的衣物，点火烧荒等属正常燃烧，不属于火灾责任。因烘、烤、烫、烙造成焦糊变质等损失，既无燃烧现象，又无蔓延扩大趋势，也不属于火灾责任。电机、电器、电气设备因使用过度、超电压、碰线、弧花、漏电、自身发热所造成的本身损毁，不属于火灾责任。但如果发生了燃烧并失去控制蔓延扩大，则构成火灾责任，并对电机、电器、电气设备本身的损失负责赔偿。

（2）雷击。雷击是指由雷电造成的灾害。雷电为积雨云中、云间或云地之间产生的放电现象。雷击的破坏形式分直接雷击与感应雷击两种：

第一，直接雷击：由于雷电直接击中保险标的造成损失，属直接雷击责任。

第二，感应雷击：由于雷击产生的静电感应或电磁感应使屋内对地绝缘金属物体产生高电位放出火花引起的火灾，导致电器本身的损毁，或因雷电的高电压感应，致使电器部件的损毁，属感应雷击责任。

（3）爆炸。爆炸分物理性爆炸和化学性爆炸：

第一，物理性爆炸：由于液体变为蒸汽或气体膨胀，压力急剧增加并大大超过容器所能承受的极限压力，因而发生爆炸。如锅炉、空气压缩机、压缩气体钢瓶、液化气罐爆炸等。

第二，化学性爆炸：指物体在瞬息分解或燃烧时放出大量的热和气体，并以很大的压力向四周扩散的现象。如火药爆炸、可燃性粉尘纤维爆炸、可燃气体爆炸及各种化学物品的爆炸等。

因物体本身的瑕疵，使用损耗或产品质量低劣以及由于容器内部承受“负压”（内压比外压小）造成的损失，不属于爆炸责任。

（4）飞行物体及其他空中运行物体坠落。凡是空中飞行或运行物体的坠落，如空中飞行器、人造卫星、陨石坠落，吊车、行车在运行时发生的物体坠落都属于本保险责任。在施工过程中，因人工开凿或爆炸而致石方、石块、土方飞射、塌下而造成保险标的的损失，可由保险人先予赔偿，然后向负有责任的第三者追偿。建筑物倒塌、倒落、倾倒造成保险标的的损失，视同空中运行物体坠落责任负责。如果涉及第三者责任，可以先赔后追。但是，对建筑物本身的损失，不论是否属于保险标的，都不负责赔偿。

2. 保险标的的下列损失，保险人也负责赔偿：

（1）被保险人拥有财产所有权的自用的供电、供水、供气设备因保险事故遭受损坏，引起停电、停水、停气以致造成保险标的的直接损失。停电、停水、停气所致保险标的的损失，必须同时具备下列三个条件，才属保险责任：

第一，必须是被保险人拥有财产所有权并自己使用的供电、供水、供气设备，包括本单位拥有所有权和使用权的专用设备，以及本单位拥有所有权又与其他单位共用的设备。所谓设备包括：发电机、变压器、配电间、水塔、线路、管道等供应设备。

第二，限于因保险事故造成的“三停”（即停电、停水、停气）损失。

第三，仅限于对被保险人的机器设备、在产品和贮藏物品等保险标的的损坏或报废负责。例如，印染厂因发生属于保险责任范围的停电，使生产线上运转的高热烘筒停转，烘筒上的布匹被烧焦；又如药厂因同样情况停电，使冷藏库内的药品变质，属保险责任。

（2）在发生保险事故时，为抢救保险标的或防止灾害蔓延，采取合理的必要的措施而造成保险标的的损失。已经发生保险责任范围所列灾害事故，为抢救财产或防止灾害蔓延而不可避免造成保险标的的损失，属于赔偿范围，但对非保险财产的损失则不负赔偿责任。例如，在发生火灾时，保险标的在抢救过程中，遭受磕碰、水渍等损失，以及灾后搬回原地、途中的损失；因抢救受灾物资而将保险房屋的墙壁、门窗等破坏造成的损失；发生火灾时隔断火道，将未着火的保险房屋拆毁造成的损失；遭受火灾后，为防止损坏的保险房屋、墙壁倒塌压坏其他保险标的而被拆除所致的损失。

（3）保险事故发生后，被保险人为防止或者减少保险标的的损失所支付的必要的合理的费用，由保险人承担。例如，被保险人为减少保险标的损失而支出的施救、抢救、保护费用，由保险人负责赔偿。

（三）责任免除（除外责任）

1. 由于下列原因造成保险标的的损失，保险人不负责赔偿：①战争、敌对行为、军事行动、武装冲突、罢工、暴动；②被保险人的故意行为或纵容所致；③核反应、核子辐射和放射性污染；④地震、暴雨、洪水、台风、暴风、龙卷风、雪灾、雹灾、冰凌、泥石流、崖崩、滑坡、水暖管爆裂、抢劫、盗窃。

对于上述原因造成保险标的的损失，无论是由上述原因直接造成的，还是由这些原因引起保险事故发生造成的，均为除外责任，保险人不予赔偿。

2. 保险人对下列损失也不负责赔偿：

（1）保险标的遭受保险事故引起的各种间接损失。间接损失主要指停工、停业期间支出的工资、各项费用、利润损失及因财产损毁导致的有关收益的损失，如旅馆的房租收入，被保险人与他人签订的合同因保险灾害事故不能履约所需承担的经济赔偿责任等。

（2）保险标的本身缺陷、保管不善导致的损毁，保险标的的变质、霉烂、受潮、虫咬、自然磨损、自然损耗、自燃、烘焙所造成的损失。保险标的本身内在的各种缺陷或由于保管不善等原因导致的损失，均属人为的非意外损失，保险人不负责赔偿。

（3）由于行政行为或执法行为所致的损失。各级政府或各级执法机关下令破坏保险标的所致的损失属于非常性的行政措施，一般是从国家、社会整体利益出发或者维护更大的利益避免更大的损失所作出的决策，不属于保险承保的意外、偶然的灾害事故风险范畴，故此类损失不属于保险责任。

3. 其他不属于保险责任范围内的损失和费用，保险人也不负赔偿责任。

（四）保险金额与保险价值

1. 固定资产。固定资产的保险金额由被保险人按照账面原值或原值加成数确定，也可按照当时重置价值或其他方式确定。固定资产的保险价值是按出险时重置价值确定。

2. 流动资产。流动资产（存货）的保险金额由被保险人按最近12个月任意月份的账面余额确定或由被保险人自行确定。流动资产的保险价值是按出险时账面余额确定。

3. 账外财产和代保管财产。账外财产和代保管财产的保险金额可以由被保险人自行估价或按重置价值确定，账外财产和代保管财产的保险价值是按出险时重置价值或账面余额确定。账外财产和代保管财产应在保险合同上分项列明。

（五）赔偿数额的确定

保险标的发生保险责任范围内的损失，保险人按照保险金额与保险价值的比例承担赔偿责任，按以下方式计算赔偿金额：

（1）全部损失。保险金额等于或高于保险价值时，其赔偿金额以不超过保险价值为限；保险金额低于保险价值时，按保险金额赔偿。

（2）部分损失。保险金额等于或高于保险价值时，其赔偿金额按实际损失计算，但不得超过保险价值；保险金额低于保险价值时，其赔偿金额按保险金额与保险价值比例计算。

（3）若保险合同所载财产不止一项时，应分项按照规定处理。

（4）发生保险事故时，被保险人所支付的必要、合理的施救费用的赔偿金额在保险标的损失以外另行计算，最高不超过保险金额的数额。如果若受损保险标的按比例赔偿时，则该项费用也按与财产损失赔款相同的比例赔偿。保险标的遭受损失后的残余部分，协议作价折归被保险人，在赔款中，作价折归被保险人的金额按比例扣除。所谓残余部分是指财产受损后尚有经济价值的残留物资，即残值。

（六）保险人代位权

因第三者对保险标的的损害而造成保险事故的，保险人自向被保险人赔偿保险金之日起，在赔偿金额范围内代位行使被保险人对第三者请求赔偿的权利。

（七）被保险人义务

（1）投保人应当在保险合同生效前按约定交付保险费。投保人（被保险人）应当在保险合同生效之前按照保险合同的规定交清保险费，这是投保人（被保险人）应尽的义务。保险人只有在投保人（被保险人）在保险合同生效前交清保险费才能承担保险合同所约定的保险责任。投保人也可按照与保险人约定的期限，交付保险费，如不按期交付保险费，保险人可以分别情况要求其交付保险费及利息或者终止保险合同。保险人如果终止合同，对终止合同前投保方欠交的保险费及利息，仍有权要求投保方如数交足。

（2）投保人（被保险人）应当履行如实告知义务，如实回答保险人就保险标的或者被保险人的有关情况提出的询问。

(3) 投保人（被保险人）应当遵照国家有关部门制定的保护财产安全的各项规定，对安全检查中发现的各种灾害事故隐患，在接到安全主管部门或保险人提出的整改通知书后，必须认真付诸实施。

(4) 在保险合同有效期内，如有被保险人名称变更、保险标的占用性质改变、保险标的地址变动、保险标的危险程度增加、保险标的的权利转让等情况，被保险人应当事前书面通知保险人，并根据保险人的有关规定办理批改手续。

(5) 保险标的遭受损失时，被保险人应当积极抢救，使损失减少至最低程度，同时保护现场，并立即通知保险人，协助查勘。“立即通知保险人”是指被保险人应尽快通知保险人，以便及时到现场查勘定损。“立即”就是要求被保险人知道或应当知道保险事故已经发生后，就应在尽可能短的时间内通知保险人。

投保人（被保险人）如果不履行上述约定的各项义务，应依法或依合同约定承担责任。

【重点提示】

理解和掌握企业财产保险合同的保险责任和除外责任的范围，特别是各种保险责任的具体条件，下节家庭财产保险合同中的保险责任解释也是相同的。

三、财产保险综合险

财产保险合同除了财产保险基本险外，还有财产保险综合险，两者之间的区别主要在于综合险的保险责任还包括由于暴雨、洪水、台风、暴风、龙卷风、雪灾、雹灾、冰凌、泥石流、崖崩、突发性滑坡、地面下陷下沉[1]给被保险人造成的损

---

[1] 暴雨：指每小时降雨量达16毫米以上，或连续12小时降雨量达30毫米以上，或连续24小时降雨量达50毫米以上。

洪水：山洪暴发、江河泛滥、潮水上岸及倒灌致使保险标的遭受浸泡、冲散、冲毁等损失都属洪水责任。

台风：指中心附近最大平均风力12级或以上，即风速在每秒32.6米以上的热带气旋。是否构成台风以当地气象站的认定为准。

暴风：指风速在每秒28.3米，即风力等级表中的11级风。但此种保险条款的暴风责任扩大至8级风，即风速在每秒17.2米以上即构成暴风责任。

龙卷风：是一种范围小而时间短的猛烈旋风，成龙卷风以当地气象站的认定为准。

雪灾：因每平方米雪压超过建筑结构荷载规范规定的荷载标准，以致压塌房屋、建筑物造成保险标的损失，为雪灾保险责任。

雹灾：因冰雹降落造成的灾害。

冰凌：即气象部门称的凌汛，春季江河解冻期时冰块飘浮遇阻，堆积成坝，堵塞江道，造成水位急剧上升，以致冰凌、江水溢出江道，漫延成灾。

泥石流：山地大量泥沙、石块突然爆发的洪流，随大暴雨或大量冰水流出。

崖崩：石崖、土崖受自然风化、雨蚀、崖崩下塌或山上岩石滚下；或大雨使山上砂土透湿而崩塌。

突发性滑坡：斜坡上不稳的岩体、土体或人为堆积物在重力作用下突然整体向下滑动。

地面突然下沉：地壳因为自然变异，地层收缩而发生突然塌陷。

失。其他方面，如保险标的的范围、保险责任、责任免除、保险金额与保险价值的确定、赔偿数额的确定、保险人代位权、被保险人的义务等，两种险别基本一致。

【实务指南】

保险索赔需要提供的材料

被保险人在向保险公司提供书面索赔时，一般应提供下述单证：

（1）保险单正本。

（2）财产损失清单。

（3）有关部门出具的事故证明或技术鉴定书，包括：发生火灾，应提供消防部门的证明；发生盗窃或恶意破坏，应提供公安部门的证明；发生锅炉、压力容器爆炸，应提供劳动部门出具的鉴定证明；发生雷击、暴雨、台风、暴风、龙卷风、雪灾、雹灾、泥石流等自然灾害时，应提供气象部门的证明。

（4）救护费用发票。

（5）必要的账簿、单据以及其他保险公司认为有必要的单证、文件。

【实例参考】

2007年5月18日，华兴实业有限责任公司（以下简称华兴公司）向中国大地财产保险股份有限公司（大地保险公司）投保了财产保险综合险，大地保险公司出具了财产保险综合险保险单。保险单上载明：在“投保标的项目”栏目中填写为“固定资产”，在“以何种价值投保”栏目中填写为“估价”，保险金额为1亿元，保险费20万元，在“特别约定”栏目中载明“本保单保险标的除包括厂房、宿舍、机器设备外，还包括堤堰、水闸、自修桥梁两座，自修公路8000米”。次日，又签订了补充协议约定：取消保单项下特别约定的10万元绝对免赔额规定，固定资产总额未超过保险金额，不扣除任何免赔额，按核定的实际损失赔偿。保险期限自2007年5月19日零时起至2008年5月18日24时止。

投保后，华兴公司依约支付了保险费。2007年6月2日，华兴公司所在地普降暴雨发生水灾，华兴公司的水电站进水闸受损，华兴公司向大地保险公司报告水灾情况，大地保险公司派人视察了险情。后华兴公司就该水毁部分与他人签订修复工程施工合同，修复后经结算工程造价为367 509.46元，2007年11月6日大地保险公司对上述修复工程造价逐项核定，制订财产保险损失清单，确定损失为148 000元，华兴公司对此予以认可，后大地保险公司一直未支付该赔偿款。2007年8月21日又普降暴雨发生水灾，华兴公司的电站大坝、水轮机、尾水池、拦污栅、尾水出口闸门被损、电站公路被冲毁2000余米。保险事故发生后，华兴公司及时通知了大地保险公司并组织施救，大地保险公司也派人察看了灾情并拍下了部分受灾现场的照片。华兴公司为及时恢复发电，便对水毁财产进行修复并与他人签订施工合同。此后，华兴公司要求核定损失予以赔偿，而大地保险公司一直不核定损失。为此，华兴公司起诉至法院，要求大地保险公司赔偿两次暴雨损失共计73万余元。

问题：大地保险公司应否对华兴公司因暴雨造成的损失承担赔偿责任?

分析与评论：本实例中，华兴公司与大地保险公司于2007年5月18日签订财产保险合同，险种为财产保险综合险，双方应当按照合同的约定全面履行自己的义务。保险合同确定保险标的总价值为1亿元，华兴公司已按合同的约定支付了20万元保险费。在保险事故发生后，华兴公司及时通知了大地保险公司，并提出了给付保险金的请求。保险人对2007年6月2日的保险事故的损失作出核定后，未按合同的约定履行给付保险金的义务。对2007年8月21日的保险事故造成的损失，则一直不予核定，从而发生纠纷。对于2007年6月2日保险事故损失的认定，双方协商确定的损失为148 000元。再者，2007年8月21日第二次保险事故发生后，华兴公司及时通知了大地保险公司，但大地保险公司却一直不对损失作出核定，也不支付保险金。两次保险事故均属于财产保险综合险的保险责任范围，被保险人华兴公司按照保险合同约定履行了义务，包括支付保险费、及时通知保险人、协助查勘、积极抢救减少损失等，因此，保险人大地保险公司应当依照合同约定履行给付保险金的责任。

中保财产保险公司财产一切险条款[1]

保险财产

保险财产指在本保险单明细表中列明的财产及费用。

经被保险人特别申请，并经本公司书面同意，下列物品及费用经专业人员或公估部门鉴定并确定价值后，亦可作为保险财产：

（一）金银、珠宝、钻石、玉器；

（二）古玩、古币、古书、古画；

（三）艺术作品、邮票；

（四）建筑物上的广告、天线、霓虹灯、太阳能装置等；

（五）计算机资料及其制作、复制费用。

[1] 在财产基本险与综合险的基础上，部分保险公司又开发出了财产一切险，以扩大承保范围。

下列物品一律不得作为保险财产：

（一）枪支弹药、爆炸物品；

（二）现钞、有价证券、票据、文件、档案、账册、图纸；

（三）动物、植物、农作物；

（四）便携式通讯装置、电脑设备、照相摄像器材及其他贵重物品；

（五）用于公共交通的车辆。

责任范围

在本保险期限内，若本保险单明细表中列明的被保险财产因自然灾害或意外事故造成的直接物质损坏或灭失（以下简称“损失”），本公司按照本保险单的规定负责赔偿。

定义：

自然灾害：指雷电、飓风、台风、龙卷风、风暴、暴雨、洪水、水灾、冻灾、冰雹、地崩、山崩、雪崩、火山爆发、地面下陷下沉及其他人力不可抗拒的破坏力强大的自然现象。

意外事故：指不可预料的以及被保险人无法控制并造成物质损失的突发性事件，包括火灾和爆炸。

除外责任

本公司对下列各项不负责赔偿：

（一）设计错误、原材料缺陷或工艺不善引起的损失和费用；

（二）自然磨损、内在或潜在缺陷、物质本身变化、自燃、自热、氧化、锈蚀、渗漏、鼠咬、虫蛀、大气（气候或气温）变化、正常水位变化或其他渐变原因造成的损失和费用；

（三）非外力引起机械或电气装置本身的损坏；

（四）锅炉及压力容器爆炸引起其本身的损失；

（五）被保险人及其雇员的操作过失造成机械或电气设备损失；

（六）盘点时发现的短缺；

（七）贬值、丧失市场或使用价值等其他后果损失；

（八）存放在露天或使用芦席、篷布、茅草、油毛毡、塑料膜或尼龙布等作罩棚或覆盖的保险财产因遭受风、霜、严寒、雨、雪、洪水、冰雹、尘土引起的损失；

（九）地震、海啸引起的损失和费用；

（十）固定在建筑物上的玻璃破碎；

（十一）被保险人及其代表的故意行为或重大过失引起的任何损失、费用和责任，以及被保险人的亲友或雇员的偷窃；

（十二）公共供电、供气及其他公共能源的中断引起的损失、但自然灾害或意外事故引起的中断不在此限；

（十三）战争、类似战争行为、敌对行为、武装冲突、恐怖活动、谋反、政变、罢工、暴动、民众骚乱引起的损失、费用和责任；

（十四）政府命令或任何公共当局的没收、征用、销毁或毁坏；

（十五）核裂变、核聚变、核武器、核材料、核辐射以及放射性污染引起的任何损失和费用；

（十六）大气、土地、水污染及其他各种污染引起的任何损失、费用和责任，但不包括由于自然灾害或意外事故造成污染引起的损失；

（十七）保险单明细表或有关条款中规定的应由被保险人自行负担的免赔额。

赔偿处理

（一）如果发生本保险责任范围内的损失，本公司选择下列方式赔偿：

1. 按受损财产的价值赔偿；

2. 赔付受损财产基本恢复原状的修理、修复费用；

3. 修理、恢复受损财产，使之达到与同类财产基本一致的状况。

（二）受损财产的赔偿按损失当时的市价计算。市价低于保险金额时，赔偿按市价计算；市价高于保险金额时，赔偿按保险金额与市价的比例计算。如本保险所载项目不止一项时，赔款按本规定逐项计算。

（三）保险项目发生损失后，如本公司按全部损失赔付，其残值应在赔款中扣除，本公司有权不接受被保险人对受损财产的委付。

（四）任何属于成对或成套的项目，若发生损失，本公司的赔偿责任不超过该受损项目在所属整对或整套项目的保险金额中所占的比例。

（五）发生损失后，被保险人为减少损失而采取必要措施所产生的合理费用，本公司可予以赔偿，但本项费用与物质损失赔偿金额之和以受损的被保险财产的保险金额为限。

（六）本公司赔偿损失后，由本公司出具批单将保险金额从损失发生之日起相应减少，并且不退还保险金额减少部分的保险费。如被保险人要求恢复至原保险金额，应按约定的保险费率加缴恢复部分从损失发生之日起至保险期限终止之日止按日比例计算的保险费。

（七）被保险人的索赔期限，从损失发生之日起，不得超过一年。

被保险人的义务

被保险人及其代表应严格履行下列义务：

（一）投保时，被保险人及其代表应对投保申请书中列明的事项以及本公司提出的其他事项作真实、详尽的说明或描述；

（二）被保险人及其代表应根据本保险单明细表和批单中的规定按期缴付保险费；

（三）在保险期限内，被保险人应采取一切合理的预防措施，包括认真考虑并付诸实施本公司代表提出的合理的防损建议，由此产生的一切费用，均由被保险人承担；

（四）在发生引起或可能引起本保险单项下索赔的事故时，被保险人或其代表应：

1. 立即通知本公司，并在七天或经本公司书面同意延长的期限内以书面报告提供事故发生的经过、原因和损失程度；

2. 采取一切必要措施防止损失的进一步扩大并将损失减少到最低程度；

3. 在本公司的代表或检验师进行勘查之前，保留事故现场及有关实物证据；

4. 在保险财产遭受盗窃或恶意破坏时，立即向公安部门报案；

5. 根据本公司的要求提供作为索赔依据的所有证明文件、资料和单据。

总则

（一）保单效力

被保险人严格地遵守和履行本保险单的各项规定，是本公司在本保险单项下承担赔偿责任的先决条件。

（二）保单无效

如果被保险人或其代表漏报、错报、虚报或隐瞒有关本保险的实质性内容，则本保险无效。

（三）保单终止

除非经本公司书面同意，本保险单将在下列情况下自动终止：

1. 被保险人丧失保险利益；

2. 承保风险扩大。

本保险单终止后，本公司将按日比例退还被保险人本保险单项下未到期部分的保险费。

（四）保单注销

被保险人可随时书面申请注销本保险单，本公司亦可提前十五天通知被保险人注销本保险单。对本保险单已生效期间的保险费，前者本公司按短期费率计收，后者按日比例计收。

（五）权益丧失

如果任何索赔含有虚假成分，或被保险人或其代表在索赔时采取欺诈手段企图在本保险单项下获取利益，或任何损失是由被保险人或其代表的故意行为或纵容所致，被保险人将丧失其在本保险单项下的所有权益。对由此产生的包括本公司已支付的赔款在内的一切损失，应由被保险人负责赔偿。

（六）合理查验

本公司的代表有权在任何适当的时候对被保险财产的风险情况进行现场查验。被保险人应提供一切便利及本公司要求的用以评估有关风险的详情和资料。但上述查验并不构成本公司对被保险人的任何承诺。

（七）重复保险

本保险单负责赔偿损失、费用或责任时，若另有其他保障相同的保险存在，不论是否由被保险人或他人以其名义投保，也不论该保险赔偿与否，本公司仅负责按比例分摊赔偿的责任。

（八）权益转让

若本保险单项下负责的损失涉及其他责任方时，不论本公司是否已赔偿被保险人，被保险人应立即采取一切必要的措施行使或保留向该责任方索赔的权利。在本公司支付赔款后，被保险人应将向该责任方追偿的权利转让给本公司，移交一切必要的单证，并协助本公司向责任方追偿。

（九）争议处理

被保险人与本公司之间的一切有关本保险的争议应通过友好协商解决。如果协商不成，可申请仲裁或向法院提出诉讼。除事先另有协议外，仲裁或诉讼应在被告方所在地进行。

第三节 家庭财产保险合同

一、家庭财产保险合同的概念

家庭财产保险合同是指以城乡居民家庭的财产为保险标的的、专门为个人和家庭的财产提供保险保障的保险。

家庭财产保险合同分为基本险（也有称综合险）和附加险。按支付保费的不同，一般将支付保费方式的家庭财产保险称为普通家庭财产保险，而将支付保险储金方式的家庭财产保险称为家庭财产两全保险，或定期还本家庭财产保险，或家庭财产长效保险。另外，对以团体名义投保的家庭财产保险称为团体家庭财产保险。

二、家庭财产基本险

（一）保险标的

1. 下列财产可以成为家庭财产保险合同的标的：

（1）房屋。坐落于保险地点范围内，被保险人具有合法利益的居住房屋（包括出租房屋）及其附属设备，如房屋交付使用时已存在的室内附属设备，包括固定装置的水暖、气暖、卫生、供水、管道煤气及供电设备、厨房配套的设备等。

（2）家用电器、家具和个人生活用品。被保险人及其家属具有合法利益的家用电器、家具和个人生活用品，如床上用品、服装等。

此外，经投保人申请且经保险人书面同意承保的其他家庭财产也可以成为保险标的，如农具、工具、已收获的农产品、副业产品等。

2. 下列财产不在家庭保险财产范围以内：

（1）金银、首饰、珠宝、货币、有价证券、票证、邮票、古玩、文件、账册、技术资料、图表、动植物以及其他无法鉴定价值的财产。

（2）处于紧急危险状态下的财产。

（3）用于生产经营的财产。

（二）保险责任

保险财产在列明的地址由于下列原因造成的直接损失，保险人负责赔偿：

（1）火灾、爆炸。

（2）空中运行物体坠落、外界物体倒塌。

（3）台风、暴风、暴雨、龙卷风、雷击、洪水、冰雹、雪灾、崖崩、冰凌、泥石流和自然灾害引起地陷或下沉。

此外，在发生上述灾害事故时，因防止灾害蔓延或施救所采取的必要措施造成保险财产的损失和所支付的合理费用，也属于保险人的赔偿范围。

（三）责任免除（除外责任）

保险财产由于下列原因造成的损失，保险人不负赔偿责任：

（1）地震、海啸。

（2）战争、军事行为、武装冲突、敌对行为、恐怖活动、罢工、暴动、民众骚乱、没收、征用。

（3）核反应、核辐射、放射性污染。

（4）行政行为或司法行为。

（5）被保险人及其家庭成员、家庭雇佣人员、暂居人员的故意行为。

（6）家用电器因使用过度或超电压、碰线、漏电、自身发热等原因所造成的自身损毁。

（7）保险财产本身缺陷、保管不善、变质、霉烂、受潮、虫咬、自然磨损。

（8）未按要求施工导致建筑物地基下陷下沉，建筑物出现裂缝、倒塌的损失。

（9）置放于阳台或露天的财产，或用芦席、稻草、油毛毡、麦秆、芦苇、杆、帆布等材料为外墙、棚顶的简陋罩棚下的财产及罩棚，由于暴风、暴雨所造成的损失。

（10）其他不属于保险责任范围内的原因导致的损失。

（四）保险金额与保险价值

1. 家庭财产保险合同对于不同的保险标的，采用不同的标准确定其保险金额：

（1）房屋保险金额可以由投保人根据其购置价格确定，也可以根据投保人需要，按投保时市场价值或其他估价方法与保险人协商确定。

（2）房屋装修保险金额可以根据购置价格确定，也可以根据投保人需要，按照其他估价方法与保险人协商确定。

（3）家用电器、服装、家具、床上用品的保险金额由投保人根据其需要，按财产实际价值或其他估价方式确定。

2. 对于家庭财产保险合同标的的保险价值，依据出险时各自财产的实际价值加以确定。

（五）赔偿处理

保险事故发生后，被保险人索赔时，应当向保险人提供保险合同、损失清单、发票（或其他保险人认可的财产证明），以及其他与确认保险事故的性质、原因、损失程度等有关的证明和资料。

保险财产发生保险责任范围内损失时，保险人按照以下方式计算赔偿金额：

（1）全部损失：受损财产的保险金额等于或高于其保险价值时，赔偿金额以其保险价值为限；保险金额低于保险价值时，按其保险金额赔偿。

（2）部分损失：受损财产保险金额等于或高于其保险价值时，其赔偿金额按实际损失计算，最高不得超过其保险价值；保险金额低于保险价值时，其赔偿金额按保险金额与保险价值比例计算。

（3）发生保险事故时，被保险人所支付的必要的、合理的施救费用的赔偿金额在保险财产损失以外另行计算，最高不超过保险金额。

（4）发生保险责任范围内的损失后，应由第三者赔偿或牵涉到第三者责任的，被保险人可以向保险人或第三者索赔。被保险人如向保险人索赔，应自收到赔款之日起，向保险人转移向第三者代位索赔的权利。在保险人行使代位索赔权利时，被保险人应积极协助，并向保险人提供必要的文件及有关情况。

（5）保险财产遭受部分损失经保险人赔偿后，保险合同继续有效，但其保险金额相应减少。减少金额由保险人出具批单批注。被保险人需恢复保险金额时，应补交保险费。

（6）保险事故发生时，如保险合同所承保标的存在重复保险的，保险人仅按该标的在此合同中的保额占重复保险合同保险金额总和的比例承担赔偿责任。

（7）被保险人的索赔期限，自其知道保险事故发生之日起，不超过2年。

（六）被保险人的义务

（1）支付保险费。除保险合同另有约定外，投保人（被保险人）应当在保险合同生效时一次性交清保险费。

（2）如实告知义务。投保人应履行如实告知义务，如实回答保险人就有关情况提出的询问。投保人故意隐瞒事实，不履行如实告知义务的，或者因重大过失未履行如实告知义务，足以影响保险人决定是否同意承保或者提高保险费率的，保险人有权解除保险合同。

（3）通知义务。在保险期间内，涉及被保险人和保险标的变化，被保险人应及时通知保险人。

（4）施救义务。保险事故发生后，被保险人应当尽力采取必要、合理的措施控制或减少损失，否则，对因此扩大的损失，保险人不承担赔偿责任。

三、家庭财产保险附加险

为满足投保人的各种需要，家庭财产保险开办了多种附加险。目前我国保险实务中保险人开办的附加险主要包括：附加盗抢险、附加水暖管爆裂及水渍险、附加家用电器用电安全险、附加个人责任险等。

（一）附加盗抢险

1. 保险责任与责任免除（除外责任）。被保险人存放在保险合同所载明的保险地址室内的保险财产，由于遭受经公安部门确认的盗窃、抢劫行为而丢失，从案发时起3个月后，被盗抢的保险财产仍未查获的，丢失保险财产的直接损失，保险人应当负责赔偿。

由于下列原因造成的损失，保险人不负责赔偿：①保险财产因窗外钩物行为所致的损失；②因未锁房门致使保险财产遭受盗窃的损失；③被保险人的家庭成员、家庭雇佣人员、暂居人员盗抢或者纵容他人盗抢而造成保险财产的损失；④保险财产在存放处所无人居住或无人看管超过一定期间而遭受的盗窃损失等。

2. 保险金额。除非投保人与保险人另有约定，附加险关于家用电器、服装、家具、床上用品的各项保险金额以个人财产保险中对应的各分项保险金额为限。

3. 赔偿处理。

（1）保险标的发生盗抢事故后，被保险人应立即向当地公安部门如实报案，并同时通知保险人；被保险人未及时报案或通知保险人导致无法对保险事故进行合理查勘的，保险人对无法确认的部分有权拒绝赔偿。

（2）从案发时起3个月后，被盗抢的保险财产仍未查获，在被保险人出具有关的证明和资料后，保险人在对应的分项保险金额内负赔偿责任。

（3）盗抢责任损失赔偿后，被保险人应将权益转让给保险人，破案追回的保险标的归保险人所有，被保险人如愿意收回被追回的保险标的，其已领取的赔款应退还给保险人，保险人对被追回保险标的的损毁部分按照实际损失给予补偿。

（二）附加水暖管爆裂及水渍险

1. 保险责任。对于下列原因造成保险标的的损失，保险人依照保险合同约定负责赔偿：①因高压、碰撞、严寒、高温造成水暖管爆裂；②管道、水槽、引水道、空调、热水器漏水；③下水道堵塞溢水；④邻居家漏水等。

2. 责任免除。由于下列原因造成的损失，保险人不负赔偿责任：①水暖管年久失修、腐蚀变质以及未采取必要的防护措施；②被保险人私自改动原管道设计；③水暖管安装、检修、试水、试压等；④暴风雨、洪水引发的水灾；⑤公共或私人道路、花园、院子引发的水灾。

（三）附加家用电器用电安全险

1. 保险责任。由于下列原因致使电压异常而引起家用电器的直接损毁，保险人负责赔偿：①供电线路因遭受个人房屋保险责任范围内的自然灾害和意外事故的袭击；②供电部门或施工失误；③供电线路发生其他意外事故。

2. 责任免除。由于下列原因造成的损失，保险人不负赔偿责任：①被保险人的故意行为以及违章用电、偷电或错误接线造成家用电器的损毁；②家用电器超负荷运行、自然磨损、固有缺陷、原有损坏、用电过度、自身发热以及超过使用年限后的损坏；③其他不属于保险责任范围内的损失。

3. 保险金额。保险金额以投保个人财产保险中家用电器的分项保险金额为限。

（四）附加个人责任险

1. 保险责任。在保险期间内，被保险人在居所或办公场所之外，由于疏忽或过失引起的意外事故导致第三者人身伤亡和财产损失，依法应由被保险人承担的经济赔偿责任，保险人依照合同约定负责赔偿。

2. 责任免除。以下情况不在保险责任范围之内：①被保险人参与打架斗殴（正当防卫除外）、行凶、闹事、破坏、复仇，以及其它故意违反法律、法规行为所引起的责任；②被保险人从事生产经营行为所引起的责任；③被保险人与他人签订协议所承担的责任，但即使没有这种协议，被保险人仍应承担的责任不在此限；④被保险人驾驶机动车辆所引起的责任；⑤被保险人所有、所看管或所控制的财产遭受的损失。

3. 赔偿处理。被保险人向保险人申请赔偿时，应提供申请书及相关证明资料。如果一次事故赔偿金额达到合同约定的最高限额，保险责任即告终止。被保险人如需恢复赔偿限额时，应补交保险费，并由保险人出具批单批注。如果一次责任事故赔偿没有达到最高赔偿限额，其有效赔偿限额应是最高赔偿限额减去赔偿金额后的余额。

四、家庭财产保险的其他险种

（一）家庭财产两全保险

家庭财产两全保险，简称家财两全险，是兼具家财险和储蓄性质的家庭财产保险。本险种将保险费设计为储金，在规定的保险期限内，不论是否发生保险事故，保险期间届满时，投保人都可以领取以保险费形式交付给保险人的储金。即使在保险期限内发生了保险事故，保险人已经支付了相当于保险金额的赔款，投保人仍然可得到已经支付的保险费形式的储金。保险人经营该种保险业务所获得的实际保费，是储金运用所产生的利息等投资收入。

家庭财产两全保险有以下特征：

（1）保险期满时，保险人无条件返还保险储金。[1] 无论是否发生过保险赔款，投保人已支付的保险储金都将如数退还，这不同于其他财产保险业务。实质上，保险人的收入为投保人支付的保险储金在保险合同期限内的利息等营运收益。

（2）保险期间内，发生保险事故时保险人承担与普通家庭财产保险相同的赔偿责任。

（3）保险期限多样化。普通的家庭财产保险通常为一年期，而家庭财产两全保险的保险期限则有三年、五年两种，由投保人选择。

（二）团体家财险

团体家财险，是以团体为投保单位、以该团体的成员为被保险人并承保其家庭财产的家财险业务。

与普通家庭财产保险比较，团体家财险有以下几个特征：

（1）投保人并非被保险人。普通家庭财产保险合同中，投保人通常为被保险人，而在团体家财险中，团体是投保人，被保险人则为其成员。

（2）团体家财险的费率较普通家庭财产保险合同更为优惠。团体代表多个被保险人与保险人进行协商，确定保险金额、保险费等保险条款，比众多被保险人分别与保险人投保更为方便，降低了保险人的展业、签约成本，因此获取的保险费率也更为优惠。

（3）团体家财险的保险金额一致。团体家财险的保险金额由投保单位统一确定且所有被保险人的保险金额是一致的。

【实例参考】

中保财产保险公司家庭财产综合保险条款（2009版）

总　则

第一条　本保险合同由保险条款、投保单、保险单或其他保险凭证（保险卡）以及批单组成。凡涉及本保险合同的约定均应采用书面形式。

---

〔1〕 有些家庭财产两全保险除向投保人退还保险储金外，还向投保人返还扣除保险费后的其他投资收益。

保险标的

第二条 本保险合同的保险标的为被保险人所有、使用或保管的、坐落于保险单载明地址内的房屋内的下列财产：

（一）房屋及其室内附属设备（如固定装置的水暖、气暖、卫生、供水、管道煤气及供电设备、厨房配套的设备等）；

（二）室内装潢；

（三）室内财产：

1. 家用电器和文体娱乐用品；

2. 衣物和床上用品；

3. 家具及其他生活用具。

投保人就以上各项保险标的可以选择投保。

第三条 下列财产未经保险合同双方特别约定并在保险合同中载明保险价值的，不属于本保险合同的保险标的：

（一）属于被保险人代他人保管或者与他人共有而由被保险人负责的第二条载明的财产；

（二）存放于院内、室内的非机动农机具、农用工具及存放于室内的粮食及农副产品；

（三）经保险人同意的其他财产。

第四条 下列财产不属于本保险合同的保险标的：

（一）金银、珠宝、钻石及制品，玉器、首饰、古币、古玩、字画、邮票、艺术品、稀有金属等珍贵财物；

（二）货币、票证、有价证券、文件、书籍、账册、图表、技术资料、电脑软件及资料以及无法鉴定价值的财产；

（三）日用消耗品、各种交通工具、养殖及种植物；

（四）用于从事工商业生产、经营活动的财产和出租用作工商业的房屋；

（五）无线通讯工具、笔、打火机、手表，各种磁带、磁盘、影音激光盘；

（六）用芦席、稻草、油毛毡、麦秆、芦苇、竹竿、帆布、塑料布、纸板等为外墙、屋顶的简陋屋棚及柴房、禽畜棚、与保险房屋不成一体的厕所、围墙、无人居住的房屋以及存放在里面的财产；

（七）政府有关部门征用、占用的房屋，违章建筑、危险建筑、非法占用的财产；

（八）其他不属于第二条、第三条所列明的家庭财产。

保险责任

第五条　在保险期间内，由于下列原因造成保险标的的损失，保险人按照本保险合同的约定负责赔偿：

（一）火灾、爆炸；

（二）雷击、台风、龙卷风、暴风、暴雨、洪水、雪灾、雹灾、冰凌、泥石流、崖崩、突发性滑坡、地面突然下陷；

（三）飞行物体及其他空中运行物体坠落，外来不属于被保险人所有或使用的建筑物和其他固定物体的倒塌。

前款原因造成的保险事故发生时，为抢救保险标的或防止灾害蔓延，采取必要的、合理的措施而造成保险标的的损失，保险人按照本保险合同的约定也负责赔偿。

第六条　保险事故发生后，被保险人为防止或减少保险标的的损失所支付的必要的、合理的费用，保险人按照本保险合同的约定也负责赔偿。

责任免除

第七条　下列原因造成的损失、费用，保险人不负责赔偿：

（一）战争、敌对行为、军事行动、武装冲突、罢工、骚乱、暴动、恐怖活动、盗抢；

（二）核辐射、核爆炸、核污染及其他放射性污染；

（三）被保险人及其家庭成员、寄宿人、雇佣人员的违法、犯罪或故意行为；

（四）地震、海啸及其次生灾害；

（五）行政行为或司法行为。

第八条　下列损失、费用，保险人也不负责赔偿：

（一）保险标的遭受保险事故引起的各种间接损失；

（二）家用电器因使用过度、超电压、短路、断路、漏电、自身发热、烘烤等原因所造成本身的损毁；

（三）坐落在蓄洪区、行洪区，或在江河岸边、低洼地区以及防洪堤以外当地常年警戒水位线以下的家庭财产，由于洪水所造成的一切损失；

（四）保险标的本身缺陷、保管不善导致的损毁；保险标的的变质、霉烂、受潮、虫咬、自然磨损、自然损耗、自燃、烘焙所造成本身的损失；

（五）本保险合同中载明的免赔额。

第九条 其他不属于本保险合同责任范围内的损失和费用，保险人不负责赔偿。

保险价值、保险金额与免赔额

第十条 房屋及室内附属设备、室内装潢的保险价值为出险时的重置价值。保险金额由投保人参照保险价值自行确定，并在保险合同中载明。其中：

（一）房屋及室内附属设备、室内装潢的保险金额由投保人根据购置价或市场价自行确定。

（二）室内财产的保险金额由投保人根据当时实际价值分项目自行确定。不分项目的：按各大类财产在保险金额中所占比例确定，即城市家庭的室内财产中的家用电器及文体娱乐用品占40%，衣物及床上用品占30%，家具及其他生活用具占30%。农村家庭的室内财产中的家用电器及文体娱乐用品占30%，衣物及床上用品占15%，家具及其他生活用具占30%，农机具等占25%。

（三）特约财产的保险金额由投保人和保险人双方约定。

第十一条 每次事故的免赔额由投保人与保险人在订立保险合同时协商确定，并在保险合同中载明。

保险期间

第十二条 保险期间分别为一年、三年、五年。以保险单载明的起讫时间为准。

保险人义务

第十三条 订立保险合同时，采用保险人提供的格式条款的，保险人向投保人提供的投保单应当附格式条款，保险人应当向投保人说明保险合同的内容。对保险合同中免除保险人责任的条款，保险人在订立合同时应当在投保单、保险单或者其他保险凭证上作出足以引起投保人注意的提示，并对该条款的内容以书面或者口头形式向投保人作出明确说明；未作提示或者明确说明的，该条款不产生效力。

第十四条 本保险合同成立后，保险人应当及时向投保人签发保险单或其他保险凭证。

第十五条 保险人依据第十九条所取得的保险合同解除权，自保险人知道有解除事由之日起，超过三十日不行使而消灭。自保险合同成立之日起超过二年的，保险人不得解除合同；发生保险事故的，保险人承担赔偿责任。

保险人在合同订立时已经知道投保人未如实告知的情况的，保险人不得解除合同；发生保险事故的，保险人应当承担赔偿责任。

第十六条　保险人按照本条款第二十五条的约定，认为被保险人提供的有关索赔的证明和资料不完整的，应当及时一次性通知投保人、被保险人补充提供。

第十七条　保险人收到被保险人的赔偿保险金的请求后，应当及时作出核定；情形复杂的，应当在三十日内作出核定，但保险合同另有约定的除外。

保险人应当将核定结果通知被保险人；对属于保险责任的，在与被保险人达成赔偿保险金的协议后十日内，履行赔偿或者给付保险金义务。保险合同对赔偿保险金的期限有约定的，保险人应当按照约定履行赔偿保险金的义务。保险人依照前款约定作出核定后，对不属于保险责任的，应当自作出核定之日起三日内向被保险人发出拒绝赔偿保险金通知书，并说明理由。

第十八条　保险人自收到赔偿保险金的请求和有关证明、资料之日起六十日内，对其赔偿保险金的数额不能确定的，应当根据已有证明和资料可以确定的数额先予支付；保险人最终确定赔偿的数额后，应当支付相应的差额。

投保人、被保险人义务

第十九条　订立保险合同时，保险人就保险标的或者被保险人的有关情况提出询问的，投保人应当如实告知，并如实填写投保单。

投保人故意或者因重大过失未履行前款规定的如实告知义务，足以影响保险人决定是否同意承保或者提高保险费率的，保险人有权解除合同。保险合同自保险人的解约通知书到达投保人或被保险人时解除。

投保人故意不履行如实告知义务的，保险人对于合同解除前发生的保险事故，不承担赔偿责任，并不退还保险费。

投保人因重大过失未履行如实告知义务，对保险事故的发生有严重影响的，保险人对于合同解除前发生的保险事故，不承担赔偿责任，但应当退还保险费。

第二十条　除另有约定外，投保人应在保险合同成立时交清保险费。保险费交清前发生的保险事故，保险人不承担赔偿责任。

第二十一条　被保险人应当遵守国家有关消防、安全、生产操作、劳动保护等方面的法律、法规和规定，加强管理，采取合理的预防措施，尽力避免或减少责任事故的发生，维护保险标的的安全。

保险人可以对保险标的的安全状况进行检查，向投保人、被保险人提出消除不安全因素和隐患的书面建议，投保人、被保险人应该认真付诸实施。

投保人、被保险人未按照约定履行其对保险标的的安全应尽责任的，保险人有权要求增加保险费或者解除合同。

第二十二条 保险标的转让的，被保险人或者受让人应当及时通知保险人。

因保险标的转让导致危险程度显著增加的，保险人自收到前款规定的通知之日起三十日内，可以按照合同约定增加保险费或者解除合同。

保险人解除合同的，应当将已收取的保险费，按照合同约定扣除自保险责任开始之日起至保险合同解除之日止应收的部分后，退还投保人。

被保险人、受让人未履行本条规定的通知义务的，因转让导致保险标的危险程度显著增加而发生的保险事故，保险人不承担赔偿责任。

第二十三条 在合同有效期内，保险标的的危险程度显著增加的，被保险人应当按照合同约定及时通知保险人，保险人可以按照合同约定增加保险费或者解除合同。

保险人解除合同的，应当将已收取的保险费，按照合同约定扣除自保险责任开始之日起至保险合同解除之日止应收的部分后，退还投保人。

被保险人未履行前款约定的通知义务的，因保险标的的危险程度显著增加而发生的保险事故，保险人不承担赔偿责任。

第二十四条 知道保险事故发生后，被保险人应该：

（一）尽力采取必要、合理的措施，防止或减少损失，否则，对因此扩大的损失，保险人不承担赔偿责任；

（二）立即通知保险人，并书面说明事故发生的原因、经过和损失情况；故意或者因重大过失未及时通知，致使保险事故的性质、原因、损失程度等难以确定的，保险人对无法确定的部分，不承担赔偿责任，但保险人通过其他途径已经及时知道或者应当及时知道保险事故发生的除外；

（三）保护事故现场，允许并且协助保险人进行事故调查。对于拒绝或者妨碍保险人进行事故调查导致无法确定事故原因或核实损失情况的，保险人对无法核实的部分不承担赔偿责任。

第二十五条 被保险人请求赔偿时，应向保险人提供下列证明和资料：保险单正本或保险凭证；财产损失清单；发票、费用单据；有关部门的证明；以及投保人、被保险人所能提供的与确认保险事故的性质、原因、损失程度等有关的其他证明和资料。

投保人、被保险人未履行前款约定的索赔材料提供义务，导致保险人无法核实损失情况的，保险人对无法核实的部分不承担赔偿责任。

赔偿处理

第二十六条　保险事故发生时，被保险人对保险标的不具有保险利益的，不得向保险人请求赔偿保险金。

第二十七条　保险标的发生保险责任范围内的损失，保险人有权选择下列方式赔偿：

（一）货币赔偿：根据受损标的的实际损失和本保险合同的约定，以支付保险金的方式赔偿；

（二）实物赔偿：保险人以实物替换受损保险标的，该实物应具有保险标的出险前同等的类型、结构、状态和性能；

（三）实际修复：保险人自行或委托他人修理修复受损标的。

对受损保险标的在替换或修复过程中，被保险人进行的任何变更、性能增加或改进所产生的额外费用，保险人不负责赔偿保险金。

第二十八条　保险标的遭受损失后，如果有残余价值，应由双方协商处理。如折归被保险人，由双方协商确定其价值，并在保险赔款中扣除。

第二十九条　被保险人为防止或减少保险标的的损失所支付的必要、合理的施救费用，在保险标的损失赔偿金额以外另行计算，最高不超过本保险合同载明的保险金额。

若保险标的的赔偿金额因重复保险的存在而减少时，保险人对于施救费用的赔偿金额也以同样的比例为限。

第三十条　保险标的发生保险责任范围内的损失时，保险人按照其实际损失扣除保险单载明的免赔额后，在保险金额范围内计算赔偿。

第三十一条　保险事故发生时，如果存在重复保险，保险人按照本保险合同的相应保险金额与其他保险合同及本保险合同相应保险金额总和的比例承担赔偿责任。

其他保险人应承担的赔偿金额，本保险人不负责垫付。若被保险人未如实告知导致保险人多支付赔偿金的，保险人有权向被保险人追回多支付的部分。

第三十二条　保险标的发生部分损失，保险人履行赔偿义务后，本保险合同的保险金额自损失发生之日起按保险人的赔偿金额相应减少，保险人不退还保险金额减少部分的保险费。如投保人请求恢复至原保险金额，应按原约定的保险费率另行支付恢复部分从投保人请求的恢复日期起至保险期间届满之日止按日比例计算的保险费。

投保三年、五年期的，下一保险年度，则自动恢复原保险金额。

第三十三条 发生保险责任范围内的损失，应由有关责任方负责赔偿的，保险人自向被保险人赔偿保险金之日起，在赔偿金额范围内代位行使被保险人对有关责任方请求赔偿的权利，被保险人应当向保险人提供必要的文件和所知道的有关情况。

被保险人已经从有关责任方取得赔偿的，保险人赔偿保险金时，可以相应扣减被保险人已从有关责任方取得的赔偿金额。

保险事故发生后，在保险人未赔偿保险金之前，被保险人放弃对有关责任方请求赔偿权利的，保险人不承担赔偿责任；保险人向被保险人赔偿保险金后，被保险人未经保险人同意放弃对有关责任方请求赔偿权利的，该行为无效；由于被保险人故意或者因重大过失致使保险人不能行使代位请求赔偿的权利的，保险人可以扣减或者要求返还相应的保险金。

第三十四条 被保险人向保险人请求赔偿保险金的诉讼时效期间为二年，自其知道或者应当知道保险事故发生之日起计算。

争议处理和法律适用

第三十五条 因履行本保险合同发生争议的，由当事人协商解决。协商不成的，提交保险单载明的仲裁机构仲裁；保险单未载明仲裁机构且争议发生后未达成仲裁协议的，依法向人民法院起诉。

第三十六条 与本保险合同有关的以及履行本保险合同产生的一切争议，适用中华人民共和国法律（不包括港澳台地区法律）。

其他事项

第三十七条 保险责任开始前，投保人要求解除保险合同的，应当按照本保险合同的约定向保险人支付退保手续费，保险人应当退还剩余部分保险费。

保险责任开始后，投保人要求解除保险合同的，自通知保险人之日起，保险合同解除，保险人按短期费率计收保险责任开始之日起至合同解除之日止期间的保险费，并退还剩余部分保险费。

保险人也可提前十五日向投保人发出解约通知书解除本保险合同，保险人按照保险责任开始之日起至合同解除之日止期间与保险期间的日比例计收保险费，并退还剩余部分保险费。

第三十八条 保险标的发生部分损失的，自保险人赔偿之日起三十日内，投保人可以解除合同；除合同另有约定外，保险人也可以解除合同，但应当提前十五日通知投保人。

保险合同依据前款约定解除的，保险人应当将保险标的未受损失部分的保险费，按照合同约定扣除自保险责任开始之日起至合同解除之日止应收的部分后，退还投保人。

第三十九条　保险标的发生全部损失，属于保险责任的，保险人在履行赔偿义务后，本保险合同终止；不属于保险责任的，本保险合同终止，保险人按短期费率计收自保险责任开始之日起至损失发生之日止期间的保险费，并退还剩余部分保险费。

附录：短期费率表

保险期间	一个月	二个月	三个月	四个月	五个月	六个月	七个月	八个月	九个月	十个月	十个月	十二个月
年费率的百分比	10	20	30	40	50	60	70	80	85	90	95	100

注：不足一个月的部分按一个月计收。

第四节　货物运输保险合同

一、货物运输保险合同的概念和特征

货物运输保险合同，又称为运输货物保险合同，是以运输过程中的货物为保险标的，当发生保险合同约定的保险事故时，保险人对在保险责任范围内的损失承担赔偿责任的保险。货物运输保险合同属于财产保险合同。按照运输工具的不同，货物运输保险合同分为陆上货物运输保险合同、水上货物运输保险合同、海上货物运输保险合同、航空货物运输保险合同等。

与其他财产保险合同相比，货物运输保险合同具有以下特征：

1. 标的处于运动状态。货物运输保险合同的保险标的是运输中的货物，总是处于流动之中，且脱离于被保险人的控制。而普通财产保险合同的保险标的大多处于静止状态，且位于特定的地点，处于被保险人的控制之下。

2. 保险责任具有广泛性。运输中的货物面临的风险明显大于静止状态的其他财产，既有静态风险又有动态风险，既有陆上风险又有海上、空中风险。因此，货物运输保险合同的保险责任较一般的财产保险合同更为广泛，相应的保险费率也更高。

3. 保险价值具有确定性。货物运输保险合同的保险标的处于动态，如果在运输途中货物受损，其价值则难以认定，特别是在海运中。因此，货物运输保险合同通

常采用定值保险方式，以保险合同中载明的价值为保险财产的实际价值，不再考虑保险事故发生时货物的市场价值。普通财产保险合同则通常采用不定值保险，保险合同中载明的保险金额并不一定被认为是保险标的的价值，只有在保险事故发生后才能确定保险价值。

4. 保险单具有可转让性。货物运输保险合同的保险财产在运输途中随时可能被转让，或者承运人发生变更，最终的受益人则是保险单的持有人而非被保险人。保险单通常也是随着货物的转让而发生转让，且无需通知保险人或者取得保险人的同意。

5. 保险期限的规定方式不同。货物运输保险合同的保险期限通常并非确定的期间，而一般是以一次运程或者航程来计算，即所谓的"仓对仓"条款：保险人的保险责任始于保险货物从发货人仓库起运，终于货物到达收货人仓库。

6. 解除合同的限制不同。货物运输保险合同的保险责任开始后，投保人（被保险人）和保险人一般不得解除合同。《保险法》第50条规定："货物运输保险合同和运输工具航程保险合同，保险责任开始后，合同当事人不得解除合同。"《海商法》第227条第1款也规定："除合同另有约定外，保险责任开始后，被保险人和保险人均不得解除合同。"

7. 业务范围的国际性。货物运输保险中许多涉及国际贸易活动，其法律关系具有明显的国际性。如涉及外国的保险人、投保人、被保险人，发生于国外的保险事故等。

【思考】

为什么货物运输保险合同与普通的财产保险合同在特征方面具有上述差异？

二、货物运输保险合同的适用范围

（一）保险标的

货物运输保险合同以运输中的货物为保险标的。货物是指具备商品性质的物品。各类运输工具承运的货物都可以成为货物运输保险合同的标的，但空运的鲜活物品、贵重物品及危险品需经特别约定，古玩、珠宝、字画、文物、武器等则属于不保财产。中国人民保险公司根据易损程度，将货物分为七类，易损风险程度越高，则分类档次的序数越高。第一类货物为煤炭、矿石等，第七类货物为平板玻璃等。保险人通常根据货物的易损程度确定保险费率，易损程度越高，则费率越高。

（二）运输方式

依据运输工具的不同，货物运输保险合同分为水上运输货物保险合同、陆上运输货物保险合同、航空运输货物保险合同、邮包保险合同和多式联运保险合同。不同的运输方式、不同的运输工具，货物遭受危险的程度也不同。据此，货物运输保险合同在不同的险种之下又规定了不同险别，承保不同范围的危险。

三、货物运输保险合同的保险责任

货物运输保险合同的保险责任，包括基本险责任、附加或特约责任、除外责任三个方面。

（一）基本险责任

（1）因火灾、爆炸、雷电、冰雹、暴风、暴雨、洪水、地震、海啸、地陷、崖崩、滑坡、泥石流所造成的损失。

（2）因运输工具发生火灾、爆炸、碰撞造成所载保险货物的损失，以及运输工具在危难中进行卸载对所载保险货物造成的损失，以及支付的合理费用。

（3）在装货、卸货或转载时，发生意外事故造成的保险货物的损失。

（4）利用船舶运输时因船舶搁浅、触礁、倾覆、沉没或遇到码头塌陷所造成的损失，以及依照国家法律或一般惯例应分摊的共同海损和救助费用。

（5）利用火车、汽车、人力及畜力车、板车运输时，因车辆倾覆、出轨，码头、隧道坍塌或人力、畜力的失足所造成的损失。

（6）利用飞机运输时，因飞机遭受碰撞、坠落、失踪、危难中发生卸载，以及遭遇恶劣气候或其他危难事故实施抛弃行为所造成的保险货物的损失。

（7）保险事故发生过程中，在采取必要施救措施时，纷乱中使保险货物遭受碰破、散失、雨淋、水渍或盗窃所致的损失。

（8）发生保险事故时，因施救和保护、整理受损货物支出的必要的直接费用。

（二）附加或特约责任

在基本险责任以外，投保人还可以和保险人约定附加险，以提高对保险标的的保障。保险实务中，附加险分为一般附加险、特别附加险和特殊附加险。

1. 一般附加险。货物运输保险的基本险责任与一般附加险责任，构成货物运输保险的一切险责任。一切险的保险人对因外来原因造成的全部或部分损失负赔偿责任。

在基本险之外，投保人可以选择十一种附加险中一种或者几种予以投保：①偷窃、提货不着险；②淡水雨淋险；③短量险；④玷污险；⑤渗漏险；⑥碰损破碎险；⑦串味险；⑧受潮受热险；⑨钩损险；⑩包装破裂险；⑪锈保险。

2. 特别附加险与特殊附加险。货物运输保险在一切险之外，还存在特别附加险和特殊附加险，主要适用于涉外货物运输。

特别附加险有五种：①交货不到险；②进口税险；③舱面险；④拒收险；⑤黄

曲霉素险。

特殊附加险有两种：战争险、罢工险。

（三）除外责任

货物运输保险中，因以下原因造成的损失，保险人不承担赔偿责任：①战争、军事行动、罢工、核事件；②保险责任开始前被保险货物已存在的品质不良和数量短差；③被保险货物的自然损耗，市价跌落和本质上的缺陷，以及由于运输迟延所造成的损失和费用；④被保险人的故意行为或者过失行为所造成的货物损失；⑤货物发生保险范围内的损失，根据法律规定或有关约定应由承运人或第三者负责赔偿的部分。

四、货物运输保险合同的责任期间

一般的财产保险合同的保险期限通常是以年、月为单位确定，如一年、三年等，而货物运输保险合同的责任期间不是以日期为单位确定的，而是以货物在正常运输过程中的期间为保险责任期间。所谓正常运输过程，是指从货物起运地开始，到货物到达目的地时止的运输过程。通常采用“仓至仓”条款来确定。“仓至仓”条款是一种具有特殊内涵的保险期限条款，即以保险责任从保险货物运离保险单载明的起运地仓库或储存处所时开始，到货物运抵保险单载明的目的地收货人的最后仓库或储存处所时终止为内容的条款。[1]

（一）保险责任的开始

货物运输保险合同的责任期间自保险货物运离起运地点的仓库或者储存处所时生效。运离是指为了将保险货物装上运输工具而从储存处所搬动。在一批货物中，一部分货物已开始搬动而另一部分尚未搬动，则已搬动部分构成运离，未搬动者则不构成运离。该起运地点的仓库或储存处所必须是货物起运前的最后一处储存地点，即必须是将货物直接装载至运输工具或发往铁路、船舶等运输工具前的最后地点，包装或者转运的过程都不在保险责任期间内。

保险责任开始后，意味着保险人开始承担损失赔偿责任。但与一般的财产保险合同不同，为了维护合同双方当事人的利益，法律对保险合同当事人解除合同作出了限制。《保险法》第50条规定：“货物运输保险合同和运输工具航程保险合同，保险责任开始后，合同当事人不得解除合同。”《海商法》第227条第1款也规定：“除合同另有约定外，保险责任开始后，被保险人和保险人均不得解除合同。”

〔1〕 温世扬主编：《保险法》，法律出版社2007年版，第222页。

（二）保险责任的终止

保险货物运至保险单载明的目的地收货人的仓库或者储存处所，保险责任即行终止。如果保险货物到达目的地卸离运输工具后，并未进入收货人仓库或者储存处所，而是被直接调拨给其他单位、个人或者被转运，则保险责任在货物从卸离运输工具后的仓储处所提出时即行终止。

保险货物到达目的地后，收货人并未立即提货超过规定期限，则保险人保险责任终止：国内货物运输保险合同一般以收货人受到《到货通知单》后15天为限，海洋货物运输保险合同中规定以货物在最后目的港卸离海轮满30日，航空货物运输保险规定以被保险货物在最后卸载地卸离飞机后满30天为止。

【重点提示】

货物运输保险合同保险责任期间的开始与终止不同于一般的财产保险合同的从某一特定日期到另一特定日期，而是通常采用“仓至仓条款”来确定保险责任的期间。

五、货物运输保险合同的赔偿处理

货物运输保险合同的被保险人在保险事故发生后，应当及时向保险人报案并提出索赔。被保险人提出索赔时，应填写出险通知书，同时提交以下单证：保险单、运单、提单、发票；承运部门签发的货运记录、普通记录、交接验收记录、鉴定书；收货单位的入库证明、检验报告、损失清单即救护保险货物所支付的直接费用的单据及其他有关理赔的单证。

货物运输保险赔偿的范围包括货物损失与施救、整理和保护费用等方面。由于保险标的处于流动之中，在不同地点货物的价格可能存在差异，因此货物运输保险合同通常采用定值保险方式，以保险合同载明的货物价值为保险价值。保险事故发生后，如果造成保险货物全损的，保险人应当依照保险金额全额赔付；如果造成保险货物部分损失的，按照保险金额约定的每件货物的保险金额、损失比例计算赔付数额；如果造成部分保险货物全损的，按照每件货物的保险金额乘以全损货物数量计算保险人应赔金额。

此外，如果保险货物在保险责任范围内的损失依法应由承运人或者其他第三人负赔偿责任的，保险人赔偿后取得代位求偿权，同时被保险人有义务协助保险人向承运人或者第三人追偿。

【实例参考】

2007年7月10日，某糖业公司就装载于航运公司轮船上的700吨白糖向中国人民财产保险公司投保水路运输货物保险。保单载明：投保人、被保险人为糖业公司，保险标的为白糖，重量为700吨，运输工具：某轮船，启运日期2006年7月12日，启运港北海港，目的港泉州港，保险金额1 729 000元，承保险别为综合险，保险费为3112元。保单背面条款第2条载明：综合险包括基本险责任，而“基本险的保险责任为由于运输工具发生碰撞、搁浅、触礁、倾覆、沉没、出轨或隧道、码头坍塌所造成的损失”。糖业公司随后于7月16日向人民保险公司支付了保费并领取了发票。7月12日，轮船从北海港起航开往目的港。7月13日，当该轮航行至广东海安海域时，船体发生强力震动，船长立即减速并令船员检查船体各部位及货仓，但未发现明显损坏情况；当日下午轮船发生故障无法航行，在海上漂泊2天。7月15日发现船舱进水船体下沉，船长即发出呼救信号，并令船员排水抛货，实抛白糖29袋。此后，一轮前来救助并将遇险船舶拖至广东茂名市水东港码头。7月16日，该轮在茂名港口卸下全部白糖，7月19日轮船公司向糖业公司出具了卸货证明书，糖业公司因白糖湿损、全损及装卸货费用等共损失40余万元。货物出险后糖业公司即提交了出险通知书。同日，保险公司派员察看货物出险情况，后来再次派员了解出险原因及船舶受损情况。该轮进厂维修时发现，左舷侧船底离前货舱横壁约5米附近有破洞2处，右舷侧船底离后货舱横壁约10米附近有破洞1处，表明该轮发生海事是为船舶触礁或触碰海底障碍物所致。后糖业公司提出索赔，保险公司以糖业公司未按时支付保险费，其有权终止保险责任或拒绝赔偿损失，且出险事故不明、证明不足为由拒赔，糖业公司遂诉至法院。

第十七章

问题： 保险公司应否赔偿糖业公司的损失？

分析与评论： 本实例中，糖业公司就海上运输的白糖向中国人民财产保险公司投保了水路货物运输保险，并支付了保险费，保险公司也向投保人开具了保费发票，表明了保险公司对投保人未在保险单签发之时支付保险费行为的认可。因此，保险公司以未按时支付保险费，其有权终止保险责任或拒绝赔偿损失而拒赔的理由不能成立。在保险期间内，由于船舶触礁或触碰海底障碍物致使船舶受损给被保险人造成损失。货物运输基本险责任包括因运输工具发生触礁、碰撞造成所载保险货物的损失，以及运输工具在危难中进行卸载对所载保险货物造成的损失及支付的合理费用。此外，保单也载明由于运输工具发生碰撞、触礁等原因所造成的损失属于保险责任的范围。从而，基于合法有效的保险合同，保险人应当对发生在保险期间内的保险事故给被保险人造成的损失承担赔偿责任。

第五节　运输工具保险合同

一、运输工具保险合同概述

运输工具保险合同，是指以运输工具为保险标的的保险合同。运输工具保险是以载人或者载物或者从事特殊作业的交通工具为保险标的的财产保险。

现代社会中，运输工具不论是在日常生活中，还是在经济生活中都起着至关重要的作用。而且，运输工具价值较高、常处于运动状态，极易发生事故造成人身和财产损失。因此，各种运输工具的所有人、经营人或者使用人为了避免可能遭受的损失，一般均对运输工具进行了投保。各保险公司也开设了不同的运输工具险种，以满足投保人的需要。运输工具保险合同按照所承保的运输工具的种类，可以分为机动车辆保险合同、飞机保险合同、船舶保险合同以及航天保险合同等。

运输工具保险合同属于财产保险合同，具备财产保险合同的基本特征，同时又有不同于其他财产保险合同的特点：

（1）保险标的具有特定性。运输工具保险合同的保险标的具有特定性，即只能为各种运输工具投保，且必须符合有关法律、法规规定的条件。如船舶要具备适航能力且配备合格的船员。

（2）被保险人具有广泛性。运输工具保险合同的被保险人可以是运输工具的所有人，也可以是运输工具的经营人，还可以是运输工具的使用人。这些主体都可能因为运输工具发生事故而遭受损失或者对第三人承担赔偿责任，因此可以成为运输工具保险合同的被保险人。

（3）保险责任具有扩张性。运输工具发生事故后，不仅运输工具会受到损失，而且还可能会造成自己以及他人的人身损害。相应地，运输工具保险合同的保险责任可以由投保人选择。投保人既可以选择较窄的责任范围如运输工具损失保险，还可以选择较宽的责任范围如运输工具损失、第三者人身伤害和财产损失共同险。

（4）赔偿方式多样化。运输工具保险合同中，投保人可以和保险人在合同中约定发生保险事故时，保险人可以选择承担恢复运输工具原状的责任，或者选择以保险金方式赔偿被保险人因为保险事故发生而受到的损失。

【重点提示】

运输工具保险合同与货物运输保险合同之间的区别在于，前者的保险标的是运输工具，包括各种机动车辆、船舶飞机等，后者的保险标的则是运输工具所载的各种货物，不包括运输工具本身。

二、机动车辆保险合同

机动车辆保险合同是投保人与保险人之间订立的，以机动车辆为保险标的的保险合同。其中，机动车辆包括各种汽车、电车、电瓶车、摩托车、拖拉机、各种专用机械车、特种车等。由于机动车辆保险的保险标的以汽车为主，因此又称为汽车保险。

机动车辆保险分为基本险与附加险，其中基本险分为车辆损失险和第三者责任险。[1] 附加险不能单独投保，应在办理同一合同项下与其相对应的基本险后才能投保或承保。

（一）基本险

1. 车辆损失险的保险责任。车辆损失险，是对因保险责任范围内的自然灾害或意外事故而造成保险车辆损失时，由保险人依照保险合同约定承担赔偿责任的保险。

被保险人因下列原因造成保险车辆损失的，保险人负责赔偿：①碰撞、倾覆；碰撞是指保险车辆与外界静止的或运动中的物体意外撞击；倾覆是指保险车辆由于自然灾害或意外事故，造成本车翻倒，车体触地，使其失去正常状态和行驶能力，不经施救不能恢复行驶。②火灾、爆炸。③外界物体倒塌或坠落、保险车辆行驶中平行坠落。④雷击、暴风、龙卷风、暴雨、洪水、海啸、地陷、冰陷、崖崩、雪崩、雹灾、泥石流、滑坡。⑤载运保险车辆的渡船遭受自然灾害（只限于有驾驶员随车照料者）。⑥发生保险事故时，被保险人对保险车辆采取施救、保护措施所支出的合理费用，保险人负责赔偿。但此项费用的最高赔偿金额以保险金额为限。

2. 除外责任。机动车辆保险合同的责任免除通常包括以下方面：

（1）保险车辆的下列损失，保险人不负责赔偿：①自然磨损、朽蚀、故障、轮胎爆裂；②地震、人工直接供油、自燃、高温烘烤造成的损失；③受本车所载货物撞击的损失；④两轮及轻便摩托车停放期间翻倒的损失；⑤遭受保险责任范围内的损失后，未经必要修理继续使用，致使损失扩大部分；⑥自燃以及不明原因产生火灾；⑦玻璃单独破碎；⑧保险车辆在淹及排气筒的水中启动或被水淹后操作不当致使发动机损坏。

（2）下列情况下，不论任何原因造成保险车辆的损失，保险人均不负责赔偿：①战争、军事冲突、暴乱、扣押、罚没、政府征用。②非被保险人或非被保险人允许的驾驶员使用保险车辆。③被保险人或其允许的合格驾驶员的故意行为。④竞赛、测试、在营业性修理场所修理期间。⑤车辆所载货物掉落、泄漏。⑥驾驶员饮酒、

---

〔1〕 第三者责任险将在责任保险一章中做详细阐述，此处不再赘述。

吸毒、被药物麻醉。⑦驾驶员有下列情形之一者：没有驾驶证；驾驶与驾驶证准驾车型不相符合的车辆；持军队或武警部队驾驶证驾驶地方车辆；持地方驾驶证驾驶军队或武警部队车辆；持学习驾驶证学习驾车时，无教练员随车指导，或不按指定时间、路线学习驾车；实习期驾驶大型客车、电车、起重车和带挂车的汽车时，无正式驾驶员并坐监督指导；实习期驾驶执行任务的警车、消防车、工程救险车、救护车和载运危险品的车辆；持学习驾驶证及实习期在高速公路上驾车；驾驶员持审验不合格的驾驶证，或未经公安交通管理部门同意，持未审验的驾驶证驾车；使用各种专用机械车、特种车的人员无国家有关部门核发的有效操作证；公安交通管理部门规定的其他属于无有效驾驶证的情况。⑧保险车辆肇事逃逸。⑨未按书面约定履行支付保险费义务。⑩保险合同另有书面约定外，发生保险事故时保险车辆没有公安交通管理部门核发的行驶证和号牌，或未按规定检验或检验不合格。

（3）下列损失和费用，保险人不负责赔偿：①保险车辆发生意外事故，致使被保险人或第三者停业、停驶、停电、停水、停气、停产、中断通讯以及其他各种间接损失；②因保险事故引起的任何有关精神损害赔偿；③因污染引起的任何补偿和赔偿；④保险车辆全车被盗窃、被抢劫、被抢夺以及在此期间受到损坏或车上零部件、附属设备丢失，以及第三者人员伤亡或财产损失；⑤其他不属于保险责任范围内的损失和费用。

3. 保险金额和保险期限。

（1）车辆损失险的保险金额。车辆损失险的保险金额由投保人和保险人选择以下三种方式之一协商确定：①按新车购置价确定。新车购置价是指保险合同签订地购置与保险车辆同类型新车（含车辆购置附加费）的价格。②按投保时的实际价值确定。实际价值是指同类型车辆市场新车购置价减去该车已使用年限折旧金额后的价格。折旧按每满一年扣除一年计算，不足一年的部分，不计折旧。折旧率按国家有关规定执行。但最高折旧金额不超过新车购置价的80%。③由投保人与保险人协商确定。但保险金额不得超过同类型新车购置价，超过部分无效。

（2）保险期限。保险期限为1年。除法律另有规定外，投保时保险期限不足1年的按短期月费率计收保险费。保险期限不足1个月的按月计算。保险合同解除时，按照《机动车辆保险费率规章》的有关规定退还未到期责任部分的保险费。

4. 赔偿处理。

（1）被保险人索赔时应提交的资料。被保险人索赔时，应当向保险人提供保险单、事故证明、事故责任认定书、事故调解书、判决书、损失清单和有关费用单据等。

（2）机动车辆保险的检验修复原则。保险车辆因保险事故受损，应当尽量修复。修理前被保险人须会同保险人检验，确定修理项目、方式和费用。否则，保险人有权重新核定或拒绝赔偿。

保险车辆因发生保险事故遭受损失，若估计修复费用不会达到或接近保险车辆的实际价值，应根据“交通事故财产损失以修为主”的原则尽量修复。修复是指对于交通事故损坏的财物，应尽量使其恢复到损坏以前的状态和使用性能。修理前，被保险人要会同保险人检验受损保险车辆，明确修理项目、修理方式和修理费用。对不经过保险人定损而被保险人自行修理的，保险人有权重新核定修理费用或拒绝赔偿。在保险人重新核定修理费用时，被保险人应当如实向保险人提供受损情况、修理情况及有关的证明材料，如果发现其存在隐瞒事实，不如实申报，或严重影响保险人正常取证和确定事故原因、损失程度等行为，保险人可部分或全部拒绝赔偿。

（3）车辆损失险的赔偿计算办法。在机动车辆保险合同有效期内，保险车辆发生保险事故而遭受的损失或费用支出，保险人按以下规定赔偿：

全部损失：指保险车辆整体损毁；或保险车辆受损严重，失去修复价值；或保险车辆的修复费用达到或超过出险当时的实际价值，保险人推定全损。保险车辆发生全部损失后，如果保险金额高于出险当时的实际价值，按出险当时的实际价值计算赔偿。

出险当时的实际价值按以下方式确定：按出险时的同类型车辆市场新车购置价减去该车已使用年限折旧金额后的价值合理确定；或按照出险当时同类车型、相似使用时间、相似使用状况的车辆在市场上的交易价格确定。折旧按每满一年扣除一年计算，不足一年的部分，不计折旧。折旧率按国家有关规定执行。但最高折旧金额不超过新车购置价的80%。保险车辆发生全部损失后，如果保险金额等于或低于出险当时的实际价值，按保险金额计算赔偿。

部分损失：指保险车辆受损后，未达到“整体损毁”或“推定全损”程度的局部损失。保险车辆的保险金额按投保时新车购置价确定的，无论保险金额是否低于出险当时的新车购置价，发生部分损失按照实际修复费用赔偿。保险车辆的保险金额低于投保时的新车购置价，发生部分损失按照保险金额与投保时的新车购置价比例计算赔偿。

施救费用：施救费用仅限于对保险车辆的必要、合理的施救支出。如果施救财产中含有保险车辆以外的财产，则应按保险车辆的实际价值占施救总财产的实际价值的比例分摊施救费用。

（4）按责免赔原则。根据保险车辆驾驶员在事故中所负责任，车辆损失险在符合赔偿规定的金额内实行绝对免赔率：负全部责任的免赔 20%，负主要责任的免赔 15%，负同等责任的免赔 10%，负次要责任的免赔 5%。单方肇事事故的绝对免赔率为 20%。单方肇事事故是指不涉及与第三方有关的损害赔偿的事故，但不包括自然灾害引起的事故。

（二）附加险

机动车辆附加险主要包括车辆损失险的附加险，第三者责任险的附加险，以及二者共同的附加险。其中，全车盗抢险、玻璃单独破碎险、车辆停驶损失险、自燃损失险、新增加设备损失险为车辆损失险的附加险；车上责任险、无过失责任险、车载货物掉落责任险为第三者责任险的附加险；不计免赔特约险同时为车辆损失险和第三者责任险的附加险。即在投保了车辆损失险的基础上方可投保全车盗抢险、玻璃单独破碎险、车辆驾驶失险、自燃损失险、新增加设备损失险；在投保了第三者责任险的基础上方可投保车上责任险、无过失责任险、车载货物掉落责任险；在投保了车辆损失险和第三者责任险的基础上方可投保不计免赔特约险。附加险条款与基本险条款相抵触之处，以附加险条款为准，未尽之处，以基本险条款为准。

基本险的保险责任终止时，相应的附加险的保险责任同时终止。

三、船舶保险合同

（一）概述

船舶保险合同，是指投保人与保险人之间达成的，以船舶为保险标的，由投保人支付一定保险费，保险人则对保险船舶因保险事故发生而造成的损失承担赔偿责任的财产保险合同。船舶保险进一步可以分为远洋船舶保险和国内船舶保险。远洋船舶保险属于海上保险的一部分，规定于《海商法》中，本节仅讨论国内船舶保险。

国内船舶保险，是指以在中华人民共和国境内合法登记注册的，从事沿海、内河航行的船舶为保险标的的保险。船舶包括船体、机器、设备、仪器和索具。船上燃料、物料、给养、淡水等财产和渔船则不属于保险标的范围。国内船舶保险的险种分为全损险和一切险两类。

（二）保险责任

1. 全损险的保险责任。全损险是指保险船舶发生保险责任范围内所列明的灾害或事故致使船舶全损时，保险人负责赔偿的一种保险。全损包括实际全损和推定全损。实际全损是指保险船舶发生保险事故后完全灭失，或者受到严重损坏，完全失去原有形体、效用，或不能再归被保险人所拥有，包括船舶失踪。推定全损是指保险船舶发生保险事故后，认为实际全损已经不可避免，或者为避免发生实际全损所需支付的费用将要超过船舶的保险价值。

由于下列原因直接造成保险船舶的全损属于保险责任范围：①八级以上（含八级）大风、洪水、地震、海啸、雷击、崖崩、滑坡、泥石流、冰凌；②火灾、爆炸；③碰撞、触碰；④搁浅、触礁；⑤由于上述四种原因的灾害或事故引起的船舶倾覆、沉没；⑥船舶失踪。其中，船舶失踪是指船舶在航行期间内，未从被获知最后消息的地点抵达目的地，满6个月后仍没有获知其消息。船舶失踪视为实际全损，但必须具备下列条件：一是船舶在航行中失踪；二是船员和船舶同时失踪；三是失踪满6个月以上。

2. 一切险的保险责任。一切险是相对于全损险而言，是在全损险的保险责任基础上，有条件地扩大保险责任范围。在保险的赔偿责任方面，将全损险只负责船舶发生全损时才赔偿扩大为船舶发生全损或部分损失时均予赔偿；在承保的风险方面，增加了保险船舶碰撞他船或触碰他物产生对第三者依法承担责任和保险船舶发生的共同海损、救助施救等费用损失的风险。

一切险的保险责任范围包括由于全损险的上述六项原因所造成保险船舶的全损或部分损失以及所引起的下列责任和费用：①碰撞、触碰责任；②共同海损、救助及施救费用。上述两项责任和费用累计最高赔偿额均不得超过保险金额。

其中，碰撞、触碰责任是指保险船舶在可航水域与其他船舶、码头、港口设备、航标、钻井平台发生直接碰撞或触碰，产生侵权行为，而依法对它们的损失和费用应负的赔偿责任。共同海损是指在同一海（水）上航程中，船舶、货物和其他财产遭遇共同危险，为了共同安全，有意地、合理地采取措施所直接造成的特殊牺牲或支付的特殊费用。在航程中或者在航程结束后，发生的船舶或者货物因迟延而造成的损失等，均不得列入共同海损范围。救助是指保险船舶在可航水域，遭受保险责任范围内的自然灾害或意外事故，致使船舶处于危险的局面，借助外界力量进行脱险的一种行为。由此种行为引起的合理费用为救助费用。施救是指由于保险责任范围内的原因致使保险船舶处于危险之中，本船尽一切可能采取的自救行为，由此而支付的合理费用。

（三）除外责任

保险船舶由于下列情况所造成的损失、责任及费用，保险人不负责赔偿：①船舶不适航、船舶不适拖；②船舶正常的维修、油漆，船体自然磨损、锈蚀、腐烂及机器本身发生的故障和舵、螺旋桨、桅、锚、锚链、橹及子船的单独损失；③浪损、座浅；④被保险人及其代表（包括船长）的故意行为或违法犯罪行为；⑤清理航道、污染和防止或清除污染、水产养殖及设施、捕捞设施、水下设施、桥的损失和费用；⑥因保险事故引起本船及第三者的间接损失和费用，以及人员伤亡或由此引起的责任和费用；⑦战争、军事行动、扣押、骚乱、罢工、哄抢和政府征用、没收；⑧其他不属于保险责任范围内的损失。

其中，浪损是指由于八级以下风力或水上任何物体（包括船舶）造成的波浪冲击致使船舶损坏或翻沉的情况。座浅是指船舶在浅水区停泊或作业时，因潮汐或装载而引起的船舶吸底现象使船坐落在水底造成的损失，以及船底与水底摩擦而又未搁浅所造成的损失。

（四）保险金额

保险金额是保险人对被保险人承担损失进行补偿的最高限制金额，同时是保险人计算收取保险费的依据。船舶保险金额的确定应考虑到船舶的使用年限、新旧程度、船质结构及用途等因素。

船龄在3年（含3年）以内的船舶视为新船，新船的保险价值按重置价值确定，船龄在3年以上的船舶视为旧船，旧船的保险价值按实际价值确定。保险金额按保险价值确定，也可以由保险双方协商确定，但保险金额不得超过保险价值。重置价值是指市场新船购置价；实际价值是指船舶市场价或出险时的市场价。

（五）赔偿处理

1. 被保险人索赔时应提交的资料。被保险人索赔时，应及时按保险人的要求提供有效单证，如保险单、港监签证、航海（行）日志、轮机日志、海事报告、船舶法定检验证书、船舶入籍证书、船舶营运证书、船员证书（副本）、运输合同载货记录、事故责任调解书、裁决书、损失清单及其他有关文件。

2. 全损险的赔偿。船舶全损按照保险金额赔偿。但保险金额高于保险价值时，以不超过出险当时的保险价值计算赔偿。保险金额高于保险价值属超额投保，计算赔偿时以不超过出险当时的实际价值为限。总的原则是被保险人在任何情况下不能通过保险而获得可保利益以外的额外利益。

推定全损首先要被保险人提出委付：保险人拒绝接受委付时，不影响保险人对推定全损的赔偿义务；保险人接受委付时，船舶的所有权及附带的义务和责任将转移给保险人。

3. 一切险的赔偿。一切险发生全损时，依照全损险的赔偿办法进行赔偿。发生部分损失时，新船按实际发生的损失、费用赔偿，但保险金额低于保险价值时，按保险金额与该保险价值的比例计算赔偿；旧船按保险金额与投保时或出险时的新船重置价的比例计算赔偿，两者以价高的为准；部分损失的赔偿金额以不超过保险金额或实际价值为限，两者以低的为准。但无论一次或多次累计的赔款等于保险金额的全数时（含免赔额），则保险责任即行终止。

4. 涉及第三人赔偿时。如果保险船舶的损失应由第三方负责赔偿，保险人行使代位求偿权时，被保险人和保险人应注意的事宜如下：

（1）对由第三方责任所造成保险船舶的损失，被保险人应直接向第三方索赔。如遇有第三方不予支付的情况，被保险人必须向法院提起诉讼，确保保险合同当事人双方的权益不受损害。

（2）保险人赔偿后，保险双方必须签具代位求偿权益转让书，被保险人将向第三方的求偿权转移给保险人，并积极协助保险人共同向第三方进行追偿。

（3）被保险人未经保险人同意放弃向第三方要求赔偿的权利，保险人有权拒绝赔偿；由于被保险人的过失致使保险人不能行使求偿权的，保险人可以相应扣减保险赔款。

四、飞机保险合同

飞机保险合同，是指投保人与保险人之间达成的，以飞机为保险标的，保险飞机在保险期间内发生保险事故造成飞机损失以及因此产生对所载乘客、货物及第三者承担赔偿责任时，保险人按约定予以赔偿的保险合同。

飞机保险产生于20世纪的英国、美国，至今得到迅速的发展。飞机的价值很高，危险较为集中，如果发生事故造成的损害也是非常巨大的，因此航空业者需要飞机保险，同时也都投保了飞机保险。我国的飞机保险创办于1974年，国内目前开办的险种，按适用范围分为国内航线飞机保险、国际航线飞机保险和飞机试飞保险，按保险责任范围分为飞机机身险、第三者责任险、旅客责任险及战争险、劫持险两种附加险。本节主要针对作为运输工具保险的飞机机身险。

飞机机身险的保险责任为一切险，范围包括火灾、雷击、爆炸、风暴、偷窃以及飞机停泊于水面时发生的碰撞、沉没、漂失、倾覆等自然灾害和意外事故造成飞机及其附件的损失；飞机失踪；因意外事故引起飞机拆卸重装和运输的费用，以及清理残骸、拖救、保护支出的费用。除外责任则包括飞机不适航；故意行为；飞机部件的磨损、腐蚀和结构上的缺陷；停航、停运的间接损失；战争、劫持等。

飞机机身险的保险金额通常采取不定值方式，对保险事故造成飞机损失的赔偿是在保险限额内选择现金赔付或者置换相同的飞机。但随着新型飞机价格的不断上涨而旧机型价格下跌，机身险也逐渐采取定值保险，对被保险人的损失按照保险价值计算赔付。

保险飞机发生事故后，被保险人应当立即通知保险人。保险事故造成飞机机身全部损失的，保险人按照保险金额全额赔付；发生部分损失的，保险人按照实际修理费用扣除免赔额后赔付。飞机在起飞后15天仍不知行踪则构成失踪，保险人按照全损赔付。此外，施救费用、救助费用等费用保险人也应赔偿。

【实例参考】

2005年5月24日，混凝土公司与保险公司签订保险合同，约定由混凝土公司就由其使用的，但车主为甲公司的工程车辆向保险公司投保车辆损失险，且约定的新车购置价和保险金额均为20万元，保险期限自2005年5月25日零时至2006年5月24日24时止，保险费合计6637.8元。保险公司向混凝土公司出具了保险单并后附保险条款，保险单上记载；行驶证车主为甲公司，投保人和被保险人皆为混凝土公司。保险合同签订后，混凝土公司向保险公司依约支付了保险费。2005年8月30日保险车辆发生交通事故，造成车辆损坏，当地交通管理部门出具的交通事故认定书认定司机负事故全部责任。事故发生后混凝土公司向保险公司申请索赔，经修理厂估价，受损车辆修复费用合计216 290.70元，保险公司根据该修理厂的估价与保险合同约定，按使用年限对车辆进行折旧，确定车辆的实际价格为4万元，故核定损失金额为4万元。保险公司认为，混凝土公司并未实际维修车辆，没有实际损失发生；即使混凝土公司实际支付了修理费，其依据保险合同按车辆的实际价值进行赔偿，赔偿额度只有4万元，保险金额超过车辆实际价值部分无效。因此，保险公司未予理赔。混凝土公司主张双方订立的保险合同合法有效，保险合同中约定的新车购置价并非新车的购买价格，而是保险合同订立时该车辆的实际价值，保险公司应当依照保险合同约定赔偿其车辆损失20万元。

问题：保险公司是否应对混凝土公司投保的工程车辆的损失承担赔偿责任？

分析与评论：本实例中，投保车辆的所有权人不是投保人混凝土公司，但混凝土公司是保险标的实际使用人，与投保车辆具有利害关系，享有确定的经济利益，因此混凝土公司对投保车辆具有保险利益，保险合同应认定为有效。双方就保险合同中“新车购置价”一栏填写的金额“20万元”是车辆的何种价值存在争议，对投保车辆损失的实际赔付金额亦存在争议。保险合同是保险公司提供的格式合同，本案所涉投保车辆不是新车而是旧车，也没有证据证明该价值是投保时保险合同签订地购置与保险车辆同类型新车的价格，因此填写在“新车购置价”一栏中的价值不是新车的价值，而应是投保车辆实际价值，即保险价值，且混凝土公司也是在此价值范围内对车辆进行投保，并据此支付保险费的。即此一保险合同属于事先确定保险价值的定值保险合同。《保险法》第55条第1款规定：“投保人和保险人约定保险标的的保险价值并在合同中载明的，保险标的发生损失时，以约定的保险价值为赔偿计算标准。”现混凝土公司投保车辆的保险价值为20万元，保险金额亦为20万元，双方当事人均确认投保车辆可推定为全损，故混凝土公司主张保险公司赔偿其车辆损失20万元的请求，应当得到支持，也即保险公司应当依照保险合同的约定赔偿混凝土公司的损失20万元。

中保财产保险公司家庭自用汽车损失保险条款

总 则

第一条 家庭自用汽车损失保险合同（以下简称本保险合同）由保险条款、投保单、保险单、批单和特别约定共同组成。凡涉及本保险合同的约定，均应采用书面形式。

第二条 本保险合同中的家庭自用汽车是指在中华人民共和国境内（不含港、澳、台地区）行驶的家庭或个人所有，且用途为非营业性运输的客车（以下简称被保险机动车）。

第三条 本保险合同为不定值保险合同。保险人按照承保险别承担保险责任。附加险不能单独投保。

保险责任

第四条 保险期间内，被保险人或其允许的合法驾驶人在使用被保险机动车过程中，因下列原因造成被保险机动车的损失，保险人依照本保险合同的约定负责赔偿：

（一）碰撞、倾覆、坠落；

（二）火灾、爆炸；

（三）外界物体坠落、倒塌；

（四）暴风、龙卷风；

（五）雷击、雹灾、暴雨、洪水、海啸；

（六）地陷、冰陷、崖崩、雪崩、泥石流、滑坡；

（七）载运被保险机动车的渡船遭受自然灾害（只限于驾驶人随船的情形）。

第五条 发生保险事故时，被保险人为防止或者减少被保险机动车的损失所支付的必要的、合理的施救费用，由保险人承担，最高不超过保险金额的数额。

责任免除

第六条　下列情况下，不论任何原因造成被保险机动车损失，保险人均不负责赔偿：

（一）地震及其次生灾害；

（二）战争、军事冲突、恐怖活动、暴乱、扣押、收缴、没收、政府征用；

（三）竞赛、测试，在营业性维修、养护场所修理、养护期间；

（四）利用被保险机动车从事违法活动；

（五）驾驶人饮酒、吸食或注射毒品、被药物麻醉后使用被保险机动车；

（六）事故发生后，被保险人或其允许的驾驶人在未依法采取措施的情况下驾驶被保险机动车或者遗弃被保险机动车逃离事故现场，或故意破坏、伪造现场、毁灭证据；

（七）驾驶人有下列情形之一者：

1. 无驾驶证或驾驶证有效期已届满；

2. 驾驶的被保险机动车与驾驶证载明的准驾车型不符；

3. 持未按规定审验的驾驶证，以及在暂扣、扣留、吊销、注销驾驶证期间驾驶被保险机动车；

4. 依照法律法规或公安机关交通管理部门有关规定不允许驾驶被保险机动车的其他情况下驾车。

（八）非被保险人允许的驾驶人使用被保险机动车；

（九）被保险机动车转让他人，被保险人、受让人未履行本保险合同第三十三条规定的通知义务，且因转让导致被保险机动车危险程度显著增加而发生保险事故；

（十）除另有约定外，发生保险事故时被保险机动车无公安机关交通管理部门核发的行驶证或号牌，或未按规定检验或检验不合格。

第七条　被保险机动车的下列损失和费用，保险人不负责赔偿：

（一）自然磨损、朽蚀、腐蚀、故障；

（二）玻璃单独破碎，车轮单独损坏；

（三）无明显碰撞痕迹的车身划痕；

（四）人工直接供油、高温烘烤造成的损失；

（五）自燃以及不明原因火灾造成的损失；

（六）遭受保险责任范围内的损失后，未经必要修理继续使用被保险机动车，致使损失扩大的部分；

（七）因污染（含放射性污染）造成的损失；

（八）市场价格变动造成的贬值、修理后价值降低引起的损失；

（九）标准配置以外新增设备的损失；

（十）发动机进水后导致的发动机损坏；

（十一）被保险机动车所载货物坠落、倒塌、撞击、泄漏造成的损失；

（十二）被盗窃、抢劫、抢夺，以及因被盗窃、抢劫、抢夺受到损坏或车上零部件、附属设备丢失；

（十三）被保险人或驾驶人的故意行为造成的损失；

（十四）应当由机动车交通事故责任强制保险赔偿的金额。

第八条 保险人在依据本保险合同约定计算赔款的基础上，按照下列免赔率免赔：

（一）负次要事故责任的免赔率为5%，负同等事故责任的免赔率为8%，负主要事故责任的免赔率为10%，负全部事故责任或单方肇事事故的免赔率为15%；

（二）被保险机动车的损失应当由第三方负责赔偿的，无法找到第三方时，免赔率为30%；

（三）被保险人根据有关法律法规规定选择自行协商方式处理交通事故，不能证明事故原因的，免赔率为20%；

（四）投保时指定驾驶人，保险事故发生时为非指定驾驶人使用被保险机动车的，增加免赔率10%；

（五）投保时约定行驶区域，保险事故发生在约定行驶区域以外的，增加免赔率10%。

第九条 其他不属于保险责任范围内的损失和费用。

保险金额

第十条 保险金额由投保人和保险人从下列三种方式中选择确定，保险人根据确定保险金额的不同方式承担相应的赔偿责任：

（一）按投保时被保险机动车的新车购置价确定。

本保险合同中的新车购置价是指在保险合同签订地购置与被保险机动车同类型新车的价格（含车辆购置税）。

投保时的新车购置价根据投保时保险合同签订地同类型新车的市场销售价格（含车辆购置税）确定，并在保险单中载明，无同类型新车市场销售价格的，由投保人与保险人协商确定。

（二）按投保时被保险机动车的实际价值确定。

本保险合同中的实际价值是指新车购置价减去折旧金额后的价格。

投保时被保险机动车的实际价值根据投保时的新车购置价减去折旧金额后的价格确定。

被保险机动车的折旧按月计算，不足一个月的部分，不计折旧。9座以下客车月折旧率为0.6%，10座以上客车月折旧率为0.9%，最高折旧金额不超过投保时被保险机动车新车购置价的80%。

折旧金额＝投保时的新车购置价×被保险机动车已使用月数×月折旧率

（三）在投保时被保险机动车的新车购置价内协商确定。

保险期间

第十一条　除另有约定外，保险期间为一年，以保险单载明的起讫时间为准。

保险人义务

第十二条　保险人在订立保险合同时，应向投保人说明投保险种的保险责任、责任免除、保险期间、保险费及支付办法、投保人和被保险人义务等内容。

第十三条　保险人应及时受理被保险人的事故报案，并尽快进行查勘。

保险人接到报案后48小时内未进行查勘且未给予受理意见，造成财产损失无法确定的，以被保险人提供的财产损毁照片、损失清单、事故证明和修理发票作为赔付理算依据。

第十四条　保险人收到被保险人的索赔请求后，应当及时作出核定。

（一）保险人应根据事故性质、损失情况，及时向被保险人提供索赔须知。审核索赔材料后认为有关的证明和资料不完整的，应当及时一次性通知被保险人补充提供有关的证明和资料；

（二）在被保险人提供了各种必要单证后，保险人应当迅速审查核定，并将核定结果及时通知被保险人。情形复杂的，保险人应当在三十日内作出核定；保险人未能在三十日内作出核定的，应与被保险人商定合理期间，并在商定期间内作出核定，同时将核定结果及时通知被保险人；

（三）对属于保险责任的，保险人应在与被保险人达成赔偿协议后十日内支付赔款；

（四）对不属于保险责任的，保险人应自作出核定之日起三日内向被保险人发出拒绝赔偿通知书，并说明理由；

（五）保险人自收到索赔请求和有关证明、资料之日起六十日内，对其赔偿金额不能确定的，应当根据已有证明和资料可以确定的数额先予支付；保险人最终确定赔偿金额后，应当支付相应的差额。

第十五条 保险人对在办理保险业务中知道的投保人、被保险人的业务和财产情况及个人隐私，负有保密的义务。

投保人、被保险人义务

第十六条 投保人应如实填写投保单并回答保险人提出的询问，履行如实告知义务，并提供被保险机动车行驶证复印件、机动车登记证书复印件，如指定驾驶人的，应当同时提供被指定驾驶人的驾驶证复印件。

在保险期间内，被保险机动车改装、加装或从事营业运输等，导致被保险机动车危险程度显著增加的，应当及时书面通知保险人。否则，因被保险机动车危险程度显著增加而发生的保险事故，保险人不承担赔偿责任。

第十七条 投保人应当在本保险合同成立时交清保险费；保险费交清前发生的保险事故，保险人不承担赔偿责任。

第十八条 发生保险事故时，被保险人应当及时采取合理的、必要的施救和保护措施，防止或者减少损失，并在保险事故发生后48小时内通知保险人。故意或者因重大过失未及时通知，致使保险事故的性质、原因、损失程度等难以确定的，保险人对无法确定的部分，不承担赔偿责任，但保险人通过其他途径已经及时知道或者应当及时知道保险事故发生的除外。

第十九条 发生保险事故后，被保险人应当积极协助保险人进行现场查勘。

被保险人在索赔时应当提供有关证明和资料。

发生与保险赔偿有关的仲裁或者诉讼时，被保险人应当及时书面通知保险人。

第二十条 因第三方对被保险机动车的损害而造成保险事故的，保险人自向被保险人赔偿保险金之日起，在赔偿金额范围内代位行使被保险人对第三方请求赔偿的权利，但被保险人必须协助保险人向第三方追偿。

保险事故发生后，保险人未赔偿之前，被保险人放弃对第三者请求赔偿的权利的，保险人不承担赔偿责任。

被保险人故意或者因重大过失致使保险人不能行使代位请求赔偿的权利的，保险人可以扣减或者要求返还相应的赔款。

赔偿处理

第二十一条　被保险人索赔时，应当向保险人提供与确认保险事故的性质、原因、损失程度等有关的证明和资料。

被保险人应当提供保险单、损失清单、有关费用单据、被保险机动车行驶证和发生事故时驾驶人的驾驶证。

属于道路交通事故的，被保险人应当提供公安机关交通管理部门或法院等机构出具的事故证明、有关的法律文书（判决书、调解书、裁定书、裁决书等）和通过机动车交通事故责任强制保险获得赔偿金额的证明材料。

属于非道路交通事故的，应提供相关的事故证明。

第二十二条　保险事故发生时，被保险人对被保险机动车不具有保险利益的，不得向保险人请求赔偿。

第二十三条　被保险人或被保险机动车驾驶人根据有关法律法规规定选择自行协商方式处理交通事故的，应当立即通知保险人，协助保险人勘验事故各方车辆、核实事故责任，并依照《交通事故处理程序规定》签订记录交通事故情况的协议书。

第二十四条　因保险事故损坏的被保险机动车，应当尽量修复。修理前被保险人应当会同保险人检验，协商确定修理项目、方式和费用。否则，保险人有权重新核定；无法重新核定的，保险人有权拒绝赔偿。

第二十五条　被保险机动车遭受损失后的残余部分由保险人、被保险人协商处理。

第二十六条　保险人依据被保险机动车驾驶人在事故中所负的事故责任比例，承担相应的赔偿责任。

被保险人或被保险机动车驾驶人根据有关法律法规规定选择自行协商或由公安机关交通管理部门处理事故未确定事故责任比例的，按照下列规定确定事故责任比例：

被保险机动车方负主要事故责任的，事故责任比例为70%；

被保险机动车方负同等事故责任的，事故责任比例为50%；

被保险机动车方负次要事故责任的，事故责任比例为30%。

第二十七条　保险人按下列方式赔偿：

（一）按投保时被保险机动车的新车购置价确定保险金额的：

1. 发生全部损失时，在保险金额内计算赔偿，保险金额高于保险事故发生时被保险机动车实际价值的，按保险事故发生时被保险机动车的实际价值计算赔偿。

保险事故发生时被保险机动车的实际价值根据保险事故发生时的新车购置价减去折旧金额后的价格确定。

保险事故发生时的新车购置价根据保险事故发生时保险合同签订地同类型新车的市场销售价格（含车辆购置税）确定，无同类型新车市场销售价格的，由被保险人与保险人协商确定。

折旧金额 = 保险事故发生时的新车购置价 × 被保险机动车已使用月数 × 月折旧率

2. 发生部分损失时，按核定修理费用计算赔偿，但不得超过保险事故发生时被保险机动车的实际价值。

（二）按投保时被保险机动车的实际价值确定保险金额或协商确定保险金额的：

1. 发生全部损失时，保险金额高于保险事故发生时被保险机动车实际价值的，以保险事故发生时被保险机动车的实际价值计算赔偿；保险金额等于或低于保险事故发生时被保险机动车实际价值的，按保险金额计算赔偿。

2. 发生部分损失时，按保险金额与投保时被保险机动车的新车购置价的比例计算赔偿，但不得超过保险事故发生时被保险机动车的实际价值。

（三）施救费用赔偿的计算方式同本条（一）、（二），在被保险机动车损失赔偿金额以外另行计算，最高不超过保险金额的数额。

被施救的财产中，含有本保险合同未承保财产的，按被保险机动车与被施救财产价值的比例分摊施救费用。

第二十八条 保险事故发生时，被保险机动车重复保险的，保险人按照本保险合同的保险金额与各保险合同保险金额的总和的比例承担赔偿责任。

其他保险人应承担的赔偿金额，保险人不负责赔偿和垫付。

第二十九条 保险人受理报案、现场查勘、参与诉讼、进行抗辩、要求被保险人提供证明和资料、向被保险人提供专业建议等行为，均不构成保险人对赔偿责任的承诺。

第三十条 下列情况下，保险人支付赔款后，本保险合同终止，保险人不退还家庭自用汽车损失保险及其附加险的保险费：

（一）被保险机动车发生全部损失；

（二）按投保时被保险机动车的实际价值确定保险金额的，一次赔款金额与免赔金额之和（不含施救费）达到保险事故发生时被保险机动车的实际价值；

（三）保险金额低于投保时被保险机动车的实际价值的，一次赔款金额与免赔金额之和（不含施救费）达到保险金额。

保险费调整

第三十一条 保险费调整的比例和方式以保险监管部门批准的机动车保险费率方案的规定为准。

本保险及其附加险根据上一保险期间发生保险赔偿的次数，在续保时实行保险费浮动。

合同变更和终止

第三十二条 本保险合同的内容如需变更，须经保险人与投保人书面协商一致。

第三十三条 在保险期间内，被保险机动车转让他人的，受让人承继被保险人的权利和义务。被保险人或者受让人应当及时书面通知保险人并办理批改手续。

因被保险机动车转让导致被保险机动车危险程度显著增加的，保险人自收到前款规定的通知之日起三十日内，可以增加保险费或者解除本保险合同。

第三十四条 保险责任开始前，投保人要求解除本保险合同的，应当向保险人支付应交保险费5%的退保手续费，保险人应当退还保险费。

保险责任开始后，投保人要求解除本保险合同的，自通知保险人之日起，本保险合同解除。保险人按日收取自保险责任开始之日起至合同解除之日止期间的保险费，并退还剩余部分保险费。

争议处理

第三十五条 因履行本保险合同发生的争议，由当事人协商解决。

协商不成的，提交保险单载明的仲裁机构仲裁。保险单未载明仲裁机构或者争议发生后未达成仲裁协议的，可向人民法院起诉。

第三十六条 本保险合同争议处理适用中华人民共和国法律。

附　　则

第三十七条 本保险合同（含附加险）中下列术语的含义：

不定值保险合同：指双方当事人在订立保险合同时不预先确定保险标的的保险价值，而是按照保险事故发生时保险标的的实际价值确定保险价值的保险合同。

碰撞：指被保险机动车与外界物体直接接触并发生意外撞击、产生撞击痕迹的现象。包括被保险机动车按规定载运货物时，所载货物与外界物体的意外撞击。

倾覆：指意外事故导致被保险机动车翻倒（两轮以上离地、车体触地），处于失去正常状态和行驶能力、不经施救不能恢复行驶的状态。

坠落：指被保险机动车在行驶中发生意外事故，整车腾空后下落，造成本车损失的情况。非整车腾空，仅由于颠簸造成被保险机动车损失的，不属坠落责任。

火灾：指被保险机动车本身以外的火源引起的、在时间或空间上失去控制的燃烧（即有热、有光、有火焰的剧烈的氧化反应）所造成的灾害。

暴风：指风速在28.5米/秒（相当于11级大风）以上的大风。风速以气象部门公布的数据为准。

地陷：指地壳因为自然变异、地层收缩而发生突然塌陷以及海潮、河流、大雨侵蚀时，地下有孔穴、矿穴，以致地面突然塌陷。

次生灾害：地震造成工程结构、设施和自然环境破坏而引发的火灾、爆炸、瘟疫、有毒有害物质污染、海啸、水灾、泥石流、滑坡等灾害。

玻璃单独破碎：指未发生被保险机动车其他部位的损坏，仅发生被保险机动车前后挡风玻璃和左右车窗玻璃的损坏。

车轮单独损坏：指未发生被保险机动车其他部位的损坏，仅发生轮胎、轮辋、轮毂罩的分别单独损坏，或上述三者之中任意二者的共同损坏，或三者的共同损坏。

竞赛：指被保险机动车作为赛车参加车辆比赛活动，包括以参加比赛为目的进行的训练活动。

测试：指对被保险机动车的性能和技术参数进行测量或试验。

自燃：指在没有外界火源的情况下，由于本车电器、线路、供油系统、供气系统等被保险机动车自身原因发生故障或所载货物自身原因起火燃烧。

污染：指被保险机动车正常使用过程中或发生事故时，由于油料、尾气、货物或其他污染物的泄漏、飞溅、排放、散落等造成被保险机动车污损或状况恶化。

营业运输：指经由交通运输管理部门核发营运证书，被保险人或其允许的驾驶人利用被保险机动车从事旅客运输、货物运输的行为。未经交通运输管理部门核发营运证书，被保险人或其允许的驾驶人以牟利为目的，利用被保险机动车从事旅客运输、货物运输的，视为营业运输。

单方肇事事故：指不涉及与第三方有关的损害赔偿的事故，但不包括因自然灾害引起的事故。

转让：指以转移所有权为目的，处分被保险机动车的行为。被保险人以转移所有权为目的，将被保险机动车交付他人，但未按规定办理转移（过户）登记的，视为转让。

第三十八条　保险人按照保险监管部门批准的机动车保险费率方案计算保险费。

第三十九条　在投保家庭自用汽车损失保险的基础上，投保人可投保附加险。附加险条款未尽事宜，以本条款为准。

【练习题】

一、选择题

1. 保险标的转让时无需通知保险人的是哪一类财产保险合同（　）

A. 家庭财产保险合同　　B. 机动车辆保险合同

C. 船舶保险合同　　D. 货物运输保险合同

2. 哪些保险合同，保险责任开始后，当事人不得解除（　）

A. 企业财产保险合同　　B. 货物运输保险合同

C. 机动车辆第三者责任保险合同　　D. 运输工具航程保险合同

3. 财产损失保险合同的保险人承担的赔偿范围通常包括（　）

A. 保险标的实际损失　　B. 施救费用

C. 查勘、定损费用　　D. 抗辩第三者请求的诉讼费用

二、简答题

1. 简述财产损失保险合同的赔偿范围和赔偿方式。

2. 简述货物运输保险合同的概念和特征。

3. 简述运输工具保险合同的概念和特征。

4. 试述机动车辆保险合同的赔偿处理。

第18章 责任保险合同

第一节 责任保险合同概述

一、责任保险合同的概念

责任保险合同，是指投保人向保险人支付保险费，保险人承诺在被保险人因致人损害等原因而依法应向第三人承担民事赔偿责任时，由保险人依照保险合同约定承担赔偿保险金义务的合同。责任保险合同是以被保险人对第三人依法应负的损害赔偿责任为保险标的的。它包括侵权责任、违约责任，以及其他依法应当承担的民事赔偿责任。《保险法》第65条第4款规定："责任保险是指以被保险人对第三者依法应负的赔偿责任为保险标的的保险。"

责任保险合同属于广义上的财产保险合同。因为其虽然不是以具体的、有形的财产为保险标的，但合同履行的实际效果却与财产损失保险合同类似，即同样可以避免或者减少被保险人的财产损失，从而可以认为责任保险合同是以被保险人的全部财产为保障对象的，可以被归入财产保险合同范畴。

责任保险始于法国，在1804年拿破仑民法典颁布实施后不久，法国即开始举办责任保险业务。1855年，英国首次出现了铁路承运人责任险，1875年又出现了马车第三者责任险，1880年，英国颁布了《雇主责任法》。此后，责任保险随着制造业和交通运输业，特别是汽车业的发达而快速发展。1898年，汽车责任保险在英国、美国出现，1900年，产品责任保险也应运而生。我国的责任保险真正发展则始于1979年之后，并随着社会主义市场经济的发展而成为各保险公司的一项重要业务。

依照不同的标准，责任保险合同可以划分为不同的种类。以是否自愿为标准，责任保险合同可以分为自愿责任保险合同和强制责任保险合同；以责任发生的原因为标准，责任保险合同可以分为侵权责任保险合同和违约责任保险合同；以承保风险的性状为标准，责任保险合同可以分为雇主责任保险合同、公众责任保险合同、产品责任保险合同、职业责任保险合同等。以保险人承担保险责任的基础为标准，责任保险合同可分为事故型责任保险合同与索赔型责任保险合同。

【理论扩展】

责任保险可以分为事故型责任保险（Liability Insurance on an Occurrence Basis）与索赔型责任保险（Liability Insurance on a Claims Made Basis），前者是指若被保险人致人损害的事实或行为发生在保险合同约定的保险有效期内，则保险人须向被保险人承担保险责任，而不论受害的第三人何时向被保险人提出索赔（Claim）。实务中，机动车第三者责任强制保险、住家综合保险（Homeowners' Insurance），特别是总括普通责任保险（Comprehensive General Liability Insurance）大都属于此类保险。后者是指若受害的第三人在保险合同约定的保险有效期内向被保险人提出索赔，则不论被保险人致人损害的事实或行为发生于何时，保险人须向被保险人承担保险责任。绝大多数的专家责任保险（又称职业责任保险）皆属于此类。事故型责任保险与索赔型责任保险相比，主要存在着两点不同：①保险事故不同：事故型保险的保险事故为被保险人造成他人损害的行为，而索赔型则为被保险人遭受索赔的事实；②追溯力不同：前者保险人所承担的保险责任无任何溯及力，即保险人对在保险合同有效期之前发生的被保险人致人损害的行为不承担任何保险责任，而后者保险人所承担的保险责任，除非保险合同另有约定，则在理论上具有无限的溯及力，即保险人对保险合同有效期截止之前发生的任何被保险人致人损害的行为都有可能承担保险责任。[1]

二、责任保险合同的特征

责任保险合同与一般的财产保险合同相比，有以下特征：

（一）保险标的为法律上的赔偿责任

责任保险合同的保险标的为被保险人依法对第三人的民事赔偿责任，而不包括被保险人的其他法律责任，如行政责任、刑事责任。如果刑事责任成为责任保险的标的，则无异于鼓励犯罪，有违保险制度的目的，因此不能成为责任保险的标的。此种赔偿责任以过失责任为主，还包括无过失责任，但原则上由于被保险人故意行为导致的损害赔偿责任不在责任保险承保范围之内。

（二）责任保险具有双重保障功能

一般的财产保险合同的补偿对象为被保险人，保险金的给付对象也是被保险人，不会涉及第三人。而责任保险则不同，《保险法》第65条第1款规定："保险人对责

〔1〕邹海林：《责任保险论》，法律出版社1999年版，第70页。

任保险的被保险人给第三者造成的损害，可以依照法律的规定或者合同的约定，直接向该第三者赔偿保险金。”这就意味着，一方面第三人通过取得保险人的直接赔偿获得保障，而被保险人免予或者减少向第三人的赔偿，实际上也获得了保障。即使保险人不直接向当事人赔偿，而是将保险金支付给被保险人，也会增强被保险人的赔偿能力，从而间接保障了第三人的利益。

（三）责任保险的保险金具有最高限额

责任保险的标的为被保险人对第三人的赔偿责任，而签订保险合同时并不能准确预计该责任的大小。因此，责任保险合同中通常约定保险人的最高赔偿限额，保险人在该限额内承担赔偿责任。对于超过该限额的部分，须由被保险人自己承担。从而，责任保险合同不存在超额保险问题。

（四）责任保险合同的保险人享有参与权

与其他财产保险合同不同，责任保险合同的赔偿处理涉及第三人，被保险人与第三人之间的有关赔偿的行为最终会影响到保险人，也即被保险人对第三人有无赔偿责任、责任的范围直接决定着保险人的赔偿责任。因此，各国保险法中通常都规定保险人享有参与权。如我国台湾地区“保险法”第93条规定：“保险人得约定被保险人对于第三人就其责任所为之承认、和解或赔偿，未经其参与者，不受拘束。但经要保人或被保险人通知保险人参与而无正当理由拒绝或借故迟延者，不在此限。”我国《保险法》中虽然没有明确保险人的参与权，但在保险实务中，几乎所有的责任保险合同均约定有保险人的和解与抗辩条款，确认保险人享有参与权。

第十八章

（五）责任保险人对被保险人的人身和财产损害不承担保险责任

责任保险的保险标的是被保险人对第三人承担的损害赔偿责任，即被保险人因实施侵权行为等原因而致害于第三人，并因此需向受害人承担赔偿责任时，保险人方才承担保险责任。易言之，当被保险人自身遭受损害时，保险人不承担保险责任。

【思考】

为什么责任保险合同的保险人享有参与权？

三、责任保险人的给付责任

责任保险人承担保险责任的范围应依照保险合同的约定确定，其通常包括被保险人应向第三人承担的损害赔偿金、被保险人为履行防损义务而支出的费用、被保险人为查勘定损而支出的费用，以及针对第三人索赔的抗辩费用。如保险合同未作约定或约定不明，保险人还应对被保险人的无过错赔偿责任、过失致人损害的赔偿责任，以及被保险人因履行道德义务而给第三人造成的损害承担保险责任。

当保险合同约定的保险事故发生后，保险人应向被保险人或受害的第三人给付保险赔偿金。保险赔偿金的给付义务依保险人与被保险人之间的协商一致、相应法律程序的结论、经保险人认可的被保险人与第三人的和解协议而确定，其具体数额以保险合同中约定的保险金额为限，并受自负额、每次保险事故责任限额等规定的约束。保险人有权在第三人的损失系因被保险人承保范围内的不当行为与其他不属于保险合同承保范围内的事项、行为共同造成时，进行责任分摊，亦有权在发生保险竞合时明确自己应承担的责任份额。除非保险合同另有约定，保险人应遵循金钱给付原则，对被保险人因致害行为而需承担的责任以直接支付金钱方式履行自己的给付义务。保险赔偿金给付义务的履行时限受法律与保险合同的约束，依保险法理和立法例，当保险人收到被保险人的保险金给付请求时，必须及时进行核定，以作出是否承担保险责任的决定。若保险人经核定，被保险人的损失符合保险合同的约定，则其应依法定或约定期限履行保险金给付义务，否则需承担违约责任。

四、责任保险中的第三人

责任保险中的第三人，是指责任保险合同约定的当事人和关系人以外的，因被保险人不当行为而遭受损害，并因此对被保险人享有赔偿请求权的人。现代责任保险的首要价值即在于保护不当行为受害人的利益，故可将此种受害者称为责任保险的第三受益人。

依据现代责任保险理论，首先，保险人承保的是被保险人对第三人应当承担的赔偿责任，而非因承担赔偿责任所遭受的损失，即保险人履行保险责任不以被保险人已向受害第三人承担赔偿责任为前提。其次，保险人需对受害人的利益负合理注意义务，在受害人接受被保险人实际赔偿前，保险人不得向被保险人给付任何保险赔偿金。最后，一些强制责任保险甚至赋予受害人对保险人的保险金直接请求权。[1]

而依据我国2009年新修订的《保险法》第65条第3、4款的规定："责任保险的被保险人给第三者造成损害，被保险人对第三者应负的赔偿责任确定的，根据被保险人的请求，保险人应当直接向该第三者赔偿保险金。被保险人怠于请求的，第三者有权就其应获赔偿部分直接向保险人请求赔偿保险金。责任保险的被保险人给第三者造成损害，被保险人未向该第三者赔偿的，保险人不得向被保险人赔偿保险金。"

〔1〕 邹海林：《责任保险论》，法律出版社1999年版，第47页。

【理论扩展】

责任保险中保险人对抗辩与和解的控制

被保险人实施不当行为致使第三人遭受损害，该第三人对被保险人提出赔偿损失的请求，称之为索赔。被保险人与受害人就赔偿请求达成一致意见称为和解，被保险人针对第三人的索赔提出相关事由进行对抗，希望藉此避免承担或减轻承担赔偿责任的活动称为抗辩。第三人提出索赔，不但与被保险人利益密切相关，还会直接影响到保险人是否承担保险责任。即被保险人怠于抗辩的不利后果将由保险人承担。因此，为保护自身合法权益，保险人有必要提前参与针对索赔的抗辩活动。

然而，从理论上讲，在保险人已经履行保险金给付义务之前，保险人无法行使代位权以对抗第三人对被保险人提出的索赔。为此，在订立保险合同时，保险人必须要求投保人（被保险人）事先以约定方式，授权保险人以其名义参加索赔抗辩。并且，代替被保险人进行抗辩也是保险人的义务。依据责任保险原理，在被保险人因致人损害而遭受索赔时，不论该索赔是否以诉讼方式为之，保险人为被保险人的权益，应当承担对抗受害人索赔请求的义务，否则应向被保险人承担损害赔偿责任。[1]

在抗辩活动中，保险人得以被保险人对抗第三人的一切事由，对抗第三人的索赔，其有权参与索赔和解，并达成和解协议，但通常情形下必须得到被保险人的同意。若被保险人拒绝和解，则保险人对基于该索赔造成之损失所承担的赔偿责任，最高限于原可达成之和解金额，加上截至保险人提出和解建议日止所生抗辩费用的总额。保险人在抗辩过程中应遵循诚实信用原则，不得滥用其索赔参与权，对于保险人以诚实信用方式进行抗辩而发生的结果，不论是否有利于被保险人，被保险人均受其约束。被保险人不得以其未参与抗辩为由拒绝承担抗辩结果。为确保抗辩的顺利与有效进行，保险人可要求被保险人提供相关协助，责任保险实务中，此种协助的内容主要有两项：其一，未经保险人事先同意，被保险人不得就第三人的任何赔偿请求承认责任，或进行和解，或支付抗辩费用，亦不得放弃其对第三人的抗辩权；例如，日本《公司董事、监事赔偿责任普通保险合同书》第22条规定："……被保险者在没有事先得到本公司书面承认的情况下，自己承担损害赔偿责任的全部或一部分以及争诉费用时，本公司不负责填补。本公司只承担填补依本合同所规定

---

〔1〕 邹海林：《责任保险论》，法律出版社1999年版，第164页。

的法律上的损害赔偿金和争诉费用……”。其二，提供必要的文件、资讯、相应配合行为；实务中，上述协助义务的履行常常构成保险人承担保险责任的先决条件，例如，《环球董事及重要职员责任保险条款》第5条第7项规定：“……就本公司所合理要求之配合与资讯，被保险公司及被保险人应给予本公司完全之配合与资讯，且上述配合系本公司赔偿责任之先决条件……”。

在要求被保险人履行上述协助义务的同时，保险人也必须以诚实信用原则行使索赔参与权，若保险人未遵循此一原则，给被保险人造成损害，则保险人应当承担赔偿责任。抗辩实务中，保险人违反诚实信用原则的情形主要是不合理的拒绝第三人提出的和解要求。根据美国判例法的相关规定，保险人拒绝某一和解的妥当性应依据和解协议可达成之时的相关资讯、案情发展背景来考量，而不得依据最终判决结果进行评判。若和解协议提出之时，保险人根据现有证据有理由认为和解协议约定的赔偿数额过高，事后，即使法院最终判决的赔偿数额超过了和解协议约定的数额，仍应认为保险人对和解协议的拒绝是合理的。反之，若保险人无法举证证明，则应认为保险人不合理地拒绝了和解协议，即使最终判决数额超出保险合同约定的保险金额，保险人仍应承担保险责任。[1] 我们认为，不仅在前述被保险人与保险人对是否和解发生分歧之时，而且在对索赔的抗辩方式以及应否上诉等发生分歧时，双方均可协商将此一纠纷提交相关专业人员进行评判，对于评判结果双方均应遵守，否则应视为违反诚实信用原则。对因此而支出的费用，则纳入抗辩费用范畴，由保险人承担。此一做法不仅能够保护被保险人之利益，还有利于保险人免除自己系以诚实信用方式行事之举证责任，应可达至双赢的结局。

依据责任保险原理与相关实务规定，未经保险人同意，被保险人不得进行和解、承认赔偿请求等，即保险人控制了整个抗辩与和解过程。此种情形下，保险人自应承担抗辩费用，因为若承认保险人控制权利的正当性，却使被保险人承担抗辩费用，将造成显失公平之结果，明显有违诚实信用原则。[2]

第二节　机动车交通事故责任强制保险合同

一、机动车交通事故责任强制保险合同概述

机动车交通事故责任强制保险合同，是指保险公司对被保险机动车发生道路交

〔1〕 Pepsi Co., Inc. v. Continental Casualty Co., 640 F. Supp. 656, 662(S. D. N. Y. 1986).

〔2〕 马宁：《董事责任保险研究》，中国社会科学院研究生院2009年博士论文，第134~138页。

通事故造成本车人员、被保险人以外的受害人的人身伤亡、财产损失，在责任限额内予以赔偿的强制性责任保险合同。《道路交通安全法》第 17 条规定："国家实行机动车第三者责任强制保险制度，设立道路交通事故社会救助基金。具体办法由国务院规定。"国务院颁布的《机动车交通事故责任强制保险条例》第 2 条第 1 款规定："在中华人民共和国境内道路上行驶的机动车的所有人或者管理人，应当依照《中华人民共和国道路交通安全法》的规定投保机动车交通事故责任强制保险。"

保险合同原则上由投保人和保险人协商一致、自愿订立，但为了国家的特殊利益或社会公众利益，消除或减轻自然灾害、突发事件和重大事故造成的损失，促进社会安定有序，需要规定特定的主体必须依法参加强制保险，使得一些高风险行业和领域有充足的保险保障，以维护社会稳定。机动车交通事故责任强制保险（简称"交强险"）就属于其中一例。交强险的目的是为了保障机动车道路交通事故受害人依法得到赔偿，促进道路交通安全，因此，保险人开办交强险业务不能以盈利为目的。《机动车交通事故责任强制保险条例》第 6 条第 1 款明确规定："……保监会按照机动车交通事故责任强制保险业务总体上不盈利不亏损的原则审批保险费率。"目前，世界上大多数国家均通过立法确定了机动车交通事故责任强制保险制度。

【理论扩展】

机动车交通事故受害人保护是一个世界性的问题。据公安部交管局统计，2009 年上半年我国共发生道路交通事故 107 193 起，造成 29 866 人死亡、128 336 人受伤，直接财产损失 4.1 亿元。其中，发生一次死亡 10 人以上特大道路交通事故 12 起，发生适用简易程序处理的道路交通事故则多达 115.2 万起。机动车普及的过程就是机动车责任严格化和保险强制化的过程。各国关于机动车事故责任的立法多实行比一般过错责任更为严格的责任。但仅仅规定严格的责任并不意味着受害人最终能够获得赔偿，为了保障机动车事故受害人的赔偿不受加害人赔偿能力不足的影响，各国实行了强制缴付保证金或强制保险等制度，给交通事故中的受害人提供基本的、日益充分的救济。在我国，机动车事故受害人保护问题的真正出现是在改革开放以后。我国还是发展中国家，大多数机动车事故受害人收入不高，一旦发生事故很难负担沉重的医疗等费用。同时，作为加害人的机动车所有人及司机的赔偿能力也不足，而城市社会保障制度尚有待完善，农村社会保障制度则处于探索阶段。因此，有必要通过机动车辆强制保险制度保障受害人的利益。

二、保险责任与赔偿限额

（一）保险责任

在我国境内（不含港、澳、台地区），被保险人在使用被保险机动车过程中发生交通事故，致使受害人遭受人身伤亡或者财产损失，依法应当由被保险人承担的损害赔偿责任。

（二）赔偿限额

根据2008年2月1日起实施的《机动车交通事故责任强制保险条款》，保险人对每次事故在下列赔偿限额内负责赔偿：①死亡伤残赔偿限额为110 000元；②医疗费用赔偿限额为10 000元；③财产损失赔偿限额为2000元；④被保险人无责任时，无责任死亡伤残赔偿限额为11 000元；无责任医疗费用赔偿限额为1000元；无责任财产损失赔偿限额为100元。

死亡伤残赔偿限额和无责任死亡伤残赔偿限额项下负责赔偿丧葬费、死亡补偿费、受害人亲属办理丧葬事宜支出的交通费用、残疾赔偿金、残疾辅助器具费、护理费、康复费、交通费、被扶养人生活费、住宿费、误工费，被保险人依照法院判决或者调解承担的精神损害抚慰金。

医疗费用赔偿限额和无责任医疗费用赔偿限额项下负责赔偿医药费、诊疗费、住院费、住院伙食补助费，必要的、合理的后续治疗费、整容费、营养费。

三、除外责任

下列损失和费用，交强险的保险人不负责赔偿和垫付：①因受害人故意造成的交通事故的损失；②被保险人所有的财产及被保险机动车上的财产遭受的损失；③被保险机动车发生交通事故，致使受害人停业、停驶、停电、停水、停气、停产、通讯或者网络中断、数据丢失、电压变化等造成的损失以及受害人财产因市场价格变动造成的贬值、修理后因价值降低造成的损失等其他各种间接损失；④因交通事故产生的仲裁或者诉讼费用以及其他相关费用。

四、保险期间

机动车交通事故责任强制保险的保险期间为1年，但有下列情形之一的，投保人可以投保短期机动车交通事故责任强制保险：①境外机动车临时入境的；②机动车临时上道路行驶的；③机动车距规定的报废期限不足1年的；④保监会规定的其他情形。

五、赔偿处理

（一）被保险人索赔时应提供的资料

被保险机动车发生交通事故的，由被保险人向保险人申请赔偿保险金。被保险人索赔时，应当向保险人提供以下材料：①交强险的保险单；②被保险人出具的索赔申请书；③被保险人和受害人的有效身份证明、被保险机动车行驶证和驾驶人的驾驶证；④公安机关交通管理部门出具的事故证明，或者人民法院等机构出具的有关法律文书及其他证明；⑤被保险人根据有关法律法规规定选择自行协商方式处理交通事故的，应当提供依照《交通事故处理程序规定》规定的记录交通事故情况的协议书；⑥受害人财产损失程度证明、人身伤残程度证明、相关医疗证明以及有关损失清单和费用单据；⑦其他与确认保险事故的性质、原因、损失程度等有关的证明和资料。

（二）保险人的参与权

因保险事故造成受害人人身伤亡的，未经保险人书面同意，被保险人自行承诺或支付的赔偿金额，保险人在交强险责任限额内有权重新核定。

因保险事故损坏的受害人财产需要修理的，被保险人应当在修理前会同保险人检验，协商确定修理或者更换项目、方式和费用。否则，保险人在交强险责任限额内有权重新核定。

（三）赔偿数额的确定

保险事故发生后，保险人按照国家有关法律法规规定的赔偿范围、项目和标准以及交强险合同的约定，并根据国务院卫生主管部门组织制定的交通事故人员创伤临床诊疗指南和国家基本医疗保险标准，在交强险的责任限额内核定人身伤亡的赔偿金额。

（四）垫付与追偿

被保险机动车在下列四种之一的情形下发生交通事故，造成受害人受伤需要抢救的，保险人在接到公安机关交通管理部门的书面通知和医疗机构出具的抢救费用清单后，按照国务院卫生主管部门组织制定的交通事故人员创伤临床诊疗指南和国家基本医疗保险标准进行核实。对于符合规定的抢救费用，保险人在医疗费用赔偿限额内垫付。被保险人在交通事故中无责任的，保险人在无责任医疗费用赔偿限额内垫付。对于其他损失和费用，保险人不负责垫付和赔偿。

（1）驾驶人未取得驾驶资格的。

（2）驾驶人醉酒的。

（3）被保险机动车被盗抢期间肇事的。

（4）被保险人故意制造交通事故的。

对于垫付的抢救费用，保险人有权向致害人追偿。

（五）赔偿期限

被保险机动车发生道路交通事故的，由被保险人向保险公司申请赔偿保险金。保险公司应当自收到赔偿申请之日起 1 日内，书面告知被保险人需要向保险公司提供的与赔偿有关的证明和资料。

保险公司应当自收到被保险人提供的证明和资料之日起5日内，对是否属于保险责任作出核定，并将结果通知被保险人；对不属于保险责任的，应当书面说明理由；对属于保险责任的，在与被保险人达成赔偿保险金的协议后10日内，赔偿保险金。

六、合同的变更与解除

（一）合同的变更

被保险机动车所有权转移的，应当办理机动车交通事故责任强制保险合同变更手续。

（二）合同的解除

在下列三种情况下，投保人可以要求解除合同：①被保险机动车被依法注销登记的；②被保险机动车办理停驶的；③被保险机动车经公安机关证实丢失的。

合同解除后，投保人应当及时将保险单、保险标志交还保险人；无法交回保险标志的，应当向保险人说明情况，征得保险人同意。

保险公司不得解除机动车交通事故责任强制保险合同；但是，投保人对重要事项未履行如实告知义务的除外。投保人对重要事项未履行如实告知义务，保险公司解除合同前，应当书面通知投保人，投保人应当自收到通知之日起5日内履行如实告知义务；投保人在上述期限内履行如实告知义务的，保险公司不得解除合同。

七、道路交通事故社会救助基金

为了使道路交通事故的受害人获得基本保障，《机动车交通事故责任强制保险条例》规定国家设立道路交通事故社会救助基金（简称救助基金）。

有下列情形之一时，道路交通事故中受害人人身伤亡的丧葬费用、部分或者全部抢救费用，由救助基金先行垫付，救助基金管理机构有权向道路交通事故责任人追偿：①抢救费用超过机动车交通事故责任强制保险责任限额的；②肇事机动车未参加机动车交通事故责任强制保险的；③机动车肇事后逃逸的。

救助基金的来源包括：①按照机动车交通事故责任强制保险的保险费的一定比例提取的资金；②对未按照规定投保机动车交通事故责任强制保险的机动车的所有人、管理人的罚款；③救助基金管理机构依法向道路交通事故责任人追偿的资金；④救助基金孳息；⑤其他资金。

【实例参考】

机动车交通事故责任强制保险条款[1]

特别提示：

为充分保障您的权益，请您仔细阅读本条款。机动车交通事故责任强制保险向您提供的是因交通事故造成的对受害人损害赔偿责任风险的基本保障。每辆机动车只需投保一份机动车交通事故责任强制保险，请不要重复投保。

在投保本保险后，您可以投保其他机动车保险。

总　则

第一条　根据《中华人民共和国道路交通安全法》、《中华人民共和国保险法》、《机动车交通事故责任强制保险条例》等法律、行政法规，制定本条款。

第二条　机动车交通事故责任强制保险（以下简称交强险）合同由本条款与投保单、保险单、批单和特别约定共同组成。凡与交强险合同有关的约定，都应当采用书面形式。

第三条　交强险费率实行与被保险机动车道路交通安全违法行为、交通事故记录相联系的浮动机制。

签订交强险合同时，投保人应当一次支付全部保险费。保险费按照中国保险监督管理委员会（以下简称保监会）批准的交强险费率计算。

定　义

第四条　交强险合同中的被保险人是指投保人及其允许的合法驾驶人。

投保人是指与保险人订立交强险合同，并按照合同负有支付保险费义务的机动车的所有人、管理人。

第五条　交强险合同中的受害人是指因被保险机动车发生交通事故遭受人身伤亡或者财产损失的人，但不包括被保险机动车本车车上人员、被保险人。

第六条　交强险合同中的责任限额是指被保险机动车发生交通事故，保险人对每次保险事故所有受害人的人身伤亡和财产损失所承担的最高赔偿金额。责任限额

---

〔1〕交强险为强制保险，仅为被保险人提供基本的保险保障，如被保险人想扩大保障范围，例如，提高赔偿金额，则必须另行购买保险公司提供的任意性质的第三者责任保险。

分为死亡伤残赔偿限额、医疗费用赔偿限额、财产损失赔偿限额以及被保险人在道路交通事故中无责任的赔偿限额。其中无责任的赔偿限额分为无责任死亡伤残赔偿限额、无责任医疗费用赔偿限额以及无责任财产损失赔偿限额。

第七条 交强险合同中的抢救费用是指被保险机动车发生交通事故导致受害人受伤时，医疗机构对生命体征不平稳和虽然生命体征平稳但如果不采取处理措施会产生生命危险，或者导致残疾、器官功能障碍，或者导致病程明显延长的受害人，参照国务院卫生主管部门组织制定的交通事故人员创伤临床诊疗指南和国家基本医疗保险标准，采取必要的处理措施所发生的医疗费用。

保险责任

第八条 在中华人民共和国境内（不含港、澳、台地区），被保险人在使用被保险机动车过程中发生交通事故，致使受害人遭受人身伤亡或者财产损失，依法应当由被保险人承担的损害赔偿责任，保险人按照交强险合同的约定对每次事故在下列赔偿限额内负责赔偿：

（一）死亡伤残赔偿限额为110 000元；

（二）医疗费用赔偿限额为10 000元；

（三）财产损失赔偿限额为2000元；

（四）被保险人无责任时，无责任死亡伤残赔偿限额为11 000元；无责任医疗费用赔偿限额为1000元；无责任财产损失赔偿限额为100元。

死亡伤残赔偿限额和无责任死亡伤残赔偿限额项下负责赔偿丧葬费、死亡补偿费、受害人亲属办理丧葬事宜支出的交通费用、残疾赔偿金、残疾辅助器具费、护理费、康复费、交通费、被扶养人生活费、住宿费、误工费，被保险人依照法院判决或者调解承担的精神损害抚慰金。

医疗费用赔偿限额和无责任医疗费用赔偿限额项下负责赔偿医药费、诊疗费、住院费、住院伙食补助费，必要的、合理的后续治疗费、整容费、营养费。

垫付与追偿

第九条 被保险机动车在本条（一）至（四）之一的情形下发生交通事故，造成受害人受伤需要抢救的，保险人在接到公安机关交通管理部门的书面通知和医疗机构出具的抢救费用清单后，按照国务院卫生主管部门组织制定的交通事故人员创伤临床诊疗指南和国家基本医疗保险标准进行核实。对于符合规定的抢救费用，保险人在医疗费用赔偿限额内垫付。被保险人在交通事故中无责任的，保险人在无责任医疗费用赔偿限额内垫付。对于其他损失和费用，保险人不负责垫付和赔偿。

（一）驾驶人未取得驾驶资格的；

（二）驾驶人醉酒的；

（三）被保险机动车被盗抢期间肇事的；

（四）被保险人故意制造交通事故的。

对于垫付的抢救费用，保险人有权向致害人追偿。

责任免除

第十条 下列损失和费用，交强险不负责赔偿和垫付：

（一）因受害人故意造成的交通事故的损失；

（二）被保险人所有的财产及被保险机动车上的财产遭受的损失；

（三）被保险机动车发生交通事故，致使受害人停业、停驶、停电、停水、停气、停产、通讯或者网络中断、数据丢失、电压变化等造成的损失以及受害人财产因市场价格变动造成的贬值、修理后因价值降低造成的损失等其他各种间接损失；

（四）因交通事故产生的仲裁或者诉讼费用以及其他相关费用。

保险期间

第十一条 除国家法律、行政法规另有规定外，交强险合同的保险期间为一年，以保险单载明的起止时间为准。

投保人、被保险人义务

第十二条 投保人投保时，应当如实填写投保单，向保险人如实告知重要事项，并提供被保险机动车的行驶证和驾驶证复印件。重要事项包括机动车的种类、厂牌型号、识别代码、号牌号码、使用性质和机动车所有人或者管理人的姓名（名称）、性别、年龄、住所、身份证或者驾驶证号码（组织机构代码）、续保前该机动车发生事故的情况以及保监会规定的其他事项。

投保人未如实告知重要事项，对保险费计算有影响的，保险人按照保单年度重新核定保险费计收。

第十三条 签订交强险合同时，投保人不得在保险条款和保险费率之外，向保险人提出附加其他条件的要求。

第十四条 投保人续保的，应当提供被保险机动车上一年度交强险的保险单。

第十五条 在保险合同有效期内，被保险机动车因改装、加装、使用性质改变等导致危险程度增加的，被保险人应当及时通知保险人，并办理批改手续。否则，保险人按照保单年度重新核定保险费计收。

第十六条　被保险机动车发生交通事故，被保险人应当及时采取合理、必要的施救和保护措施，并在事故发生后及时通知保险人。

第十七条　发生保险事故后，被保险人应当积极协助保险人进行现场查勘和事故调查。

发生与保险赔偿有关的仲裁或者诉讼时，被保险人应当及时书面通知保险人。

赔偿处理

第十八条　被保险机动车发生交通事故的，由被保险人向保险人申请赔偿保险金。被保险人索赔时，应当向保险人提供以下材料：

（一）交强险的保险单；

（二）被保险人出具的索赔申请书；

（三）被保险人和受害人的有效身份证明、被保险机动车行驶证和驾驶人的驾驶证；

（四）公安机关交通管理部门出具的事故证明，或者人民法院等机构出具的有关法律文书及其他证明；

（五）被保险人根据有关法律法规规定选择自行协商方式处理交通事故的，应当提供依照《交通事故处理程序规定》规定的记录交通事故情况的协议书；

（六）受害人财产损失程度证明、人身伤残程度证明、相关医疗证明以及有关损失清单和费用单据；

（七）其他与确认保险事故的性质、原因、损失程度等有关的证明和资料。

第十九条　保险事故发生后，保险人按照国家有关法律法规规定的赔偿范围、项目和标准以及交强险合同的约定，并根据国务院卫生主管部门组织制定的交通事故人员创伤临床诊疗指南和国家基本医疗保险标准，在交强险的责任限额内核定人身伤亡的赔偿金额。

第二十条　因保险事故造成受害人人身伤亡的，未经保险人书面同意，被保险人自行承诺或支付的赔偿金额，保险人在交强险责任限额内有权重新核定。

因保险事故损坏的受害人财产需要修理的，被保险人应当在修理前会同保险人检验，协商确定修理或者更换项目、方式和费用。否则，保险人在交强险责任限额内有权重新核定。

第二十一条　被保险机动车发生涉及受害人受伤的交通事故，因抢救受害人需要保险人支付抢救费用的，保险人在接到公安机关交通管理部门的书面通知和医疗机构出具的抢救费用清单后，按照国务院卫生主管部门组织制定的交通事故人员创伤临床诊疗指南和国家基本医疗保险标准进行核实。对于符合规定的抢救费用，保险人在医疗费用赔偿限额内支付。被保险人在交通事故中无责任的，保险人在无责任医疗费用赔偿限额内支付。

合同变更与终止

第二十二条 在交强险合同有效期内，被保险机动车所有权发生转移的，投保人应当及时通知保险人，并办理交强险合同变更手续。

第二十三条 在下列三种情况下，投保人可以要求解除交强险合同：

（一）被保险机动车被依法注销登记的；

（二）被保险机动车办理停驶的；

（三）被保险机动车经公安机关证实丢失的。

交强险合同解除后，投保人应当及时将保险单、保险标志交还保险人；无法交回保险标志的，应当向保险人说明情况，征得保险人同意。

第二十四条 发生《机动车交通事故责任强制保险条例》所列明的投保人、保险人解除交强险合同的情况时，保险人按照日费率收取自保险责任开始之日起至合同解除之日止期间的保险费。

附　　则

第二十五条 因履行交强险合同发生争议的，由合同当事人协商解决。

协商不成的，提交保险单载明的仲裁机构或者争议发生后未达成仲裁协议的，可以向人民法院起诉。

第二十六条 交强险合同争议处理适用中华人民共和国法律。

第二十七条 本条款未尽事宜，按照《机动车交通事故责任强制保险条例》执行。

中保财产保险公司机动车第三者责任保险条款

总　　则

第一条 机动车第三者责任保险合同（以下简称本保险合同）由保险条款、投保单、保险单、批单和特别约定共同组成。凡涉及本保险合同的约定，均应采用书面形式。

第二条　本保险合同中的机动车是指在中华人民共和国境内（不含港、澳、台地区）行驶，以动力装置驱动或者牵引，上道路行驶的供人员乘用或者用于运送物品以及进行专项作业的轮式车辆（含挂车）、履带式车辆和其他运载工具（以下简称被保险机动车），但不包括摩托车、拖拉机和特种车。

第三条　本保险合同中的第三者是指因被保险机动车发生意外事故遭受人身伤亡或者财产损失的人，但不包括投保人、被保险人、保险人和保险事故发生时被保险机动车本车上的人员。

保险责任

第四条　保险期间内，被保险人或其允许的合法驾驶人在使用被保险机动车过程中发生意外事故，致使第三者遭受人身伤亡或财产直接损毁，依法应当由被保险人承担的损害赔偿责任，保险人依照本保险合同的约定，对于超过机动车交通事故责任强制保险各分项赔偿限额以上的部分负责赔偿。

责任免除

第五条　被保险机动车造成下列人身伤亡或财产损失，不论在法律上是否应当由被保险人承担赔偿责任，保险人均不负责赔偿：

（一）被保险人及其家庭成员的人身伤亡、所有或代管的财产的损失；

（二）被保险机动车本车驾驶人及其家庭成员的人身伤亡、所有或代管的财产的损失；

（三）被保险机动车本车上其他人员的人身伤亡或财产损失。

第六条　下列情况下，不论任何原因造成的对第三者的损害赔偿责任，保险人均不负责赔偿：

（一）地震及其次生灾害；

（二）战争、军事冲突、恐怖活动、暴乱、扣押、收缴、没收、政府征用；

（三）竞赛、测试、教练，在营业性维修、养护场所修理、养护期间；

（四）利用被保险机动车从事违法活动；

（五）驾驶人饮酒、吸食或注射毒品、被药物麻醉后使用被保险机动车；

（六）事故发生后，被保险人或其允许的驾驶人在未依法采取措施的情况下驾驶被保险机动车或者遗弃被保险机动车逃离事故现场，或故意破坏、伪造现场、毁灭证据；

（七）驾驶人有下列情形之一者：

1. 无驾驶证或驾驶证有效期已届满；

2. 驾驶的被保险机动车与驾驶证载明的准驾车型不符；

3. 实习期内驾驶公共汽车、营运客车或者载有爆炸物品、易燃易爆化学物品、剧毒或者放射性等危险物品的被保险机动车，实习期内驾驶的被保险机动车牵引挂车；

4. 持未按规定审验的驾驶证，以及在暂扣、扣留、吊销、注销驾驶证期间驾驶被保险机动车；

5. 使用各种专用机械车、特种车的人员无国家有关部门核发的有效操作证，驾驶营运客车的驾驶人无国家有关部门核发的有效资格证书；

6. 依照法律法规或公安机关交通管理部门有关规定不允许驾驶被保险机动车的其他情况下驾车；

（八）非被保险人允许的驾驶人使用被保险机动车；

（九）被保险机动车转让他人，被保险人、受让人未履行本保险合同第三十四条规定的通知义务，且因转让导致被保险机动车危险程度显著增加而发生保险事故；

（十）除另有约定外，发生保险事故时被保险机动车无公安机关交通管理部门核发的行驶证或号牌，或未按规定检验或检验不合格；

（十一）被保险机动车拖带未投保机动车交通事故责任强制保险的机动车（含挂车）或被未投保机动车交通事故责任强制保险的其他机动车拖带。

第七条 下列损失和费用，保险人不负责赔偿：

（一）被保险机动车发生意外事故，致使第三者停业、停驶、停电、停水、停气、停产、通讯或者网络中断、数据丢失、电压变化等造成的损失以及其他各种间接损失；

（二）精神损害赔偿；

（三）因污染（含放射性污染）造成的损失；

（四）第三者财产因市场价格变动造成的贬值、修理后价值降低引起的损失；

（五）被保险机动车被盗窃、抢劫、抢夺期间造成第三者人身伤亡或财产损失；

（六）被保险人或驾驶人的故意行为造成的损失；

（七）仲裁或者诉讼费用以及其他相关费用。

第八条 应当由机动车交通事故责任强制保险赔偿的损失和费用，保险人不负责赔偿。

保险事故发生时，被保险机动车未投保机动车交通事故责任强制保险或机动车交通事故责任强制保险合同已经失效的，对于机动车交通事故责任强制保险各分项赔偿限额以内的损失和费用，保险人不负责赔偿。

第九条　保险人在依据本保险合同约定计算赔款的基础上，在保险单载明的责任限额内，按下列免赔率免赔：

（一）负次要事故责任的免赔率为5%，负同等事故责任的免赔率为10%，负主要事故责任的免赔率为15%，负全部事故责任的免赔率为20%；

（二）违反安全装载规定的，增加免赔率10%；

（三）投保时指定驾驶人，保险事故发生时为非指定驾驶人使用被保险机动车的，增加免赔率10%；

（四）投保时约定行驶区域，保险事故发生在约定行驶区域以外的，增加免赔率10%。

第十条　其他不属于保险责任范围内的损失和费用。

责任限额

第十一条　每次事故的责任限额，由投保人和保险人在签订本保险合同时按保险监管部门批准的限额档次协商确定。

第十二条　主车和挂车连接使用时视为一体，发生保险事故时，由主车保险人和挂车保险人按照保险单上载明的机动车第三者责任保险责任限额的比例，在各自的责任限额内承担赔偿责任，但赔偿金额总和以主车的责任限额为限。

保险期间

第十三条　除另有约定外，保险期间为一年，以保险单载明的起讫时间为准。

保险人义务

第十四条　保险人在订立保险合同时，应向投保人说明投保险种的保险责任、责任免除、保险期间、保险费及支付办法、投保人和被保险人义务等内容。

第十五条　保险人应及时受理被保险人的事故报案，并尽快进行查勘。

保险人接到报案后48小时内未进行查勘且未给予受理意见，造成财产损失无法确定的，以被保险人提供的财产损毁照片、损失清单、事故证明和修理发票作为赔付理算依据。

第十六条　保险人收到被保险人的索赔请求后，应当及时作出核定。

（一）保险人应根据事故性质、损失情况，及时向被保险人提供索赔须知。审核索赔材料后认为有关的证明和资料不完整的，应当及时一次性通知被保险人补充提供有关的证明和资料；

（二）在被保险人提供了各种必要单证后，保险人应当迅速审查核定，并将核定结果及时通知被保险人。情形复杂的，保险人应当在三十日内作出核定；保险人未能在三十日内作出核定的，应与被保险人商定合理期间，并在商定期间内作出核定，同时将核定结果及时通知被保险人；

（三）对属于保险责任的，保险人应在与被保险人达成赔偿协议后十日内支付赔款；

（四）对不属于保险责任的，保险人应自作出核定之日起三日内向被保险人发出拒绝赔偿通知书，并说明理由；

（五）保险人自收到索赔请求和有关证明、资料之日起六十日内，对其赔偿金额不能确定的，应当根据已有证明和资料可以确定的数额先予支付；保险人最终确定赔偿金额后，应当支付相应的差额。

第十七条 保险人对在办理保险业务中知道的投保人、被保险人的业务和财产情况及个人隐私，负有保密的义务。

投保人、被保险人义务

第十八条 投保人应如实填写投保单并回答保险人提出的询问，履行如实告知义务，并提供被保险机动车行驶证复印件、机动车登记证书复印件，如指定驾驶人的，应当同时提供被指定驾驶人的驾驶证复印件。

在保险期间内，被保险机动车改装、加装或被保险家庭自用汽车、非营业用汽车从事营业运输等，导致被保险机动车危险程度显著增加的，应当及时书面通知保险人。否则，因被保险机动车危险程度显著增加而发生的保险事故，保险人不承担赔偿责任。

第十九条 除另有约定外，投保人应当在本保险合同成立时交清保险费；保险费交清前发生的保险事故，保险人不承担赔偿责任。

第二十条 发生保险事故时，被保险人应当及时采取合理的、必要的施救和保护措施，防止或者减少损失，并在保险事故发生后48小时内通知保险人。故意或者因重大过失未及时通知，致使保险事故的性质、原因、损失程度等难以确定的，保险人对无法确定的部分，不承担赔偿责任，但保险人通过其他途径已经及时知道或者应当及时知道保险事故发生的除外。

第二十一条　发生保险事故后，被保险人应当积极协助保险人进行现场查勘。

被保险人在索赔时应当提供有关证明和资料。

引起与保险赔偿有关的仲裁或者诉讼时，被保险人应当及时书面通知保险人。

赔偿处理

第二十二条　被保险人索赔时，应当向保险人提供与确认保险事故的性质、原因、损失程度等有关的证明和资料。

被保险人应当提供保险单、损失清单、有关费用单据、被保险机动车行驶证和发生事故时驾驶人的驾驶证。

属于道路交通事故的，被保险人应当提供公安机关交通管理部门或法院等机构出具的事故证明、有关的法律文书（判决书、调解书、裁定书、裁决书等）及其他证明。

属于非道路交通事故的，应提供相关的事故证明。

第二十三条　保险事故发生时，被保险人对被保险机动车不具有保险利益的，不得向保险人请求赔偿。

第二十四条　保险人对被保险人给第三者造成的损害，可以直接向该第三者赔偿。

被保险人给第三者造成损害，被保险人对第三者应负的赔偿责任确定的，根据被保险人的请求，保险人应当直接向该第三者赔偿。被保险人怠于请求的，第三者有权就其应获赔偿部分直接向保险人请求赔偿。

被保险人给第三者造成损害，被保险人未向该第三者赔偿的，保险人不得向被保险人赔偿。

第二十五条　因保险事故损坏的第三者财产，应当尽量修复。修理前被保险人应当会同保险人检验，协商确定修理项目、方式和费用。否则，保险人有权重新核定；无法重新核定的，保险人有权拒绝赔偿。

第二十六条　保险人依据被保险机动车驾驶人在事故中所负的事故责任比例，承担相应的赔偿责任。

被保险人或被保险机动车驾驶人根据有关法律法规规定选择自行协商或由公安机关交通管理部门处理事故未确定事故责任比例的，按照下列规定确定事故责任比例：

被保险机动车方负主要事故责任的，事故责任比例为70%；

被保险机动车方负同等事故责任的，事故责任比例为50%；

被保险机动车方负次要事故责任的，事故责任比例为30%。

第二十七条 保险事故发生后，保险人按照国家有关法律、法规规定的赔偿范围、项目和标准以及本保险合同的约定，在保险单载明的责任限额内核定赔偿金额。

保险人按照国家基本医疗保险的标准核定医疗费用的赔偿金额。

未经保险人书面同意，被保险人自行承诺或支付的赔偿金额，保险人有权重新核定。不属于保险人赔偿范围或超出保险人应赔偿金额的，保险人不承担赔偿责任。

第二十八条 保险事故发生时，被保险机动车重复保险的，保险人按照本保险合同的责任限额与各保险合同责任限额的总和的比例承担赔偿责任。

其他保险人应承担的赔偿金额，保险人不负责赔偿和垫付。

第二十九条 保险人受理报案、现场查勘、参与诉讼、进行抗辩、要求被保险人提供证明和资料、向被保险人提供专业建议等行为，均不构成保险人对赔偿责任的承诺。

第三十条 保险人支付赔款后，对被保险人追加的索赔请求，保险人不承担赔偿责任。

第三十一条 被保险人获得赔偿后，本保险合同继续有效，直至保险期间届满。

保险费调整

第三十二条 保险费调整的比例和方式以保险监管部门批准的机动车保险费率方案的规定为准。

本保险及其附加险根据上一保险期间发生保险赔偿的次数，在续保时实行保险费浮动。

合同变更和终止

第三十三条 本保险合同的内容如需变更，须经保险人与投保人书面协商一致。

第三十四条 在保险期间内，被保险机动车转让他人的，受让人承继被保险人的权利和义务。被保险人或者受让人应当及时书面通知保险人并办理批改手续。

因被保险机动车转让导致被保险机动车危险程度显著增加的，保险人自收到前款规定的通知之日起三十日内，可以增加保险费或者解除本保险合同。

第三十五条 保险责任开始前，投保人要求解除本保险合同的，应当向保险人支付应交保险费5%的退保手续费，保险人应当退还保险费。

保险责任开始后，投保人要求解除本保险合同的，自通知保险人之日起，本保险合同解除。保险人按日收取自保险责任开始之日起至合同解除之日止期间的保险费，并退还剩余部分保险费。

争议处理

第三十六条　因履行本保险合同发生的争议，由当事人协商解决。

协商不成的，提交保险单载明的仲裁机构仲裁。保险单未载明仲裁机构或者争议发生后未达成仲裁协议的，可向人民法院起诉。

第三十七条　本保险合同争议处理适用中华人民共和国法律。

附　则

第三十八条　本保险合同（含附加险）中下列术语的含义：

次生灾害：地震造成工程结构、设施和自然环境破坏而引发的火灾、爆炸、瘟疫、有毒有害物质污染、海啸、水灾、泥石流、滑坡等灾害。

竞赛：指被保险机动车作为赛车参加车辆比赛活动，包括以参加比赛为目的进行的训练活动。

测试：指对被保险机动车的性能和技术参数进行测量或试验。

教练：指尚未取得合法机动车驾驶证，但已通过合法教练机构办理正式学车手续的学员，在固定练习场所或指定路线，并有合格教练随车指导的情况下驾驶被保险机动车。

污染：指被保险机动车正常使用过程中或发生事故时，由于油料、尾气、货物或其他污染物的泄漏、飞溅、排放、散落等造成的污损、状况恶化或人身伤亡。

被盗窃、抢劫、抢夺期间：指被保险机动车被盗窃、抢劫、抢夺过程中及全车被盗窃、抢劫、抢夺后至全车被追回。

家庭自用汽车：指在中华人民共和国境内（不含港、澳、台地区）行驶的家庭或个人所有，且用途为非营业性运输的客车。

非营业用汽车：指在中华人民共和国境内（不含港、澳、台地区）行驶的党政机关、企事业单位、社会团体、使领馆等机构从事公务或在生产经营活动中不以直接或间接方式收取运费或租金的自用汽车，包括客车、货车、客货两用车。

营业运输：指经由交通运输管理部门核发营运证书，被保险人或其允许的驾驶人利用被保险机动车从事旅客运输、货物运输的行为。未经交通运输管理部门核发营运证书，被保险人或其允许的驾驶人以牟利为目的，利用被保险机动车从事旅客运输、货物运输的，视为营业运输。

转让：指以转移所有权为目的，处分被保险机动车的行为。被保险人以转移所有权为目的，将被保险机动车交付他人，但未按规定办理转移（过户）登记的，视为转让。

第三十九条 保险人按照保险监管部门批准的机动车保险费率方案计算保险费。

第四十条 在投保机动车第三者责任保险的基础上，投保人可投保附加险。

附加险条款未尽事宜，以本条款为准。

第三节 公众责任保险合同

一、公众责任保险合同概述

公众责任保险合同，是指投保人与保险人之间达成的，以被保险人因过失行为或意外事故造成第三者（社会公众）人身伤害和财产损害而依法应当承担的赔偿责任为保险标的的保险合同。所谓公众责任，是指致害人因从事业务活动中的过失、或意外事件致使他人——应为其雇员以外的社会公众——的人身或财产遭受损害，依法应由致害人承担的损害赔偿责任。首先，公众责任保险人并不承担被保险人对其雇员所承担的责任，公众责任保险的被保险人若希望转嫁此种风险，应另行投保雇主责任保险。其次，保险人不承担被保险人的违约损害赔偿责任。最后，保险人依照合同而应承担的赔偿责任一般仅限于被保险人业务范围内的活动所引起的责任，而且，前述行为通常发生于公共活动场所内。

公众责任保险是适应机关、企事业单位及个人在经济活动过程中因过失或者意外事故造成他人人身伤亡、财产损失而转嫁风险的需要而产生的。公众责任保险始于19世纪中期的英国，最初的险种包括铁路承运人责任保险、升降梯责任保险等。20世纪70年代以来，公众责任保险获得迅猛发展。我国的公众责任保险始于20世纪80年代，最初为了适应外国驻华人员、三资企业及外国来华团体的需要而由中国人民保险公司开办了公众责任保险。此后，随着我国经济的发展，公众责任保险日益获得重视而快速发展。

公众责任保险合同的适用范围十分广泛，类似于综合责任保险。各种公共设施、办公楼、学校、商店、医院、宾馆、影剧院、建设工地等公共活动场所的所有者、经营者均可通过投保公众责任保险来转嫁可能发生的责任风险。

依据公共责任事故发生的领域不同，公众责任保险合同可以分为场所责任保险合同、承包责任保险合同、承运责任保险合同等。我国目前开办的公众责任保险主要为场所责任保险。

【思考】

公众责任保险与其他责任保险之间的关系？

二、保险责任

被保险人在保险合同约定的地点范围内依法从事生产、经营等活动以及由于意外事故造成下列损失或费用，依法应由被保险人承担的民事赔偿责任，保险人负责赔偿：①第三者人身伤亡或财产损失；②事先经保险人书面同意的诉讼费用；③发生保险责任事故后，被保险人为缩小或减少对第三者人身伤亡或财产损失的赔偿责任所支付必要的、合理的费用。

三、除外责任

公众责任保险的保险人对下列各项不负赔偿责任：

（1）被保险人根据与他人的协议应承担的责任，但即使没有这种协议，被保险人仍应承担的责任不在此限。

（2）对为被保险人服务的任何人所遭受的伤害的责任。

（3）对下列财产损失的责任：①被保险人或其代表或其雇佣人员所有的财产或由其保管或由其控制的财产；②被保险人或其代表或其雇佣人员因经营业务一直使用和占用的任何物品、土地、房屋或建筑。

（4）由于下列各项引起的损失或伤害责任：①对于未载入保险单明细表而属于被保险人的或其所占有的或以其名义使用的任何牲畜、脚踏车、车辆、火车头、各类船只、飞机、电梯、升降机、自动梯、起重机、吊车、其他升降装置；②火灾、地震、爆炸、洪水、烟熏；③大气、土地、水污染及其污染；④有缺陷的卫生装置或任何类型的中毒或任何不洁或有害的食物或饮料；⑤由被保险人作出的或认可的医疗措施或医疗建议。

（5）由于震动、移动或减弱支撑引起任何土地、财产、建筑物的损坏责任。

（6）由于战争、类似战争行为、敌对行为、武装冲突、恐怖活动、谋反、政变直接或间接引起的任何后果所致的责任。

（7）由于罢工、暴动、民众骚乱或恶意行为直接或间接引起的任何后果所致的责任。

（8）被保险人及其代表的故意行为或重大过失。

（9）由于核裂变、核聚变、核武器、核材料、核辐射及放射性污染所引起的直接或间接责任。

（10）罚款、罚金或惩罚性赔款。

（11）保险单明细表或有关条款中规定的应由被保险人自行负担的免赔额。

四、保险人对抗辩与和解的控制

若发生保险合同承保的事故或诉讼时:

(1) 未经保险人书面同意，被保险人对索赔方不得作出责任承诺或拒绝、出价、约定、付款或赔偿。在必要时，保险人有权以被保险人的名义接办对诉讼的抗辩或索赔的处理。

(2) 保险人有权以被保险人的名义，为保险人的利益自付费用向应对保险事故发生承担责任的一方提出索赔的要求，未经保险人书面同意，被保险人不得接受应承担责任一方就有关损失作出的付款或赔偿安排或放弃对应承担责任一方的索赔权利;

(3) 在诉讼或处理索赔过程中，保险人有权自行处理诉讼或解决索赔案件，被保险人有义务向保险人提供一切所需的资料和协助。

五、被保险人的义务

(1) 在投保时，投保人应对投保申请书中的事项以及保险人提出的其他事项作出真实、详尽的说明或描述。

(2) 投保人或其代表应根据保险合同的约定按期缴付保险费。

(3) 被保险人应努力做到选用可靠的、认真的、合格的工作人员并且使拥有的建筑物、道路、工厂、机器、装修和设备处于坚实、良好可供使用的状态。同时，应遵照当局所颁布的任何法律及规定的要求，对已经发现的缺陷应予立即修复，并采取临时性的预防措施以防止发生事故。

(4) 一旦发生保险单所承保的任何事故，被保险人应: ①立即通知保险人，并在期限内以书面报告提供事故发生的经过、原因和损失程度; ②在未经保险人检查和同意之前，对拥有的建筑物、道路、工厂、机器、装修和设备不得予以改变和修理; ③在预知可能引起诉讼时，及时以书面形式通知保险人，并在接到法院传票或其他法律文件后，及时将其送交保险人; ④根据保险人的要求提供作为索赔依据的所有证明文件、资料和单据。

【实例参考】

市政公司于2008年5月向保险公司投保了公众责任保险，保险责任是其施工过程中的过失造成他人的人身伤害或财产损失的赔偿责任，赔偿限额为每起事故20 000元。同年10月，该公司工人在维修路边窑井时因下大雨跑回而忘记在井边设立标志，也未盖好窑井盖子。傍晚时分，雨还在下，一行人骑自行车经过此地时跌入井中致头部受伤，共支出医疗费用36 500元。受害人家属向法院起诉要求市政公司承担损害赔偿责任。

问题： 保险公司是否应承担赔偿责任？赔偿多少？

分析与评论： 本实例中，市政公司向保险公司就其在施工过程中的过失给他人造成的人身伤害向保险公司投保了公众责任险。公众责任险的保险责任，包括被保险人在保险合同约定的地点范围内依法从事生产、经营等活动以及由于意外事故造成其雇员以外的第三者人身伤亡或财产损失。本实例中的被保险人市政公司，由于其工人的过失致使第三人跌入正在施工的窨井中受伤，属于公众责任险的保险责任范围，故保险公司应当在保险责任限额内赔偿被保险人的损失。保险合同约定的赔偿限额为20 000元，因此保险公司最高赔偿额为20 000元，超过该限额的部分由市政公司自己承担。

第四节　产品责任保险合同

一、产品责任保险合同概述

产品责任保险合同，是指投保人与保险人之间达成的，以被保险人因其生产、销售或提供的产品存在缺陷造成第三者人身伤亡或财产损失而依法应当承担的赔偿责任为保险标的的保险合同。依据我国《产品质量法》第2条的规定，产品是指经过加工、制作，用于销售的产品。

产品责任保险产生于19世纪末20世纪初，随着因产品使用事故的急剧增加和消费者保护运动的兴起而迅速发展。20世纪70年代后，各国纷纷颁布产品责任法，规定产品的生产者和销售者对产品缺陷给产品使用人造成人身或者财产损害承担赔偿责任，且以严格责任原则取代了原来的过失责任原则。这就极大地加重了生产者和销售者的责任，促使其通过产品责任保险而转嫁风险，进而促进了产品责任保险的快速发展。

我国的产品责任保险始于1980年代，最初主要适用于出口商品。此后，随着我国社会主义市场经济的发展，特别是《产品质量法》[1]的颁布，我国的产品责任保险获得了快速发展。时至今日，产品责任保险已为生产者、销售者广泛接受和重视，成为保险公司的一项重要业务。

---

〔1〕《产品质量法》第40条第1款规定："售出的产品有下列情形之一的，销售者应当负责修理、更换、退货；给购买产品的消费者造成损失的，销售者应当赔偿损失：①不具备产品应当具备的使用性能而事先未作说明的；②不符合在产品或者其包装上注明采用的产品标准的；③不符合以产品说明、实物样品等方式表明的质量状况的。"第41条第1款规定："因产品存在缺陷造成人身、缺陷产品以外的其他财产损害的，生产者应当承担赔偿责任。"

二、保险费的预付

产品责任保险实务中，保险人通常要求投保人依照被保险人预期生产、销售的产品的总量向其预先交付保险费。在保险期间届满时，被保险人应向保险人提供保险期间内承保产品的生产或销售总量，以最终确定保险费。然后依照多退少补的原则，由保险人向投保人返还或加收预交保险费与应交保险费的差额。

三、保险责任

产品责任保险合同的保险责任包括两项：

（1）被保险人的产品存在缺陷，造成使用、消费该产品的人或第三者的人身伤害、疾病、死亡或财产损失，依据法律应由被保险人承担经济赔偿责任，经被保险人在保险期限内提出索赔时，保险人根据保险合同的规定，在约定的赔偿限额内予以赔偿。

（2）被保险人为上述事故所支付的诉讼费用及其他事先经保险人书面同意支付的费用，保险人负责赔偿。

四、除外责任

对于下列情形导致的产品责任，保险人一般不负责赔偿：①被保险人根据与他人的协议应承担的责任，但即使没有这种协议，被保险人仍应承担的责任不在此限；②根据劳动法或雇佣关系应由被保险人承担的责任；③被保险产品本身的损失以及被保险人为收回有缺陷的产品所支付的费用；④被保险人所有、保管或控制的财产的损失；⑤被保险人故意违法生产、出售的产品或商品造成任何人的人身伤害、疾病、死亡或财产损失；⑥产品或者商品仍在制造或者销售场所，其所有权尚未转移至用户或消费者手中时形成的责任；⑦被保险人事先能够预料到的产品责任事故引起的损害赔偿责任；⑧使用未经检验或虽经检验但属于副产品、残次品、处理品等不合格产品所引起的损害赔偿；⑨不按照被保险产品说明在安装、使用或非正常状态下使用时所引起的损害赔偿。

五、保险人对抗辩与和解的控制

若发生保险事故或诉讼时，未经保险人书面同意，被保险人对索赔方不得作出责任承诺或拒绝、出价、约定、付款或赔偿。在必要时，保险人有权以被保险人的名义接办对诉讼的抗辩或索赔的处理。

保险人有权以被保险人的名义，为保险人的利益自付费用向责任方提出索赔的要求。未经保险人书面同意，被保险人不得接受责任方就有关损失作出的付款或赔偿安排或放弃对责任方的索赔权利，否则，由此引起的后果将由被保险人承担。

在诉讼或处理索赔过程中，保险人有权自行处理诉讼或解决索赔案件，被保险人有义务向保险人提供一切所需的资料和协助。

第五节　雇主责任保险合同

一、雇主责任保险合同概述

雇主责任保险合同，是指雇主作为投保人与保险人之间达成的，被保险人（雇主）因其雇员在受雇期间从事与被保险人业务有关的活动时，遭受意外事故或职业性疾病而造成人身伤亡，应当由被保险人承担赔偿责任时，由保险人予以赔付的保险合同。

雇主责任保险1880年产生于英国，是雇主转嫁其责任的法律手段。此后，随着各国雇主责任法、劳工法等劳动者保护法律的颁行，确立了雇主的严格责任，进而促进了雇主责任保险蓬勃发展，有些国家，如日本甚至规定了雇主强制责任保险。一直以来，我国以劳动保险的方式为企业职工提供保障，仅仅为了满足三资企业的需要才于1982年开办了涉外雇主责任保险。此后，随着社会主义市场经济的发展，国内的雇主责任保险才开始逐步得以推广，且雇主的范围扩大到三资企业、私营企业、国内股份制公司，国有企业、事业单位、集体企业以及集体或个人承包的各类企业等。

雇主责任保险以雇主与雇员之间的雇佣合同为基础，仅承保雇员从事职业有关工作时的人身伤亡，不负责任何财产损失。雇主责任保险合同除了基本条款之外，投保人与保险人还可以约定附加条款，扩展保险人的责任范围，如娱乐及运动活动条款、国内出差扩展条款、国外出差扩展条款、附加第三者责任险、附加医药费保险等。

【理论扩展】

雇主责任保险与意外伤害保险、工伤保险的保险责任存在一定程度的重合之处，但三者又存在不同之处。工伤保险属于社会保险，具有强制性，用人单位必须为员工投保。雇主责任保险和意外伤害保险则为商业保险，用人单位自愿决定是否为员工投保此两种险别。基于性质的不同，雇主责任险、意外伤害险与工伤保险在保险责任、除外责任、赔偿计算标准等方面存在区别。雇主责任险中，雇主为被保险人，保险人对原本应当由被保险人承担的赔偿责任予以赔付，因此属于财产保险中的责任保险。意外伤害保险则为人身保险，被保险人为用人单位的员工，保险人对被保险人遭受意外伤害或者因意外伤害而致残、死亡的，由保险人承担保险金给付责任。工伤保险是员工因在生产经营活动中所发生的或在规定的某些特殊情况下，遭受意外伤害、职业病以及因这两种情况造成死亡，在员工暂时或永久丧失劳动能力时，员工或其遗属能够从国家、社会得到必要的物质补偿。工伤保险属于社会保障制度的一部分。

二、保险责任

我国保险实务中，在保险期间内，被保险人的工作人员因下列情形导致伤残或死亡，依照法律应由被保险人承担经济赔偿责任的，保险人通常会按照保险合同约定负责赔偿：①在工作时间和工作场所内，因工作原因受到事故伤害；②工作时间前后在工作场所内，从事与工作有关的预备性或者收尾性工作受到事故伤害；③在工作时间和工作场所内，因履行工作职责受到暴力等意外伤害；④被诊断、鉴定为职业病；⑤因工外出期间，由于工作原因受到伤害或者发生事故下落不明；⑥在上下班途中，受到交通及意外事故伤害；⑦在工作时间和工作岗位，突发疾病死亡或者在48小时之内经抢救无效死亡；⑧在抢险救灾等维护国家利益、公共利益活动中受到伤害；⑨原在军队服役，因战、因公负伤致残，已取得革命伤残军人证，到用人单位后旧伤复发；⑩法律、行政法规规定应当认定为工伤的其他情形。

此外，保险事故发生后，被保险人因保险事故而被提起仲裁或者诉讼的，对应由被保险人支付的仲裁或者诉讼费用，以及事先经保险人书面同意支付的其它必要的、合理的费用，保险人按照保险合同约定的限额也负责赔偿。

三、除外责任

由于雇主责任保险对保险责任范围有明确而详细的界定，因此，国外保险实务中，雇主责任保险单中通常并不规定除外责任，但我国保险实务中的保险单却存在多项除外责任。

1. 下列原因造成的损失、费用和责任，保险人不负责赔偿：①投保人、被保险人的故意或重大过失行为；②战争、敌对行动、军事行为、武装冲突、罢工、暴动、民众骚乱、恐怖活动；③核辐射、核爆炸、核污染及其他放射性污染；④行政行为或司法行为；⑤被保险人承包商的工作人员遭受的伤害；⑥被保险人的工作人员违法行为或者故意行为，如犯罪、自残或者自杀等；⑦在工作时间和工作岗位，被保险人的工作人员因投保时已患有的疾病发作或分娩、流产导致死亡或者经抢救无效死亡。

2. 下列损失、费用和责任，保险人也不负责赔偿：①罚款、罚金及惩罚性赔款；②精神损害赔偿；③被保险人的间接损失；④被保险人的工作人员因保险合同列明情形之外原因发生的医疗费用；⑤保险合同中载明的免赔额。

四、赔偿处理

（一）赔偿责任的确定方式

保险人承担保险责任，须以被保险人的赔偿责任已经确定为前提。其确定方式通常有如下几种：①被保险人和向其提出损害赔偿请求的工作人员或其代理人协商并经保险人确认；②仲裁机构裁决；③人民法院判决；④保险人认可的其他方式。

（二）赔偿数额的确定

在保险责任范围内，被保险人对其工作人员因保险合同列明的原因所致伤残、死亡依法应承担的经济赔偿责任，保险人按照保险合同约定负责赔偿：

（1）死亡：在保险合同约定的每人伤亡责任限额内据实赔偿。

（2）伤残：①永久丧失全部工作能力：在保险合同约定的每人伤亡责任限额内据实赔偿；②永久丧失部分工作能力：依保险人认可的医疗机构出具的伤残程度证明，在保险合同所附伤残赔偿比例表规定的百分比乘以每人伤亡责任限额的数额内赔偿；③经保险人认可的医疗机构证明，暂时丧失工作能力的，在治疗期间赔偿误工补助。

（三）医疗费用的范围

在保险责任范围内，被保险人对其工作人员因保险事故发生所致伤残、死亡依法应承担的医疗费用包括：①挂号费、治疗费、手术费、检查费、医药费；②住院期间的床位费、陪护费、伙食费、取暖费、空调费；③就（转）诊交通费、急救车费；④安装假肢、假牙、假眼和残疾用具费用。

（四）赔偿期限

保险人收到被保险人的赔偿请求后，应当及时作出核定，并将核定结果通知被保险人；对属于保险责任的，在与被保险人达成有关赔偿金额的协议后保险合同约定的期限内，履行赔偿义务。

被保险人对保险人请求赔偿的权利，自其知道或应当知道保险事故发生之日起2年不行使而消灭。

第六节　职业责任保险合同

一、职业责任保险合同概述

职业责任保险合同，是以提供专门技能与知识服务的人员为被保险人，以其因工作上的疏忽或者过失，造成他人人身伤害或者财产损失而依法应当承担的赔偿责任为保险标的，当发生保险责任事故时，保险人对被保险人提供经济补偿的保险合同。

职业责任保险又称为专家责任保险、过错与疏忽责任保险，是各类专业人员转嫁职业责任风险的一种工具，于1885年在英国产生。20世纪60年代后，各种专业技术人员面临的职业风险越来越大，职业责任保险得以迅速发展。目前较为普遍的有医生、药剂师、会计师、律师、工程师、美容师、保险代理人、公司董事与高级管理人员等职业责任保险。我国的职业责任保险业务开始较晚，仍处于发展的初期阶段，近年来各保险公司也陆续推出了不同的职业责任保险合同。

以下仅就已在我国开展的主要职业责任保险进行简要的介绍。

二、医疗（师）职业责任保险合同

（一）概念

医疗（师）职业责任保险合同，是以医院（医师）为被保险人，当其所属的医疗工作人员（或其本人）履行职责时，因过失的作为或不作为而使病人遭受死亡、伤残等伤害时应当承担的赔偿责任为保险标的的保险合同。

（二）保险责任

被保险人（指医师职业责任保险合同），或被保险人正式在编的具有医、技、护执业资格的医务人员（指医疗职业责任保险合同）在保险期限内，因诊疗护理过失，而直接造成接受该诊疗护理的病员死亡、残废、重要组织器官损伤导致功能障碍或遭受不应有的严重痛苦，且病员在保险期限或约定的宽限期内向被保险人提出赔偿要求的，保险人根据合同约定对下列各项进行赔偿，但赔偿金额最高不超过保险合同约定的赔偿限额：①被保险人依法应承担的经济赔偿责任；②病员因保险事故所增加的、依法应由被保险人承担的医疗费、尸检费和鉴定费；③被保险人因保险事故支付的诉讼费、律师费等费用，但上述费用的发生应事先征得保险人书面同意。

（三）除外责任

保险实务中，除外责任通常包括以下几项：①常规诊疗服务以外的行为，如整容（但为矫正先天或意外伤害造成的畸形除外）、减肥等；②避孕、堕胎、不育或不孕症的治疗（包括试管婴儿），及由上述行为引起的（间接）经济损失；③被保险人或其工作人员的故意、恶意、隐瞒事实真相或违法、犯罪行为；④病员及其家属不配合诊治；⑤医务人员按工作制度、操作规程诊疗仍发生难以预料和防范的意外；⑥精神损害赔偿；⑦罚金、罚款或任何超出损害性赔偿以外的金额支付。

三、注册会计师职业责任保险

（一）概念

注册会计师职业责任保险合同，是指作为投保人的会计师事务所或者注册会计师个人与保险人达成的，以注册会计师在承办会计业务时，由于过失造成委托人或其他利害关系人的经济损失，依法应由被保险人（会计师事务所或注册会计师个人）承担的经济赔偿责任为保险标的的保险合同。

（二）保险责任

（1）被保险人在保险单明细表中列明的追溯期或保险期限内承办会计业务时，由于过失造成委托人或其他利害关系人的经济损失，依法应由被保险人承担的经济赔偿责任，由该委托人或其他利害关系人首次在保险期限内向被保险人提出赔偿要求，并经被保险人向保险人提出索赔申请时，保险人负责赔偿。

（2）事先经保险人书面同意支付的诉讼费用，保险人负责赔偿。但此项费用与上述经济赔偿的每次索赔赔偿总金额不应超过保险合同中列明的每次索赔赔偿限额。

（3）发生保险责任事故后，被保险人为缩小或减少对委托人或其他利害关系人的经济赔偿责任所支付的必要的、合理的费用，保险人负责赔偿。

（三）除外责任

下列原因造成的损失、费用和责任，保险人不负责赔偿：①委托人提供的账册、报表、文件或其他资料的损毁、灭失、盗窃、抢劫、丢失；②被保险人被指控对委托人的诽谤或泄露委托人的商业秘密，经法院判决指控成立的；③未经被保险人同意，被保险人的注册会计师私自接受委托业务或在其他会计师事务所执行业务；[1] ④被保险人从事的非会计业务；⑤被保险人对外担保所承担的连带责任；⑥他人冒用被保险人的名义执行业务。

四、律师职业责任保险

（一）概念

律师职业责任保险是指作为投保人的律师事务所或者律师与保险人达成的，以律师因执行业务时过失的作为或不作为，违反其业务上应尽的责任和义务，使他人遭受损害而依法所负的赔偿责任为保险标的的保险合同。

（二）保险责任

（1）被保险人在保险合同中列明的追溯期或保险期限内从事诉讼或非诉讼律师业务时，由于过失造成委托人的经济损失，并在保险期限内由委托人首次向被保险

---

〔1〕 此种情形限于被保险人为会计师事务所的情形。

人提出索赔申请，依法应由被保险人承担经济赔偿责任的，保险人负责赔偿。

(2) 事先经保险人书面同意的诉讼费用，保险人负责赔偿。但此项费用与上述经济赔偿的每次索赔赔偿总金额不得超过保险单明细表中列明的每次索赔赔偿限额。

(3) 发生保险责任事故后，被保险人为缩小或减少对委托人遭受经济损失的赔偿责任所支付的必要的、合理的费用，保险人负责赔偿。

(三) 除外责任

下列原因造成的损失、费用和责任，保险人也不负责赔偿：①被保险人无有效律师执业证书，或未取得法律、法规规定的应持有的其他资格证书办理业务的；②未经被保险人同意，被保险人的在册执业律师私自接受委托或在其他律师事务所执业；[1] ③被保险人与对方当事人或对方律师恶意串通，损害当事人利益的；④被保险人被指控对委托人诽谤，经法院判决指控成立的；⑤委托人提供的有关证据文件、账册、报表等其他资料的损毁、灭失或盗窃抢夺，但经特别约定加保的不在此限；⑥被保险人在保险单明细表中列明的追溯日期之前发生的疏忽或过失行为。

五、保险经纪人职业责任保险

(一) 概念

保险经纪人职业责任保险，是指保险经纪人作为投保人与保险人达成的，以被保险人在办理保险经纪业务时，因疏忽或过失给委托人造成损失依法应当承担的赔偿责任为保险标的的保险合同。

(二) 保险责任

1. 在保险期限或追溯期内，被保险人在办理保险经纪业务时，因过失给委托人造成损失，在保险期限内，由委托人首次向被保险人提出索赔申请，依法应由被保险人承担赔偿责任时，保险人根据保险合同的约定负责赔偿。

2. 下列费用，保险人也负责赔偿：①事先经保险人书面同意的仲裁或诉讼费用及律师费用；②保险责任事故发生时，被保险人为控制或减少损失所支付的必要的、合理的费用。

(三) 除外责任

下列原因造成的损失、费用和责任，保险人不负责赔偿：①被保险人的故意行为；②被保险人与非法从事保险业务或保险中介业务的机构或个人发生保险经纪业务往来；③被保险人经营超越了中国保险监督管理委员会核定的业务范围的业务；④被保险人超越委托人的授权范围办理业务；⑤未取得有效的《保险经纪从业人员

[1] 此种情形限于被保险人为律师事务所的情形。

执业证书》的人员从事保险经纪业务；⑥被保险人的保险经纪从业人员私自接受委托或在其他保险经纪公司执业；⑦对委托人的诽谤或泄露委托人的商业秘密；⑧向委托人做不实宣传，误导委托人投保；⑨挪用、侵占保险费或保险金、赔款；⑩被保险人被吊销《经营保险经纪业务许可证》后或被责令停业整顿期间继续办理业务。

【练习题】

一、选择题

1. 责任保险的保险标的包括（　）

A. 侵权责任　　B. 违约责任　　C. 行政责任　　D. 刑事责任

2. 以保险人承担保险责任的基础为标准，责任保险合同可分为（　）

A. 事故型责任保险合同　　B. 侵权责任保险合同

C. 索赔型责任保险合同　　D. 行政责任保险合同

二、简答题

1. 责任保险合同具有哪些特征？
2. 机动车交通事故责任强制保险合同的赔偿限额如何确定？
3. 产品责任保险合同的保险责任和除外责任包括哪些内容？
4. 职业责任保险主要包括哪些种类？

第19章 信用保险合同与保证保险合同

第一节 信用保险合同

一、信用保险合同的概念与特征

信用保险合同，是以信用交易中债务人的信用为保险标的，当被保险人的信用贷款或信用售货所产生的债权未获如约履行而使被保险人遭受损失时，由保险人承担赔偿责任的保险合同。信用保险合同中，债权人是投保人和被保险人，债务人则为第三人。

信用保险起源于19世纪的欧洲，是适应因信用交易而产生的信用危机的客观需要而得以发展起来的。第一次世界大战后，信用保险得到了快速发展。1929年至1933年的世界性经济危机对信用保险业务产生了重大的冲击，但也促使信用保险制度进一步得以完善，各国纷纷成立了专门经营信用保险业务的政府机构或者国营保险公司。我国的信用保险业务是为适应对外开放、发展国际贸易的需要而开办的。1988年，中国人民保险公司成立出口信用保险部，开始办理出口信用保险业务。2001年，我国专门成立了中国出口信用保险公司，取代中国人民保险公司继续办理出口信用保险业务、投资（信用）保险业务。此后，各家财产保险公司逐步推出了各类信用保险业务，如国内短期贸易信用保险等。

信用保险合同与其他财产保险合同比较，具有以下特征：

（1）保险标的为债务人的信用。在信用保险合同中，保险人承保的是被保险人信用贷款或信用售货的债务人不履行债务的信用风险。

（2）投保人与被保险人均为债权人。信用保险合同的投保人与被保险人为同一人，即债权人。

（3）信用保险合同以投保人的信用交易合同为基础。投保人在与债务人进行了信用交易之后，为了防范信用风险而投保，信用贷款或者信用售货合同是信用保险合同的基础。

（4）某些信用保险只能由特定的保险人承保。例如对于出口信用保险，各国通常成立特别的政府机构、政策性保险公司或者特别授权的保险公司，专门经营出口信用保险业务。

（5）信用保险承保的风险具有不规律性。特别是出口信用保险和投资（信用）保险，其承保的政治风险和商业风险无法依照大数法则计算，只能依靠信息资料进行分析，其发生无规律性。

在我国，信用保险合同主要包括出口信用保险合同、投资（信用）保险合同和商业信用保险合同三种。

【思考】

信用保险合同与保证合同的关系如何？

二、出口信用保险合同

（一）概述

出口信用保险合同，是指出口商与保险人签订的，在出口商因债务人不履行合同债务而遭受损失时，保险人给予经济补偿的财产保险合同。

出口信用保险是国家为了扩大出口、维护出口商利益而开办的保险业务，其通常是由政府直接或者间接参与的政策性保险。出口信用保险最早在英国和德国等地萌芽，1919年英国政府专门成立了出口信用担保局。此后，西班牙、瑞典、美国、加拿大和法国分别于1929年、1933年、1934年、1944年和1946年相继成立了以政府为背景的出口信用保险和担保机构，专门从事对本国的出口和海外投资的政策支持。二战后，出于扩大出口和资本输出的需要，西方各国对作为支持出口和海外投资的出口信用保险大力支持。60年代以后，众多发展中国家也纷纷建立了出口信用保险机构。

我国于1988年开办了信用保险业务，由中国人民保险公司设立出口信用保险部，专门办理出口信用保险。1994年成立的中国进出口银行，其业务中也包括了出口信用保险业务。2001年，中国出口信用保险公司成立，专门办理出口信用保险业务。

通过国家设立的出口信用保险机构承保出口商的收汇风险、补偿出口商的收汇损失，可以保障出口商经营的稳定性，使出口商可以运用更加灵活的贸易手段参与国际竞争，提高国际竞争力。

出口信用保险根据承保的业务不同，可以分为普通出口信用保险合同、寄售出口信用保险合同、出口融资信用保险合同、托收方式出口信用保险合同、中长期延付出口信用保险合同即海外工程出口信用保险合同等。

（二）保险责任

出口信用保险的保险责任包括商业风险与政治风险两部分。

1. 商业风险，包括：①买方破产或者无力偿付债务，指买方破产或者买方丧失偿付能力；②买方拖欠货款，指买方收到货物后，违反销售合同的约定，超过应付款日仍未支付货款；③买方拒绝接受货物，指买方违反销售合同的约定，拒绝接受已出口的货物。

2. 政治风险，包括：①买方所在国家禁止或者限制买方以合同发票列明的货币或者其他可自由兑换的货币向被保险人支付货款；②买方所在国家禁止买方购买的货物进口；③买方所在国家撤销已颁发给买方的进口许可证或者不批准进口许可证有效期的展延；④买方所在国家支付货款须经过的第三国颁布延期付款令；⑤买方所在国家或者地区发生战争、内战、叛乱、革命或者暴动，导致买方无法履行合同。

（三）除外责任

保险人对下列损失通常不承担赔偿责任：①可以及通常由货物运输保险或者其他保险承保的损失；②汇率变更引起的损失；③被保险人或其代理人的违约、欺诈及其他违法行为，或者被保险人的代理人的破产引起的损失；④买方的代理人破产、违约、欺诈及其他违反法律的行为引起的损失，以及银行、运输代理人或者承运人擅自放单造成的损失；⑤被保险人向其关联公司出口，由于商业风险引起的损失；⑥由于被保险人或者买方未能及时获得各种所需许可证、批准书或者授权，致使销售合同无法履行引起的损失；⑦在货物出口前，被保险人知道或应当知道保单所承保的任一风险已经发生，或者由于买方根本违反销售合同或者预期违反销售合同，被保险人仍继续发货而造成的损失；⑧被保险人向发货前信用限额批复为“零”或者信用限额被撤销、失效的买方出口所造成的损失；⑨在货物出口前发生的一切损失。

（四）责任限额

出口信用保险合同的责任限额是保险人承担赔偿责任的限额。出口信用保险的责任限额一般有以下三种：

（1）保单的最高赔偿限额。保单最高赔偿限额，是指在保单有效期内，保险人对被保险人按保单规定申报的出口可能承担赔偿责任的累计最高赔偿额。

（2）买方的信用额度。买方的信用额度，是保险人对被保险人向特定买方的出口可能承担赔偿责任的最高限额。

（3）被保险人自行掌握的信用限额。被保险人自行掌握信用限额，是不需被保险人申请，保险人在承保条件内自动赋予被保险人对特定买方出口可能承担赔偿责任的最高限额。

（五）赔偿处理

（1）在被保险人获悉保险责任范围内的政治风险事件已经发生，或者买方破产、无力偿付债务、买方拒绝接受货物等情况时，应及时通知保险人，并提交《可能损失通知书》。

（2）被保险人在索赔时，应向保险人提交《索赔申请书》并同时提交《索赔单证明细表》列明的相关文件和单证。

（3）保险人在受理被保险人的索赔申请后，应在合同约定的期限内核实损失原因，并将核赔结果书面通知被保险人。保险人对保险责任范围内的损失，按照保险合同规定的赔偿比例赔偿。

三、投资（信用）保险合同

（一）概述

投资（信用）保险合同，又称政治风险保险合同，其承保被保险人（本国投资者）在外国投资期间因投资国的政治原因造成的投资损失。

投资保险一般是由国家出资经营或由国家授权商业保险机构经营的政策性保险业务。投资保险通过向跨境投资者提供政治风险保险，为跨境投资活动提供风险保障，支持和鼓励本国投资者积极开拓海外市场、更好利用国外的资源优势，以实现促进本国经济发展的目的。

投资保险源自二战后“欧洲复兴计划”中的投资保证方案。1948 年，美国开始实施“欧洲复兴计划”，对战后欧洲进行经济援助，并通过投资保证制度促进本国国民对欧洲的投资，投资保险制度由此初步形成。20 世纪 60、70 年代，日本、法国、德国、加拿大、英国等，纷纷仿效美国的做法，通过本国的出口信用机构或其他政府代理机构开展投资保险业务，用以推动和保护具有本国利益的跨境投资活动，投资保险制度由此广泛建立。进入 20 世纪 90 年代，全球经济一体化进程加速，跨国直接投资增长迅猛，国际资本流动加快，导致新兴市场风险日益显现，客观上形成了对投资保险的巨大需求，由此推动了投资保险业务的快速发展。时至今日，投资保险已被各主要资本输出国在支持跨境投资方面广泛应用，被公认为是当今促进跨境投资和保护国际投资的通行做法和有效制度，并在国际投资活动中扮演着越来越重要的角色。我国于 1979 年开办了投资保险业务，承保外国来华投资者因中国的政治风险对其造成的损失。

投资保险具有多方面的功能和作用：①补偿损失。投资保险为投资者因遭受政治风险而产生的投资损失提供经济补偿，维护投资者和融资银行权益，避免因投融资损失而导致的财务危机或坏账。②便利融资。投资保险通过承保政治风险，为投资者提供融资便利，同时也为投资者降低了融资成本，帮助投资者获得较为优惠的信贷支持。③提高信用等级。投资保险通过承保特定风险，降低投资者和融资银行承担的风险，提升投资者和被保险债权的信用评级，增加债券和股票的投资吸引力，为投资者赢得更具竞争力的发展空间。

（二）保险责任

投资保险合同承保的政治风险主要包括：

1. 汇兑限制。汇兑限制指投资所在国政府实施的阻碍、限制投资者把当地货币兑换为投资货币或汇出投资所在国的措施，或者使投资者以高于市场汇率的价格将当地货币兑换为投资货币或汇出投资所在国的措施。

2. 征收。征收指东道国政府采取国有化、没收、征用或未经适当法律程序的行为，剥夺了被保险人或项目企业对投资项目的所有权和经营权，或者剥夺了被保险人或项目企业对投资项目资金的使用权和控制权。

3. 战争及政治暴乱。战争指投资所在国发生的战争、革命、暴动、内战、恐怖行为以及其他类似战争的行为。战争项下的保障范围包括因战争造成的项目企业有形财产的损失和因战争行为导致项目企业不能正常经营的损失。

4. 政府违约。政府违约指东道国政府违反或不履行与被保险人或项目企业就投资项目签署的有关协议，且拒绝按照仲裁裁决书中裁定的赔偿金额对被保险人或项目企业进行赔偿的行为。

（三）除外责任

对于下列原因造成被保险人的投资损失，保险人通常不予赔偿：①被保险人的投资项目受损后引发的被保险人的其他一切商业损失；②被保险人或其代理人违反投资协议，或者故意实施违法行为导致政府有关部门的征用或没收而造成的损失；③政府有关部门对汇出汇款期限有明确规定，由于被保险人没有按照规定汇出汇款而造成的损失；④原子弹、氢弹等核武器造成的损失；⑤投资合同范围以外的任何其他财产被征用、没收等造成的损失。

（四）赔偿处理

在发生投资保险承保范围内的损失时，保险人应当依照保险合同的约定，按照投资金额与保险金额的比例，向被保险人给付约定的保险赔偿金。

四、商业信用保险合同

商业信用保险合同又称为国内信用保险，是指国内的商品出卖人或者金融机构因买受人或者借款人的信用风险，致使货款或者贷款无法收回时，由保险人依照合同约定给予赔偿的财产保险合同。

我国目前的商业信用保险合同主要有两类：贷款信用保险合同和消费信用保险合同。贷款信用保险合同，是提供贷款的金融机构作为投保人与保险人签订的，对借款人不能偿还贷款给被保险人（提供贷款的金融机构）造成的经济损失承担赔偿责任的保险合同。消费信用保险合同，是商品的出卖人与保险人签订的，保险人对买受人不能支付货款给被保险人（出卖人）造成的经济损失承担赔偿责任的保险合同。

商业信用保险中，保险人对被保险人因为除外责任以外的事由造成无法收回货款、贷款，或延迟收回货款、贷款所造成的损失，按照保险合同的约定，以保险金额为限向被保险人支付保险金。但被保险人已从债务人（被保证人）处取得的利益，应从保险金中扣除。保险人向被保险人承担保险责任后，可以代位行使被保险人对债务人的求偿权。

【重点提示】

信用保险合同的投保人与被保险人为同一人，即债权人。

【实例参考】

2007年9月至12月间，天津甲公司向巴西公司卖出一批化工品，申报发票金额约75万美元，申报合同支付条件为赊销90天，实际合同支付条件为承兑交单90天。中国出口信用保险公司2007年9月为其批复买方信用限额为赊销90天80万美元。货物发运后，巴西公司承兑并提取了货物，但未按期支付货款。A公司于2008年5月向保险公司报损并委托调查追讨。经中国信保的海外追讨，买方全额承认债务，但拒绝提供明确的还款计划。2008年6月，天津甲公司向中国信保提交了《索赔申请书》。中国信保经调查认为，本案事实清楚，索赔单证齐全，甲公司履行合同不存在过失，因此认定属于中国信保的保险责任，随后向甲公司支付了保险金。

第二节　保证保险合同

一、保证保险合同概述

（一）保证保险合同的概念

保证保险合同，是指保险人作为保证人，对被保险人因债务人不履行债务或雇员不忠实行为造成的损失承担赔偿责任的保险合同。

保证保险出现于约18世纪末19世纪初，是随商业信用的发展而出现的。最早产生的保证保险是诚实保证保险，到1852~1853年，英国的几家保险公司试图开办合同担保业务，但因缺乏足够的资本而失败。1901年，美国马里兰州的诚实存款公司首次在英国提供合同担保。此后，英国几家公司相继开办此项业务，并逐渐推向了欧洲市场。保证保险是随着商业道德危机的频繁发生而发展起来的。保证保险的出现，是保险业由传统的补救功能、储蓄功能，向现代的资金融通功能的扩展。

（二）保证保险合同的特征

保证保险合同与其他财产保险合同比较，具有以下特征：

1. 保证保险涉及三方主体。保险人是保证人，义务人是被保证人，权利人则是被保险人。在保证保险中，保险人实际上是保证人，以收取保险费为条件而为义务人即被保证人提供担保。

2. 保险人须对义务人的资信进行严格审查。保证保险合同承担的是信用风险，而且作为被保证人的义务人故意不履行义务造成的损失，保险人也应承担赔偿责任。因此，保险人在承保时，须对义务人的资信作充分的调查，尽可能排除可能存在的危险。而且，为了降低风险，保险人通常要求被保证人提供担保。

（三）保证保险合同与一般保证合同的关系

保证保险合同本质上属于保证合同范畴，它是一种由保险人开办的担保业务。因此，保证保险合同无疑具有一般保证合同的担保功能，但两者之间仍存在一定的差异：

1. 保证人不同。保证保险合同的保证人只能为具有经营财产保险业务资格的保险人，而一般保证合同的保证人既可以是自然人，也可以是法人，只要具备清偿能力即可。

2. 保证保险是双务合同，而一般保证合同则是单务合同。保证保险合同是双务有偿合同，由投保人支付保费保险人承担保险责任构成。保证合同通常是单务无偿合同，由债权人的担保权利和保证人的保证义务构成。

3. 责任的法律性质不同。保险人承担的是保险责任，是基于保险合同而产生的独立义务。一般保证合同的保证人则承担的是保证责任，而且保证合同与主合同之间存在主从关系，主合同无效会导致作为从合同的保证合同无效，而保证保险合同则不具有从属性。

4. 责任承担的前提不同。保险责任以保险事故的发生为条件，只要双方约定的保险事故已确定发生，保险人就应当承担保险责任。一般保证人在主合同纠纷未经审判或仲裁，并就债务人的财产依法强制执行仍不履行债务前，可以拒绝承担保证责任，即享有先诉抗辩权。

保证保险合同一般分为诚实保证保险合同和确实保证保险合同。

【思考】

保证保险合同与信用保险合同的主要区别是什么?

二、诚实保证保险合同

(一)诚实保证保险合同的概念

诚实保证保险合同,又称为忠诚保证保险,是指投保人向保险人支付保险费,在因被保证人(雇员)的不诚实行为而使被保险人(雇主)受到损失时,保险人(保证人)负补偿责任的保险合同。其中,雇主与雇员均可以成为诚实保证保险的投保人。

忠诚保证是商业信用危机的产物,早期的忠诚保证多是非商业性的,保证人多与义务人存在某种特殊关系,因此自愿无代价地为雇员提供保证。此后出现了专门经营此业务的保险公司,使忠诚保证保险成为一项商业行为。忠诚保证保险的保险人在承保时,通常会对被保证人的工作经历、品行加以调查,如果雇员存在不诚实等品行问题,则不予承保。

(二)诚实保证保险合同的保险责任

忠诚保证的保险人对因被保证人的不诚实行为给雇主造成的财产损失承担赔偿责任,主要包括雇员盗窃、欺诈、侵占、贪污、伪造证件文书或者票据、非法挪用等行为造成的财产损失。但对于被保险人与雇员共谋或者诱使雇员造成的财产损失及保险合同约定不承担保险责任的其他损失,保险人不承担保险责任。

(三)诚实保证保险合同的类型

诚实保证保险合同通常分为以下四类:

1. 指名保证保险合同。它是指以特定的个人或者群体为被保证人,因指明的被保证人不忠诚行为对被保险人造成损失时,由保险人承担赔偿责任的保险合同。但指明的被保证人需以保险单明示或者以附表列明的为限。指名保证保险合同又分为两种,个人忠诚保证保险合同和团体忠诚保证保险合同。

2. 总括保证保险合同。它是指以企业或团体的全体雇员为被保证人,因任何雇员的不诚实行为给被保险人造成损失时,由保险人承担赔偿责任的保险合同。总括保证保险合同具有全面性和自动性,只要确认是被保险人的雇员(包括新雇员)的不诚实行为造成的损失,即可获得保险人的赔偿。此种保险合同无须列明被保证人的姓名与职位,保险人按年计收保险费,保险费不随保险期间被保证人的人数与人员变动而变化。

3. 特别总括保证保险合同。它是指以金融机构的雇员为被保证人,在被保险人所有的货币、有价证券、金银、珠宝以及其他贵重物品，因其雇员的不诚实行为而遭受损失时，由保险人承担赔偿责任的保险合同。

4. 职位保证保险合同。它是指以在企业或者团体担任特定职位的雇员为被保证人，而不区分或强调该雇员的个人信息，在被保险人因担任该指定职位的任何雇员的不诚实行为而遭受损失时，由保险人承担赔偿责任的保险合同。

【理论扩展】

诚实保证保险合同是雇主作为被保险人，在其因自己雇员的不诚实行为而受到的财产损失时，由保险人予以赔偿的保证保险；雇主责任保险则是雇主作为被保险人，因其雇员在受雇期间从事与被保险人业务有关的活动时，遭受意外事故或职业性疾病而造成人身伤亡，应当由被保险人承担赔偿责任时，由保险人予以赔付的保险合同。

三、确实保证保险合同

（一）确实保证保险合同的概念

确实保证保险合同，是指义务人作为投保人，在被保险人因其不履行法律或合同义务给权利人造成损失时，由保险人承担赔偿责任的财产保险合同。

确实保证保险合同以义务（含债务）的存在为前提，涉及三方当事人：保险人为保证人、权利人即被保险人、义务人即投保人也是被保证人。确实保证保险合同并不限于商业领域，只要存在合法的应履行义务即可，例如合同保证保险合同、行政保证保险合同、司法保证保险合同等。

（二）确实保证保险合同的分类

确实保证保险合同主要分为以下几类：

1. 合同保证保险合同。合同保证保险合同，又称为履约保证保险合同，是指承保被保证人不履行各种合同义务而造成权利人经济损失的一种保险合同。

合同保证保险合同主要适用于建筑工程承包合同，具体又可分为工程履约保证保险合同、工程投标保证保险合同、工程预付款保证保险合同、工程维修保证保险合同等。

2. 行政保证保险合同。行政保证保险合同，也称为公务员保证保险合同，是指投保人与保险人达成的，保险人作为保证人对被保证人（投保人）履行在行政管理活动中所产生的义务向被保险人提供担保的保险合同。被保证人不履行其作为国家行政机关工作人员法定职责的行为造成被保险人损失时，保险人向被保险人给付保险赔偿金。

3. 司法保证保险合同。司法保证保险合同，是投保人与保险人达成的，保险人作为保证人对被保证人（投保人）在司法活动中所产生的义务向被保险人提供担保的保险合同。

司法保证保险合同可分为诉讼保证保险合同与信托保证保险合同：诉讼保证保险适用于诉讼当事人在请求人民法院采取诉讼保全措施时所提供的担保；信托保证保险则适用于依法行使财产管理职责的人在管理财产时，为避免其不当行为所致损失而提供的担保。

【实例参考】

2005 年 4 月，某地区建设银行与保险公司签订《汽车消费贷款保险业务合作协议书》，约定建设银行为不能一次性向指定汽车销售商支付货款的购车人提供购车消费贷款，并督促购车人向该保险公司办理汽车消费贷款保证保险和机动车辆保险。购车人如不能按期偿还贷款本息，保险公司承担连带还款责任，并约定机动车辆消费贷款保险实行 10% 的绝对免赔率。2005 年 8 月，建设银行与张某签订《消费借款合同》，约定向张某发放汽车消费贷款 20 万元，借款期限自 2005 年 8 月 10 日起至 2007 年 8 月 10 日止，年利率为 6.5%，按月还本付息 8909.29 元。若张某不能按期足额还本付息时，银行有权提前收回已发放的贷款，并按规定对逾期的本金按日万分之二计收逾期利息。同日，银行与保险公司、张某三方签订《分期还款消费贷款履约保险合同》，约定银行向张某发放 20 万元汽车消费贷款，张某向保险公司投保"分期还款履约保险"，若张某连续 3 个月未履行合同约定的还款义务，保险公司负责向银行赔付张某所欠未清偿贷款本息及逾期利息。保险金额为 20 万元，保险期限自 2005 年 8 月 10 日零时起至 2007 年 8 月 10 日零时止。合同签订后，建设银行依约发放了贷款。此后，张某在 9 个月内共偿还贷款本息 80 183.61 元。从 2006 年 5 月起未履行还本付息的义务，保险公司亦未履行保险责任。建设银行遂诉至法院，要求张某与保险公司连带给付剩余本金及利息。

问题：保险公司是否应承担连带给付贷款本金和利息责任？

分析与评论：本实例中，张某向建设银行借款购买汽车。同时，张某向保险公司投保分期付款履约保险，该保险为合同保证保险。依照该保证保险，如果张某未按期履行还款义务超过 3 个月，则由保险公司负责向银行赔付。张某在按照贷款合同还款 9 个月后，再未履行还款义务。依照保险合同，保险公司应当承担向银行偿还贷款本金和利息的责任。

【练习题】

一、选择题

1. 信用保险合同主要包括哪些种类（　）

A. 商业信用保险合同　　B. 出口信用保险合同

C. 投资信用保险合同　　D. 诚实信用保险合同

2. 保证保险合同主要包括哪些种类（　）

A. 忠诚保证保险合同　　B. 确实保证保险合同

C. 连带保证保险合同　　D. 投资保证保险合同

3. 诚实保证保险合同的投保人包括（　）

A. 被保证人　　B. 保证人

C. 雇主　　D. 雇员

4. 确实保证保险合同的投保人包括（　）

A. 被保证人　　B. 保证人

C. 义务人　　D. 权利人

5. 信用保险合同的投保人包括（　）

A. 被保证人　　B. 保证人

C. 义务人　　D. 权利人

二、简答题

1. 简述信用保险合同的概念和特征。

2. 简述保证保险合同与一般保证合同的区别。

第 20 章
再保险合同

第一节　再保险合同概述

一、再保险合同的概念

再保险合同，又称分保险合同，是指保险人将其承担的保险责任的一部分或者全部作为保险标的，向其他保险人转保而订立的保险合同。再保险合同中，投保人为原保险合同的保险人，再保险合同保险人与原保险合同的保险人订立保险合同并承担原保险人的保险责任。其中，再保险合同的投保人称为再保险分出人，保险人称为再保险人或再保险接受人。

再保险合同的概念有广义和狭义之分。

广义的再保险合同，是指保险人以其承担的保险责任的部分或者全部为保险标的，向其他保险人转保而订立的保险合同。我国台湾地区“保险法”关于再保险的概念采广义概念，该法第 39 条规定：“再保险，谓保险人以其所承保之危险，转向他保险人为保险之契约行为。”

狭义的再保险合同，是指保险人将其承担的保险责任的一部分为保险标的，转保于其他保险人而订立的保险合同。我国《保险法》采狭义的再保险概念，其第 28 条第 1 款规定：“保险人将其承担的保险业务，以分保形式部分转移给其他保险人的，为再保险。”

【理论扩展】

再保险与共同保险、重复保险之间的差异

再保险与共同保险。共同保险是由两个或两个以上的保险人联合直接承保同一保险标的、同一保险利益、同一保险责任，而且总保险金额不越过保险标的的保险

价值的保险。共同保险的保险人在各自承保金额限度内对被保险人负赔偿责任。再保险与共同保险均具有扩大风险分散范围、平均风险责任、稳定保险经营的功效。两者的区别在于：共同保险是多数保险人同投保人建立的保险关系，属于横向联系或原保险，且为原保险的特殊形式；就风险的分散方式而言，它是风险的第一次分散，因此，各共同保险人仍然可以实施再保险。而再保险是保险人同保险人建立的保险关系，是纵向关系；就风险的分散方式而言，再保险是在原保险基础上进一步分散风险，是风险的第二次分散，并可通过转分保使风险更加细化。从历史来看，共同保险的产生早于再保险。而现代保险中，普遍采用再保险方式来分散风险。最近的发展结果表明，共同保险与再保险并非背道而驰，反而渐趋接近，呈现出共同保险的再保险化与再保险的共同保险化趋势。尽管如此，两种制度间仍存在较大的差异。

再保险与重复保险。重复保险是指投保人对同一保险标的、同一保险利益、同一保险事故分别向两个以上的保险人订立保险合同的保险。重复保险虽与再保险一样具有分散风险的功能，但二者之间的差异是明显的：首先，从缔约动机上看，重复保险的投保人若系善意，旨在增强安全保障。若系恶意，投保人则往往在于图谋不当得利。而再保险是原保险人为避免或减轻所负责任，而作出的分散危险的制度安排。其次，从告知义务的履行事项看，重复保险的投保人应当将重复保险的有关情况通知各保险人，而再保险分出人（原保险人）则应将其自负责任及原保险的有关情况告知再保险接受人。最后，重复保险的投保人既可为自然人，也可为法人，而再保险的投保人通常为法人（保险公司）。总之，再保险与重复保险为两种截然不同的制度安排。

二、再保险合同的功能

再保险自从1370年首创以来，已经发展成为一项独立的保险业务，产生了专门的再保险公司，实现了专业化经营。再保险对原保险人而言，具有保险的功能，可称之为“保险之保险”。[1] 具体而言，其具有以下重要功能：

（一）分散风险

保险制度本身的功能之一就是分散风险，保险公司就是实现这一功能的工具。保险公司本身是风险的经营管理企业，一旦风险集中到一定程度，就可能造成保险公司亏损，甚至破产。因此，有必要分散保险公司承担的风险，这就需要借助于再保险制度，通过再保险合同分散单个保险人的风险，进而由整个保险业共同承担风

〔1〕 桂裕：《保险法》，台湾三民书局1984年版，第95页。

险，达到分散风险的目的。

（二）扩大承保能力

单个保险人承担风险的能力受到资金的限制，决定了其承保能力不能超出其偿付能力，否则将可能影响到保险人的持续经营能力乃至生存。但是通过再保险制度，原保险人将一部分风险分散出去，减轻了保险责任，从而提高了本身的承保能力。

（三）确保保险业稳健发展

再保险制度对整个保险行业而言都有重大的意义。通过再保险合同，原被保险人和受益人的利益得到进一步的保障，特别是在原保险人丧失偿付能力的情况下。同时，原保险人借助再保险合同，在发生重大灾害时，可降低其承担的赔偿责任，确保稳健、可持续经营。再保险人则借此扩大了业务量，增加了收益，进一步提高了整个行业抵御重大巨额灾害的能力，确保了整个保险行业稳健发展。

三、再保险合同的分类

（一）临时再保险合同与合约再保险合同

依照再保险关系发生的方式，再保险合同可以分为临时再保险合同与合约再保险合同。在临时再保险与合约再保险之间，还存在一种所谓的再保险的中间形态，即预约再保险。

临时再保险合同，是指原保险人通过自由选择再保险人，与之订立独立的个别再保险协议，从而将其保险业务的一部或者全部转移给再保险人承担的一种保险合同。保险人可以根据自己的承保能力和承保需要，临时选择分保接受人，逐笔协商，逐笔成交。临时再保险合同均为独立的再保险合同，因此，原保险人有绝对的自由选择各项再保险条件，可以满足原保险人临时决定转嫁保险风险的需要。由于临时再保险的任意性，再保险人在原保险人提出再保险要求时，有权决定是否接受再保险，以及接受再保险后的保险条件，这就便于再保险人根据其承保能力以及原保险责任的风险程度，作出是否接受再保险的决定。但是，临时再保险也存在着诸多缺陷，如订立临时再保险合同时手续十分复杂，特别是商洽再保险条件时，费时费力，极为不便。由于原保险人在订立临时再保险合同前，其依照原保险合同承担的保险责任业已发生，故对原保险人而言，其所承担的风险极大。

合约再保险合同，是指原保险人与再保险人事先订立协议，由再保险人对于协议指定的危险单位依照协议自动承担一定成数或者份额的危险责任的保险合同。依照合约再保险，原保险人对其承保的保险业务，只要属于再保险合同指定的危险范围，自动转移给再保险人，再保险人必须接受。实务上经常采用的合约再保险，主要有：成数合约再保险、溢额合约再保险、超额赔款合约再保险以及超额赔付率合约再保险等。合约再保险中，订约双方无自由选择权，双方的合作具有长期性，它已成为当前国际再保险市场的主要再保险方式。

预约再保险合同，是指原保险人与再保险人事先订立协议，由原保险人依照选择或者需要将其承保的保险业务分给再保险人，而再保险人必须予以接受的一种保险合同。依照预约再保险，原保险人对于其承保的保险业务的分出可以自由决定，不承担必须分出保险业务的义务，在此点上，预约再保险具有临时再保险的特点。但另一方面，依照预约再保险，再保险人在原保险人决定分出其保险业务时，受再保险预约的约束，必须接受原保险人分出的再保险业务，就此点而言，预约再保险又类似于合约再保险，完全不同于临时再保险。预约再保险对于防止不规则危险的发生具有实用性，并可作为合约再保险的补充，它是介于临时再保险与合约再保险之间的一种再保险方式。

（二）比例再保险合同与非比例再保险合同

依照再保险人分担原保险责任的方式可将再保险合同分为比例再保险合同和非比例再保险合同。

比例再保险合同，是指再保险人按照保险金额的比例分担原保险责任的一种再保险合同。原保险人和再保险人通过再保险合同约定，原保险人将收取的保险费的一部分让与再保险人，再保险人则依照其从原保险人处所受让的保险费占全部保险费的比例，承担原保险责任的同一比例的风险。比例再保险的具体形式可分为成数再保险和溢额再保险两种。成数再保险，是指原保险人与再保险人约定，原保险人将每一危险单位的保险金额依照一定的百分比分出，由再保险人接受并承担比例责任的保险。再保险人若以合约再保险承保原保险人的责任，成数再保险的比例是固定的。溢额再保险，是指原保险人与再保险人约定，原保险人将每宗保险业务超出其自留额的部分分出，由再保险人接受并承担溢额部分的保险责任的保险。

非比例再保险合同，是指以原保险人赔付的保险金数额或者赔付率为基础，确定原保险人的自负额和再保险人的分担额的一种保险合同。若以原保险人的赔款额或者赔付率为计算基础，原保险人的自负额和再保险人的分担额相对于原保险责任而言，没有确定的比例，所以把这类再保险称之为非比例再保险。非比例再保险有超额赔款再保险和超额赔付率再保险两种基本形式。超额赔款再保险，是指再保险人以约定的最高额为限，对每一保险事故或者保险合同项下超过合同约定的原保险人的自负额的赔款部分，承担保险责任的再保险。超额赔付率再保险，是指再保险人以约定的最高额为限，对于约定期间内原保险人超过约定的赔付率部分的赔款，承担保险责任的再保险；约定的赔付率，是指约定期间内的保险赔款总额与同期所收保险费的比例。

（三）自愿再保险合同与法定再保险合同

以是否为投保人自愿分保为标准，再保险合同分为自愿再保险合同与强制再保险合同。

自愿再保险合同，是指原保险人与再保险人双方自愿协商而订立的再保险合同。自愿再保险合同中，是否分保、分保的数额、方式、责任分配等都由原保险人和再保险人自主决定。但自愿并非没有任何限制，《保险法》第105条规定："保险公司应当按照国务院保险监督管理机构的规定办理再保险，并审慎选择再保险接受人。"2009年修改后的《保险法》虽然废除了要求再保险应当优先向中国境内的保险公司办理的规定，但中国保监会发布的《再保险业务管理规定》仍然有效。该规定第11条规定："直接保险公司办理合约分保和临时分保的，应当优先向中国境内的保险公司发出要约，并符合下列规定：①应当向中国境内至少两家专业再保险公司发出要约；②要约分出的份额之和不得低于分出业务的50%。"因此，自愿再保险合同仍然受该规定限制。

法定再保险合同，又称为强制再保险合同，是指按照法律的规定，原保险人必须将其承保的业务的一部分分保而订立的再保险合同。《保险法》第103条规定："保险公司对每一危险单位，即对一次保险事故可能造成的最大损失范围所承担的责任，不得超过其实有资本金加公积金总和的10%；超过的部分应当办理再保险。"

四、再保险合同与原保险合同的关系

再保险合同是相对于原保险合同的一种保险合同分类。没有再保险合同也就没有原保险合同的称谓，反之，若原保险合同不存在，也就无订立再保险合同的必要。再保险合同与原保险合同的关系，表现为各自独立与彼此依存二个层面。我国相关立法仅有独立性的规定，而欠缺依存性的规定。

（一）再保险合同与原保险合同的独立性

原保险合同与再保险合同是两个各自独立存在的合同，各有其当事人，其权利义务关系自应依个别独立之合同决定。原保险人依原保险合同对原被保险人负责；再保险人依再保险合同对原保险人负责，两个合同各自独立，合同的权利义务彼此互不牵连，这被称为再保险合同的独立性。而此种独立性主要表现在以下三方面：

1. 赔偿请求权的独立性。原保险合同与再保险合同既然是两个独立合同，故原保险合同之投保人或被保险人与再保险合同之再保险人之间原则上不产生任何权利义务关系。基于债之相对性，除非另有规定，原被保险人对再保险人当然无任何请求权而言，故我国《保险法》第29条第2款规定："原保险的被保险人或者受益人不得向再保险接受人提出赔偿或者给付保险金的请求”。因此，被保险人仅得于原保险人怠于行使权利时，依民法之规定，代原保险人之位，对再保险人行使求偿权。

2. 保险费请求权的独立性。再保险合同的当事人为再保险人及原保险人，与原保险的投保人并无关系，故再保险人不得向原投保人请求交付保险费。我国《保险法》第 29 条第 1 款更明文规定：“再保险接受人不得向原保险的投保人要求支付保险费”。即两类保险合同的当事人应遵循各自保险合同的规定，由原保险人向原保险合同之投保人请求原保险费，再保险人向原保险人请求再保险费，而再保险人不得向原保险合同的投保人请求保险费，这就是保险费请求权的独立性。

3. 赔偿义务的独立性。原保险人的赔偿义务，应依原保险合同决定。不论其是否办理再保险，一旦保险事故发生，原保险人即应负理赔责任，此一问题并无疑问。再保险的运用，对原保险人而言，虽有增强保险赔偿责任能力的功能，但并不能就此认为再保险合同的履行情况将影响到原保险合同的履行，即原保险人不得以再保险人不履行债务为由，拒绝或延迟履行其对原被保险人之给付义务。故《保险法》第 29 条第 3 款特别规定：“再保险分出人不得以再保险接受人未履行再保险责任为由，拒绝履行或者迟延履行其原保险责任”。这即是赔偿义务的独立性。

（二）再保险合同与原保险合同的依存性

再保险合同与原保险合同虽为两个独立的合同，但是两者之间仍有若干关联。这主要体现为以下两方面：

1. 同命运原则。再保险合同虽然独立于原保险合同，但实际上两者之间仍存在相互依存关系，再保险合同不能脱离原保险合同而存在，原保险合同则有赖于再保险合同分散其所承担之危险。再保险人于接受再保险业务后，其保险上的命运，与原保险人相随与共，此即所谓同命运原则。在国际再保险业务中，同命运条款通常表述为：“兹双方当事人特别约定，凡属本合同约定的任何事宜，再保险人在其利害关系范围内，与原保险人同一命运。”即若原保险合同无效、被解除或终止，则再保险合同亦会产生同一法律效果，因为原保险合同若无效、解除或终止时，再保险合同将因无保险利益而随之失效。

2. 直接请求权的赋予。在现代国际再保险业务中，为避免出现原保险人破产时，原被保险人只能作为普通无担保债权人参与分配的不利处境，再保险合同中可以明确约定再保险人可直接向原被保险人负责，即对原被保险人赋予直接之请求权。其理论依据在于再保险被认为具有责任保险属性，而责任保险可赋予第三人直接请求权。例如，我国《保险法》第 65 条规定：“保险人对责任保险的被保险人给第三者造成的损害，可以依照法律的规定或者合同的约定，直接向该第三者赔偿保险金。

责任保险的被保险人给第三者造成损害，被保险人对第三者应负的赔偿责任确定的，根据被保险人的请求，保险人应当直接向该第三者赔偿保险金。被保险人怠于请求的，第三者有权就其应获赔偿部分直接向保险人请求赔偿保险金……”。

第二节　再保险合同的订立和履行

一、再保险合同的订立

再保险合同的订立，与一般合同一样，需经过要约（投保）和承诺（承保）两个阶段。即在订立再保险合同时，原保险人为再保险的投保人，原保险人提出分出保险业务的要求，再保险人对原保险人的分出保险要求表示接受，并就再保险的各项条件达成一致的，再保险合同即告成立。再保险合同的订立，与其他保险合同的订立差别不大，其不同点主要表现为再保险合同的当事人均为专营保险业务的保险人。除此之外，再保险合同的订立还有以下两个较为特殊的方面值得注意：

（一）再保险投保人的先合同义务

在订立再保险合同时，原保险人应当向再保险人履行如实告知义务。我国《保险法》第28条第2款规定：“应再保险接受人的要求，再保险分出人应当将其自负责任及原保险的有关情况书面告知再保险接受人。”订立再保险合同时，原保险人的地位，实际为再保险合同的投保人，投保人在订立保险合同时，应当向保险人如实告知其知道或者应当知道的事关保险标的或者被保险人的有关情况。因此，原保险人和再保险人在订立再保险合同时，如果再保险人提出要求，原保险人应当将有关原保险的情况如实告知再保险接受人。原保险人向再保险人履行如实告知义务，仅以再保险人提出告知要求为前提。

我国《保险法》第28条规定的“应再保险接受人的要求”，是否相同于《保险法》第16条规定“保险人就保险标的或者被保险人的有关情况提出询问”，即投保人向保险人履行如实告知义务，以保险人的询问为限？如果再保险的保险人没有询问的事项，再保险投保人是否承担告知义务呢？我们认为，再保险中的被保险人均为经营保险业务的商业保险人，极富经验，在订立保险合同时，哪些事项属于重要事项，被保险人依照其业务经验都应当知道。所以，原保险人在订立再保险合同时，无须经再保险人“询问”，只要再保险人提出告知要求，原保险人即应当如实告知其自负责任及原保险的有关情况。具体而言，原保险人应当如实告知的事项包括：①原保险人的自负责任。例如，自负责任的比例或者自负责任的限额。②原保险的有关情况：主要有原保险合同的投保人、被保险人或者受益人的情况，原保险标的、保险价值、保险金额、保险费、保险期间、保险责任以及责任免除、保险金及其给付、违约责任及争议解决等。但是，对于再保险人已经知道的事项，原保险人无须告知。原保险人在订立再保险合同时，若违反如实告知义务，再保险人有权解除保险合同。

（二）再保险保险人的附随义务

再保险人的附随义务因为订立再保险合同而发生。首先，不论再保险合同是否成立，凡因为再保险合同的订立而使再保险接受人知晓的，有关原保险人的业务或者财产情况，再保险人应当保密；经再保险人要求，原保险人应当向再保险人告知自负责任以及原保险的有关情况。原保险人因为履行如实告知义务，使得再保险人有可能接触、了解或者掌握原保险人的业务或者财产的有关情况，为了不使原保险人的业务或者财产情况被他人知晓，再保险人应当予以保密。不论保险合同对再保险人的保密义务是否已有约定，再保险人不得以任何借口规避此项义务的履行。再保险人违反保密义务，向他人透露或者传送原保险人的业务或者财产情况，应当承担法律责任，造成原保险人损失的，应当赔偿损失。其次，再保险人不得利用其通过业务关系获悉的原保险人的业务情况，同原保险人进行竞争。

二、再保险合同的履行

（一）原保险人的权利和义务

1. 请求分摊损失与全权处理原保险合同事务的权利。当原保险合同约定的保险事故发生时，原保险人即有权请求再保险人依再保险合同的约定，分摊自己因承担原保险合同中约定的保险责任而遭受的损失。此外，原保险人在合同约定的范围内有权自行处理原保险合同事务，再保险人不得干涉。

2. 支付再保险费的义务。再保险合同中，原保险人作为投保人的主要义务是支付保险费。原保险人应当按照再保险合同约定的数额、时间和方式向再保险人支付保险费。

3. 告知义务。《保险法》第28条第2款规定：“应再保险接受人的要求，再保险分出人应当将其自负责任及原保险的有关情况书面告知再保险接受人。”依本款规定，只有在再保险人要求时，原保险人才负有告知义务。告知义务的内容主要为对再保险人决定是否分入该保险业务有重要影响的事项，具体包括原保险人的自负责任及原保险的有关情况。

4. 原保险人的附随义务。

（1）危险变更通知义务。原保险合同保险标的的危险程度显著增加的，原保险人应当及时通知再保险人。原保险人未履行通知义务导致再保险人受到损害的，原保险人应当负赔偿责任。

（2）保险事故发生的通知义务。原保险合同约定的保险事故发生后，原保险人有义务及时通知再保险人。因为原保险合同保险事故发生后，原保险人有义务向被保险人或者受益人给付保险金，同时意味着再保险合同的保险事故发生。

（二）再保险人的权利和义务

1. 再保险人的参与权。再保险人的参与权，是指再保险人有权参与与再保险业务相关的直接保险业务的处理及保险责任的承担。原保险人未经再保险人的同意或参与，与原保险合同的被保险人或受益人达成和解而承担保险金给付义务的，再保险人不受该和解的约束。因为再保险人虽非原保险合同的当事人，也不享有原保险合同的权利与义务，但原保险人承担保险责任却直接影响着再保险人的利益，即再保险人受原保险人达成的和解协议的约束。因此，法律赋予再保险人参与权，以保护其利益。但我国保险法中没有关于再保险人参与权的规定。

【理论扩展】

原则上，原保险人未经再保险人同意，与原被保险人和解的，再保险人不受其和解的约束。但是，英国法院认为，再保险合同的原保险人与原被保险人的和解，不同于责任保险合同的被保险人与第三人的和解。后者要求极为严格，而前者则强调合理性。在原保险人和原被保险人之间成立的有效和解，除非构成恶意或者随意，凡是具有合理性的，再保险人应当受该和解的约束，并对和解达成的保险给付额及适当和解费用承担给付责任。我们认为，对此问题应区分不同情形而定：①若再保险合同约定有再保险人的参与权，并规定原保险人未经再保险人同意不得与原保险人和解，否则再保险人可以不受和解的约束，则应从其约定；②若再保险合同缺乏上述规定，除非原保险人与原被保险人的和解违反诚实信用原则，再保险人不得以其未参与和解对抗原保险人的给付要求。

2. 保险金的给付义务。保险金的给付义务是再保险人的主要合同义务。原保险合同保险事故发生时，原保险人对被保险人承担赔偿责任或者保险金给付义务，同时意味着再保险合同保险事故的发生，再保险人应当对原保险人承担给付再保险金义务。

再保险人给付保险金的义务，不受原保险人是否已经对原保险合同被保险人或受益人实际赔偿或给付的影响。再保险人保险金的给付对象为原保险人，除非法律另有规定或合同另有约定，原保险的被保险人或者受益人不得向再保险接受人提出赔偿或者给付保险金的请求。

【重点提示】

再保险中，原保险人依照原保险合同负有赔偿或给付义务时，即使尚未对原被保险人为保险赔付，再保险人亦应当向原保险人履行再保险给付义务，而责任保险中，责任保险的被保险人给第三者造成损害，被保险人未向该第三者赔偿的，保险人不得向被保险人赔偿保险金。

3. 合理费用承担义务。原保险人为了再保险人的利益而支出的费用，应当由再保险人承担。例如，由于第三者的行为引起保险事故发生时，再保险人在对原保险人支付保险金后取得代位求偿权，有权向第三者追偿。但实践中，再保险人行使代位权较为困难，通常由原保险人行使代位求偿权，取得赔偿金后再返还给再保险人。原保险人此项权利的行使，可解释为事务管理或默示委托，再保险人应当承担因此而支出的费用。

【练习题】

一、选择题

1. 保险公司对每一危险单位可能造成的最大损失范围所承担的责任，超过其实有资本金加公积金总和的多少的部分，应当办理再保险（　）

A. 10%　　B. 12%　　C. 20%　　D. 25%

2. 再保险合同与原保险合同的关系，表现为（　）

A. 各自独立　　B. 彼此依存　　C. 彼此无牵连　　D. 相互包含

二、简答题

1. 再保险合同具有哪些功能？

2. 简述再保险合同的分类。

3. 再保险合同与原保险合同是什么关系？

4. 再保险合同当事人的主要权利义务有哪些？

第三编　保险业法

第21章 保险组织及其经营规则

第一节　保险组织形式

一、保险组织类型法定主义

所谓保险组织形式，是指保险人作为商事主体开展保险营业时所采取的各种机构形态。近代以来，伴随着科学的迅速发展发达和社会的迅速进步，人类的经济生活亦渐趋复杂，一方面，原已存在的危险并未显著减少，例如地震、海啸等；另一方面，各种新的危险却大量涌现，例如，因汽车发明导致的交通事故，因机器广泛应用而导致的工伤事故等。如此大量之危险，随时有遭遇之可能。而且，该类危险造成的损害程度极大，一旦发生，不利结果就远非个人或少数人所能负担。如果能通过保险组织，集合多数风险个体的力量，利用公平分担方式，将损失分散到每个个体，就可达到安定社会生活的目的。故保险组织制度确实是构建保险风险共同体，实现保险制度理论价值的关键所在。由于保险组织对国民经济及人民生活影响极大，因此，各国对保险业的组织形式都作了严格限制，以确保保险业的健康发展。目前各国在保险业的组织形态方面，最常见的是股份有限公司及合作社两种基本形式。股份有限公司易于聚集资金，偿付能力强，组织机构健全，因而无论是对保险人或被保险人，这一组织形式都是极具吸引力的。而合作社最大优点在于其相互保险的性质，这一性质使得保险人和被保险人的利益趋于一致，从而有利于降低保险费率。从当今保险立法趋势来看，公司形态，特别是股份有限公司被确认为保险组织的基本形态，各国通常都限制个人保险组织。[1] 我国《保险法》也遵循这一立法趋势，确立保险公司为我国保险组织的基本形式。《保险法》第6条规定："保险业务由依照本法设立的保险公司以及法律、行政法规规定的其他保险组织经营，其他单位和个人不得经营保险业务。"第183条规定："保险公司以外的其他依法设立的保险组织经营的商业保险业务，适用本法。"

二、保险组织的具体形态

（一）国有独资保险公司

国有独资保险公司是指经国家保险监管机关批准设立，经营保险业务的国有独资公司。国有独资保险公司是我国保险公司的组织形式之一，在我国保险市场中占有一定地位。国有独资保险公司的法律特征主要是：①国家是国有独资保险公司的惟一股东；代表国家投资的股东可以是各级政府中的国有资产监督管理机构和国家授权的机构。②国家仅以出资额为限对公司承担有限责任。如果公司的资产不足以清偿公司债务，国家对公司的债务不承担连带责任。③国有独资保险公司不设股东会，由国有资产监督管理机构代行股东会职权；国有资产监督管理机构可以授权公司董事会行使股东会部分职权，决定重大事项。但是，公司的合并、分立、解散、增加或减少注册资本和发行公司债券，必须由国有资产监督管理机构决定。其中，重要的国有独资公司合并、分立、解散、申请破产的，应由国有资产监督管理机构审核后，报本级政府批准。④国有独资公司章程由国有资产监督管理机构制定，或者由董事会制定报国有资产监督管理机构批准，并报经中国保险监督管理委员会核准后生效。⑤国有独资保险公司设监事会，作为公司的监督机构；监事会由国有资产监督管理机构委派，但其中的职工代表由公司职工代表大会选举产生。

（二）保险股份有限公司

保险股份有限公司是指由国家保险监管机关批准设立，经营保险业务的股份有限公司。股份有限公司是我国保险人最重要的组织形式。保险股份有限公司的法律特征主要是：①发起人应当达到法定人数。《公司法》规定，设立股份有限公司，应当有2人以上200人以下为发起人，其中须有半数以上的发起人在中国境内有住所。②公司全部资本分为等额股份。保险股份有限公司的全部资本必须划分为相等份额的股份，并以每股作为公司资本的基本单位。③股东对公司仅负有限责任。股份公司股东仅以其认购的股份为限对公司承担有限责任，公司资产不足以清偿债务的，股东对公司债务不负连带责任。④公司的财务信息公开。公司应按照监管机构

[1] 但英国却属例外，其蜚声世界的著名保险商伦敦劳合社即是一个个人保险商的联合体。

的要求，定期公布其财务报告，以供股东及有关机构和人员查询。⑤公司的所有权与经营权分离。公司的最高权力机构是股东大会，股东大会选举、委任董事会负责处理公司经营管理事宜。

由于采取此种组织形式具有容易筹集资本、便于提高效率、方便招揽人才、投保人的保费负担确定的优势，因而从国际保险业发展趋势看，股份有限公司是保险人最主要组织形式。然而，此种形式也存在着不足之处，主要是此种保险组织以投资人利益保护为首要目标，而往往忽视被保险人利益。

（三）相互保险组织

相互保险组织是一种非盈利性的保险组织，它的成员既是保险人又是被保险人。每一个成员在参加相互保险组织时，均需以会费形式预先交付一定数量的保险费，形成责任准备金，用以支付赔款及管理费用。虽然这种保险组织形态较为原始，但目前在欧美国家依然存在，且相当普遍。相互保险组织有两种形式：相互保险社和相互保险公司。相互保险社是一种传统的保险组织，早在1881年即产生于美国。与相互保险公司相比较，相互保险社通常由代理人代为经营，负责处理有关保险的一切事务。相互保险社成员以保费形式承担责任，同时也以保费形式分享经营成果。

相互保险公司是由相互保险社演变而来。与相互保险社不同的是，相互保险公司是法人组织，且参加人员不受行业限制。而相互保险社为非法人组织，会员为同一行业的人员。相互保险公司与股份保险也不尽相同。相互保险公司的投保人具有双重身份，既是公司的股东，又是保单持有人，而股份保险公司的股东并不一定是公司的保单持有人。但是，随着相互保险公司的组织机构逐步走上了所有权与经营权分离的模式，股份保险公司也先后引进了分红保单，因此，二者之间的差异已不甚明显。相互保险公司较适合人寿保险，因为寿险期限一般较长，会员间的相互关系能够长期维系。目前，世界上较大的人寿保险公司中，有很多是相互保险公司。而我国第一家此类组织是2004年底在黑龙江垦区成立的阳光农业相互保险公司。

（四）保险合作社

保险合作社是非盈利的保险组织，它与相互保险社组织类似，但又存在许多差异。其主要区别如下：①成员身份不同。保险合作社的成员只能是自然人，而相互保险社的成员可以是自然人，也可为法人。②成员与社团的关系不同。保险合作社的成员作为出资股东，可以不与保险合作社建立保险关系，但保险关系的建立必须以成为保险合作社成员为条件，保险关系的消灭也不导致成员身份的丧失，而相互保险社的成员既是出资者，又是被保险人、投保人，一旦保险关系解除，成员身份也随之丧失。③保险业务范围不同。保险合作社的业务范围仅局限于其组成成员，而相互保险社可以将社团以外的其他人作为被保险人。④资金来源方式不同。保险合作社的保费收取采用固定制，不足补偿时不予追加，而从营运准备金中扣除；相互保险社则有摊收保费、预收保费、永久保险制等几种形式。[1]

（五）个人保险商联合体

伦敦的劳合社是世界上最著名的个人保险组织。劳合社本身是一个个人保险商联合体。因保险创立之初，承保人皆为个人，而英国许多个人保险商（Underwriters）喜欢聚集到劳依兹咖啡馆交流业务信息，其后，该咖啡馆逐渐演化成个人保险商的业务中心。劳合社本身并不接受保险业务，而系个人保险商的联合体，即"分则为保险商，合则为劳依兹"（Individually we are underwriters, collectively we are lloyd's）。劳合社由劳依兹委员会主持工作，对参加联合体的个人保险商提供交易场所、制定交易程序、审查申请加入的个人保险商的偿付能力、检查个人保险商的商业账簿，即其专注于履行管理职能。而个人保险商组成辛迪加，由辛迪加委任代理人负责承接保险业务，其后，代理人按照全体个人保险商约定的比例，分配保险金额于各个保险商，各个保险商对此业务承担无限责任，但彼此之间并不承担连带责任，即承担按份无限责任。但在实践中，为维持劳合社的信誉，常有当某一保险商丧失偿付能力时，由其他保险商分担的情事。再者，在承保保险业务的各个保险商之间还经常会发生再保险业务，以便进一步分散风险。[2]

【思考】

保险组织形态多样化的功能何在？

【理论扩展】

其他保险组织类型

目前，世界各国的大企业集团，特别是跨国公司及一些特殊行业的公司，为了节约保费，降低成本，大都设有自保组织或专属保险公司，以替代从传统的股份有限公司保险人处购买保险：

一、自我保险安排

在保险要约被拒绝或因保险费过高而无法承担之时，一些公司遂运用保险原理与经营技术，估算出本公司及其职员可能发生的索赔数额，然后自行拨付一笔基金

〔1〕 温世扬主编：《保险法》，法律出版社2003年版，第433～444页。

〔2〕 袁宗蔚：《保险学——危险与保险》，首都经济贸易大学出版社2000年版，第169～171页。

去补偿可能发生的损失。严格地讲，此种方式并不能算作保险，该基金本质上属于自我风险储备金。此种方式的优点在于由于公司本身设立此种基金不是以赢利为目的，故能节约保险费用。因无需请求保险人理赔，故使“被保险人”能迅速获得补偿。而且其还能承保一些商业保险人不愿承保的特殊风险。其缺点在于被保险人数量，即同质风险数量很少，很难有效运用大数法则，使得估算出的保险事故发生概率常常与实际概率出现偏差，而使基金维持难度加大。再者，一旦公司破产，上述基金会被债权人追偿，使被保险人无法获得预期的保障。

二、设立被保险公司专属的保险公司

专属保险公司是指某些跨国性大公司为节省保险费、节省纳税支出、增加承保业务灵活性而投资设立的附属于被保险公司的，专营保险业务的子公司，此种方式本质上是一种更加高级的自我保险安排。其起因是一些跨国公司因业务遍及诸多国家，如完全在当地购买保险则人力与金钱都花费颇多，故公司选择在税收政策优惠之地设立保险公司，统一承保被保险公司相关业务，以便节约保险费用和经营成本。其甚至还可将此类公司业务向外扩展，以获取更多利润。但此种方法也存在一定缺陷：首先，此类公司承保的被保险人仍然主要是母公司及其职员，同质风险数量较少。加之被保险人大都属于普通保险公司不愿承保之人，故此类公司承保的风险品质亦较差。其次，一些美国法院以母子公司之间存在紧密联系为由，否定子公司的独立人格。[1]

第二节　保险公司的设立条件

保险公司的设立条件，即保险公司作为市场主体进入保险市场的主体资格要件。我国《保险法》第68条对此作了明文规定，详细分析可见，其主要包括以下六方面内容：[2]

---

〔1〕 Block, “Advising Directors on the D & O Insurance Crisis”, 14 Sec. Reg. L. J., 1986, pp. 130 ~ 133.

〔2〕 此外，2009年10月1日起实施的《保险公司管理规定》第7条对申请设立保险公司的条件还做了如下规定：设立保险公司，应当向中国保监会提出筹建申请，并符合下列条件：①有符合法律、行政法规和中国保监会规定条件的投资人，股权结构合理；②有符合《保险法》和《公司法》规定的章程草案；③投资人承诺出资或者认购股份，拟注册资本不低于人民币2亿元，且必须为实缴货币资本；④具有明确的发展规划、经营策略、组织机构框架、风险控制体系；⑤拟任董事长、总经理应当符合中国保监会规定的任职资格条件；⑥有投资人认可的筹备组负责人；⑦中国保监会规定的其他条件。

一、有符合规定的公司章程草案

公司章程是公司的“宪法”，是公司营业的行为准则，它规定公司设立的目的、经营范围、组织机构、活动原则、资本等基本问题，因而是公司设立活动中不可或缺的文件。公司章程一般由发起人起草，由股东大会通过。但由于许多国家立法对保险公司的设立实行限制，因此，在我国，发起人草拟的，已经股东大会通过的公司章程还须经过保监会核准后方能生效。从这一意义上讲，公司设立提交的公司章程只是公司章程草案。

二、有符合规定的公司注册资本

公司资本即章程确定的，股东将要认缴或已经认缴的出资总额。注册资本是公司设立不可或缺的条件之一，它是公司对债权人的财产担保，同时还是公司股东承担责任的限额。各国对保险公司的设立均有最低注册资本的要求，我国《保险法》第 69 条规定：“设立保险公司，其注册资本的最低限额为人民币 2 亿元。国务院保险监督管理机构根据保险公司的业务范围、经营规模，可以调整其注册资本的最低限额，但不得低于本条第 1 款规定的限额。保险公司的注册资本必须为实缴货币资本”。

三、有符合条件的高级管理人员

如前所述，保险营业极具技术性特征，诸如保险费率的厘定，保险新险种的开发，保险资金的运用等，无不要求管理人员具有很强的专业知识和丰富的业务工作经验。因此，保险公司在设立时，应有具有任职专业知识和业务工作经验的高级管理人员。《保险法》第 81 条规定：“保险公司的董事、监事和高级管理人员，应当品行良好，熟悉与保险相关的法律、行政法规，具有履行职责所需的经营管理能力，并在任职前取得保险监督管理机构核准的任职资格。”此外，《保险法》还对担任保险公司高管的消极条件作了明确规定。该法第 82 条规定：“有《中华人民共和国公司法》第 147 条规定的情形或者下列情形之一的，不得担任保险公司的董事、监事、高级管理人员：①因违法行为或者违纪行为被金融监督管理机构取消任职资格的金融机构的董事、监事、高级管理人员，自被取消任职资格之日起未逾 5 年的；②因违法行为或者违纪行为被吊销执业资格的律师、注册会计师或者资产评估机构、验证机构等机构的专业人员，自被吊销执业资格之日起未逾 5 年的。”

四、有健全的组织机构和管理制度

健全的组织机构是保障保险公司经营管理活动正常运行的组织保证，也是保险公司得以成立的必要条件之一。保险公司属于公司的一部分，因此，其组织机构应适用公司法的规定。公司内部组织机构应由股东会、董事会、监事会三个机构组成。

股东会由股东组成，是公司的权力机构；董事会是公司的经营决策执行机构，决定、执行公司的重大事项；在我国，监事会由股东和公司职工组成，是公司内部的监督机构。这三个机构相互独立，权责分明，互相制约，既可保障投资者的利益，又能保证公司独立自主地开展保险业务活动。此外，保险公司还应有完备的管理制度，如工资分配制度、保险营销制度、代理制度、再保险制度等。

五、有符合要求的营业场所和与经营业务有关的其他设施

任何一个商事主体开展营业活动，都需具备相应的物质条件，而保险公司作为商主体的一类自不例外。毕竟，为谋取最大利润，保险公司必须持续从事保险经营活动，这就需要保险公司有一定的营业场所以及与其业务有关的其他硬件设施。

六、其他条件

除上述条件外，设立保险公司还须具备法律法规规定的其他条件，例如，主要股东具有持续盈利能力，信誉良好，最近3年内无重大违法违规记录，净资产不低于人民币2亿元等。

【实务指南】

保险公司设立的程序

保险业作为一种经营风险的特殊行业，因此，设立保险公司较其他行业的公司设立程序要严格、复杂，它一般要经过申请、筹建、开业批准、公司登记、缴存保证金等阶段。[1]

一、申请

保险公司的设立申请，是指发起人向主管机关表达设立保险公司经营保险业务的意向、条件和理由。申请人有义务向审批机关提交申请文件、资料，这些文件资料是保险监管部门审查设立保险公司的申请是否合乎法律规定的基础材料。依据我国《保险法》第70条的规定，申请设立保险公司，应当向国务院保险监督管理机构提出书面申请，并提交下列资料：①设立申请书，其中应当载明拟设的保险公司的名称、注册资本、业务范围等；②可行性报告，其中应当包括业务发展规划、公司章程草案和经营管理策略等；③筹建方案；④投资人的营业执照或者其他背景资料，经注册会计师审计的上一年度财务会计报告；⑤投资人认可的筹备组负责人和拟任董事长、经理名单及本人认可证明；⑥国务院保险监督管理机构规定的其他材料。

〔1〕 温世扬主编：《保险法》，法律出版社2003年版，第447~448页。

二、筹建

设立保险公司的申请经初步审查合格后，申请人应当依照《保险法》和《公司法》的规定进行保险公司的筹建，使保险公司的设立条件得以完善和成就。筹建工作分六个方面：①按照公司法的要求拟订和批准公司章程；②筹集资本，使其达到保险法规定的注册资本的最低限额；③聘任具备任职专业知识和业务工作经验的高级管理人员；④建立健全公司的组织机构和规章制度；⑤建筑或租赁营业场所，购置相关设备；⑥向公司登记机关申请名称预先核准等。

三、开业批准

筹建工作结束后，申请人应当向保险监管部门提交正式申请表及其他相关文件资料，主要包括：①开业申请书；②创立大会的会议记录；③公司章程；④股东名称及其所持股份比例，资信良好的验资机构出具的验资证明，资本金入账原始凭证复印件；⑤股东的营业执照或者其他背景资料，上一年度的资产负债表、损益表；⑥拟任该公司高级管理人员简历及有关证明材料，公司部门设置及人员基本构成情况，公司精算师的简历及有关证明材料；⑦营业场所所有权或者使用权的证明文件；⑧3年经营规划和再保险计划；⑨拟经营保险险种的计划书；⑩计算机设备配置和网络建设情况的报告。保险监管部门自收到设立保险公司的正式申请文件之日起60日内，应当做出批准或不批准开业的决定。

四、公司登记

保险监督管理部门经审查认为申请符合保险公司的设立条件，而做出批准设立保险公司决定后，应颁发经营保险业务许可证。保险公司应凭经营保险业务许可证向工商行政管理机关申请设立登记。经核准设立登记后，公司登记机关即颁发《企业法人营业执照》。《企业法人营业执照》是保险公司取得企业法人资格和合法经营的凭证。为了督促保险公司尽快开展保险营业，《保险法》第78条规定，保险公司自取得经营许可证之日起6个月内，无正当理由未向工商行政管理机关申请登记的，其经营保险业务许可证自动失效。

五、缴存保证金

为确保公司经营稳健，保障被保险人的利益，保险公司成立时，应当按照其注册资本总额的20%提存保险金，存入保险监督管理机构指定的银行，用于保险公司清算时，清偿债务。

第三节　保险公司的变更、整顿与接管

一、保险公司的变更

保险公司变更是指保险公司依法对其组织形式、注册资本、法定代表人和其他高级管理人员、营业场所等事项进行的更改。对于保险公司重要事项的变更，保险公司必须报保险监督管理部门批准或备案。我国《保险法》第 84 条规定："保险公司有下列情形之一的，应当经保险监督管理机构批准：①变更名称；②变更注册资本；③变更公司或者分支机构的营业场所；④撤销分支机构；⑤公司分立或者合并；⑥修改公司章程；⑦变更出资额占有限责任公司资本总额 5% 以上的股东，或者变更持有股份有限公司股份 5% 以上的股东；⑧国务院保险监督管理机构规定的其他情形。"

二、对保险公司的整顿

所谓保险公司的整顿，是指保险监督管理机构对经营管理不善或存在其他问题的保险公司，通过整顿措施促使其改善经营状况，预防公司破产所实施的行为。由于保险公司营业性质特殊，对社会经济生活秩序影响极大，其如因经营管理不善，致使偿付能力下降，必然危害广大被保险人利益，故法律规定在特殊情况下可对其进行整顿。

（一）整顿的原因

对保险公司进行整顿有其特定原因，即整顿是在保险公司未完成按期改正行为的前提下发生的。《保险法》第 140 条规定："保险公司未依照本法规定提取或者结转各项责任准备金，或者未依照本法规定办理再保险，或者严重违反本法关于资金运用的规定的，由保险监督管理机构责令限期改正，并可以责令调整负责人及有关管理人员。"第 141 条第 1 款规定："保险监督管理机构依照本法第 140 条的规定作出限期改正的决定后，保险公司逾期未改正的，国务院保险监督管理机构可以决定选派保险专业人员和指定该保险公司的有关人员组成整顿组，对公司进行整顿。"反之，若已按期改正的，则不发生整顿程序。

（二）整顿组织的组成

对保险公司的整顿权由整顿组织行使。整顿组织的成员由保险监督管理机构选派和指定，由保险专业人员和该保险公司有关人员组成。保险专业人员，可以从社会上有关保险学和保险法专家、学者、律师中选聘。保险公司有关人员，包括其总经理、总经济师、总会计师等。整顿组织形成后，必须做出整顿决定并予以公告，

整顿决定公告内容包括被整顿公司的名称、整顿理由、整顿组成员、整顿期限。

（三）整顿组织的职权

整顿组织在整顿过程中的主要职权是监督保险公司日常业务。保险公司日常业务复杂，既包括签发保险单的订立合同行为，也包括收取保险费、赔偿或给付保险金的履行合同行为，还包括办理再保险、运用资金的行为，上述行为整顿组织均有权监督。需要注意的是，整顿组织享有的是一种监督权，因而保险公司的日常业务活动仍由保险公司进行，而不是整顿组织进行。在整顿中，如果整顿组织怠于行使监督权，则应承担法律责任。

（四）整顿期间保险业务的进行

对保险公司进行整顿，目的是促使其改善经营管理，杜绝出现各种违法经营，保障其偿付能力，保护被保险人、受益人利益。因此，对保险公司进行整顿，不是终止其原有业务，相反，还要保证其原有业务的连续性。但是，国务院保险监督管理机构为实现整顿目的，可以责令被整顿公司停止部分原有业务、停止接受新业务，调整资金运用。

（五）整顿的结束

整顿组织对保险的整顿不是无限期的。当达到一定条件后，整顿即告结束。整顿结束的条件是：被整顿的保险公司业已纠正违法经营行为，恢复正常经营状况。但达到该条件后，要结束整顿仍需履行相应程序，即首先应由整顿组织对该保险公司的整顿工作进行总结，判定是否到达此条件，如认为已达到整顿结束的条件，则应提出整顿报告。最后，整顿组织将整顿报告呈报保险监督管理机构审查，经批准后整顿才宣告结束。

三、对保险公司的接管

接管是比整顿更为严格彻底的监督措施，其目的是对被接管的保险公司采取必要措施，以保护被保险人、受益人的利益，恢复保险公司的正常经营。

（一）接管的发生原因

接管须具备一定的前提条件，即保险公司的偿付能力严重不足，或其违反保险法规定，损害社会公共利益、可能严重危及或已经危及保险公司的偿付能力时，才可对其实行接管。保险公司的违法经营行为多种多样，只有达到可能严重危及或已经危及其偿付能力时，才能实行接管；若保险公司的违法行为不危及偿付能力时，则只能责令其限期改正，未按期改正的，则对保险公司实行整顿。保险公司被接管后，其债权债务关系并不因接管而发生变化，原有的债权债务关系仍然有效。对于被保险人提出的索赔，该公司仍须办理，不得拒绝。对于其享有的债权，同样受法律保护。

（二）接管组织的组成

《保险法》第146条规定："接管组的组成和接管的实施办法，由国务院保险监督管理机构决定，并予以公告。"因此，《保险法》明确授权保险监管机构对接管组织及接管办法做出决定，该决定做出后，对接管组织、被接管的公司都具有约束力，任何人不得违反。

（三）接管的期限

对保险公司的接管不可能无限期进行，否则不利于经济生活和各种法律关系的稳定。接管的具体期限，由决定实施接管的机关确定，这一期限是在实施接管前做出的。当这一期限届满后，保险公司仍未恢复正常的经营，保险监督管理机构可以决定延期，但接管的期限最长不得超过2年。

（四）接管的终止

如前所述，接管的最长期限是2年，保险监督管理机构可以在此期限内选择一个具体接管期限，当期限届满时，接管目标已经达到，即被接管的保险公司已恢复正常经营能力，接管已无存在之必要，故而应当终止接管。有权决定终止接管的是保险监督管理机构，而不是接管组织。但是，当接管期限届满时，被接管的保险公司不仅没有恢复正常的经营能力，相反，接管组织认为其财产已不足以清偿所负债务的，保险监督管理机构可依法向人民法院申请宣告该公司破产或对其进行重整。

第四节 保险公司的解散与破产

一、保险公司的解散

保险公司的解散是指已经成立的保险公司，因法定或公司章程规定的事由的出现而终止公司业务经营活动，开始对公司进行清算，处理未了结事务，使公司的法人资格归于消灭的法律行为。根据我国公司法的有关规定，公司解散有任意解散和强制解散两种情形。

任意解散即公司基于自己的意志而自愿终止公司的活动，消灭其法人资格的法律行为。任意解散事由有三种情况：①公司章程规定事由出现。包括公司章程规定的营业期届满，或公司章程规定的预定目标无法实现时，公司宣布解散。②公司权力机构的决议或决定。我国《公司法》规定，有限责任公司经代表2/3以上表决权的股东通过，国有独资公司经国有资产监督管理机构决定，股份有限公司经出席股东大会的股东所持表决权的2/3以上通过，可以解散公司。③公司分立或合并。

当保险公司出现了任意解散事由时，必然会有一部分保险单责任尚未到期，因此，公司解散可能会损害被保险人、受益人利益。针对保险公司的这一特殊情形，各国保险法一般限制保险公司的自愿解散，特别是严格限制经营人寿保险业务的保险公司的自行解散。我国《保险法》第89条规定："保险公司因分立、合并需要解散，或者股东会、股东大会决议解散，或者公司章程规定的解散事由出现，经国务院保险监督管理机构批准后解散。经营有人寿保险业务的保险公司，除因分立、合并或者被依法撤销外，不得解散。保险公司解散，应当依法成立清算组进行清算。"相对于人寿保险业务而言，财产保险业务的保险期限较短，保险单未了责任所占比例相对较低，保险合同的转移也比较便利，因此，我国《保险法》未明令禁止经营财产保险的保险公司自愿解散。

强制解散指公司基于法定原因或保险监督管理机关等的命令而被迫解散。就保险公司而言，当其在经营过程中发生严重违法、违规行为，危害被保险人和公众利益的，可以由行政机关责令关闭，强制解散。这里的行政机关指登记机关或保险监督管理机关。我国《保险法》第150条规定："保险公司因违法经营被依法吊销经营保险业务许可证的，或者偿付能力低于国务院保险监督管理机构规定标准，不予撤销将严重危害保险市场秩序、损害公共利益的，由国务院保险监督管理机构予以撤销并公告，依法及时组织清算组进行清算。"被撤销的保险公司，同时也就被强制解散了。

二、保险公司的破产

依据我国《保险法》第90～92条的规定，保险公司有《中华人民共和国企业破产法》第2条规定情形（企业法人不能清偿到期债务，并且资产不足以清偿全部债务或者明显缺乏清偿能力的，依照破产法规定清理债务。企业法人有前款规定情形，或者有明显丧失清偿能力可能的，可以依照破产法规定进行重整）的，经国务院保险监督管理机构同意，保险公司或者其债权人可以依法向人民法院申请重整、和解或者破产清算；国务院保险监督管理机构也可以依法向人民法院申请对该保险公司进行重整或者破产清算。

进入破产程序后，破产财产在优先清偿破产费用和共益债务后，按照下列顺序清偿：①所欠职工工资和医疗、伤残补助、抚恤费用，所欠应当划入职工个人账户的基本养老保险、基本医疗保险费用，以及法律、行政法规规定应当支付给职工的补偿金；②赔偿或者给付保险金；③保险公司欠缴的除第1项规定以外的社会保险费用和所欠税款；④普通破产债权。破产财产不足以清偿同一顺序的清偿要求的，按照比例分配。但是，经营有人寿保险业务的保险公司被依法宣告破产的，其持有的人寿保险合同及责任准备金，必须转让给其他经营有人寿保险业务的保险公司。不能同其他保险公司达成转让协议的，由国务院保险监督管理机构指定经营有人寿保险业务的保险公司接受转让。

【思考】

保险公司申请破产与普通公司申请破产，以及破产财产分配顺序的差异性？

第五节 保险经营规则

一、保险分业经营规则

（一）分业经营规则的概念

根据《保险法》第12、95条的规定，保险业务可分为财产保险与人身保险两大类：所谓财产保险，是指以财产及其有关利益为保险标的的保险。此处的财产保险乃是广义的财产保险，其保险标的除有形的、处于静态的财产外，还包括无形的利益（如责任、信用）、处于运动中的财产（如运输中的货物、运行中的船舶、车辆等），它包括财产损失保险、责任保险、信用保险、保证保险、海上保险等险种。所谓人身保险，是指以人的寿命和身体为保险标的的保险。它包括人寿保险、健康保险、意外伤害保险等险种。保险分业经营，是指同一保险人不得同时兼营财产保险业务和人身保险业务。易言之，保险公司经营业务的范围并非无所不包，财产保险公司以经营财产保险为限，人寿保险公司以经营人身保险为限，同一保险人只能经营财产保险或者人身保险一种业务，而不得既营财产保险，又营人身保险。

（二）分业经营规则的理论依据

实行分业经营原则的理论依据，首先是由财产保险和人身保险各自的特点所决定的：就保险标的而言，财产保险的标的是财物及其相关利益，人身保险的标的是人的寿命或身体；就保险期限而言，财产保险比人身保险的期限要短；就风险水平而言，财产保险的风险相对较大。其次是两类险种的经营技术存在较大差异：财产保险与人身保险性质既然不相同，则二者投保的手续、保险费的计算基础，以及保险金的赔付办法等方面自然明显有别。若同一保险人兼营两者，则难免顾此失彼。最后，二者分营是基于经济方面的考量：若同一保险机构兼营财产保险和人身保险，则其业务势必过分庞杂，所需资金数额庞大，保险人可能难以满足业务需要，其偿付能力可能不足，最终影响投保人之权益及社会公益。加之人寿保险具有储蓄性质，如允许与财产保险兼营，则保险人可能挪用此储蓄充当财产保险的赔付资金。因此，实行分业经营原则，不仅有利于保险业经营的稳健，而且有利于保险主管机构的分业管理。

需要说明的是，国外保险法上的分业经营原则准确的定义应为产寿险分业经营，而寿险以外的其他人身保险业务，即意外伤害保险与健康保险，允许财产保险公司经营。因此，在国外，寿险业以外的人身保险业务被界定为保险的交叉业务。与人寿保险以被保险人在保险期限内死亡或生存至保险期限届满为保险事故不同，意外伤害保险是以被保险人因在保险期限内遭受意外伤害造成死亡或残疾为保险事故的人身保险，它既可以单独承保，亦可作为人寿保险的附加险；单独承保的意外伤害保险的保险期限较短，一般不超过1年。健康保险是以被保险人需要支出医疗费、护理费、因疾病造成残疾，以及固定劳动收入减少为保险事故的人身保险，它可单独承保，亦可作为人寿保险或意外伤害保险的附加险。从保险理论上讲，健康保险和意外伤害保险尽管同人身密切相关，可纳入人身保险范畴，但由于其保险期限短，不具储蓄性而与财产保险类似。此外，健康保险和意外伤害保险准备金的提存和会计核算方式与财产保险没有任何区别。健康保险和意外伤害保险的保险费率厘定与财产保险亦无差异，均以损失率为基础。健康保险和意外伤害保险的资金适用与财产保险一样，注意流动性，以短期融资为主等等。可见，健康保险和意外伤害保险兼有人身和财产保险的双重性。此外，在保险实务中，由于健康保险和意外伤害保险同财产保险关系极为密切，如机动车车辆保险与驾驶员意外伤害保险、家庭财产保险与家庭健康保险往往是同一被保险人，他们都要求保险人一次性提供所需的全部保障。如果把健康保险和意外伤害保险从财产保险中分离出来，被保险人还需另找人身保险公司投保，其结果不仅给被保险人带来不便，而且也给保险人增加了操作难度。基于上述原因，许多国家，如美国、加拿大、英国、法国、德国等，大都将其作为交叉业务，允许人寿保险公司与财产保险公司同时兼营。

（三）我国的分业经营规定

我国1995年制定《保险法》时，第91条第2款规定："同一保险人不得同时兼营财产保险业务和人身保险业务"。2002年修改后则改为"同一保险人不得同时兼营财产保险业务和人身保险业务；但是，经营财产保险业务的保险公司经保险监督管理机构核定，可以经营短期健康保险业务和意外伤害保险业务（第92条第2款）"。2009年2月则修改为："保险人不得兼营人身保险业务和财产保险业务。但是，经营财产保险业务的保险公司经国务院保险监督管理机构批准，可以经营短期健康保险业务和意外伤害保险业务（第95条第2款）"。可见，在我国保险实务中所采取的分业经营原则既非绝对的财产保险与人身保险分业经营，亦非纯粹的寿险与产险分业经营，而是二者的折衷。

【实务指南】

经中国保监会批准，财产保险公司可以经营下列全部或部分业务：①财产损失保险；②责任保险；③法定责任保险；④信用保险；⑤保证保险；⑥农业保险；⑦其他财产保险业务；⑧短期健康保险和意外伤害保险；⑨上述保险业务的再保险业务。

经中国保监会批准，人身保险公司可以经营下列全部或部分业务：①意外伤害保险；②健康保险；③传统人寿保险；④人寿保险新型产品；⑤传统年金保险；⑥年金新型产品；⑦其他人身保险业务；⑧上述保险业务的再保险业务。

二、偿付能力行为规则

偿付能力是指保险公司偿付其到期债务的能力。各国均把偿付能力监管作为保险监管的核心，这是由保险合同双方当事人权利义务在时间上的不对称性所决定的，而保持适当的资本则是保险公司偿付能力监管的核心之一。依据《保险法》相关规定，保险公司在设立和经营过程中，被要求始终符合下列关于提存、保持资本金的要求。

（一）最低注册资本限额

最低资本限额，即法律或法规规定的保险公司申请设立时的注册资本的最低限额。它既是保险公司获得市场准入的资格条件，又是保险公司获取偿付能力的初始前提。我国《保险法》和《保险公司管理规定》对我国保险公司的最低资本限额作了明确规定。《保险法》第69条规定："设立保险公司，其注册资本的最低限额为人民币2亿元。国务院保险监督管理机构根据保险公司的业务范围、经营规模，可以调整其注册资本的最低限额，但不得低于本条第1款规定的限额。保险公司的注册资本必须为实缴货币资本。"《保险公司管理规定》第16条又根据业务规模对此问题作了具体规定："保险公司以2亿元人民币的最低资本金额设立的，在其住所地以外的每一省、自治区、直辖市首次申请设立分公司，应当增加不少于人民币2000万元的注册资本。申请设立分公司，保险公司的注册资本达到前款规定的增资后额度的，可以不再增加相应的注册资本。保险公司注册资本达到人民币5亿元，在偿付能力充足的情况下，设立分公司不需要增加注册资本。"

（二）保险保证金

保险保证金是指保险公司成立时应向国家缴存的保证金额，可以用现金或其他方式支付。通过实施保证金制度，国家可以掌控保险企业的一部分实有资金，以维持保险企业的可变现资金数额。保证金一般按规定上缴国库或指定银行，不予动用。缴存保险保证金是国家控制保险企业偿付能力的有效办法，世界上多数国家和地区的保险法都有缴存保证金的规定。我国台湾地区“保险法”第137条第1款规定：“保险业非申请主管机关核准，并依法为营业登记，缴存保证金，领得营业执照后，不得开始营业。”第141条规定：“保险业应按资本或基金实收总额15%，缴存保证金于国库。”第142条规定：“保证金之缴存应以现金为之。但经主管机关之核准，得以公债或库券代缴之。前项缴存保证金非俟宣告停业依法完成清算，不予发还。以有价证券抵缴保证金者，其息票部分，在宣告停业依法清算时，得准移充清算费用。”我国《保险法》第97条规定：“保险公司应当按照其注册资本总额的20%提取保证金，存入国务院保险监督管理机构指定的银行，除公司清算时用于清偿债务外，不得动用。”

（三）保险责任准备金

保险责任准备金，是保险人为了承担未到期责任和处理未决赔款而从保险费收入中提存的资金准备。保险准备金不是保险企业的营业收入，而是保险企业的负债。保险企业只有与保险准备金等值的资金，才有能力完全履行保险责任。因此，各国保险法都规定了保险准备金的提存与标准。我国《保险法》第98条规定：“保险公司应当根据保障被保险人利益、保证偿付能力的原则，提取各项责任准备金。保险公司提取和结转责任准备金的具体办法，由国务院保险监督管理机构制定”。保险准备金依据其用途可以分为未到期责任准备金和未决赔款责任准备金。

1. 未到期责任准备金的提取及标准。未到期责任准备金又称未到期风险准备金，是指从当年承保业务的保险单的保费收入中提取的，在下一年度仍有效保单部分的保险费。它是保险准备金的一种。由于保险责任期限与会计年度不一致，在每年年终结算时，一般都会有未到期责任。财产保险和保险期限一年及一年以内的人身保险都必须提存这种准备金。如被保险人于某年9月1日投保企业财产保险，缴付保险费12 000元，则其中4个月的保险费4000元属于这个年度，另8个月的8000元保险费视同待收入的保险费。这类准备金一般按全年保险费的一定比例提存。未到期责任准备金，是在会计年度决算时一次计算提取，提取的计算方法有年平均估算法、季平均估算法和月平均估算法。

2. 未决赔款责任准备金的提取及标准。依照《保险法》的规定，在保险事故发生后，保险人未履行其赔偿或给付保险金义务前，保险人应提取未决赔款责任准备金。未决赔款责任准备金，是指保险人在会计结算以前已发生保险责任而未赔偿或给付保险金时，在当年收入的保险费中提取的资金。未决赔款准备金与未到期责任准备金一样，都是保险人为分担将来的赔偿责任或给付责任而从保险费收入中提取的一种资金准备，都不是保险公司的营业收入，而是其的负债。

导致未决赔款准备金产生的原因有二：①被保险人或受益人已经依据保险合同的约定，对保险事故导致的经济损失提出索赔。对于索赔请求，保险公司往往要勘定该损失是否属于保险责任，并确定损失金额的数量。在实际理赔之前，保险公司可以先从保险费中扣除一部分资金，转入未决赔款准备金之中。②保险人已知保险事故发生，但被保险人或受益人因种种原因未提出赔付请求，对此在索赔时效期内且属于保险责任范围内的损失，保险人有义务支付，因而保险公司需提留资金准备。

（四）保险公积金

保险公积金是指公司基于增强自身财产能力，为扩大经营范围以及预防意外亏损的目的，按照法律和公司章程的规定，从公司税后利润中提取的部分资金积累。公积金又可以分为两种：法定公积金和任意公积金。保险法定公积金，是指保险公司依照法律和公司章程的规定，在分配当年税后利润时，所提取得利润的10%的资金。我国《保险法》第99条规定："保险公司应当依法提取公积金。"公司从税后利润提取法定公积金后，经股东大会决议，还可以从税后利润中提取任意公积金。

（五）保险保障基金

我国《保险法》第100条规定："保险公司应当支付保险保障基金。保险保障基金应当集中管理，并在下列情形下统筹使用：①在保险公司被撤销或者被宣告破产时，向投保人、被保险人或者受益人提供救济；②在保险公司被撤销或者被宣告破产时，向依法接受其人寿保险合同的保险公司提供救济；③国务院规定的其他情形。保险保障基金筹集、管理和使用的具体办法，由国务院制定。"与保险保证金、保险责任准备金、保险公积金等相比较，保险保障基金具有如下特征：①保险保障基金是一种保单持有人保护基金。从建立基金制度的目标来讲，由于保险公司的赔付保险金义务带有明显的滞后性，为弥补被保险人因保险公司破产而遭受的经济损失，通过立法，建立专门基金以保护被保险人的利益。②保险保障基金是一种行业公用性救助基金。从基金来源上讲，保险保障基金是各保险人共同提交的一种"共同基金"，由保险主管机构或保险同业公会管理，当某一保险人失去偿付能力时，可向保险保障基金申请向被保险人偿付，因此，保险保障基金实质是保险人之间的"相互保险"。故保险保障基金在管理上应当集中管理，统筹使用。③保险保障基金是一种后备基金。从基金形成时间上讲，大多数国家保险保障基金是通过事前每年定期征收费用积累起来的基金，以保证日后支付。

（六）偿付能力充足率

保险公司应当具有与其业务规模和风险程度相适应的最低偿付能力。保险公司的认可资产减去认可负债的差额不得低于国务院保险监督管理机构规定的数额，低于规定数额的，应当按照国务院保险监督管理机构的要求采取相应措施达到规定的数额。《保险公司偿付能力管理规定》依据保险公司的偿付能力将其分为三类，分别进行监管。其中，偿付能力充足率低于100%的公司为不足类公司，偿付能力充足率在100%至150%的公司为充足Ⅰ类公司，偿付能力充足率高于150%的公司为充足Ⅱ类公司。对不足类公司，保监会区分不同情况采取下列一项或多项措施：①责令增加资本金或限制向股东分红；②限制董事、高级管理人员的薪酬水平和在职消费水平；③限制商业性广告；④限制增设分支机构、限制业务范围、责令停止开展新业务、责令转让保险业务或责令办理分出业务；⑤责令拍卖资产或限制固定资产购置；⑥限制资金运用渠道；⑦调整负责人及有关管理人员；⑧接管；⑨中国保监会认为必要的其他监管措施。

三、保险资金运用规则

（一）保险资金运用的概念及意义

保险资金运用，是指保险公司在业务经营过程中用保险资金进行投资，使其保值增值的活动。保险资金是保险公司通过各种渠道聚集的各种资金总和，其不同于保险基金。保险基金一般是指保险公司通过向投保人收取保险费的形式建立起来的一种专门用于补偿被保险人受到的经济损失或满足给付需要的货币形态的后备基金，它是保险资金的一个重要组成部分。保险资金从资金来源可分为：①权益资金，即资本金、公积金、公益金和未分配利润等保险公司的自有资金；②保险准备金；③其他资金。保险公司通过运用保险资金，获取收益，使保险资金保值增值，从而利于增强自身的偿付能力，保证保险台同的履行，进而惠及投保人、被保险人和受益人。

（二）保险资金运用的原则

保险资金运用的原则和一般资金运用的原则基本相同，即要求符合安全性、盈利性、流动性等原则。我国《保险法》第106条第1款对我国保险业资金运用原则作了明确规定："保险公司的资金运用必须稳健，遵循安全性原则。"

1. 安全性原则。安全性原则是保险资金运用的首要原则。因为，此种可运用资金既不完全是保险企业的盈利，也不是可以无限期流出保险企业的闲置资金。这种资金的绝大部分在保险企业的会计科目上是属于负债项目，即对被保险人未来赔付的负债。因此，对这种资金的运用必须稳健，以保障安全。

2. 盈利性原则。求取盈利是运用保险资金的直接目的所在。盈利不仅可以为保险人带来巨大效益，而且也可以增强保险人的偿付能力，有助于降低保险费率和扩大业务规模。这就要求在资金运用项目上选择效益较高的项目，在特定的风险限度内力争实现资金最大程度的增值。

3. 流动性原则。由于保险事故的发生具有偶发性，因此，保险资金必须保持足够的流动性，以便随时满足保险赔偿和给付的需要。但不同的保险业务，对资本流动性的要求也不相同，一般说来，财产保险期限短，危险发生的频率和损失程度变化较大，对资金运用的流动性要求较高，而长期人寿保险对资金运用的流动性要求就相对较低一些。

以上原则中，盈利性是目标，安全性、流动性是基础。稳健的资金运用，应当首先保证资金的安全性和流动性，在此基础上再追求资金运用的盈利性。

（三）保险资金运用的形式

各国保险法确定的保险资金运用的形式一般为：存放银行；购买公债或国库券；购买公司股票或债券；投资不动产；抵押放款等。我国《保险法》第106条第2款规定："保险公司的资金运用限于下列形式：①银行存款；②买卖债券、股票、证券投资基金份额等有价证券；③投资不动产；④国务院规定的其他资金运用形式。"

四、保险经营风险防范规则

保险业是经营风险的特殊行业，风险的不确定性决定了保险公司本身即具有较高的经营风险。加强对保险公司经营风险的防范与控制，是实现公司稳健经营，保护被保险人利益的有效途径。保险公司的承保风险，即指保险公司与投保人签订的，载明于保险合同中由保险公司承诺的责任大小和范围。现代保险业中，由于再保险的兴起，承保风险可分解为自留风险与分保风险两大部分，而我国《保险法》对承保风险的防范主要是通过对风险自留责任的控制来完成的。

风险自留责任，或简称自留额，可以从广义与狭义两个角度来理解。广义上自留额指保险公司承保业务中由自身承担的责任限额；狭义自留额是指保险公司在某个险种的一个危险单位的总投保额中，自身所承担的责任限额。无论广义还是狭义，自留额均指保险公司赔付的责任限额。保险公司既可按投保单位划定为一个危险单位，如将一只船，包括船中货物和船体本身作为投保单位，视作一个危险单位，亦可以将一个具体标的视为一个危险单位。

以当年承保保费扣除分保净保费的结余视为当年自留保费。依保费与风险责任的对等关系，自留保费的大小，对应当年确定的风险最大责任。易言之，当年风险单位总体最大自留责任，总是有相应的自留保险费与之对应。由此最大自留责任转为自留保险费的确定。由于自留保险费总是与偿付能力相关，偿付能力又体现为实有资本金加公积金的总和。于是，最大自留责任最终乃由资本金加公积金的总和来决定。国家对最大自留责任的规范方式，是在自留保费与实有资本金加公积金总和之间确定一个具体的比例。关于此比例，我国《保险法》第102条明确规定："经营财产保险业务的保险公司当年自留保险费，不得超过其实有资本金加公积金总和的4倍"。对于经营人身保险业务的保险公司，其当年自留保险费不受此限制。这是因为财产保险对保险准备金要求的数额一般比人身保险大。人身保险的保险事故发生较为规则，对其危险概率的测算较为精确，因而对保险准备金相对要求较少。除此之外，《保险法》还对风险单位个体最大自留责任确定了标准，该法第103条第1款规定："保险公司对每一危险单位，即对一次保险事故可能造成的最大损失范围所承担的责任，不得超过其实有资本金加公积金总和的10%；超过的部分应当办理再保险"。

五、保险公司竞争行为规则

保险公司之间开展业务时不得违反法律从事不正当竞争行为。《保险法》第115条规定："保险公司开展业务，应当遵循公平竞争的原则，不得从事不正当竞争"。《保险公司管理规定》对以上所称的不正当竞争行为也做出了较明确的界定，根据保险法和该规定，保险公司不正当竞争行为主要包括以下几类：

1. 诋毁商誉行为。诋毁商誉行为是指经营者捏造、散布虚假的事实，损害竞争对手的商业信誉和商品声誉的行为。《保险公司管理规定》第49条第1款规定："保险机构不得以捏造、散布虚假事实等方式损害其他保险机构的信誉。"

2. 不当利诱行为。不当利诱行为是指以抢占市场为目的，以给消费者一定利益而排挤其他竞争对手的行为。《保险公司管理规定》第50条规定："保险机构不得劝说或者诱导投保人解除与其他保险机构的保险合同。"第51条规定："保险机构不得给予或者承诺给予投保人、被保险人、受益人保险合同约定以外的保险费回扣或者其他利益。"

3. 虚假宣传行为。虚假宣传行为，是指经营者利用广告或者其他方法，对商品的质量、性能、用途等作引人误解的虚假宣传行为。《保险公司管理规定》第44条规定："保险机构的业务宣传资料应当客观、完整、真实，并应当载有保险机构的名称和地址。"第45条规定："保险机构应当按照中国保监会的规定披露有关信息。保险机构不得利用广告或者其他宣传方式，对其保险条款内容和服务质量等做引人误解的宣传。"第46条规定："保险机构对保险合同中有关免除保险公司责任、退保、费用扣除、现金价值和犹豫期等事项，应当依照《保险法》和中国保监会的规定向投保人作出提示。"第48条规定："保险机构不得将其保险条款、保险费率与其他保险公司的类似保险条款、保险费率或者金融机构的存款利率等进行片面比较。"

4. 滥用权力、优势地位排挤竞争对手。《保险公司管理规定》第49条第2款规定："保险机构不得利用政府及其所属部门、垄断性企业或者组织，排挤、阻碍其他保险机构开展保险业务。"

六、保险员工行为规则

保险员工的行为规则是指保险公司的工作人员在执行职责时所应遵守的行为准则。各国都对保险员工的行为规范作了明确的规定，形成了较完善的保险从业人员管理制度。我国《保险法》根据保险经营的特点，除规定保险员工必须遵守国家法律，遵循诚实信用原则外，还规定了其在执业、展业过程中不得有如下行为：①欺骗投保人、被保险人或者受益人；②对投保人隐瞒与保险合同有关的重要情况；③阻碍投保人履行如实告知义务，或者诱导其不履行如实告知义务；④给予或者承诺给予投保人、被保险人、受益人保险合同约定以外的保险费回扣或者其他利益；⑤拒不依法履行保险合同约定的赔偿或者给付保险金义务；⑥故意编造未曾发生的保险事故、虚构保险合同或者故意夸大已经发生的保险事故的损失程度进行虚假理赔、骗取保险金或者牟取其他不正当利益；⑦挪用、截留、侵占保险费；⑧委托未取得合法资格的机构或者个人从事保险销售活动；⑨利用开展保险业务为其他机构或者个人牟取不正当利益；⑩利用保险代理人、保险经纪人或者保险评估机构，从事以虚构保险中介业务或者编造退保等方式套取费用等违法活动；⑪以捏造、散布虚假事实等方式损害竞争对手的商业信誉，或者以其他不正当竞争行为扰乱保险市场秩序；⑫泄露在业务活动中知悉的投保人、被保险人的商业秘密；⑬违反法律、行政法规和国务院保险监督管理机构规定的其他行为。

【练习题】

一、选择题

1. 我国保险法规定，设立保险公司，其最低注册资本为人民币（　）元

A. 5 千万　　B. 1 亿　　C. 1.5 亿　　D. 2 亿

2. 保险公司成立后应当按照其注册资本多少提取保险保证金（　）

A. 5%　　B. 10%　　C. 15%　　D. 20%

3. 保险公司依法破产的，破产财产的支付顺序为（　）

（1）所欠税款；（2）清偿公司债务；（3）破产费用；（4）所欠职工工资；（5）赔偿或给付保险金

A.（1）（2）（3）（4）（5）　　B.（3）（4）（5）（1）（2）

C.（3）（4）（5）（2）（1）　　D.（3）（1）（4）（5）（2）

4. 保险公司分配当年税后利润时，应当提取利润的多少列为法定公积金（　）

A. 1%　　B. 2%　　C. 5%　　D. 10%

5. 经营财产保险业务的保险公司当年自留保险费不得超过（　）

A. 其实有资本金的4倍　　B. 其公积金的4倍

C. 其注册资本的4倍　　D. 其实有资本金加公积金总和的4倍

二、简答题

1. 保险资金运用的原则与方式?

2. 保险公司不正当竞争行为表现形式?

3. 设立保险公司应当具备哪些条件?

第22章 保险业的监督管理

第一节　保险监管的内涵与原则

一、保险监管的内涵

保险监管可分为三个层次，即宏观层次监管、中观层次监管和微观层次监管。宏观层次的监管指国家对保险业的监管，它是国家经济管理职能在保险业中的体现。国家依法采取各种手段对保险企业的组织、经营、财务等各项活动及保险市场的秩序进行直接或间接的指导、协调、监督和干预。这种宏观层次的监管，重点在于对保险市场准入和退出的监管，其以保险企业偿付能力监管为核心，并在不同程度上对保险合同格式与条款、保险费率以及保险基金运用等方面进行监管。中观层次的监管即保险人行业自律。这种监管通过行业公会组织的建立、行为规则的制定与实施等方式而实现。此种层次的监管可以发挥国家宏观监管所不具备的横向协调作用，能够及时了解市场的动向，发现行业内部存在和可能出现的问题，从而及时采取相应措施，保证保险市场的健康发展。微观层次的监管即保险企业内部控制。为了维持营业并实现盈利目标，保险企业必然会对自身的经营活动与其他各种活动进行自我约束，这在客观上会产生保险监管的效果。

在保险法理论上，广义的保险监管同时包含前述三个层次的监管。与之相对的狭义保险监管则仅指宏观层次上的保险监管，这也是本书所指称的保险监管的含义。

二、保险监管的原则

（一）保障被保险人合法权益的原则

如上所述，相较于投保人、被保险人而言，保险人在经济实力、专业知识等方面具有巨大的优势，此种优势极易诱发保险人从事不公平的交易行为，损害被保险人利益，使保险制度的理论价值丧失殆尽。因此，保险监管的首要原则即是采取相应措施，以缓和前述利益失衡状态，保障被保险人的合法权益。

(二) 适度竞争原则

竞争是社会发展的动力，因此，为了促进保险业的发生，必须鼓励保险人开展竞争。但过犹不及，为了维护保险市场的正常秩序，防止保险市场失灵，保险监管机构应注意创造适度竞争的市场环境，防止出现过度竞争、破坏性竞争、恶意竞争的情形。这就要求保险监管机构要尽力使保险市场管而不死，活而不乱，使保险公司在追求利润的同时又不盲目冒险，既有风险又保障安全。

(三) 尊重营业自由原则

它是指保险监管机构不直接干预保险机构内部经营管理的原则。在市场经济条件下，只要保险公司不违反国家有关法律、法规，不违反社会公共利益和公序良俗，保险监管机关就应尊重保险人作为一个商事主体应有的营业自由，否则，其行为即属于越权行为。

【理论扩展】

保险监管的目标〔1〕

各国通过立法对保险业实施监管，其目标在于：

1. 维护保单持有者利益。维护消费者利益是保险监管的最根本出发点，因此，监管部门有责任确保财务实力雄厚的保险公司以公平的价格提供公平的保险合同，为公众分散危险、提供保障，提高社会福利。

2. 确保保险业整体稳定发展。对保险市场实施监管的另一个目标在于保持市场的适度竞争，限制、甚至避免垄断行为或恶性竞争行为，从而有助于保险业效率目标的实现。因此，需要建立完善保险业的市场准入与退出机制，并对保险机构的兼并、破产等行为实施监管，防止保险企业因经营不善导致偿付危机的扩散，以维护保险业整体的稳定发展。

3. 维护保险市场秩序。为维护保险市场秩序，必须规范保险业务行为，清理保险资产，整顿财务纪律，对保险公司出假保单、做假账簿、填假报表等严重违反财经纪律的行为坚决处理。

4. 保证保险人的偿付能力。偿付能力是指保险人对被保险人负债的偿还能力。保险监管机构对保险偿付能力的监管，主要是通过对偿付能力额度的直接管理，或对影响保险人偿付能力的因素，如保险费率、保险资金的运用等进行管理来完成的。

---

〔1〕 温世扬主编：《保险法》，法律出版社 2003 年版，第 432 ~433 页。

由于偿付能力在保险公司的经营中具有举足轻重的地位和作用，因此，可以通过保险法制定出各种专门条款，例如保险公司的设立必须满足最低资本金的要求；保险业务的经营必须按规定提存各种准备金；保险经营的稳健必须安排法定再保险等，以实现这一目标。

5. 防范和化解保险风险。防范和化解风险是贯彻保险公司稳健经营的核心。对于新成立的保险公司，监管的重点应放在防范风险上；对成立时间较长的保险公司既要重视防范风险，又要认真做好化解风险工作。

第二节　保险监管的模式

一、公示主义监管模式

所谓公示主义监管模式，是指政府对保险企业并不做直接监督管理，而是要求保险人按照政府事先规定的格式及其内容，将其营业情形、财务状况定期呈报给主管机关，并予以公告，让社会公众，特别是潜在的保险产品消费者了解保险人经营状况，据此做出判断和选择。在此种监管模式下，事关保险业的组织形式、保险合同格式条款的设计、保险资金的运用方式等事项，皆由保险人自行决定，政府不作过多干预。显然，此种模式属于较为宽松的保险监管模式。公示主义模式下，有权机关监管的内容包括：①公告财务报表；②规定最低资本金与保证金；③制定最低偿付能力标准。此种监管模式虽有利于保险人在较为宽松的环境中自由发展，但采用此种监管模式而欲实现既定监管目标时，则必须具备一定的前提条件，包括国民经济发展水平较高；因保险机构的普遍存在，投保人可以自由选择保险人以缔结保险合同；保险企业具有较健全的内控机制和较高的社会责任感；保险市场发育良好，保险从业人员有良好的职业道德；社会大众具有较高的文化水准、参与意识，以及对保险公司的经营水平做出判断的能力等。英国在历史上曾采用此种监管模式，但后因认为此种监管模式不利于切实有效地保护被保险人的利益而被放弃。[1]

二、准则主义监管模式

准则主义监管模式，又称形式监管模式，是指国家对保险业的营业行为制定一定的准则，要求保险人共同遵守，政府对遵守情况进行形式审查的一种监管模式。政府规定的准则一般仅涉及重大事项，如保险公司的最低注册资本、资产负债表的编制与审查、法定公告的内容与形式、监管机构的制裁方式等。在此种监管模式下，

---

〔1〕 徐卫东主编：《保险法学》，科学出版社2004年版，第324页。

政府基本不对保险人的营业状况进行实质监督，不存在审批制度，因而保险人仍有较大的营业自由。但同时，由于这种监管模式仅从形式出发，难以适应保险技术性强，涉及事物复杂多变的特性，所以其监管的有效性令人质疑。

三、许可主义监管模式

许可主义监管模式，又称实体主义监管模式或严格监督模式，是指国家订有完善的保险监督管理规则，主管机构依据法律法规赋予的权力，对保险市场尤其是保险公司进行全面的监督管理的一种模式。在此种模式下，政府不但制定保险人的营业规则，还对保险营业的全过程进行直接干预、审查批准。这种监管模式最早在1885年由瑞士创立，其后为奥地利、法国、美国、德国等国效仿。与前两种模式相比，此种模式对被保险人利益的保障最为有利，但也存在限制营业自由、监管成本过高等缺点。许可主义监管模式的过程大致可分为三个阶段，第一阶段为保险业设立监管；第二阶段为保险业经营监管，此阶段监管过程为实体监管的重心；第三阶段为保险业退出监管，我国《保险法》确立的监管模式为许可主义监管模式。

第三节　保险监管机构

一、保险监管机构的设置

尽管监管模式不尽相同，但各国大都是通过设立专门的机构来承担监管之职。即各国大都是由政府依法设立的保险监管机关行使对保险业的监管权力。此外，立法和司法机关也在各自职权范围内对保险机构进行着直接或间接的监管，例如，立法机关通过立法以及对法律的立法解释对保险业进行间接管理；法院以保险判例及其司法解释而约束着保险人的营业行为，乃至专门的保险监督管理机关的行为，此种现象在实行判例法的国家尤为明显。但通常情形下，对保险行业的监管职能仍主要由政府的保险监管机关行使。此种监管机关可分为两种，一是直属于政府的专门保险监督管理机构；一是在直属政府的机构内部设立相应的保险监管部门，例如，在财政部、中央银行、金融管理局之下设立专门的保险监督管理部门。由于各国保险监管历史与国情不同，政府内部保险监管机关也不尽一致。英国的保险监管机关是金融服务局，美国的保险监管机关是各州政府的保险监督局，以及成立于1971年的全国保险监督官协会。在法国，原保险业务由商业部负责，再保险业务由财政部负责。在日本，其保险监管机关1998年后变成了金融检察厅。我国台湾地区的保险监管机关为“财政部”，新加坡和中国香港都是金融管理局下属的保险监理处，韩国则是财政部下属的保险监督局。马来西亚是中央银行行使监管职能，泰国则由商业部下属的保险局监管。

在我国，保险业经历了一个曲折发展的过程，保险监管机构几度变更。新中国成立后，1949 年 10 月成立的中国人民保险公司不仅是一个经济实体，也是一个兼有领导与监督全国保险业职能的监管机关。但从 1950 年 1 月下旬起，保险监管改由中国人民银行负责。1952 年 6 月，保险业又划归财政部领导，保费收入盈余全部上缴并列入财政的预算。从 1959 年起，全国的国内保险业务被逐步取消，直至 1979 年 4 月，国务院做出逐步恢复国内保险业务的重大决策。国内保险业务恢复办理后，保险业由中国人民银行监督管理。随着银行业、证券业、保险业分业经营模式的确立，1998 年 11 月 18 日，国务院批准设立了中国保险监督管理委员会，专司保险监管职能。中国保险监督管理委员会的成立无疑将有利于建立、完善适应市场经济发展的保险监管体系，有利于培育保险市场，有利于加强对保险业的监管，防范和化解保险风险。

二、中国保监会的职责

中国保险监督管理委员会是全国商业保险的主管部门，是国务院直属事业单位，根据国务院授权，依法对保险业实施监督管理，其主要职责包括：

（1）制定保险业发展的方针政策，制定保险规章、办法。

（2）审批和管理保险公司、保险代理人、保险经纪人、保险公估人等保险机构的设立、变更和终止。

（3）审查、批准和备案保险条款和保险费率。《保险法》第 136 条规定：“关系社会公众利益的保险险种、依法实行强制保险的险种和新开发的人寿保险险种等的保险条款和保险费率，应当报国务院保险监督管理机构批准。国务院保险监督管理机构审批时，应当遵循保护社会公众利益和防止不正当竞争的原则。其他保险险种的保险条款和保险费率，应当报保险监督管理机构备案。保险条款和保险费率审批、备案的具体办法，由国务院保险监督管理机构依照前款规定制定。”第 137 条规定：“保险公司使用的保险条款和保险费率违反法律、行政法规或者国务院保险监督管理机构的有关规定的，由保险监督管理机构责令停止使用，限期修改；情节严重的，可以在一定期限内禁止申报新的保险条款和保险费率。”

（4）规范市场竞争行为，维护保险市场秩序。

（5）监督和检查保险业务经营活动。中国保监会依法对保险公司的业务状况、财务状况和资金运用状况进行定期或不定期的现场检查和非现场检查，以保证保险公司具备足够的偿付能力。监督、检查的重点是直接关系到保险公司偿付能力和各种准备金的提转和运用，包括是否按规定的比例和方法提取、结转未到期责任准备金和未决赔款准备金，是否按规定提取法定盈余公积金和保险保障基金；是否按规定办理再保险以及保险资金运用范围、比例是否符合法律、法规的规定。

（6）查处和取缔擅自设立保险机构和非法经营保险业务的行为。保险机构的设立，必须符合国家法律规定的基本条件和程序，中国保监会应当及时查处并取缔那些没有达到规定的设立条件、未经保监会批准设立的保险机构，以保证保险机构的公平竞争，保护被保险人的利益。

（7）指导保险业自律组织的工作。

【实例参考】

中国保险监督管理委员会行政处罚决定书

（保监罚［2009］28号）

当事人：AH保险股份有限公司（以下简称AH保险）；住所：JL省CC市××街×号；法定代表人：刘某某。

当事人：吴某，AH保险现任董事；住址：JL省××市×××镇××街×号。

当事人：郑××，AH保险现任董事；住址：JL省×××市××街×号。

当事人：郑某某，AH保险现任副总裁、财务总监兼董事会秘书；住址：JL省CC市××区××大街××号。

当事人：宗某某，AH保险原任董事长；住址：JL省CC市××路×号楼×号。

当事人：刘某某，AH保险现任董事；住址：BJ市HD区×××号楼×单元×号。

当事人：刘××，AH保险现任财务部经理；住址：JL省CC市××区×××街××号。

经查明，AH保险存在以下违法行为：

一、未经批准投资关联企业股票

2007年10月，AH保险在未取得保监会批准的股票投资资格情况下，委托其股东JL名门电力实业集团公司（以下简称名门电力）购买另一股东JL昊融有色金属集团有限公司（以下简称JL昊融）下属上市公司JL吉恩镍业股份有限公司（以下简称吉恩镍业）非公开发行股票1 782 256股，损失数额巨大。

二、违规设立AH信息技术有限责任公司

2008年3月，AH保险财务部以公司文件《关于投资成立JL省AH信息技术有限公司的决议》为依据，在没有领导签批的情况下，全额出资100万元，于3月10

日（营业执照日期）设立JL省AH信息技术有限责任公司（以下简称AH信息公司）。

三、以关联借款违规运用资金

2005年7月15日，AH保险与股东JL省公主岭市正氏企业有限公司（以下简称正氏企业）签订金额为600万元的《借款合同》，时任董事长宗某某签字。2006年1月23日，正氏企业向AH保险支付了借款合同期限内的利息197 160.00元。除此之外，截至2009年3月27日，AH保险未收到正氏企业偿还的借款本金及利息。

四、2007及2008年度财务数据和偿付能力报告不真实

（一）AH保险JL分公司将从JL省财政厅和JL银行借入的应当计入负债项目的款项3.4亿元计入营业外收入，导致当年收入不真实。2008年1－3季度财务报表未将借入款项3.4亿元在负债项目中反映，偿付能力报告少计认可负债3.4亿元。2008年11月12日，AH保险JL分公司归还JL银行借款1亿元，应计未计借款利息533.1万元；2008年12月30日归还JL省财政厅借款4000万元，计入其他应收款。2008年末仍欠JL省财政厅2亿元，未在会计报表的负债项目真实反映。上报保监会的2008年4季度偿付能力报告因此虚增认可资产3200万元（按80%认可），少计认可负债2.05亿元。

（二）AH保险通过名门电力投资吉恩镍业股票应于2007年末按股票市价计价核算增加可供出售金融资产及资本公积金2439.91万元，但公司计价核算增加了交易性金融资产和公允价值变动损益，导致虚增2007年度收益、多计2008年度损失。2008年吉恩镍业股价持续下跌，但AH保险未对“交易性金融资产”的公允价值变动进行会计处理，直至12月30日卖出全部股票，该行为导致AH公司2008年1～3季度末分别虚增资产和净资产3552.04万元、1.02亿元和1.36亿元。根据《保险公司偿付能力报告编报规则第4号：委托投资资产》的规定，AH保险的股票投资不应确认为认可资产，由于将股票投资列示为认可资产，AH保险2008年1～3季度偿付能力报告虚增认可资产1.72亿元（按投资资产账面价值的95%认可）。

（三）AH保险2008年费用支出中，存在以虚假发票报销费用，以虚假费用支出报销车改补贴，以报销非公司员工差旅费、车辆使用费和业务宣传费方式支付咨询费等行为。此外，还存在为非执行董事报销差旅费及费用支出项目不真实的问题。

五、报送虚假的报告、文件和资料

AH保险董事吴某在内蒙古百金纳投资有限责任公司（以下简称百金纳）股东会议决议上的虚假签名，涉嫌故意隐瞒重大关联事项，以致AH保险向保监会报送的相关资料未披露股东JL昊融与百金纳的关联关系。2008年1月，AH保险向保监

会上报的《关于AH保险公司治理结构专项自查活动的报告》，其中表述“公司各股东不存在关联关系”等情形也与上述事实不符，属于提供虚假的报告。

六、董事长期实际履行董事长职责未报保监会核准

2007年12月20日，宗某某辞去AH保险董事长职务后，董事刘某某实际履行董事长的职责至今，但AH保险未以文件、决议的形式对刘某某予以任命，也未报我会进行核准。

上述未经批准投资关联企业股票的行为，违规情节严重，违反了《中华人民共和国保险法》（以下简称《保险法》）第105条、《保险机构投资者股票投资管理暂行办法》第3条、第7条及第29条的相关规定，依据《保险法》第145条，我会决定给予AH保险罚款20万元并限制其除银行存款以外的其他资金运用范围6个月的行政处罚；

上述违规设立AH信息公司的行为，违反《保险法》第105条的规定，依据《保险法》第145条，我会决定责令AH保险改正并给予罚款10万元的行政处罚；

上述以关联借款违规运用资金的行为，违反《保险法》第105条的规定，依据《保险法》第145条，我会决定责令AH保险改正并给予罚款10万元的行政处罚；

上述2007及2008年度财务数据和偿付能力报告不真实的行为，违反《保险法》第122条的规定，依据《保险法》第147条，我会决定责令AH保险改正并给予罚款20万元的行政处罚；

上述报送虚假报告、文件和资料的行为违反《保险法》第122条的规定，依据《保险法》第147条，我会决定责令AH保险改正并给予罚款20万元的行政处罚；

上述董事长期实际履行董事长职责未报我会核准的行为，违反《保险公司管理规定》第67条的规定，依据《保险公司管理规定》第99条，我会决定责令AH保险改正并给予警告的行政处罚。

当事人吴某为隐瞒股东之间的关联关系而进行虚假签名，对AH保险向保监会报送的有关报告、文件和资料不真实的行为负有直接责任，依据《保险法》第150条的规定，我会决定给予其责令撤换的处罚；

当事人郑××作为正氏企业的法定代表人，代表正氏企业与AH保险签订资金借款合同，是该借款行为的主要实施者，对以关联借款违规运用资金的行为负有直接责任，依据《保险法》第150条的规定，我会决定给予其责令撤换的处罚；

当事人郑某某分管财务工作，对AH保险股票投资和借入3.4亿元资金的会计处理、偿付能力报告的签署确认以及公司存在虚假发票报销和费用支出不真实的行为负有直接责任，依据《保险法》第150条的规定，我会决定给予其责令撤换的

处罚；

当事人刘某某对AH保险违规投资股票和设立AH信息公司的行为负有一定的直接责任，依据《保险法》第150条的规定，我会决定给予其警告的处罚；

当事人刘××对AH保险存在发票报销和费用支出不真实的行为负有一定的直接责任，依据《保险法》第150条的规定，我会决定给予其警告的处罚；

当事人宗某某对AH保险违规投资股票和以关联借款违规运用资金的行为负有一定的直接责任，依据《保险法》第150条的规定，我会决定给予其警告的处罚。

当事人应当在接到本处罚决定书之日起15日内将罚款缴至中国保险监督管理委员会（开户银行：中信银行BJ万达广场支行，账号：711241018980000××××），并将注有当事人名称的付款凭证复印件送中国保险监督管理委员会稽查局备案。逾期，将每日按罚款数额的3%加处罚款。

当事人如对本处罚决定不服，可在收到本处罚决定书之日起60日内依法向中国保监会申请行政复议或在3个月内直接向有管辖权的人民法院提起行政诉讼。复议和诉讼期间，上述决定不停止执行。

中国保险监督管理委员会

二〇〇九年八月十九日

三、保险行业协会

在西方各国的保险市场上，保险行业协会是保险人或保险中介人（代理人、经纪人、公证人）自己的社团组织。良好、健全的行业协会管理体系既可以使保险市场生机勃勃、秩序井然，还可以避免国家过分强制性的干预，可以维护保险市场正常的竞争秩序，创造良性、平等的竞争环境。我国保险行业协会，即中国保险行业协会于1996年5月8日由中国人民银行批准设立。中国保险行业协会的职责是：①制定保险行业共同遵守的行业自律规则；②督促会员贯彻执行各项金融法规、政策，辅助国家保险监督管理部门实施国家对保险业的监督和管理；③规范同业之间的竞争，协调各会员之间的矛盾和争议，接受保险当事人的咨询；④代表保险人利益沟通与保险监督管理机构及其他政府部门的联系，反映保险人的共同愿望和建议；⑤促进各国保险业务联系和交往；⑥组织对中国保险业发展的调查研究和信息交流活动；⑦初审保险条款和保险费率；⑧接受保险监督管理机构委托办理的事项。协会设理事会，并采取会员制度，每年召开一到两次会员代表大会，协会会费来源于会员支付的会费。

【理论扩展】

偿付能力监管是保险监管的核心内容。所谓偿付能力，是指保险公司偿付其到期债务的能力。从保险监管的角度看，保险公司的偿付能力一般分为两种：实际偿付能力与最低偿付能力。保险公司的实际偿付能力为其会计年度末实际资产价值减去实际负债的差额。保险公司的最低偿付能力，是保险公司必须满足的偿付能力要求，即由保险法规定的保险公司在存续期间必须达到的保险公司认可资产与认可负债差额的标准。从上述定义看，保险公司实际偿付能力金额一般小于保险公司资产负债表上的所有者权益金额，主要原因是，在一般会计制度下，资产负债表的资产方列示了保险公司的全部资产。在这些资产中，从偿债角度看，有些资产虽然账面上有价值，但实际上已全部或部分丧失偿付能力。对此一部分资产，在计算保险公司偿付能力时必须做必要的说明，这样一来，保险公司负债没有变化，而实际资产已小于账面资产，因此，其偿付能力金额必然会小于账面所有者权益。

对保险公司偿付能力的监管不同于对其他企业偿付能力的监管。一般企业只要其资产市场价值高于其债务即被视为具有偿付能力，但保险公司则不同。各国保险监管部门一般要求保险公司的认可资产与其认可负债的差额必须大于保险法规定的金额。保险公司认可资产与认可负债的差额低于这一规定的差额，即被认为是偿付能力不足。保险公司偿付能力不足产生的原因主要有：

(1) 保险费率确定过低。保险市场与其他商品市场一样，是一个竞争的市场。各保险公司为了在市场上处于有利地位，卖出较多的保险产品，获得较大的市场份额，经常会利用价格来进行竞争。这样很可能造成保险费率确定过低，在未来保险事件发生时入不敷出，形成亏损。

(2) 准备金计算错误。保险准备金是对未来事件的一种资金准备，它是建立在对未来风险的估计上的。如果估计方法不当，就会出现保险准备金与实际承担的保险责任不匹配的情况，这样也会形成亏损。

(3) 风险程度估量不准。保险公司通过保险条款规定自己的义务，并确定自己的权利，以承保不确定风险可能造成的损失。如果其考虑的评估风险发生的因素以及风险造成的损失的因素不准确，则一旦地震、海啸等巨灾风险发生，即会造成保险公司亏损。从偿付能力不足形成原因上看，有些原因是能够克服的，有些原因虽然人力无法克服，但却是可以防范的。由于保险合同双方当事人、关系人的权利义务在时间上的不对应性，保险公司先获得收取保险费的权利，而在未来约定事件发生后才负责赔款或给付义务。投保人（时常又是被保险人）则相反，先履行支付保险费的义务，在将来才获得请求赔偿或给付保险金的权利。保险公司在经营过程中出现偿付能力不足或破产时，绝大部分保险合同可能尚未到期，这样将使被保险人失去经济保障，蒙受经济损失。因此，各国均视偿付能力为保险监管的核心内容。

为了监管保险公司偿付能力，各国都在研究探索偿付能力监管手段。从各国保险监管实践看，偿付能力监管手段主要有以下三种：

（1）规定资本金充足率要求。即要求保险公司设立时具有一定金额的实收资本金与公积金，在经营过程中要满足一定的风险资本管理的要求。

（2）非现场检查。如利用监管指标体系监管偿付能力变化状况，即由保险监管部门制订一系列保险监管指标，由保险监管人员对保险公司的业务、财务状况进行分析，以确定其偿付能力状况。

（3）现场检查。即保险监管部门派人到保险公司，对其经营管理活动及业务、财务状况进行检查，重点是检查其资产和负债的真实性，资产负债的匹配性，以评估其偿付能力。

【练习题】

简答题

1. 保险监管的原则有哪些？
2. 保险监管的模式有哪些？
3. 中国保险监督管理委员会的职责有哪些？

图书在版编目（CIP）数据

保险法理论与实务／马宁主编．—北京：中国政法大学出版社，2010.1
ISBN 978-7-5620-3408-7
Ⅰ.保… Ⅱ.马… Ⅲ.保险法－基本知识－中国 Ⅳ.D922.284
中国版本图书馆CIP数据核字(2009)第211079号

出版发行 中国政法大学出版社
经　　销 全国各地新华书店
承　　印 固安华明印刷厂

787×960　16开本　30印张　540千字
2010年1月第1版　2010年1月第1次印刷
ISBN 978-7-5620-3408-7/D·3368
印数：0 001-3 000　定　价：50.00元

社　　址 北京市海淀区西土城路25号
电　　话 (010)58908325（发行部）58908285(总编室) 58908334(邮购部)
通信地址 北京100088信箱8034分箱　邮政编码 100088
电子信箱 zf5620@263.net
网　　址 http://www.cuplpress.com（网络实名：中国政法大学出版社）